정의로운 도시

우리가 살고 있는 도시는 모두에게 이로운가

WHAT GOES UP

by Michael Sorkin
Korean translation rights arranged through Icarias Agency
Korean translation © BOOKSHILL

정의로운
도시

우리가 살고 있는 도시는 모두에게 이로운가

마이클 소킨 지음

조순익 옮김

 북스힐

· · ·

레비우스 우즈를 기리며

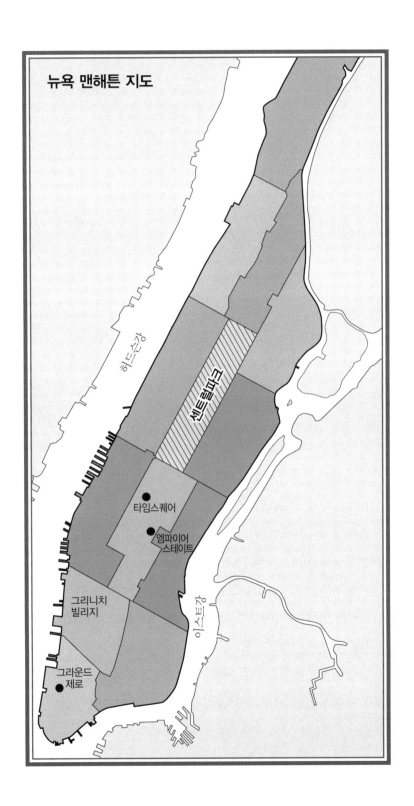

옮긴이의 글

몇 년 전 서울 시내의 어느 시장 골목에 있는 허름한 식당에서 지인들과 함께 식사를 한 적이 있다. 어쩌다 식당 주인과 얘기를 나누게 됐는데, 주인 분께서 '젠트리피케이션(gentrification)'이라는 용어를 아주 자연스럽게 언급하셨다. 무슨 말인고 하니, 동네 상인들이 힘을 합쳐 싸운 결과 그 일대의 젠트리피케이션을 막았다는 얘기였다. 전문용어였던 외래어가 이제 식당 일선에까지 보편화되었음을 확인한 순간이었다. 젠트리피케이션이란 말은 원래 1964년 독일 태생의 영국 사회학자 루스 글래스가 도입한 용어로, 말 그대로 '젠트리-화(gentry-fication)'를 뜻한다. 여기서 '젠트리'는 영국의 신사 계급을 뜻하는 말이고, 젠트리화는 기존 동네에 더 유복한 계층의 이주자들이 몰려와 기존 주민을 몰아내는 현상을 비판적으로 일컫는 말이다. 하지만 그렇다고 이를 우리말로 '신사화'라고 설명해버리면, 이 용어에 담긴 계급화의 의미보다 '신사'라는 말의 긍정적 함축이 부각되어 본래의 비판적 어감이 흐려지고 만다. 그런 인식 때문인지 심지어 서울에는 '젠트리-피케이션'이란 이름을 내건 부동산중개업소가 생겼을 정도다. 하지만 용산참사의 비극을 목격한 한국 사회가 그 투자와 개발과 이주의 과정을 '신사'적이라고 묘사하는 건 철거민을 모욕하는 처사일 것이다. 사실 젠트리피케이션은 부동산 개발을 통한 '자본계급화' 현상으로 이해하는 게 더 적절하다. 부동산 개발 세력은 사람들의 발길이 잦은 소위 '뜨는 동네'에 자본을 투입해 동네의 땅값과 임대료를 올린다. 게다가 토마 피케티가 『21세기 자본』에서 실증했듯이 자본소득의 상승속도가 노동소득의 상승속도보다 높은 추세가 계속되는 마당에, 제도적 보호 장치가 없으면 세입자는 임대료 상승을 감당하지 못해 쫓겨나게 되는 현실이다. 세입자의 임차가능 주기가 심각하게 줄어들수록 사회 갈등이 더 커지고, 최근 한국에서 젠트리피케이션이란 말이 보편화된 것은 그런 갈등의 심화에 따른 결과였다.

　최근 한국에서는 젠트리피케이션이라는 말이 주로 상인 보호 차원에서 논의되면서, 상가임대차보호법을 강화하는 법적 개선이 이뤄졌다. 하지만 상기했듯이, 이 현상은 근본적으로 주거와 직결된 부동산 개발의 문제다. 그래서 이 말은 한때 '고급주택화'로 번역되기도 했었다. 특히 한국은 영락없는 아파트공화국이며, 아파트 개발이야말로 한국식 젠트리피케이션의 원조였다. 한국의 아파트는 산업시대 이후 고급주택의 이미지가 생겨 자산을 불리는 대표적인 부동산 '상품'이 되었고, 아파트의 재고주택 점유율은 2000년대에 50%를 넘어서더니 2017년에는 60%를 돌파했다. 군사정권 이후 한국식 아파트 개발은 늘 자본계급화의 욕망을 부추기는 작업이었으며, 여전히 계속되는 재개발·재건축 역시 그 욕망의 관성을 이어가면서 그 욕망에 투자할 여력이 없는 저소득층과 세입자를 내쫓는 '둥지 내몰기'의 과정이다. 자본계급화의 욕망을 좇는 개발세력이 은행 융자금과 전세금 수입 등 타인의 종자돈을 부동산에 투자해 자기 자본소득의 증식을 꿈꿀 때, 적은 노동소득에 허덕이는 자는 세입자 신세를 면치 못하며 점점 더 궁핍한 환경으로 내몰린다. 이 과정에서 개발세력과 내쫓기는 자 간의 갈등이 일어나지만, 이게 과연 상가임대차 문제와 같은 수준으로 다뤄지며 해결되고 있는지는 따져볼 일이다.

　자본소득자와 노동소득자의 계급 간 갈등은 한국만의 문제가 아니라 전 세계 자본주의의 문제다. 마이클 소킨의 이 비평 선집을 읽다보면, 아파트 가격이 급등해온 한국에서뿐만 아니라 세계 자본주의의 심장인 미국 뉴욕에서도 고층아파트 개발과 부동산 가격 상승과 맞물린 젠트리피케이션과 '주거비용 적정성(affordability)'의 문제가 심각함을 확인하게 된다. 게다가 소킨은 부동산 재벌 트럼프가 미국의 대통령이 된 정치적 현실이 무엇을 상징하는지를 잘 알고 있다. 물론 이 책이 다루는 주제는 그 외에도 무척 다양하다. 주제 범위가 예술부터 건축, 도시계획, 조경, 부동산, 도시행정, 세계 정치를 망라할 뿐만 아니라 제언, 서평, 메타비평, 강연문, 편지글, 인물 비평과 추모사에 이르기까지 수많은 유형의 비평적 텍스트가 등장한다. 때로는 기후변화의 현실과 자율주행차로 인한 문명의 미래를 내다보는 통찰도 전해줄뿐더러, 예리한 시선과 활기찬 필력 그리고 지칠 줄 모르는 투지에서 소킨의 비평가적 면모가 한껏 드러난다. 그는 고양이처럼 날렵하고 영리한 '제인 제이콥스의 안경'을 끼고 도시를 바라보며, 뉴욕의 이곳저곳과 세계 곳곳에서 목격한 문제적 현실에 통쾌하고 신랄한 비평으로 응수한다. 그는 적이 누구인지, 문제가 무엇인지를 정확하게 알고 있다. 비록 그 표현이 중의적일 때가 많아 번역 작업은 결코 쉽지 않았지만 말이다. 그의 문체는 건축계의 전문용어와 뉴요커의 일상속어를 한꺼번에 버무리는 독특한 장르다. 그중 하나라도 모르거나 그 맥락을 충분히 헤아리지 못하면 해석이 불가한 그만의 독특한 언어 혼용이 즐비해 번역하는 데 꽤 애를 먹었다. 그럼에도 그의 글을 번역하는 고통스런 과정은 무엇과도 바꾸기 힘든 보람을 안겨주었다. 문체에서 평범한 시민을 사랑하는 비평가의 뜨겁고도 유쾌한 영혼이 느껴진데다, 그의 시선과 펜대가 향하는 곳곳마다 내가 지금 여기에서 보는 현실이 겹쳐졌기 때문이다. 비록 그는 뉴욕의 도시계획에 관한 이야기에 상당 부분을 할애하지만, 그것은 서울을 비롯한 한국의 도시계획 상황에도 큰 시사점을 주는 이야기들이다.

부동산 개발 사업은 땅과 건물만 거래하는 게 아니다. 보상 용도의 용적률 완화는 공기까지 돈처럼 교환하고 있다. 뉴욕의 고층건물은 공중 공간의 사용권인 '공중권(air right)'을 정치적으로 교환하는 가운데 지어진다. 어떤 동네가 '뜬다'는 얘기는 건물을 세우는 과정에서 누군가가 '쫓겨난다'는 얘기다. 크기를 우선시하는 '거대성(bigness)' 신드롬은 '더 빠르게'라는 속도중심주의와 결합해 기존의 소규모 기반 공동체를 신속하게 몰아낸다. 부자는 점점 더 거대하게 개발된 건물을 소유하고, 빈자는 점점 더 자그마한 임대 공간으로 내몰린다. 이런 도시계획은 금권이 주도하는 거래일 뿐 시민의 삶을 보장하는 차원에서는 정의롭지도, 민주적이지도 않다. 그럼 어떻게 해야 정의로운 도시를 만들 수 있을까? 그런 부당한 힘에 맞서려면, 물론 시민사회를 중심으로 한 조직화된 노력이 필요하다. 1960년대 뉴욕시장 로버트 모지스의 근대적 개발계획에 맞선 제인 제이콥스는 정의로운 도시를 만들기 위한 좋은 선례와 교훈을 남겼다. 그녀의 노력은 실제로 고속도로 개발계획을 좌절시켜 동네를 지켰고,

당시 그녀가 쓴 책은 20세기 후반 도시 담론에 엄청난 영향을 주었다. 동시대의 프랑스 철학자 앙리 르페브르의 용법으로 말하자면, 이러한 노력은 '도시에 대한 권리' 찾기였다고 할 수 있다. 자동차와 관료가 도시의 주인 행세를 하며 시민의 삶을 소외시키는 비정상적 상황에 맞서 시민 스스로 주인의 권리를 되찾으려는 움직임이었기 때문이다. 하지만 당시의 그런 노력 이후에도 비인격적인 도시 개발은 지금도 세계 곳곳에서 진행되고 있으며, 특히 한국은 가히 아파트공화국으로 불릴 만큼 그 힘이 비대한 나라다. 이런 힘에 대항하는 노력이 조직적으로 이뤄지지 않는다면, 앞으로도 비인격적 개발은 가속화하며 심화할 것이다. 제이콥스가, 르페브르가, 그리고 그들의 관점을 이어받은 소킨이 왕성한 비평을 한 것도 역시 그러한 불공평의 문제에 대처하려는 정의감의 발로에서였다.

이 책의 제목에 대한 얘기로 끝을 맺어야겠다. 이 책의 영어 원제는 "What Goes Up"인데, 말 그대로 풀면 '올라가는 것'이란 뜻이다. 무엇이 올라가는가? 원서의 표지 이미지에는 고층건물을 밑에서 올려다본 시점의 사진이 실려 있다. 여기서 올라가는 것은 '건물'이다. 하지만 소킨 말마따나 건물의 스카이라인은 부동산 가격곡선과도 일치하므로, 올라가는 건 '부동산 가격'이기도 할 것이다. 그런데 이 표현은 관용구인 "what goes up must come down(올라가는 것은 내려가기 마련이다)"에서 뒷말을 생략한 것으로도 볼 수 있다. 그렇다면 이 말은 '지어지는 것은 무너지기 마련이다'나 '올라간 가격은 내려가기 마련이다'(또는 '올라간 거품은 터지기 마련이다'라든가?)를 뜻할 수도 있다. 소킨의 어법이 중의적인 연상을 즐긴다는 걸 감안해볼 때, 또 다른 뜻을 떠올려볼 순 없을까? 꿈보다 해몽일 수 있지만, 고층건물을 올리는 개발주의에 대항하는 사람들의 맞섬은 어떠한가? 무엇이 일어서는가? 건물인가, 사람인가? 르페브르가 말한 '도시에 대한 권리'를 주장하는 사람들이 없다면, 정의로운 도시는 있을 수 없다. 바로 그 권리를 되찾고자 하는 정의로운 시민들에게 이 책이 든든한 지원군이 되어 주리라 믿어 의심치 않는다.

2019. 7. 14.

조순익

뉴욕, 뉴욕, 뉴욕

다른 곳에서

들어가며

신념

손가락을 움직여 글자를 쓴다. '트럼프.' 이건 대체 얼마나 나쁜 말일까?

여기는 분명 1933년의 베를린이 아니다. 도심 생활양식에 낀 거품은 터질 기미가 안 보이고, 주식 시장도 급상승하고 있다. 물론 그의 저속한 유머는 입이 떡 벌어질 만큼 당황스럽다. 하지만 벌써 반세기 이상 텔레비전에 포화된 채 살아온 마당에 그깟 일쯤 오락거리로 취급하는 건 예삿일이다. 시청률의 관점에서 보자면, 어떤 채널을 틀어도 '언제든 오로지 트럼프'만 나오는 선거 결과에 미국의 광고주들은 희희낙락했을 것이다.

트럼프의 충동적인 트윗과 그런 '쇼'를 관람하는 대중의 일상은 우리의 짧아진 주의 지속 시간과 유명인이 속속 올리는 단문 메시지에 익숙한 문화를 우스꽝스럽게나마 완벽하게 표상한다. 그가 건물과 텔레비전으로 떼돈을 벌었다는 사실은 오늘날 대중이 건축을 바라보는 관점에 상당히 큰 영향을 미친다. 하지만 대중의 일상에 나타나는 트럼프 숭배

문화를 나치의 정신문화에만 빗대 투덜대는 건 요점을 벗어나는 일이다. 우리는 꽤나 정밀하게 접근해야 하며, 트럼프의 개인 제트기에 있다고 추정되는 과시적인 황금 변기의 사회적·예술적 의미*를 건축가 렘 콜하스가 역설적으로 프라다 박물관에 퍼부은 황금빛 페인트의 의미와 구분해낼 줄 알아야 한다. 결국 모든 건 그 사이에서 의미가 어떻게 굴절되느냐, 그리고 어떤 취향이냐의 문제로 귀결된다.

그러니까 우리는 지금 '여러 인격'에 대해 말하고 있는 것이다. 하물며 트럼프는 과장법의 달인이다. 들리지도 보이지도 않을 만큼 미묘하고 정교한 표현이 공식처럼 통용되는 이 시대에, 그는 스타 건축가처럼 과장된 정치적 어법을 구사한다. 이 남자는 '미국의 대통령'이다. 스스로를 재치 있게 상품화해 자기 브랜드를 강력하고 순수한 이미지로 띄운 그는 순수한 물신(物神)이 되어 대통령에 당선되었다. 트럼프는 변증법의 대가이기도 하다. '언론'을 '인민의 적'으로 몰아붙일 만큼 가장 세련된 스탈린식 어법을 구사하며 공격의 강도를 높이는데도 여전히 언론의 사랑을 가장 많이 받고 적대적 공생 관계를 유지하기 때문이다.

언론이 할 수 있는 얘기라곤 온통 트럼프 얘기뿐이다. 트럼프 행정부가 사회안전망을 파괴하고, 환경을 더럽히고, 불법체류 이민자들을 국경 밖으로 내쫓으며 경찰국가를 만들어가는 와중에도, 그의 등을 긁어

◆ 트럼프가 금을 좋아한다는 사실은 익히 알려져 있고, 그의 제트기 내부도 화장실 세면대까지 금으로 장식된 사실이 2016년에 공개되었다. 따라서 황금 변기도 존재할 거라는 추정이 있었으나 정확히 밝혀진 바는 없다. 2017년 뉴욕 현대미술관 화장실에 설치된 마우리치오 카텔란의 작품 〈아메리카(America)〉는 18K로 만들어져 트럼프의 황금 사랑과 미국의 금권주의를 풍자했다. 2018년 초에는 백악관에서 현대미술관 측에 고흐의 그림을 빌려달라고 요청했는데, 큐레이터가 이를 거절하면서 카텔란의 작품을 대신 빌려주겠다고 답했다는 뉴스가 화제가 되었다.

주는 언론과의 공생 관계는 빈틈없이 견고하다. 그리고 언론과의 싸움에서 트럼프는 매번 승리한다. '진보' 언론이 보인 즉각적인 분노는 세계가 완전히 뒤집어진 것처럼 묘사했다. 하지만 트럼프의 공격을 받았을 때는 거의 만장일치로, 우리의 사랑스럽고 패씸한 중앙정보국(CIA)과 불순 세력의 그림자 정부를 위해 일한다는 쿠데타 모의자, 암살자, 고문기술자, 기관원으로 이뤄진 거대 집단의 완전무결함과 애국주의를 방어하느라 분연히 일어섰다. 심지어 지금도 MSNBC 방송에 나와 떠드는 위선자들은 적어도 '장성들'이 백악관에서 근무 중이라며 '안도'하고 있다.

조지 오웰은 1946년에 「나는 왜 글을 쓰는가」라는 짧은 에세이에서 다음과 같이 썼다.

> 내가 보기에, 1936년부터 내가 쓴 진지한 저술의 모든 문장은 직접적으로든 간접적으로든 전체주의에 맞서 민주적 사회주의를 지향하는 차원에서 쓴 것이다. 요즘 같은 시대에 그런 주제에 관한 글쓰기를 피할 수 있다는 생각은 터무니없어 보인다. 이미 모두가 어떤 식으로든 그런 글을 쓴다. 단지 어느 쪽에 서느냐와 어떤 접근을 따르느냐가 문제일 뿐이다. 그리고 자신의 정치 성향을 더 자각할수록, 미학적으로나 지적으로나 자신의 결백을 지키며 정치적으로 활동할 기회가 더 많아진다.

한편 지크프리트 크라카우어는 정치적으로 훨씬 더 위험한 시기였던 1931년에 「작가에 관하여」라는 글을 쓰면서, 저널리스트는 "현 상황을 변화시키게끔 공격할 의무가 있다"고 했다.

이런 신념이 더 간단명료하게 또는 시의성을 띠고 전달될 수 있을까? 확실히 문제를 더 복잡하게 만드는 건 번역이다. 번역은 늘 두 가지 방향을 구현하는 건축 관련 글쓰기에서 모방적인 어휘 탐색의 작업으로서 개입되기 때문인데, 그 두 가지 방향 중 하나는 (기능주의와는 안 맞는 얘기지만) 건물의 다른 목적들과 아주 느슨하게 어울릴 수 있는 (상대적) 자율성이 깃든 미학적 벡터이고, 다른 하나는 영원히 복잡한 생산과 분배의 방식이다. 나의 입장에서 보자면, 적절한 비판적 경계의 문제는 내가 설계 실무에 종사하는 탓에 더 큰 혼란을 겪는다. 나는 늘 나의 설계 실무가 이따금 민주적 사회주의를 지향하며 전체주의에 맞선 일격을 가하기를, 그리고 건축에 깊숙이 관여하는 계급과 권력의 물질적인 고착화에 도전하기를 희망해왔다. 하지만 이런 주장이 깨끗하게 이뤄지기는 어렵다. 나의 스튜디오는 중국의 국가 기관을 위해서도, 개발업자를 위해서도 일한다. (물론 '깨어있는' 이들만을 위해 일하지만!) 그들이 건물을 짓기에 충분한 돈을 가진 사람과 기관이기 때문이다. 하지만 피난처를 제공하고 구성할 때는 늘 어디서 선을 그어야 할지를 질문한다. 그러한 선긋기에는 우리 사회의 비평에서 거의 보기 힘든 복잡성과 우연성이 깃든다. 우리의 자유민주주의 사회에서 '언론의 자유'는 위험을 감수하는 도전이기보다 안전밸브가 되어버렸다. 그리고 우리의 '친애하는 지도자'는 공격을 즐긴다. 칼럼을 샅샅이 읽고, 방송 시간을 모니터하고, 수도 없이 마우스를 클릭하면서.

비판적 '건축'이라는 개념, 그것은 거의 불가능하다. 각종 외부성의 문제가 덫처럼 얽히고설켜 있기 때문이다. 이런 개념의 실천은 두 가지 범주로 나타난다. 내적 자아를 표출하면서 살아남는 생산의 범주인 '페이퍼 건축'을 만들거나, 간디 수준의 헌신과 자기희생을 필요로 하는 집짓기(수재민이나 난민, 극빈층을 돕는 형식 또는 진정 근본적으로 지속 가능한 형식)

의 범주에 몰입하거나. 확실히 최근에는 일정 부분을 할당해 차이 만들기를 실천하는 건축가들 부류가 부상하고 있다. 최근 프리츠커상은 주중 대부분의 시간을 고급 건축 설계에 쏟다가 주기적으로 제트기(비즈니스 클래스)를 타고 지진이나 해일 참사의 현장으로 날아가 다소 주변적인(하지만 널리 공표되는) 기여를 하는 소수의 건축가들을 선호하고 있다. 하지만 비평가라면 양심과 커버스토리를 구분할 줄 알아야 한다.

우리도 역시 공동체 작업과 이론적 프로젝트 그리고 공평성과 환경을 위한 원대한 선전을 통해 행복하고 유용한 적정 수준을 찾고, 평범한 예술적·사회적·환경적 실천을 (특히 도시의 미래가 들끓고 있는 중국에서 우리가 시도하는 도시적인 작업에서) 점진적으로 강화해 진보적으로 확장하는 게 더 큰 실천적 맥락을 만들어 내는 중요한 방법이며 현실적으로 응용 가능한 중요한 연구도 될 수 있다고 본다. 우리는 작은 승리를 추구하는 걸 부끄러워하지 않는다. 이론의 영역을 벗어나면 곧바로 타협이 뒤따를 수밖에 없다. 우리의 투쟁은 생산적인 결과를 만들어 내기 위해서다. 자기 비판을 통해서든, 우회적인 전략을 통해서든, 압력을 넣든, 아첨을 하든, 아니면 그저 명쾌한 주장을 펼치든지 해서 말이다.

반면에 비판적 '글쓰기'를 제약하는 요인은 정확한 논거와 간단명료한 표현 그리고 대중 친화력뿐이다. 이렇게 얘기했지만 또 하나의 영원한 제약 요인이 있는데, 글쓰기 자체는 결국 불가피하게 부차적인 성격을 띨 수밖에 없단 사실이다. 글로 건물을 쓸 수는 없는 노릇이다. 이런 의미에서 글쓰기와 교육(일대일 설계 지도는 분명 가장 개인화되고 내밀화된 비평 형식이다), 행동주의, 권익 보호와 같은 활동은 대부분의 건축 행위에서 미약한 비판적 가치를 보완하고 심지어 보상하기도 한다. 결국 지금껏 나의 '공식적인' 업무는 오랫동안 양분된 상황을 유지해오면서 보다 엄정한 비판적 실천을 하려던 노력이었다고 할 수 있다. 한편에서 마이클 소킨 스튜디오가 '상업적' 프로젝트에 집중하는 동안, 반대편에서는 일반적으로 의뢰인 없이 '법정 조언자'를 자처하는 우리의 비영리기구 테레폼(Terreform)이 비판적 담론의 폭을 넓히고 무엇이 가능한지를 설파하며 기대를 높일 방법을 찾는다. 또한 연구를 수행하고, 협력관계를 조직하며, 요즘은 어번 리서치라는 출판 브랜드로 책을 출간한다.

현재 나의 실무는 이렇게 복합적으로 이뤄질 수밖에 없는 형편이다. 그러다 보니 프로젝트가 대변하는 집단과 그 프로그램, 후원자가 모순적일 정도는 아닐지언정 양립 불가하게 느껴지곤 한다. 이런 게 건축의 조건이다. 나는 한 명의 비평가로서 공간의 생산이 이뤄지는 주변부와 중심부의 현장에 모두 주목하지만, 입장이 확고한 다른 비평가들이 다루는 주제를 (그저 약간 중도좌파적인 입장에서) 다루다 보면 점점 더 양가감정을 느끼게 된다. 이 또한 트럼프에 대한 느낌과 비슷하다. 비평가의 입장에서 허세로 부푼 할리우드 블록버스터를 맹공격하는 건 그게 그만큼 중요하다고 확증해 주는 일이기도 하다. 그리고 제트기를 타고 난민 수용소에 깜짝 방문해 며칠간 머물다 가는 건축가들처럼 이따금 나오는 저예산 독립 영화나 아웃사이더 예술 작품을 다루며 마음의 빚을 털어내려는 건 진짜로 필요한 분노를 대신하는 무기력한 행위다.

이 네 번째 문집을 구성하는 (달리 말하면, 제외할 글을 선별하는) 과정에서 나는 지난 6년간 내가 쓴 글들이 대부분 지역 문제에 집중하고 있었다는 걸 확인하게 되었다. 하지만 그건 당연한 결과였고, 그 이유는 분명했다. 나는 뉴욕시에서 지내며 일하고 이 도시의 다채로움을 한껏 즐기는 사람이기 때문이다. 이 책에서 다루는 시기 또한 내게 일어난 주된 생활 방식의 변화와 일치한다. 나는 (비록 그리니치빌리지의 한복판에 있긴 했어도) 승강기도 없이 초라하게 관리되던 아파트에서 트라이베카에 있는 꽤나 우아한 집으로 이사했다. 용서해 주기 바란다. 30년간 자기자원을 출자한 두 선임교수는 (다행히도 주택담보대출 금리가 저렴한 오늘날의 미국에서) 상위 1퍼센트의 부촌을 열망할 수 있다고 본다.

물리적으로는 그리 멀리 이사한 게 아니다. 나는 수십 년간 맨해튼 도심에서 지내며 일했고, 나의 관심사와 감수성도 이곳의 특수성에 흠뻑 빠졌다가 걸러져 나왔다. 뉴욕으로 처음 이사한 제인 제이콥스가 낯선 지하철역에서 올라오자마자 그리니치빌리지를 '발견'하고 도시주의자로서의 숙명을 깨달았던 전설적인 순간처럼, 나도 사회적으로나 형태적으로나 매력 있는 도시적 특질을 엄청나게 다양하고 경이롭게 응축하고 있는 그곳에서 40년을 보냈다. 지난 시간 그리니치빌리지의 공간과 습속은 모든 규모에서 시험을 겪었다. 옆집 이웃부터 집주인, 지방자치단체, 탐욕스러운 개발과 지나치게 확산하는 젠트리피케이션까지 갖은 적들과 악전고투를 벌이면서 말이다. 나는 거기서 더욱 깊은 경험을 했고, 나의 건축과 비평 작업 모두에 초점을 맞추게 되었다. 또한 '어딘가에' 사는 방식에 대해, 그리고 '집 같은' 기분이 무엇을 의미하는지에 대해서도 수없이 많은 교훈을 얻었다.

내가 매일 살면서 일하고 지나치는 동네에서는, 뉴욕의 핵심적인 도시 문제들이 특수한 상황을 만나 굴절되며 가지를 친다. 그라운드 제로◆

◆ 본래 핵무기 등이 폭발한 지점과 같이 피폭 중심지를 일컫는 군사용어이지만, 현재 뉴욕에서는 2001년 9/11 참사가 일어난 세계무역센터 부지를 가리키는 말로 쓰인다.

는 우리가 사는 곳에서 단 몇 블록밖에 떨어져 있지 않다. 그리고 완공이 가까워질수록 그곳은 건축의 특수성을 훨씬 뛰어넘어 폭넓은 은유의 장을 만들어 내는, 거의 빈틈없는 능력을 보여준다. 월 스트리트 점령 운동의 거점으로 쓰였던 인근의 주코티 공원은 점점 더 위협받는 언론과 집회의 자유를 (비록 암묵적인 방식으로라도) 옹호하는 분노의 분위기를 희미하게 보유하고 있다. 그런 자유를 위협하는 건 단지 우리의 독재자 같은 대통령만이 아니라 공적 공간이라는 개념 자체를 옴짝달싹 못 하게 가두고 철저하게 훼손하는 감시와 사유화(privatization)의 체제이기도 하다. 주변을 통틀어 마지막까지 살아남은 와인 가게였던 길모퉁이의 별난 옛 건물이 철거되는 순간은 그 자체로 많은 걸 시사한다.

::

여기서 숨 가쁘게 일어나고 있는 변화의 속도는 형평성 문제를 시급히 제기하고 있다. 도시는 공간과 신체와 권력을 조직하는 분배의 엔진이다. 하지만 우리는 집단 통합과 안정성을 위한 어떠한 실질적인 협약도 이루지 못한 채 실패를 거듭해왔다. 그 외에 비판적이고 공간적인 관점에서는 뉴욕에 대해 달리 쓸 말이 없다. 장인이 만든 요리를 맛보는 즐거움이나 번창하는 브루클린 도시 생활의 활기, 자전거를 점점 더 포용해가는 마을의 변화, 또는 건축가들이 진정한 예술적 열망을 갖고 도시 주변에 설계한 건물들이 급속히 늘어나는 추세 따위를 비난하는 건 위선적인 태도일 것이다. 하지만 수많은 사람들이 강제로 내쫓기고 주거 문제에 대한 해법은 여전히 오리무중인 상황에서 앞서 나열한 세태를 지나치게 떠벌리며 기념하는 것도 역시 그들을 모욕하는 것이다. 기름진 고담◆시티가 리고스나 뭄바이의 치명적인 불결함을 무기력하게 재현하고 있는 것일지는 몰라도, 소득 격차가 근접 거리 안에서 극단적으로 나타나는 우리의 현실에서는 정의가 정말 절실히 요구된다. 우리 모두에게 남겨진 질문은 우리 자신의 안락한 삶이 우리의 관점과 권위를 얼마나 왜곡시키는가, 그리고 그에 대해 무엇을 할 것인가이다. 가끔은 그에 대한 대답으로 오웰과 크라카우어와 제이콥스의 도움을 받아 또 다른 글을 쓰는 일이 이뤄지곤 한다.

핵심적인 질문은 이것이다. 우리에게 호의적인 지방자치단체가 주거 '비용 적정성'을 유지하려고 점점 더 무모한 시도를 하고 있는 동시에 부정 거래가 일어나고 개발업자가 (낙수효과의) 혜택을 가져가는 방향으로 일이 진행되면서 적정 비용을 유지할 수단이 계속해서 줄어드는 상황을 어떻게 받아들이고 그에 대처할 것인가? 사회안전망을 복구할 재분배와 포용적인 공동선 개념을 회피하는 신자유주의 기풍에 어떻게 맞설 것인가? 사실상 모든 정부가 건조 환경에 개입하는 시도는 이제 간접적인 금융 형식을 찾는 일일 수밖에 없다. 협상을 통해 어느 정도 가시적인 (하지만 종종 환영에 불과한) 공익을 제공하는 대가로 개발업자가 유리한 결과를 취할 수밖에 없는 '공공-민간 파트너십'이 바로 그것이다. 시장보다 낮은 요율의 주택을 미미하게 포함하거나, 인접한 곳에 공원 공간을 마련하거나, 시장에서 자체 이익이 나지 않는다고 주장하면 그냥 개발하는 방식 말이다.

◆ Gotham. 19세기에 대중화된 뉴욕시의 속칭으로, 원래는 잉글랜드 노팅엄셔에 있는 마을 이름이다. 어원상으로는 '바보'를 뜻하는 goat와 '고향'을 뜻하는 home을 합친 이름이다.

나 이전에도 공공 부문의 물리적 계획이 지역지구제로, 행동보다는 지침으로 후퇴하고 마는 현상을 감지한 사람은 아주 많았다. 이러한 법체제는 많은 형식을 취한다. '통화주의' 방식은 도시 전역에서 건축 가능한 공중 용적(buildable air)의 공급을 돈 거래 하듯이 관리한다. '보존주의' 방식은 동네의 분위기를 물리적 구조의 문제로 파악하면서 각 동네에서 자라나는 장소의 진짜 생태를 무시하고, 우리의 지역 공동체들을 점점 더 문화가 아닌 브랜드로 만드는 데 일조한다. 동네(neighborhood)◆는 혼합의 장소 — 사회적·공간적 응축기 — 이며, 근린 계획과 구성의 임무는 그 다양성의 안정성을 관리하고, 교묘하게 처리하고, 지키는 것이다. 하지만 이렇게 하려면 독특하면서도 민주적인 문화를 육성하고 그것의 완성 여부를 평가할 수단을 마련하게 해주는 일단의 원칙들이 필요하다. 예컨대 조화로운 동네는 모두에게 집에서 걸어서 갈 수 있는 거리에서 직장, 상업, 여가, 교육, 환경 관리 등의 일상생활의 중대한 요소들을 제공해야 한다고 명시한다면, 즉각적이고도 깊은 함의가 있는 원칙이 만들어질 것이다.

먼저 그런 동네에 필요한 용도 — 그리고 건축 — 의 배열은 다채로워야 한다. 가장 중요한 것은 바리스타와 보일러 제작자, 은행원 모두가 걸어서 출근할 수 있는 동네는 소득과 생활양식뿐만 아니라, 필연적으로 인종과 민족의 측면에서도 근본적인 통합이 이뤄질 거란 점이다. 이게 '비현실적인' 이상주의로 보일 수 있겠지만, 도시계획을 논하는 실천가라면 무엇이 좋은 도시를 구성하는가에 대한 설득력 있는 개념을 반드시

◆ neighborhood는 기본적으로 '동네'로 번역했으며, 도시계획적인 개념이 결합할 때는 '근린' 또는 '근린지구'로 번역했다.

갖고 있어야 한다. 내게는 그게 분명 전체주의에 맞서 민주적 사회주의를 지향하는 도시이며, 이러한 투쟁은 보편적 복지의 정치를 분명하게 표현할 뿐만 아니라 관대하면서도 다루기 쉽고 지속 가능한 정치적 공간의 비전을 갖출 필요가 있다.

민주적인 환경에서는 이런 비전이 '도시에 대한 권리(right to the city)'라는 매우 중요한 개념에서 나오는데, 이 개념은 현재 브라질과 에콰도르의 헌법에도 반영되어있다. 이 책에도 앙리 르페브르와 데이비드 하비를 비롯해 이런 '권리'의 표현을 구체화하는 여러 인물이 전반적으로 등장한다. 그런데 이런 노력을 단순히 도시를 권리의 차원에서 읽는 게 — 예컨대 확고하고 역사적인 욕망뿐만 아니라 아직 상상되지 못한 다른 욕망을 충족하는 도시를 상상할 권리가 — 시급하다는 뜻으로만 이해해선 안 될 것이다. 아울러 시급한 것은 필요와 합의에 근거한 참여의 양식이기 때문이다. 제인 제이콥스는 비록 말년에 관료적 성향이 강한 도시계획의 대변자들로부터 악질적인 비판을 받긴 했지만, 여전히 이론에 박식한 공동체 기반 활동가이자 이곳에 고유한 — 그리고 반드시 필요한 — 계획에 매우 절제된 반응을 하는 공동체 참여 양식의 모델로 남아 있다.

계획의 두 얼굴, 즉 중앙 집중적인 관료제의 기율이 관장하는 계획과 거리에서 일어나는 어떤 것으로서의 계획이 대립하는 야누스적 특성♦

♦ 전통적인 도시계획(planning)이 주로 상부의 이데올로기적 권력이 하향식으로 작동하는 전자의 계획이었다면, 어버니즘(urbanism)은 원론적으로 하부의 물적 토대를 바탕으로 도시계획을 연구하는 '도시론'을 뜻하기에 전자와 후자의 범위를 모두 아우른다. 하지만 이 말은 20세기 후반에 출현한 뉴 어버니즘과 더불어 참여적 실천에 근거한 후자의 상향식 계획을 지칭하는 어감이 강해졌다.

은 서로 간의 대화를 통해 생산될 수도 있지만, 권력은 매우 불균등하게 배분되는 경향이 있어서 결과적으로 진정하고 공평한 협력이 이뤄지는 경우는 흔치 않다. 지난 십 년간 어떤 활동 양식 — 심지어는 운동 — 이 점차 인기를 끌어왔다면, 그건 당국의 승인을 기다릴 것 없이 소규모의 다양한 개입들을 꿰맞추어 하나의 소도시를 전복한다는 '사용자 주도(Do-It-Yourself)' 어버니즘의 개념이다. 이러한 '자발적' 양식은 지역주의에 대한 관심이 되살아난 결과로서, 제이콥스에게서 볼 수 있는 것처럼 권력자의 디자인에 저항하는 정신에서 비롯한 공동체 조직과 참여적 계획의 역사적 실천들을 바탕으로 이뤄진다. 그것은 또한 도시에서 버려지고 기능 장애를 일으키는 것들에 대한 폭넓은 경험이 만들어 낸 결과이기도 하다. (디트로이트는 확실히 수년간 이런 실천을 상징해온 도시였다. 설령 그 도시를 낮은 인구밀도의 산림지로 되살리려는 시도가 제약이 과다한 주변적 환상을 품은 너무 감상적인 뒤집기라 할지라도 말이다.)

내가 사는 동네에서는 지금 여기에서 우리 모두를 분노케 하는 현안에 맞서 가용한 수단을 총동원한 운동들이 조직적으로 펼쳐져왔다. 이 중 상당수는 '보존'을 둘러싼 운동이었다. 그런데 보존이라는 문제는 건축 이상으로 더 큰 문제를 제기한다. 실제로 좋은 동네를 구성하는 요소가 무엇이고, 누구와 무엇이 남을 권리를 갖는지에 대해 합의를 이뤄야 하기 때문이다. 종종 (어쩌면 늘) 그런 권리는 영원히 잠정적인 조건 속에서만 실현될 수 있다. 마치 밀물처럼 들어온 이주자들이 로워 이스트사이드 같은 곳을 변화시키고 썰물처럼 빠져나가는 일종의 활기찬 변두리 같은 환경에서, 새 이주자들을 따뜻하게 환영하듯이 말이다. 이러한 이동성은 도시계획의 목적이 싹트는 온실과도 같다. 따라서 영구적으로 변화하는 역학관계를 일차적으로 숭배하더라도, 도시계획은 목표 상태와 최고점 그리고 고정성에 관한 개념까지 포함해야 한다.

우리 동네의 투쟁들은 대개 이런 안정성의 문제를 놓고 일어난다. 친숙한 규모와 조망과 조화를 극적으로 바꾸는 새로운 세대의 타워들의 문제, 철거 위기에 처한 '랜드마크 미지정' 집세 규제 건물에 사는 이웃들을 어떻게 보호할 것인가의 문제, 젠트리피케이션의 압력으로 지역 업체들이 사라져가는 문제, 우리의 제한된 공적 공간을 보호하고 확장하는 문제, 200년 넘는 시간 동안 거듭 바뀌어 온 동네에서 다소 모호하고 향수적인 개성과 '진정성'의 개념을 살리는 문제를 놓고서 말이다. 우리의 가장 좋았던 — 또는 가장 좋을 — 시절이 언제인지 누가 말할 수 있을까? 늘 스스로를 계속해서 재건하며 번성해온 도시 속에서 그런 생각이 유효하다고 누가 말할 수 있을까? 때때로 파괴는 창조적이지 않고 그저 파괴적일 뿐이다. 하지만 그럼에도 어떤 것들은 사라져야만 한다.

트럼프의 당황스러움은 이런 논의의 뉘앙스를 바꿀 가능성이 적지만, 분명 자극을 주긴 할 것이다. 문제는 이것이다. 우리는 대체 어디로 가야 하는 것일까(quo vadis)? 건축 비평은 이제 훨씬 더 깊은 위기에 대한 감식력에 의존해야 하는 것일까? 건축의 '질'과 위기의 감식을 동시에 하는 데 집중해야 할까? (양자의 공존은 그냥 착각일 뿐인가?) 알레포◆나 다답◆◆이 눈앞에 아른거리는 상황에서, 또한 남극대륙에서 표류하는 얼음 덩어리들이 델라웨어만 한 크기에 달하는 상황에서 프랭크 게리에 대해 글을

◆ 시리아 서북부의 도시로, 2012년부터 2016년까지 일어난 시리아 내전으로 가장 큰 피해를 입었다.
◆◆ 세계 최대의 난민수용소가 있는 케냐의 마을이다.

쓸 수 있는가? 관대한 비평가와 학계는 점점 더 그 순환적인 전략을 취한다. 이번 주에는 환경적인 반격을 긴급히 다루고, 다음 주에는 빈민이나 권리를 박탈당한 자들에게 집중하는 정의로운 실천을 하고, 그 다음 주에는 일부 탁월하거나 괴상한 유명인의 작업을 형식적 차원에서 비평한다. 뒤틀려져 가는 바깥세상에 대한 접근 치고는 전적으로 비합리적인 게 아니지만, 확실히 내가 하고 있는 것처럼 산발적으로 — 현장을 가려가며 — 작업하기란 쉽지 않은 도전이다.

지난 17년간 나는 시티 칼리지 오브 뉴욕(City College of New York)에서 대학원 도시설계 프로그램을 지도해왔다. 한때 "노동계층의 하버드"라 불린 이 전설적인 학교가 소속되어 있는 훨씬 더 큰 규모의 뉴욕 시립 대학교(City University of New York)에는 무려 25만 명의 학생이 다니고 있다. 이 학교는 재정난에 시달리고, 질서정연하지 않으며, 정치적 논쟁이 자주 일어나는데다, 가끔은 엄청나게 관료적인 시스템으로 고통을 주기도 한다. 하지만 누군가 뉴욕이 위대하다고 말한다면, 이곳 역시 그만큼 위대하다. 우리는 지구상의 다른 어디보다도 우리 캠퍼스에서 더 많은 언어가 사용되고 있다는 총장 사무실의 공지를 받고서 즐거워한다. 졸업식 날은 늘 믿을 수 없을 정도로 감동적이다. 수천 명의 이민자 부모들이 가족 최초로 대학 졸업장을 받는 자녀를 축하하러 모인다. 그리고 최근 대학본부는 불법체류자를 내쫓으려는 트럼프의 게슈타포로부터 우리 학생들을 보호할 수 있는 설계 스튜디오와 우리 사무실이 어디인지에 대한 현실적인 지침을 우리에게 전달했다.

하지만 이게 뉴욕시의 진정한 초상화라는 사실 때문에 나는 이곳을 사랑하고, 이곳을 떠날 수 없으며, 이곳을 지켜야만 한다. 투쟁과 차이에 대한 이 학교의 환대는 분명 포위 공격을 받고 있다. 부동산 업계와 권력을 쥔 얼간이들, 일견 근절할 수 없어 보이는 인종차별, 지역이기주의, 다양성의 의미를 민족별 요리의 통계수치로 키질하는 양상이 이 학교에 십자포화를 퍼붓고 있다. 하지만 그럼에도 이곳에는 모든 구석마다 우리 일상의 보루가 있고 세계적 표준을 설정하는 혼종성의 모터가 있다. 나는 내가 사는 아파트에서 나의 스튜디오까지 이동하는 동안 방글라데시 출신 남자에게서 『뉴욕 타임스』를 구매한다. 그는 내게 늘 크리켓 지식을 전수해 주며, 나는 그의 명랑한 딸을 위한 대학 진학을 상담해준다. 나는 시크교도가 운전하는 택시를 타고, 헤르체고비나 사람들이 운영하는 피자 가게에서 아이스커피를 사 들고 나온다. 안내데스크에 앉아있는 나이지리아 사람에게 인사를 건네고, 나의 사무실로 걸어 들어와 중국과 일본, 베네수엘라, 로스앤젤레스, 필리핀, 미시건, (태국을 경유한) 네덜란드, 인도, 영국, 그리고 (여름에는) 쿠바에서 온 동료들을 만난다.

우리는 여기서 함께 아주 잘 지낸다.

발문: 도대체 무슨 일이 일어나는 걸까?

나는 15층에 있는 스튜디오에 드나들기 위해 엘리베이터를 탄다. 그런데 그 안에서 전자기기에 열중하지 않는 사람은 늘 나밖에 없다. 지하철을 타도 마찬가지다. 나 혼자만 종이 신문을 접고 펴면서 읽고 있다. 우리의 정신을 통제한다거나 특이점이 온다거나 하는 식의 디스토피아적 사유들이 떠오른다. 전 지구적으로 빠르게 하나의 정신을 형성하고 있는 저

광대한 신경망은 내게 불쑥 끼어들어 이리하고 저리할 것을 권유하는 갖가지 쿠키의 회로로 나를 끌어들인다. 아니면 저 사람들은 그냥 비욘세의 노래를 듣고 있거나 엄마와 연락이 두절될까 두려워하는 것일까? 그저 접속이 끊기는 게 두려울 뿐이다!

빅토르 위고의 무기력하고 상투적인 표현을 과용하고 싶진 않지만, 이것이 저것을 죽일 수도 있다.♦ 인쇄기가 전통적인 교회의 메시지 전달 체계를 확실히 뒤흔들어 놓긴 했어도, 건축이 인쇄기 때문에 실질적인 위험에 처한 적은 한 번도 없었다. 하지만 우리를 신체적 경험과 분리시키는 저 가상적이고 사이보그적인, 값싼 인간주의적 편집망상을 판매하는 모든 전자기기의 물결은 지독하게 많은 공간적 질문을 제기한다. 누추하기 이를 데 없는 다라비 빈민촌의 모든 천막 안에서도 자그마한 스크린이 발광한다는 사실은 혁명적이다. (그리고 이게 진짜 혁명을 영원히 유보시킬 위험이 있다.) 위험이 미치는 인구의 자릿수만 따져 봐도 트럼프는 마크 저커버그의 상대가 되지 못한다. 페이스북은 20억 인구의 영혼을 감시하는 기계이자 미국 국가안보국이 꿔왔던 모든 꿈을 뛰어넘는 몽정이며 그들보다 훨씬 더 많은 장사 밑천을 갖고 있다.

사생활 보호는 한물간 문제일까? 민주주의는 — 모든 공적 관리의 형식이 그렇듯이 — 공과 사의 구분선을 판단하는 시스템이다. 지금 (그리고 다른 순간에도) 나는 그 디지털 배꼽에 연결된 채 이 글을 쓰고, 부동산 중개 플랫폼 질로우(Zillow) 앱에 올라온 아파트 목록을 보며, 텔레비전을 시청한다. 텔레비전은 뉴스를 보여주고, 지역 채널은 오늘의 범죄 몇 건

♦　위고의 '이것이 저것을 죽이리라'라는 표현은 인쇄술의 발달로 인해 책이 건축을 대체할 것이라는 의미였다.

을 소개하며 감시 영상을 보여준다. 눈 하나 깜빡 않는 감시 카메라에 잡힌 범인들은 키메라의 시선을 자각하지 못한 듯하다. 마치 학교 다닐 때 감시 국가의 파놉티콘을 그리 잘 학습하지 못했던 것처럼 말이다. (이 바보들은 누구인가?) 관찰의 강도가 높아질수록 위장은 (엄밀히 불필요한 건 아닐지라도) 확실히 일상적인 것이 된다. 어디에나 존재하는 이런 감지 장치 ― 그리고 지나치게 현란한 '스마트' 도시의 모든 장치 ― 는 결국 우리 모두를 트럼프로 만든다. 인스타그램에 올리기만 한다면야 당신이 뭘 하든 뭘 말하든 상관하지 않는다! 아니면 우리 얼굴을 인식하거나 우리의 이메일을 뒤져 비난할 만한 단어나 글귀를 찾아 우리를 내쫓거나, 손쉽게 강도질을 하거나, 감옥에 가두거나, 암살하거나, 또는 그저 광고를 쏟아붓기 위한 알고리즘에 대한 얘기를 우리가 그리 신뢰하지 않는다는 ― 신뢰할 필요가 없다는 ― 것일까? 우리는 우리가 가진 약간의 기술과 한 몸이 된 나머지, 하늘 높이 들리는 잡음이 제너럴 아토믹스사♦의 무인항공기가 안방 창문으로 정의의 폭격을 가하려는 게 아니라 아마존의 드론이 홀 푸드 마켓의 유기농 복숭아를 고속 배송 중인 소리라고 너무 쉽게 설득당한 것일까?

바로 이런 세계에서 건축이 이뤄지고 있다. 나는 미국의 한 대사관을 설계 중인 어느 유명 건축가를 좋은 친구로 두게 되었는데, 그의 사무실을 방문하려면 이제 반드시 서명을 하고 신분증을 보여줘야만 한다. 한 층은 최고 수준의 신원 조회와 보안 심사, 홍채 스캔, 그 외 필요한 모든 절차를 통과하지 않는 이상 통째로 출입이 금지된다. 비슷한 의뢰를

♦ 미국의 군수기업. 제너럴 아토믹스 에어로노티컬 시스템이라는 드론 제작회사를 자회사로 두고 있다.

받은 다른 동료들에게 들은 바로는, 디자이너의 건축 도면 안에 정부기관의 이름 모를 디자인 귀신이 은밀히 장비를 설치할 공간을 빈칸으로 남겨두라는 요구까지 받는다고 한다. 당신은 안보국가가 은유적인 장광설을 펼칠 줄 안다는 사실이 사랑스러울 것이다. 그리고 저 대사관은 분명 미친 재주로 비평적 의제를 확정시킨다. 출입금지 구역과 비밀 구역을 정의하고, 프로젝트의 공간 정치를 주입하며, 디자인의 가치에 대한 망연자실한 혼란을 불러일으키면서 말이다. 이 특별한 형식의 비밀주의는 미완공된 설계에 내재한 비밀성에 부가되고, 그걸 해독하려면 비평가는 그 포장지들을 읽고 이제는 해킹할 수도 있어야 한다.

확실히 이 문집과 다음에 나올 문집 사이의 기간은 긴장감이 팽팽한 시대일 것이고, 그에 비하면 트럼프는 별것도 아닐 것이다. 한편으로는 기후변화 — 해수면 상승, 집단 이주, 맹렬한 폭풍, 기아, 자원 전쟁 — 의 결과들이 도시의 형태와 삶에 결정적이고도 예상치 못한 방향으로 영향을 줄 것이다. 이미 지구의 지속 가능성을 위해 활용할 수 있는 기술과 사회적 시스템은 그걸 실행하려는 정치적 욕망보다 비교할 수 없을 정도로 성숙해있다. 다른 한편에서 일어나는 시스템의 와해는 더 많은 의도로 충만해질 것이다. 비록 그 결과는 예측할 수 없더라도 말이다. 임박한 자율주행차의 도래는 도시의 형태를 급진적으로 재구성하면서, 현재 도시의 가장 근본적인 골격인 가로(street)의 성격을 새롭게 빚어 낼 것이다. 그리고 가상현실을 띄움으로써 공간적·사회적 관계를 변화시키고 시뮬레이션 된 대리자를 상상치 못한 장소로 보낼 수가 있다. 세계를 가상현실화하기? 나는 최근에 처음으로 그러한 경험에 빠졌는데, 가상공간 속에서 고층 타워들 사이의 디지털 널빤지 위를 걸으라는 명령을 받고는 차마 '그리 할 수가 없었다.' 그때 일던 현기증은 진짜였기 때문이다. 그리고 그 두려움의 냄새마저도.

이 얘기는 다시 우리를 비평과 오웰적인 명령으로 인도한다. 그 어느 때보다도 권총과 벨벳 사이, 말하자면 폭력과 희망 사이의 균형이 비판적 개입이 필요한 영역의 지도를 만들어가고 있을뿐더러, 그 비전과 방법을 특징지을 원리들을 생산하는 변증법적 과제를 계속해서 요청하고도 있다. 트럼프(그리고 놀랍게도 전 세계에서 산발적으로 출현하고 있는 여러 동료 파시스트)는 앞잡이로서든 방지책으로서든 매우 유용한 얼간이일 것이다. 하지만 '그들의' 의제 중 최악에 해당하는 국경을 나누는 장벽과 감옥, 강제 노동 수용소, 빈민가, 그리고 뉴욕 같은 곳에서 아주 공식화된 불평등의 구체적 징후들에 대해서는 세심한 주의를 기울여야 한다. 좋은 것을 기념할 수 없고 감식가의 다양하고도 확고한 정밀성을 갖춘 스타일에서 멀어진 비평은 공허하다. 최악의 결과는 소름 끼치는 것들 때문에 우리가 장미의 내음을 맡지 못하는 — 그리고 장미를 심지 못하는 — 일일 수 있다.

뉴욕, 뉴욕, 뉴욕

New York, New York, New York

01
제인의 안경

제인 제이콥스는 시력 교정 안경을 끼고 도시를 보았다. 안경테는 고양이 눈을 닮은 캣츠아이 테였는데, 그녀가 적수로 여긴 르코르뷔지에의 고전적인 테와는 뚜렷하게 대비되는 모양이었다. 르코르뷔지에의 안경은 동그랗고 완고하며 남성적 표상이라 할 만한 합리주의자의 안경이었다. 반면에 제인의 안경은 르코르뷔지에의 수학적인 안경보다 더 발랄하고 여성적이며 생동감이 있었을 뿐만 아니라, 당시의 유행과도 맞아떨어졌다. 그녀는 바로 그런 시각으로 도시를 바라봤다. 야생적이면서도 협동적인 그녀의 시선은 시계태엽처럼 규칙적인 질서가 아닌 생동하는 자발성과 끊임없이 변화하는 개방적인 차이 속에서 도시를 이해했다.

　　캣츠아이 안경은 이제 누구나 쓰는 일상적인 패션이 되었다. 너무 많은 사람들이 뭔가를 보기 위해서가 아니라 다른 사람들에게 보여주기 위해 이 안경을 쓴다. 그라운드 제로 설계에 관한 논쟁이 벌어질 당시 『타임스』에 실린 가장 짧고 사소한 뉴스 중 하나는 건축가들이 직업상 쓰는 안경에 관한 토막 기사였다. 이 기사는 모든 고가 안경을 살펴보면서, 르 코르뷔지에와 필립 존슨, 이.오. 밍 페이를 닮고 싶어 하는 사람들을 위한 제품도 하나 이상을 다뤘다. 말하자면 스타 건축가를 상징하는 가장 기본적인 품목 가운데서도 핵심을 추린 것인데, 마치 건축가의 스타일과 명성이 향후 그의 건축이 나아갈 길을 예견하기에 충분한 증거라도 되는 양 생각하는 듯했다.

제이콥스의 명성은 그보다 내실이 있었다. 인맥이나 외모가 아닌 행적과 사고방식으로 얻은 명성이었기 때문이다. 모든 위대한 활동가가 그랬듯 그녀도 시간이 갈수록 악명을 떨쳤고, 방대한 범위에서 다양한 얼굴로 변신하며 이름을 알렸다. 한편으로는 깊이 있고 독창적이며 우아한 경제사상가의 면모를 보였지만, 다른 한편으로는 언제든 공론의 장에 올라 발언하고 속기사의 메모를 낚아채 관료제의 무자비함을 바로잡았으며 동네를 지키려는 주민들의 의지를 모으기 위해 집집마다 방문하던 여성이었다.◆ 그녀는 세련되고 배타적인 의례가 행해지는 포 시즌스 호텔이나 센추리 클럽 대신 허드슨 스트리트에 있던 자신의 전설적인 집에서 한 블록 밑에 위치한 화이트호스 선술집을 자주 드나들었다. 군중이

◆ 뉴욕 시장이었던 로버트 모지스(1888~1981)는 1950년대부터 맨해튼 남부를 관통하는 고속도로 건설 계획과 '슬럼 철거' 정책을 추진했다. 이에 당시 맨해튼 남부 그리니치빌리지에 살던 제인 제이콥스(1916~2006)는 주민들과 함께 모지스의 계획에 반대하며 동네 공원을 지키기 위한 운동에 돌입했고, 1961년에는 『미국 대도시의 죽음과 삶』이라는 역작을 발표하며 르코르뷔지에와 모지스의 근대적 도시계획에 반대하는 뉴 어버니즘의 태동에 주된 영향을 주었다. 이러한 일련의 과정 속에서 여론의 전폭적 지지를 얻은 그녀와 그리니치빌리지의 지역 운동은 고속도로 건설계획을 재추진하려던 뉴욕시의 시도를 번번이 좌절시켰고, 그 영향으로 1965년에 새로운 뉴욕시장은 랜드마크 보존 위원회(Landmarks Preservation Commission)를 설립하는 법안에 서명했다. 결과적으로 뉴욕시는 고속도로가 도심을 관통하지 않아 미국에서 가장 보행자 친화적인 도시가 되었다.

바싹 붙어 앉아 거나하게 술에 취하고 갓길 보도에 우르르 나와 있는 곳을 좋아했기 때문이다.

그러한 어울림은 그때나 지금이나 시선을 교환하는 기본적인 처리 방식이며, 제이콥스는 이를 아주 정교하고 자세하게 논했다.♦ 그녀는 사적 생활에서 공적 생활로, 실내 생활에서 외향적인 생활로의 점진적 변화를 구조화하는 유·무형의 켜와 경계를 예민하게 다뤘다. 그렇게 미묘하게 펼쳐지는 풍부하고 특수한 변화가 도시에 생생한 활력을 불어넣는다. 도시 연구자로서 제이콥스의 위대한 면모 중 하나는 용감하고도 침착하게 추론을 확장하는 능력이다. 그녀는 사건과 도시 형태 사이에 일어나는 국지적 상호작용의 특수성에 기초해 더 큰 도시 생활의 패턴으로 추론을 확장하는 특별한 능력이 있었다. 그뿐만 아니라 '생활양식(lifestyle)'이라는 부적절한 이름으로밖에 묘사할 수 없는 무언가에 담긴 삶과 어울림의 경제학을 볼 줄도 알았다.

나는 도시 형태에 대한 제이콥스의 근본적 통찰을 다양한 규모로 번안할 수 있다는 데서 늘 감동을 받는다. 그래서 그녀의 안경을 낀 것처럼 도시를 더 선명하게 바라보고자 노력해왔다. 제이콥스가 살던 그리니치빌리지 구역에서 수년간 거주하고 일하며 장·단점을 모두 파악한 내게 이곳은 여전히 도시를 관찰하기에 훌륭한 실험실이다. 하지만 그녀처럼 나도 근시안적으로 바라본다는 비난을 받았다. 비난하는 쪽에서는 그리니치빌리지가 그저 너무 특별한 곳이라 입주비용을 상승시켜 외지인을 배제한다거나, 건물이 빽빽이 들어선 역사적이고 고결한 생태 환경

♦ 『미국 대도시의 죽음과 삶』에서 제이콥스는 갓길 보도에서 이뤄지는 시선의 교환 가능성이 서로 간에 불시의 도움을 가능케 해 더 안전하고 평화로운 동네를 만든다고 말한다.

속에서 새로운 걸 지을 땐 어쩔 수 없는 문제가 따른다는 식의 주장을 펼쳤다. 하지만 지구상의 도시 인구는 매주 1백만 명씩 증가하는 추세여서, 단순히 기존 도시를 확장하는 것은 위험할 뿐만 아니라 지속 불가능한 기획이다. 이런 식의 무분별한 도시 확산은 거대도시와 빈민가를 양산할 뿐이다. 이런 기획에 제이콥스의 분석이 더 이상 타당하지 않다고 말하는 건 이상한 비판이며, 간절한 염원과 기억을 내쫓고 새로움을 추구하는 것만을 당연시하는 태도다.

제이콥스의 생각이 특히 중요해지는 것이 바로 이 지점인데, 그녀의 메시지를 그 본연의 맥락 속에서 수용하는 게 정말 중요하다. 그동안 그녀의 주장은 잘못된 의미로 전유되거나 환원되어 왔다. 블록 길이를 줄이고, 용도를 다양화하고, 오래된 건물과 새 건물을 섞으며 여러 유형을 혼합하자는 그녀의 도시적 주장에 담긴 시학은 시대를 불문하고 타당한 주장이지만, 그걸 형식화하는 순간 (마치 도시를 흉내 낸 단조로운 교외가 그녀의 신조를 반영했다고 주장하곤 하는 것처럼) 그녀의 비전에서 핵심이 되는 사회적이고 정치적인 차원을 제거해버릴 위험이 언제나 존재한다. 제이콥스의 메시지는 형태로 환원할 수 없는 것이다. 도시를 인간이 만든 산물이자 인간이 사는 거주지로 보는 제이콥스는 단지 멸균적인 모더니즘 계획의 기율적인 질서에 반격한 것만이 아니었다. 그녀는 사회와 환경과 건축을 단일한 담론으로 융합할 수 있는 새로운 도시성을 기대하고 있었다. 이것이 그녀의 혁신을 이루는 핵심이자 오늘날에도 타당성을 갖는 중요한 의미다.

또 다른 위대한 도시 이론가이자 제이콥스와 동시대를 살았던 앙리 르페브르도 그녀와 많은 면에서 같은 원칙을 공유했다. 물론 이론적으로는 다소 다른 표현을 사용했지만 말이다. 르페브르는 '도시에 대한 권리'를 함께 나눠야 한다고 주장하면서, 제이콥스와 공통된 입장에서 도시를 읽어 냈다. 그는 이 표현을 복잡한 의미로 쓴 게 아니다. 그에게 도시에 대한 권리란 공적 영역을 방어하는 수단이자, 사회적 차별과 계층화가 심해지는 도시를 비판하는 수단일 뿐이기 때문이다. 하지만 더 중요한 건 이 권리를 통해 각자의 꿈과 환상이 담긴 도시를 만들어갈 시민에게 힘을 부여해야 한다는 그의 주장이다. 달리 말해 르페브르는 다중의 도시에 대한 권리, 논쟁과 교섭이 끝없이 지속되는 도시에 대한 권리를 주장한 것이다.

한편 제이콥스는 문화 영역을 넘어 경제 영역에서도 이러한 교섭을 고려했고, 날이 갈수록 더욱 경제적인 관점에 초점을 맞춰 글을 썼다. 그녀는 미묘하게 움직이는 도시 경제의 생태를 조망하면서 도시의 물리적 기반과 갖가지의 다양한 교류, 개인적 자유의 방어와 확장 사이에 일어나는 관계를 집요하게 파고든 선구자였다. 또한 자연계와 마찬가지로 경제 시스템도 다양성을 갖춰야 위기를 이겨내는 회복력이 생긴다고 주장했으며, 다양성이 뿌리내릴 가장 안전한 장소로서 도시를 탐구하고 그 중요성을 강조했다. 수입 의존도를 줄이고 자체 생산력을 높이는 게 도시의 발전을 이끌고 사실상 도시를 정초하는 원동력이 된다는 그녀의 주장은 이 질문을 다시 개인적이고 정치적인 문제로 되돌려놓았다. 도시의 발전은 단순히 경제 규모가 확장하는 것만이 아니라, 개인의 선택과 잠재력 그리고 자유가 신장하는 것이기도 했기 때문이다.

이렇게 다양한 초점의 렌즈를 활용한 제이콥스는 그 누구보다 더 풍부하고 섬세하게 도시를 이해할 수 있었다. 그리고 그 안경으로 일상

속에서 다채롭게 교류하는 복잡한 도시의 아름다운 발레를 보았다. 그 안경 너머의 발레는 한 사람이 아닌 일상의 모든 개개인이 짜는 안무로 이뤄진다. 반면에 모더니즘은 그녀에게 광신적이고 비인간적인 북한의 '집단 체조'와 비슷한 독재정의 '기계 체조'로 보여 거부당했다. (심지어 그녀에겐 더 우아한 발레인 〈지젤〉도 규범적인 제약들로 이뤄졌다는 점에서 예외가 아니었다.) 관습과 새로운 창조 사이에서 일어나는 형언하기 어렵지만 구체적인 상호 작용 속에서, 그녀는 아름다움과 민주주의의 결정적 장면을 보았다. 도시가 꿈의 용광로가 되려면 모든 몽상가를 자극하는 집이 되어야 한다는 사실을 인식한 것이다.

그녀의 캣츠아이 안경으로 봐야 할 장면이 너무도 많다!

— Lynne Elizabeth and Stephen A. Goldsmith, eds., *What We See: Advancing the Observations of Jane Jacobs*, New York: New Village Press, 2010.

제인의 안경

02

뉴욕의 세 폭짜리 그림

내가 엠파이어스테이트 빌딩의 놀라운 장관이 보이는 아파트에서 산 지도 이제 20년이 넘었다. 엠파이어스테이트는 뉴요커의 아이콘이요, 뉴요커의 마천루였다. 우리는 그 건물의 옥상을 스치는 구름을 보며 날씨를 알아챘고, 꼭대기에서 반짝이는 색색의 신호에서 축제일이 왔음을 알았다. 성 패트릭 기념일에는 초록색을, 게이 프라이드 행진 때는 연보라색을 볼 수 있었다. 그렇게 우리는 늘 뉴욕의 한복판에 있었다. 하지만 최근 이러한 뉴욕 생활에 한 가지 중요한 변화가 생겼는데, 스프루스 스트리트에 프랭크 게리의 76층짜리 아파트 건물이 들어섰기 때문이다. 이 아파트는 뉴욕의 최고층 주거 건물이자 게리의 첫 타워 작품이다. 이 건물도 역시 도취에 빠져들게 하는 요소가 많다. 조각조각 희미하게 반짝이는 스테인리스스틸 외피는 한순간 빛을 포착하면서 깜짝 놀랄 만한 아름다움을 선사한다. 오랫동안 게리가 가장 사랑해온 별난 스케일로 구성된 입면들은 크고 작은 굴곡을 그리거나 구겨지면서, 단순히 수평적인 요소를 쌓아 올리는 게 아니라 진정 수직적인 구성을 보여준다. 스카이라인 상에 위용을 드러내는 이 선물은 가까이서든 멀리서든 유연하고 다양한 장면을 만들어 낸다. 이처럼 르코르뷔지에가 말한 "빛 속의 장엄한 형태 유희"에 오로지 집중한 도시 빌딩은 전례가 없다.

고딕 양식이 되살아나기 시작한 19세기 중반의 영국 건축가이자 영국 의회의사당의 설계자 중 한 명인 오거스터스 웰비 퓨진은 1836년에 『14~15세기의 고귀한 건물과 현대 유사 건물의 대비』라는 작고 논쟁적인 책을 자비로 출판했다. 이 책은 당시 유행하던 신고전주의보다 고딕 양식이 우월하다고 주장하면서, 산업 도시는 형태적으로나 사회적으로나 타락했다고 공격했다. 아마도 이 책에서 가장 유명한 이미지는 회화풍의 도시 성벽과 우아한 교회 첨탑의 스카이라인이 보이는 '1440년의 어느 천주교 도시 경관'을 첨탑 대신 공장 굴뚝이 스카이라인을 지배하고 근대성의 가장 끔찍한 표현인 원형 교도소가 전면에 등장한 '1840년의 그 도시 경관'과 대비시킨 이미지일 것이다. 건축의 당파성은 제쳐두더라도, 퓨진은 도시 형태에서 사회적이고 문화적인 가치를 읽어 낼 수 있어야 한다는 주장을 하고 있었다.

엠파이어스테이트는 수십 년간 맨해튼의 스카이라인과 일치하는 부동산 가치 곡선의 최고점에 있었다. 하지만 그런 양적 차원의 기념비였던 것만은 아니다. 이 빌딩은 아르데코 양식의 전성기에 지어진 다른 건물들, 예컨대 그와 조화를 이루는 크라이슬러 빌딩 등과 함께 뉴욕을 대표하는 한 양식의 최고 수준을 예시했을 뿐만 아니라 대공황 이후의 경제 붕괴를 상징한 기념비이기도 했다. 대공황 이후에는 매우 다른 방식으로 건물을 짓게 되었지만, 이 빌딩은 다양한 규모의 회사가 다양하게 입주하는 건물을 요구하는 자본주의의 상징이었다. 그리고 맨해튼 경제가 벌이는 아주 독특한 작업, 말하자면 하늘을 영토로 바꾸는 고층화의 두드러진 상징이기도 했다.

프랭크 게리의 아름다운 타워도 도시의 이미지를 영원히 바꿔놓는다. 이 건물은 퓨진이 시작한 고딕 복고주의의 종반전에 참여한 근처의 양대 건물인 울워스 빌딩과 브루클린 다리를 결합하면서 도시의 놀라운 세 폭짜리 그림을 완성한다. 이들의 삼중주는 모더니티의 기술적·표현적 가능성과 그 모호한 양가성에 바치는 송가로서, 19세기에 시작한 기획을 시적으로 마무리한다. 이 세 건물은 각각 근대 도시를 대표하는 세 가지 기능인 대중교통과 기업적 관료제 그리고 대규모 집합주택을 구현한다. 그러면서 200년에 걸쳐 잉태해온 기술적 혁신들, 말하자면 철골과 긴 경간의 현수구조, 엘리베이터, 원격통신 등에 의존하고 있다.

스프루스 스트리트에 들어선 타워의 의미는 브루클린의 애틀랜틱 야드에서 일어나고 있는 다른 건축의 드라마와 비교해서 생각해보지 않을 수 없다. 원래 게리가 똑같은 의뢰인인 브루스 라트너를 위해 설계했던 그 거대한 단지는 사업 초기부터 골치 아픈 오명에 휩싸여 있었다. 그 오명이란 단지가 지나치게 크고 자기만을 뽐내며 서비스 기능이 너무 부담스럽게 몰려있을 뿐만 아니라 그 혜택도 너무 불균등하게 분배된다는 것이었다. 그러다 시장의 거품이 터지며 압력을 받은 이 프로젝트는 남쪽에 재설계하기로 결정이 났고, 게리는 해고되었다. 만약 그대로 지어졌다면 뉴욕의 스카이라인에서 가장 극적인 위용을 자랑하는 세기의 건물이 되었을 그의 계획은 그렇게 사라진 듯했다. 비록 단순히 건설 노조와 협상하기 위한 책략이었을지는 몰라도, 라트너는 이제 공장에서 사전 제작한 모듈로 최초의 초고층 주거 타워를 똑같은 대지 위에 짓겠다고 발표했다. 높이로 치면 또 한 번 기록을 성신할 계획이었다. 새 건물은 마치 게리에 반대하는 것처럼 보인다. 다양하고 독특한 게 아니라, 획일적이고 반복적이다. 맞춤 설계되지 않고, 대량으로 생산된다. 화려하기보다는 금욕적이다. 아름답기보다는 못생겼다. 고급스럽기보다는 '적정가다 (affordable).'

이런 비교는 두 건물의 의미를 진부한 모더니즘의 수사로 되돌려놓는다. 공장에서 주택을 만들겠다는 꿈은 본래 혁명적 평등주의와 관련된 산업 생산의 낭만이 낳은 산물이자 정의롭고 사회적으로 진보한 건축을 하겠다던 근대 운동의 목표에 따른 산물이었다. 하지만 이 꿈은 동구권에서 삭막한 패널 빌딩을 짓는 안타까운 종반전을 치르더니, 이내 두 층 위의 시스템으로 급속히 악화되었다. 보편적인 긴축 경제가 우리의 공공 주택 대부분을 사회적으로 격리된 감옥 같은 건축으로 변질시키는 동안, 반대로 우리가 공식적으로 염원하는 주거 패턴은 교외 주택이 된 것이다. 물론 뉴욕의 아파트 건물도 역시 빈부를 막론하고 이처럼 변질된 의미의 시스템에 동참한 기간이 있었다. 스타이브샌트 타운부터 레프락 시티 그리고 어퍼 이스트사이드 문지기들의 공간인 게토에 이르기까지, 중산층 자산의 핵심을 이루는 수백 세대의 흰색, 붉은색, 황갈색 벽돌 아파트도 주택공사가 짓는 수만 세대의 아파트와 그리 달라 보이지 않는다.

하지만 요즘의 건축 브랜딩은 멋진 건물을 오이 피클이나 겨자 식품에 빗대 부르는 수준을 훨씬 뛰어넘는다. 라트너의 건물은 트럼프의 건물보다 더 높다는 것만으로 충분하지 않다. (아무리 키가 커도 소년은 소년이니까.) 그보다는 더 인상적이고, 더 아름다우며, 더 '예술적'이어야 한다.

물론 이런 건물에 아무 문제가 없는 건 아니다! 부동산 자문가가 늘어놓는 기능주의적 요건에 맞춰 일일이 짜 맞춘 수많은 아파트 타워의 실패작이 스타 건축가가 서명한 고급 아파트로 인증되는 경우가 점점 더 늘고 있기 때문이다. (좀 작고 천장도 낮은 스프루스 스트리트의 아파트도 이 문제를 전적으로 벗어나지는 못한다.) 흥미롭게도, 라트너와 게리가 '외관'에 지나친 사치를 부린다는 우려가 있는 것으로 보이는 한편 스프루스 스트리트 아파트의 비범한 표현이 비용 면에서는 평범한 아파트 수준에 지나지 않는다는 주장이 들린다. 좋은 사람을 위한 좋은 디자인은 '경제적' 선택의 문제가 아니라는 것이다.

『뉴욕 타임스』의 칼럼니스트 찰스 블로우는 최근 뉴욕이 "그 어느 때보다 더 구석구석 활기가 없고 형식화된 허세만 남은 부자의 황무지로 전락하고 있다"는 낯설지 않은 경종을 울렸다. 나 또한 그와 같은 두려움을 느낀다. 미디어는 점점 더 건축의 표현에 집중하면서 건축의 효과가 갖는 의미는 경시한다. 프랭크 게리의 아름다운 건물이 계급투쟁의 분기점이 될 가능성은 거의 없다. 하지만 다른 모든 건물처럼, 그의 건물이 갖는 의미도 그 형태를 훨씬 뛰어넘는다.

— *Baumeister* B5, May 2011.

03
그리니치빌리지를 위한 열두 가지 긴급 제안

1. 모든 스트리트의 한쪽 차선을 녹지로 채우자

모두 알다시피, 이 동네는 뉴욕시에서 녹지 공간이 가장 열악한 곳 중 하나다. 우리의 거리는 종종 나뭇잎으로 우거지지만, 공원과 운동장은 아무리 사랑스럽다 한들 그 수가 적고, 규모가 작으며, 서로 너무 멀리 떨어져 있다. 우린 어디서 더 많은 공공 공간을 찾을 수 있을까? 나는 늘 그 답이 간단명료하다고 생각했다. 우리의 거리는 이 근방에서 단연코 가장 넓은 면적의 시 소유지를 차지하고 있지만, 이 영역이 가장 유용하게 쓰이고 있지는 않다. 4.6미터 폭의 거리에 열두 대의 개인 차량을 주차하는 게 모든 외측 차선을 활용하는 최선의 방법이라고 생각하는 분이 계신가? 나는 그렇게 생각지 않는다!

그리니치빌리지의 모든 거리에서 한쪽 차선을 자동차가 아닌 공중(公衆)의 영역으로 바꿔보자. 여기서 우리가 실감할 수 있는 몇 가지 혜택은 보행자를 위한 공간 키우기, 온도를 낮추고 탄소를 격리할 수 있는 수많은 나무 심기, 자전거를 타고 보관할 수 있는 환경 조성, 작은 놀이와 사회적 공간의 수용, 공동체 텃밭과 정원의 육성, 빗물 수집, 하수를 관리하고 재활용하기 위한 합리적인 장소 제공, 가장 친환경적인 시내 근린지구 만들기 등이다.

2. 6번로♦를 재생시키자

7번로를 무시하는 건 아니지만, 6번로는 상업활동 촉진지구(BID)◇의 중심축일 뿐만 아니라 이 마을에서 특히 황량하고 잘못된 스케일로 계획된 부분이다. 나는 특히 8번가에서 4번가로 이어지는 길을 생각하고 있는데, 단지 거리의 폭이 너무 넓다는 점뿐만 아니라 성당에 어울려야 할 공간이 표준 이하라는 사실도 함께 생각한다. 웨스트 4번가 역은 지하철 계통에서 가장 번잡하고 볼품없는 역 중 하나이며, 뉴욕 메트로폴리탄 교통공단(MTA)에서 재정비 계획을 통과시켜줄 것만을 하염없이 기다리고 있다. 이곳은 공중화장실을 좀 더 깨끗하게 바꾸는 식의 패러다임이 아

♦　6번로의 '로(路)'는 애비뉴(avenue), 8번가의 '가(街)'는 스트리트(street)의 번역이다. 뉴욕의 격자형 가로 체계에서 스트리트는 주로 동서축으로 짧게, 애비뉴는 주로 남북축으로 길게 이어지면서 서로 교차하고, 애비뉴는 스트리트보다 폭이 넓다.

◇　이 글은 8번가 상업활동 촉진지구에서 조직한 행사 중 발언 내용을 기초로 작성한 것이다.

니라, 지하철역 깊숙이 빛과 공기와 녹지를 도입하는 동시에 그 상부의 거리를 재구성하는 모험을 시작해야 할 장소다.

가능성은 무궁무진하다. 웨스트 4번가 역의 중간층을 그리니치빌리지에서 가장 넓은 '방'으로 만들기란 어렵지 않다. 왜 우리는 거기서 춤을 추지 않는가? 왜 거기서 볼링을 하거나 식물을 가꾸지 않는가? 게다가 그 상부 공간의 갓길 보도까지 함께 활용한다면 특히 명백하고 강력한 효과가 나타날 것이다. 우리 도시의 이상한 모양 때문에 6번로의 갓길 보도가 블리커 거리와 휴스턴 거리 사이에서는 극적으로 넓어지는 느낌이 든다는 걸 모두가 알고 있다. 이 폭넓은 갓길 보도는 파리 보도의 비례를 참고해 규모를 정한 것으로, 뉴욕을 통틀어 야외 카페와 레스토랑이 가장 행복하게 모일 수 있는 배경을 제공하고 있다. 몇 줄의 테이블을 놓을 공간이 있을 뿐만 아니라, 어슬렁거릴 만한 여유 공간이 넓고 사람과 차량의 교통을 분리해 주는 완충 공간도 많다. 이런 조건을 14번가까지 이어 확립해두자!

3. 8번가에 작은 고가 이동 활차를 설치하자

우리는 지금 운 좋게도 기적적으로 깨어있는 교통국의 리더십을 경험하는 중이며, 보행자를 최우선시하고 대중교통 시스템을 두 번째로 우선시하는 풍부하게 혼합된 교통 문화가 뉴욕의 효과적인 이동 시스템을 이루는 바탕임을 알고 있다. 이는 혁신이 전방과 후방에서 모두 일어나야 함을 의미한다. 전방에서는 간선 급행버스 체계(BRT)와 경전철, 공항철도,

급증하는 환승역이, 후방에서는 폭넓은 보도와 자전거 그리고 고가 이동 활차 등이 혁신을 이끈다. 한때 마을을 이어 준 몇몇 경로들을 복원하고, 8번가보다 더 나은 장소를 다시 조성해야 할 시간이다. 나는 톰킨스 스퀘어 공원에서 세인트 마크 스트리트와 8번가, 그리니치 애비뉴를 지나 육류 시장까지 이어지는 하나의 노선을 상상하고 싶다. 이 노선을 지나는 활차는 규모가 작아야 할 텐데, 샌프란시스코의 케이블카나 리스본의 활차 같은 규모라면 금상첨화일 것이다. 얼마나 즐거울까! 정말 멋진 이동 수단! 얼마나 편리한가! 얼마나 매력적인가!

4. 뉴욕대학교의 탐욕에 재갈을 물리자

우리는 물론 캠퍼스를 사용할 수 있게 해준 후안 카를로스 왕과 뉴욕대학교에 감사해하고 있다. 그리고 우리는 그리니치빌리지의 운명과 뉴욕대학교의 운명이 사실상 모든 수준에서 서로 얽혀있음을 감사하는 마음으로 인식해야 한다. 우리는 단순히 우리 동네를 세계가 정의하는 보헤미아 중 하나로서가 아니라, 보헤미안들을 위한 공작소로서 유지하기 위한 투쟁을 함께하고 있다. 이는 우리 시민과 공간적 용도의 구성을 다양하게 혼합해 활기찬 균형을 유지하고, 젠트리피케이션과 거대 기업이 된 대학교 모두에 맞서 주변적인 문화의 가능성을 보호하겠다는 뜻이다. 말하자면 임대료를 통제해야 한다는 뜻이고, 또 달리 말하면 개발을 제한해야 한다는 뜻이다.

워싱턴 스퀘어 빌리지와 실버 타워 부지에 건물을 몰아넣으려는 뉴욕대학교의 현 계획안은 그 장소에서 지나치게 많은 공간을 가져가고 있다. 나는 뉴욕대학교가 캠퍼스 안에서 걷기 좋은 감각을 유지하려 한다면 분교라는 개념에도 한계가 있음을 알지만, 일단 뉴욕대학교는 무한한 성장 모델 자체를 조절해야 한다. 오늘은 그리니치빌리지에 있어도, 내일은 아부다비와 상하이에, 다음 주에는 전 세계에 자리 잡을 수도 있는 것이다. 전통적인 미국식 캠퍼스 모델과 상대적으로 더 분교가 이뤄진 유럽식 패러다임 사이에서, 뉴욕대학교는 그리니치빌리지 안의 캠퍼스를 지나치게 고집한다. 한편 뉴욕대학교가 여러 방식으로 학교와 주변 동네에 긍정적 영향을 미치도록 분교의 필요성을 이미 인식하고 있다는 건 희소식이다. 학교 측은 현재 공대를 브루클린에 두거나 생명공학부를 병원 옆에 두는 식으로 논리적인 상승효과를 제안하고 있다. 하지만 이스트 빌리지에 기숙사를 너무 크게 짓거나 블리커 거리에 고층 호텔을 짓는 방안은 도를 넘어선 것이다.

말하자면 뉴욕대학교의 확장은 도시의 다른 부분과 현존하는 건물 모두에 초점을 두고 있으며(이런 확장이 과연 브로드웨이에 있는 땅을 사지 않고 그곳에 존재하는 간극들을 그대로 비워둘 수 있을까?), 우리가 '흥미로운' 대지라 부를 만한 것에도 집중하고 있다는 얘기다. 이중에서 보다 넓은 동네를 찾는다면 현재 화물로 가득하지만 지구상에서 가장 큰 학교 부지 중 하나가 될 가능성이 있는 제40 부두보다 더 환상적인 곳은 없을 것이다. 하지만 그 또한 여러 가지 유력한 가능성 중 하나일 뿐이다.

5. 옛 세인트 빈센트 병원 부지

이 동네에서 '흥미로운' 또 하나의 유명 부지는 뉴요커의 사랑을 받던 옛 세인트 빈센트 의료원의 거대한 필지다. 지금으로서는 정확히 어떤 프로젝트가 들어설지 모르겠지만, 시내의 모든 감질나는 필지마다 고급 주거가 기본 옵션으로 남아선 안 된다는 건 잘 알고 있다. 이 부지는 현재 새 병원을 만들고자 했던 협상이 실패해 신축하지 못하면서 남겨진 잔여물임을 기억하자. 여기서 나는 규모 면에서나 용도 면에서나 이 부지의 기존 특성을 활용하자는 이중의 제안을 하고 싶다. 이미 역사적으로 기관 시설이 들어선 곳인 만큼, 그리니치빌리지에서 이곳은 '일부' 학술 용도로 쓰기에 가장 합당한 입지다. 문화와 기술 분야의 기반시설은 이미 이런 역량을 갖추고 있다. 시설의 규모는 전례와 맥락에 따라 확립된다. 그리고 그 입지는 더 이상 편리할 수 없을 정도다. 모든 계획이 그렇긴 하지만, 관건은 용도를 어떻게 혼합하느냐에 달려 있다. '일부' 학술 용도에 적합하다는 말은 일부 다른 용도도 포함한다는 뜻이다.

이 중요한 부지는 이 마을에서 사라져가는 또 다른 측면을 회복시켜줄 기회를 나타내기도 한다. 우리의 소중한 수호성인 제인 제이콥스가 개진한 핵심적인 공식 원리 중 하나는 보행자들에게 선택권을 부여하는 게 중요하단 점이었다. 그녀에게 이 원리는 단순히 규모와 역사 그리고 용도가 다양한 건물들을 섞어 근린 건축을 짓자는 의미를 넘어, 45미터 남짓마다 길모퉁이를 만드는 데 투표할 기회를 말 그대로 부여함으로써 도시를 기회의 미로로 경험할 수 있게 하자는 뜻을 담고 있었다. 옛 세인트 빈센트 병원 블록은 엄청나게 긴데, 단 한 명의 소유주가 그 대부분을 단일 용도로 점유하고 있다는 사실은 11번가와 12번가 사이의 중간쯤에 적어도 하나의 연결점을 만들어 블록의 규모를 줄일 기회가 있음을 시사한다. 이러한 연결점을 상세히 계획하고, 순수하게 보행자를 위한 회복 작업을 돌이킬 수 없는 수준으로 시행해야 한다. 그리고 이걸 다른 연결점들과도 이어야 한다.

6. 시민들이 건너갈 수 있게 하자

우리들 대부분은 수변 어업지대에서 시작된 오랜 역사를 기억한다. 기존 밀러 고가 고속도로의 붕괴, 새로운 웨스트웨이 계획을 둘러싼 대립,♦ 그리고 오늘날의 폭넓은 '대로'와 깔끔하게 정리된 허드슨 리버 공원까지. 그사이에 우리가 어떻게 움직일 것인지, 우리가 선택한 시스템에 어떻게 투자해야 할 것인지를 둘러싸고 치열한 논쟁이 벌어졌다. 비록 웨스트웨이 주간 고속도로 계획은 지극히 어리석은 계획이라며 질타를 받았고 대량 수송수단의 기금 마련을 위한 고속도로 건설 투자 기관도 설립되긴 했지만, 지금껏 구축된 시스템의 이상한 결과 중 하나는 그렇게 공공의 교통수단을 완전히 빼앗겼다는 점이다. 예전의 고속도로 노선으로는 어떤 전차도 다니지 않는다. 어떤 연락선도 강을 오르내리며 운행하지 않

♦   맨해튼 자치구청장이었던 줄리어스 밀러의 이름을 딴 밀러 고속도로는 1929년부터 1951년 까지 맨해튼 서측 수변에 건설되었고, 1973년에 고가도로 일부가 붕괴하면서 추락 사고가 일어났다. 1969년부터 시작된 새로운 웨스트웨이 고속도로 프로젝트는 환경적인 논란으로 1985년에 폐기되었다.

는다. 심지어 자전거 도로조차 이미 과밀한 상황이다. 게다가 공원까지 가려고 건널목을 찾다 보면 대체 얼마나 오래 걸리는지, 일일이 말하기도 피곤하다.

그런데도 이미 말을 꺼냈으니 계속해보겠다. 먼저 작은 제안을 하자면, 더 많은 건널목을 만들고 신호등도 늘려서 도시와 훨씬 더 친숙한 공원을 만드는 게 어떨까. 큰 제안을 하자면, 결국 공원 잔디까지 이어지는 대중교통을 신설하는 게 어떨. 하나의 전차 노선에 2차선을 할당하길 바란다. 허드슨강을 운행하는 수상 버스가 있길 바란다. 시내를 가로지르는 (8번가 고가 이동 활차와 같은) 몇 개의 노선이 강변의 여러 정류장을 연결하고 여행자는 그 새로운 전차 교통망에서 울리는 경쾌한 소리를 듣고 경적이 울리는 연락선으로 편리하게 환승해서 도심의 외곽을 두루 항해하게 되길 바란다.

7. 모든 지붕을 녹화하자

여기 또 하나의 확실한 성공 요인이 있다. 지구온난화는 우리의 오래된 합류식 하수도가 부적절한 것만큼이나 불가피한 현실이다. 녹화 지붕은 합리적인 비용과 강력한 혜택 모두에 지대한 영향을 끼칠 수 있다. 녹화 지붕은 건물의 단열재 역할을 하고, 탄소 발생을 억제하며, 자연의 서식지를 제공한다. 빗물을 흡수할 뿐만 아니라, 텃밭과 휴식 그리고 장식을 제공할 수 있다. 또한 그로 인해 일자리도 창출할 수 있다. 이는 확실히 그리니치빌리지의 범위를 훨씬 넘어선 장점인데, 뉴욕 전체의 지붕 경관을 이렇게 재생할 경우 우리의 도시 경제와 생태에서 점점 더 활기를 띠어가는 분야에서 엄청난 교육과 취업 기회를 창출할 것이기 때문이다.

과연 누가 이 일을 할 수 있을까? 미국은 역사상 가장 지독한 집단 감금 작전 중 하나에 개입한 국가다. 컬럼비아대학교와 열린사회재단◆의 동료들은 아주 많은 주민이 교도소에 있고 수감자 각각에게 1백만 달러 이상이 소비되고 있는 일명 "백만 달러 블록"의 목록을 파악했다. 물론 그리니치빌리지는 엄밀히 말해 그런 블록으로 가득하진 않지만, 이러한 통계 수치는 그런 투자가 말 그대로 절실히 느껴질 수 있는 방식을 창의적으로 생각할 필요가 있음을 시사한다. 나의 아이디어는 다음과 같다. 그저 수감자들을 교도소 안에 가두려고 하버드대학교 등록금 수준의 돈을 그리 쓸 게 아니라, 그들에게 친환경 기술을 가르치는 것이다. 이 기술은 그들에게 단순히 경제적 기회만 제공하는 게 아니라, 그들이 더 넓은 공동체에 건설적으로 기여할 수 있게 해줄 것이다.

건강과 안전, 그리고 환경의 쾌적성을 꾸준히 향상시키고자 (오랜 시간에 걸쳐) 설계된 우리 건축 법규의 다른 측면들처럼, 녹화 지붕도 법률로 정할 수 있다. 우리는 왜 여태 그런 법률을 제정해두지 않았나?

8. 화물 관리

나의 제안이 상당 부분 동선과 순환에 초점을 두고 있다면, 그 이유는 그

◆　Open Society Foundation. 조지 소로스가 1979년 뉴욕에 창설한 비영리기구를 말한다.

런 것이야말로 공공의 도시를 대표하는 기능이기 때문이다. 도시는 사람과 사물을 함께 나르는 도구요, 병치하는 엔진이다. 접근성은 단순히 편리함의 문제가 아니다. 그것이야말로 민주주의를 이루는 하나의 질문이다. 도시가 계속해서 새로운 가능성을 전개하지 못한다면, 예컨대 우연한 만남과 마주침의 가능성을 전개하지 못한다면 우리는 정해진 틀 속에서만 사람들을 만나게 되고 도시는 실패하고 만다.

하지만 우리가 보다 구조화되고 숙련되기를 기대하는 종류의 마주침도 있다. 한 가지 예는 물품 배송 서비스인데, 매일같이 수만 개의 물품이 도시로 유입되어 그 전역에 유통된다. 우리 도시의 거리가 꽉 막히고 위험한 이유는 물자 순환 시스템이 잘 관리되지 않아서다. 여기서 중요한 건 큰 것과 작은 것을 구분해야 한다는 점이다. 자신에게 할당된 임무를 처리하러 걸어 다니는 집배원이 거슬리는 사람은 없을 것이다. 새미스의 자전거 기사가 현관 앞까지 무쉬러우◆를 배달하느라 1분 더 지체하는 걸 뭐라 할 사람도 없을 것이다. 하지만 무지하게 긴 맥도날드 트럭이 끈적끈적한 지방 덩어리를 토해내거나, 민간업체의 쓰레기 수거차가 분쇄음을 내면서 새벽을 일깨우거나, 가스를 내뿜는 온갖 종류의 크고 작은 트럭들이 밤낮으로 도로를 점거하며 갖가지 물건들을 배송하는 건 불필요한 악몽일 뿐이다.

이런 문제를 해결하는 건 배달 계획과 기술의 문제다. 배달 시간을 특정 시간대로 한정하는 건 법적 조치로 간단히 해결할 수 있는 문제다. 또한 교통망 내의 유통 거점(depot) 시스템으로 기술 혁신을 이뤄야 한다.

◆ 새미스는 그리니치빌리지의 중식당이고, 무쉬러우는 버섯과 계란, 돼지고기 등심을 섞어 만든 중국식 볶음 요리다.

(여기서도 제40 부두가 확실한 선택지인데, 홀랜드 터널이나 바지선을 이용해 바로 서비스를 받을 수 있기 때문이다.) 그런 유통 거점에서 큰 물자는 우리 거리의 규모와 성격에 맞춰 작게 나눈 다음 특별한 도시형 전기 운송수단이나 자전거로 실어 나를 수 있다. 이런 의무화를 도시 전체로 확장할 수도 있을 것이다. (물론 지역의 특수 운송수단 제조업체에도 의무화할 수 있다!) 또는 보다 국지적인 규모에서 시행할 수도 있을 것이다. 아마도 우리의 상업활동 촉진지구가 8번가에 이를 시험해본다면 혁신을 이끌 수 있을 것이다!

9. 빌리지를 탄소 무배출 구역으로 선포하자

나는 근린지구(동네)에 어느 정도의 자율성이 있다고 믿는다. (이를 '준-자율성'이란 말로 부를 수 있을 것이다.) 그리고 도시 안에서 다양한 규모의 집단이 관계하면서 나타나는 각종 한계와 가능성을 유연하게 조율하는 게 중요하다고 생각한다. 국지적인 노력이 일반적으로 충분한 힘을 갖지 못한다는 건 우리의 도시계획이 불균형적으로 이뤄지고 있음을 방증하는 것이다. 예컨대 우리의 197-A 커뮤니티 계획은 엄밀히 말해 권고안의 형태인데, 우리는 자주 제기되는 목소리들을 접수해왔고 우리 자신을 조직화하는 기술도 뛰어나기에 여기서 (우리가 이해한다면) 우리가 원하는 바를 얻는다. 하지만 이중에는 반발의 목소리가 너무 커서 우리도 상상력을 죽이고 보수적인 역할을 해야 할 때가 너무 많다.

상업활동 촉진지구라는 개념은 중앙 연방 정부가 확실히 실패한 것들을 바로잡고자 하나의 독립된 연합을 만들어 내는 일종의 분리파 모델

그리니치빌리지를 위한 열두 가지 긴급 제안

이다. 물론 나는 공평성의 측면에서 이 개념에 다소 심각한 문제가 있다고 느낀다. 하지만 이를 확장해보면 동네에 대한 우리의 사고방식을 재고해볼 수가 있다. 이 개념은 어떤 이유에서든 앞으로 나아갈 준비가 안 됐거나 나아갈 수 없는 다른 동네보다 더 진보적이고 더 자율적이며 더 조직화된 우리의 권리를 표현하는 방식이기 때문이다. 이런 방식이 보편적 복지에 대한 우리의 의무를 줄이는 것은 아니다. 그보다는 우리가 우리의 지역적 관심을 대변하여 협력할 권리를 주장하는 것이다.

분리파적 제안을 하나 하자면 이런 것이다. 그리니치빌리지를 탄소 무배출 구역으로 선포해 마을 공기를 정화하자. 그러려면 무엇보다 건물과 교통수단에 초점을 맞춰야 한다. 건물의 경우, 기름을 태우는 보일러를 불법화하는 조치로 시작해서 완전한 탄소중립성을 빨리 달성하기 위한 요건을 이행해가는 방식으로 진행할 수 있다. 여기에는 기술적으로 문제 될 게 거의 없다. 그리고 이런 변화가 소유주의 이타주의로 귀결되어선 안 되며, 건물 운영과 동네의 가치, 그곳에서의 삶의 질이라는 측면에서 장기적인 경제 혜택으로 이어져야 한다. 교통수단의 경우도 기술적인 문제는 없지만, 어떻게 조직화하느냐가 이슈일 것이고 조직화에는 약간의 시간이 걸릴 수 있다. 핵심적인 장애물은 주로 외부에서 들어오는 교통수단들이 지역 규제를 준수하지 않는 데 있을 것이다. 따라서 이런 외부 교통수단을 위한 한두 개의 전용 통로가 필요할 수 있으며, 단계적인 조치를 통해 교통수단을 자전거로 전환하거나 이미 거리를 배회 중인 탄소 무배출 택시, 전차, 인력거를 비롯해 환경적으로 진보한 교통수단으로 전환할 필요가 있을 것이다.

이건 불가능한 제안이 아니라, 불가피한 제안이다. 지금도 우리는 우리의 거리를 되찾기 위한 잠정적 조치들을 해나가고 있다. 자전거 전용노도를 설치하고, 새로운 택시는 모두 한 가지 유형으로 할 것을 의무화하고(가엾은 택시여, 그리 혁신을 뽐낼 필요는 없지 않은가), 간간이 나오는 갓길 보도를 넓히면서 말이다. 하지만 우리의 마을은 잠정적인 게 아니다. 지금껏 움츠려온 우리 대중들이 진정 자유롭게 숨 쉬어야 할 때다.

10. 속도를 늦추자

이러한 분리파적 주제를 좀 더 끌고 가보겠다. 앞으로 도시의 거리는 고속의 획일화된 교통수단 모델을 벗어나 훨씬 더 다양한 수단을 혼합한 접근성 좋은 저속의 안전한 장소가 되어야 한다. 이를 위해서는 대형 교통수단의 수를 과감히 줄이는 등의 몇몇 조건이 선결되어야 하지만, 가장 근본적인 조건은 교통의 속도를 줄이는 것이다. 머지않아 우리에게 주어질 새로운 탄소 무배출 교통수단의 최대 속도는 대략 시속 20에서 25킬로미터 사이일 것이다. (이 속도는 현재 맨해튼 교통의 평균속도와 비슷하다.) 이런 미래가 펼쳐진다면, 우리의 거리는 성격이 매우 달라질 것이다. 보행자와 자전거 탑승자, 휠체어 이용자를 비롯한 여러 교통수단이 거의 원하는 대로 길을 건너고 움직일 수 있을 것이다. 많은 곳에서 교통신호는 불필요해지고, 거리와 갓길 보도의 구분도 사라지기 시작할 것이다. 우리의 공공 공간은 활력이 돌면서 편리해질 것이다.

그리니치빌리지를 위한 열두 가지 긴급 제안

11. 서점과 같은 특별한 용도의 공간을 지켜내자

6번로를 따라 걷다 보면 보게 되는 상쾌한 장면이 있다. 그곳에서는 사적인 기획과 공적인 기획이 맺는 관계를 볼 수 있고, 어떤 권리가 도시 속에서 스스로를 재생산하는 방식을 볼 수 있다. 나는 지금 8번가에서 워싱턴 플레이스까지 두 블록에 걸쳐 동편으로 이어지는 서점가의 장서 목록을 말하고 있는 것이다. 미국 헌법 수정조항 제1조에 따라 보호받는 동시에 인접 건물로의 접근을 중심으로 지자체의 규제도 받는 이 서점들은 모든 수요를 충족할 정도의 목록을 보유하고 있진 않더라도 일반적인 시장에서 점점 더 경험하기 어려워지는 서비스를 제공한다. 이런 동네 서점들이 대형 체인이나 온라인 서비스로 대체되는 흐름이 이어지고 있는데, 그럴수록 우리 지역사회를 특징짓던 가장 중요한 무언가가 사라져가고 있다. 그리고 우리가 그저 우리의 자율적 감각만 주장하는 게 아니라 우리 동네에만 있는 특수한 감각을 내세우고 싶다면, 그 일환으로 우리를 특별하게 만드는 용도의 공간과 사람들을 보호해야 한다.

따라서 나는 두 가지를 제안한다. 첫째, 이 서점 주인들이 그 형편없고 볼품없는 접이식 테이블에서 책을 팔 필요가 없게 해야 한다. 적어도 파리의 센강 강변에서 볼 수 있는 문 달린 책장처럼 매력적인 무언가로 헌책방의 가판대를 보호해야 한다. 둘째, 우리의 지역지구제를 개선하여 최소한 기존의 모든 서점을 영원히 고정된 용도로 기념하며 사용할 수 있게 하자. 이뿐만 아니라, 아마 문신 가게와 성인용품 판매점도 그런 식으로 보호해야 할 필요가 있을 것이다.

12. 주점을 훨씬 더 늦게까지 열어 두자

이것도 못 하면 나머지가 다 무슨 소용인가. 물론 우리는 주점에서 나올 때 목소리를 낮추고 담배도 피지 않으려 할 것이다.

— Presentation, Village Alliance, New York, June, 2011

04
뉴욕대학교의 분기점

도시의 대학들은 두 가지 패턴에 따라 자리를 잡는다. 하나는 캠퍼스, 말하자면 일종의 예외 상태와 같은 패턴이다. 캠퍼스는 도시의 일상적 조직 속에 끼어드는 변칙적인 형태다. 뉴욕시의 고전적 사례는 컬럼비아대학교다. 질서를 갖춘 고립지대인 이곳은 영락없는 영토성을 보여준다. 벽으로 둘러싸여 있고, 동질적이며, 배타적인 데다, 침착하고, 건축적인 장소이기 때문이다.

　다른 하나는 유럽에 더 흔한 패턴으로, 도시 자체가 수용하는 조직 안에서 시설을 여러 곳에 분산 배치하는 방식이다. 파리의 센강 좌안 구역은 눈부실 정도로 많은 교육기관들이 몰려있어 문화의 향기를 물씬 풍기는 전형적인 사례다. 하지만 그런 분위기의 진수는 (적어도 일부는) 띄엄띄엄 배치된 대학 시설이 건축적인 존재감을 드러내는 방식에 있다. 파리는 활기차고 다채롭지만 그 안에 자리하는 이런 시설은 근본적으로 옛느낌을 내면서 도시와의 관계를 구축한다. (아이러니하게도, 프랑스 정부는 좌안 구역에 있는 그랑제콜◆ 중 일부를 파리 근교의 사클레에 있는 거대하고 밋밋하게 설계된 캠퍼스로 옮기는 중이다. 그 배경에는 도심의 알짜배기 땅을 사들이는 동시에 주변부를 도시화해 땅값을 올리려는 부동산 거래가 있다.)

　　뉴욕대학교는 원래 이렇게 주변에 스며들면서 지역사회의 세부 조직과 비교적 친밀한 관계를 형성하던 좋은 사례였지만, 갈수록 더 독립적인 캠퍼스에 가까운 패턴으로 빠르게 변모해왔다. 세계적인 초대형 대학교가 되려는 뉴욕대학교 본부의 야심 찬 논리에 대해서는 더 말하지 않을 것이다. 다만 이런 환상이 예측하는 초대형 규모의 건설은 형태적으로나 정치적으로나 완전히 다른 관계를 갖는데, 물리적·역사적·담론적으로 풍부한 결을 지닌 그리니치빌리지의 지형보다는 전제군주가 지배하는 아부다비 사막의 모래투성이 황무지에 더 가깝기 때문이다.

　　뉴욕대학교가 근린 생태계 속에서 자리 잡은 미묘한 — 그리고 수많은 방식으로 번성하는 — 틈새의 균형을 깨려는 이런 움직임은 건설 환경의 관점에서 보면 규모와 집중 그리고 질이라는 세 가지 이슈에 좌우된다. 그리고 뉴욕대학교의 계획가들은 각 이슈에서 오류를 점점 키워가는 일을 계속하고 있다. 설계의 질은 한없이 나빠지면서 보통 수준 이상으로 올라올 때가 거의 없는 편이다. 그리고 이스라엘 요르단강 서안지구의 개척지에서 형성되는 '현지 실상'처럼, 점점 더 밀집하는 이런 건축은 마치 식민지를 만들어가듯 대도시 근린지구의 핵심에서 여러 용도와 사람들을 교묘한 수완으로 쥐어짜며 혼합해낸다.

　　나는 뉴욕대학교의 공간이 '동급'의 다른 대학이 누리는 수준보다 비

◆　Grandes Écoles. 프랑스 고유의 엘리트 고등교육기관들이다.

교적 부족한 편이라는 대학본부 측의 주장에는 이의가 없다. 또한 걷기 좋은 환경을 공유하는 학술 공동체에서 직접 대면하는 마주침을 증폭시켜 사회적으로나 지적으로나 놀라운 상승효과를 거두는 커다란 이점이 있다는 주장에도 반대할 생각이 없다. 물론이다! 하지만 허위적이고 기만적이며 책략적이다. 워싱턴 스퀘어 근방에서 캠퍼스를 더 키워야 한다는 주장은 그저 눈 가리고 아웅 하는 격이나 다름없다. 왜냐면 이런 주장은 결론이 어떻든 대규모 성장이 필수라고 단정하려는 목적으로 역설계된 것이기 때문이다. 동급 대학의 면적을 거론하는 주장은 물론 더 넓은 근린 환경이 달리 보면 확장된 캠퍼스와 같고 카페 하나가 교실 하나만큼 중요할 수 있다는 사실을 무시한다. 반면에 공부 말고 할 게 없는 환경에 위치한 프린스턴이나 예일, 코넬 같은 대학교들이 모든 일상생활을 위한 기반을 자체적으로 마련해야 해서 필요한 캠퍼스 면적을 계산하는 건 놀랄 일이 아니다.

근접성에 기초한 두 번째 주장도 역시 사회적 공간이 쾌활하기만 하다는 우둔한 생각에 기댄다는 점에서 맹목적이다. 뉴욕대학교는 캠퍼스의 분위기가 이미 훌륭하다는 데 동의하면서도, 젠트리피케이션의 압력으로 상업과 주거가 점점 더 빠르게 획일화하는 가운데 이미 소실점에 와있는 환경에 더 큰 부담을 주어 자체적인 '공유지의 비극'◆을 초래할 수 있는 위험한 계획을 내세운다. 제인 제이콥스였다면 이 광기어린 계획을 내려다보며 우리에게 다음을 확실히 상기시켰을 것이다. 전체를 지배하는 단일한 용도가 뒤틀어지고 도시 근린지구의 사회적·경제적·물리적 융통성이 사라져버리는 것이야말로 파멸의 공식이라고. 또한 '사실상 이

◆　제한된 공유지에서 사익 추구에 대한 규제가 없으면 공유자원이 고갈되어 모두가 파멸한다는 개릿 하딘의 이론이다.

에 대한 질문을 받은 모든 교수진'이 이러한 확장 계획에 반대하는 데 투표했다는 사실을 본다면, 적어도 훌륭했던 한 대학교가 공장이 될 거라고, 또 하나의 피닉스대학교♦가 될 거라고, 탐구의 전당이 아닌 마케팅 기계가 될 거라고 우려하는 사람이 적지 않은 듯하다.

　　순수하게 계획의 관점에서 보자면, 뉴욕대학교도 분기점에 와있다. '어버니즘(urbanism)의 한 예로' 훌륭한 역사를 쓸 수 있었던 학교의 장점을 위험에 내맡기고 있으니 말이다. 학교 측이 실수하지 않기를 바란다. 뉴욕대학교는 미국의 대학교가 얻을 수 있는 최고의 땅을, 미국 최고의 대도시에서 가장 역사적이고 다채로운 결을 지닌 자유의 땅을 쉽게 차지했다는 점에서 진정 훌륭한 이점을 갖고 있다. 대학이 캠퍼스를 점유해야 한다는 자기본위적 관념에 취한 뉴욕대학교는 이미 워싱턴 스퀘어를 자가 소유지처럼 사칭해버렸다. (워싱턴 스퀘어는 현재 폭력 사건이 너무 자주 일어나는 건물들에 대부분 둘러싸여있다.) 그리고 이제 뉴욕대학교는 휴스턴까지 건물을 더 지어 캠퍼스를 키우려고 한다. 땅을 독점하려는 홍보용 논거로 그럴듯한 책임을 말하며 정의로운 척하는 친숙한 방어를 보게 된다. 여긴 이미 우리 땅이다, 그러니 어떤 건설 행위도 우리의 확고한 권리이며 그 경계 너머에 위협이 되지 않는다고 방어하는 것이다. 이건 정말로 친숙한 표현인데, (맨해튼의 컬럼비아대학교는 말할 것도 없고) 브루클린의 애틀랜틱 야드에서도 이런 표현은 특히 격렬하게 반복되었다. "그냥 우리 땅에서만 할 테니 당신들에게는 아무런 영향이 없을 것"이라는 비슷한 주장이 개발업자들의 입에서 흘러나왔다. 그러자 그에 대한 반격 역

♦　돈만 주면 학위를 찍어 내는 학교로 알려진 대표적인 비인가 학위 장사 학교를 말한다.

시 똑같았다. 당신들은 우리의 기반을 훼손하며 과도한 임대료를 매기고, 우리의 인구 통계를 왜곡하고, 가격을 올리고, 장소의 스케일과 특성을 영원히 개조해버릴 거라는 반박이 나온 것이다.

브루클린에서 논쟁이 된 부지는 철도 차량 정비소와 끔찍한 장벽, 그리고 대책이 절실히 필요한 어느 황폐한 지역이었다. 좋은 공원을 짓고, 밀도를 낮추고, 동네를 연결해 개발했다면, 아마도 훌륭한 대학 캠퍼스를 만들었을 수도 있는데! 하지만 뉴욕대학교 본부는 거의 완전히 양호한, 사실상 다방면에서 훌륭한 블록에 캠퍼스를 짓고 싶어 한다. 확장할 필요가 없다면, 그들에게 가장 좋은 최고의 용도는 무엇일까? 단순히 더 좋게 만든다는 관점에서 접근한다면, 확실히 그 흉측한 콜스 체육관을 거리와 더 친숙하고, 거리와 더 교류하며, 우아하고, 적정 규모를 갖는 무언가로 대체할 생각을 해볼 수 있겠다. 슈퍼마켓은 비록 무해하고 친숙한 건물이긴 해도 별로 사랑스럽지 못하다. 그래서 그 모퉁이를 돌로 대체한다면 더 나은 건물이 될 것이다. 비록 멋진 실버 타워가 곁에 있어 건축적으로 어려운 도전을 받고 있다 하더라도 말이다. 라 과디아 건물을 따라 줄지어 있는 1층짜리 임대 공간들은 실제로 잘 기능하지만, 여길 개조하면 블록을 관통하는 큰 공원을 만들 수도 있다. 하지만 그게 전부다. 이런 제한된 개입을 넘어서는 건 모두 억지로 구겨 넣는 행위이며, 이런 블록과 그 근린 환경을 더 악화시킬 뿐이다.

존 섹스턴 총장께 전하는 말씀: 크기가 전부가 아닙니다. 그런 큰 건물은 나쁜 아이디어입니다.

— Various contributors, *While We Were Sleeping: NYU and the Destruction of New York — A Collection of Pieces in Protest*, New York: McNally Jackson Bookstore, 2012.

05
월 스트리트 점령하기

월 스트리트 점령 운동이 주코티 공원을 선택한 건 영리한 선택이었다. 주코티 공원의 압축적인 규모는 대중이 폭발적인 에너지를 내기 위한 최소한의 규모를 쉽게 달성할 수 있게 해줬다. 도시의 심장부와도 같은 그 입지는 광기에 찬 기득권의 앞마당에 주둔하며 공평성을 외치는 장관을 만들기에 아주 적합한 곳이었다. 발언이 제한되고 무자비한 감시가 이뤄지는 구역으로 빠르게 변모하던 그라운드 제로의 길 건너편 부지가 자유로운 집회를 위한 중심 거점으로 선택된 것이다. 게다가 당시로선 흔치 않았던 공공과 민간의 '파트너십'으로 조성된 이 공원의 특징이 역설적으로 점령 운동에 힘을 불어넣었다. 주코티 공원은 지방자치단체의 공원에 통상 적용되는 시간과 장소 및 운영 방식의 제약이 없는 일종의 법적 예외 상태였기 때문에, 밤낮으로 점유될 수 있었던 것이다.

　이미 널리 알려진 것처럼, 이 점령 운동은 근린관계를 극단화한 체제 하에 공동체와 개인의 욕망 사이의 균형을 맞추는 도시주의(urbanism) 모델로 공간을 조직화했다. 그들은 점유한 공간을 식품과 교육, 위생, 상담, 레크리에이션, 미디어 구역, 통행로, 취침과 휴식 구역으로 세분화했다. 또한 범죄에 대항해 시민 정신을 맞세웠고, 독특하고도 정확한 협동과 공동생활의 양식을 발전시켰으며, 새로운 소통과 협치의 형식을 고안했다. 서로를 결속하는 켜의 성격과 그것이 친숙하면서도 적대적인 소수와 맺는 관계는 그 켜가 얼마나 자발적인가 또는 제도화에 따른 것인가에 좌우되었다.

그리고 이 점령 운동은 세계 인구의 1/4 이상이 사는 거점이자 도시적 규모의 불평등을 가장 극단적으로 드러내는 '비공식' 정착지라는 도시주의의 또 다른 형식을 불러냈다. 주코티 공원의 점유는 연극적이고 일시적인 운동으로 끝나긴 했지만, 이렇게 절망적인 상황에서도 종종 집중적으로 조직화된 장소의 많은 특성을 재생산해냈다. 그리고 그 과정에서 부동산과 합법성, 기본 서비스의 결여, 불가능한 인구 과밀 수준, 직업과 자원의 희소성에 기초한 지역 경제 조직의 필요, 당국과의 긴장감 있는 관계, 위협적인 일시성을 보여주는 사회적·물리적 건축의 범위에 중점을 둔 투쟁을 보여줬다.

그 의제와 친화력이 얼마나 폭넓었다 한들, 그리고 그에 따른 정치적 요구가 유동적이라는 비판이 있었음에도 불구하고, 2011년의 점령 운동은 분명 아랍의 봄, 스페인의 인디그나도스 운동, 그리고 그에 영감을 준 다른 운동들과 함께 하는 긴 역사의 일부였다. 그 역사는 단지 도시적 규모에서 이뤄진 항의가 아니라, 도시 공간의 특별한 정치적 성격 때문에 가능해진 사건들의 역사였다. 어떤 사회 현상이 단순히 도시에서 일어나는 것만이 아니라 실제로 도시를 만들어 낼 수 있다는 생각은 대중 집회를 이

끌어가는 근원적 성향이며, 우리가 아는 도시를 우리가 바라는 또 다른 도시의 모습으로 점령하는 행위는 특별한 힘을 발휘한다. 수천 년의 역사가 있는 이러한 실천 방식은 축제일에도 나타나고, 전염병에 맞선 질서정연한 대처라든가 정치적 봉기로 얻은 힘과 특권을 홀연히 재분배하는 결과로도 나타난다. 파리 코뮌은 바로 그런 역사의 정점이었다!

유토피아라는 개념이 너무 많은 면에서 신뢰를 잃었을지라도, 월 스트리트 점령 운동의 정신은 바로 의도가 담긴 공동체를 형성하는 데 있다. 나로서는 건물에 다시 거주하며 그 용도를 변경한 게 그러한 점유의 첫 경험이었다. 나는 60년대에 당시 유행하던 전쟁과 강탈에 반대한다는 명목으로 다양한 학교 행정 건물 안에 잠입해 (그리고 나중에는 버려진 집을 점거하면서) 수주의 시간을 보냈다. 중요한 건 그러한 점유의 매개체였다. 공간을 탈취해 새로운 용도로 전환하면서 협동의 힘과 대안적인 방식을 모두 보여주는 시위가 행동의 힘을 만들어 냈다. 전략적으로 형성된 일시적 공동체는 특별한 의미에 심취해있는 경우가 실로 많다. 내셔널 몰에 모였던 보너스 군대나 부활의 도시◆처럼 전장의 군사 주둔지 같은 형식이든, 아니면 버닝 맨이나 우드스톡 페스티벌◆◆처럼 전 세계에

◆　내셔널 몰은 워싱턴 D.C.에 있는 공원이며, '보너스 군대(Bonus Army)'는 제1차 세계대전 참전 용사들이 세계대전 보상 법률에 따른 보너스의 지급을 요구하며 1932년에 결성한 단체다. 한편 마틴 루터 킹 목사가 경제 정의의 문제를 공론화하기 위해 계획한 '가난한 사람들의 운동(Poor People's Campaign)'은 1968년 4월 킹 목사가 암살된 이후 5월부터 6월까지 6주간 워싱턴 D.C.의 내셔널 몰에 빈민촌을 조성하면서 이곳을 '부활의 도시(Resurrection City)'라고 불렀다.

◆◆　'버닝 맨(Burning Man)'은 1986년부터 시작된 예술 축제로, 매년 8월 네바다주 사막 한복판에 '블랙 록 시티'라 불리는 임시 공간을 마련하며 나무 인형을 태우는 행사를 벌인다. '우드스톡(Woodstock)'은 1969년 8월 15일부터 17일까지 '3일간의 평화와 음악'이라는 슬로건을 내건 전설적인 록페스티벌로서, 당시 미국의 베트남전에 반대하는 메시지를 전하며

서 재난 후에 볼 수 있는 난민 캠프 같은 형식이든, 그러한 일시적인 집회들은 특히 목적이 분명한 시위의 성격을 띠며 주민과 관객 모두에게 통상적인 상업 활동을 배제한 공동체에 대해 생각해볼 수밖에 없게 만든다. 즐기기 위한 것이든 아니면 생존이나 저항을 위한 것이든, 이런 집회는 모두 '규모(scale)'라는 개념을 공유한다. 그리고 이러한 잠재적 도시의 참여자들은 단순히 가족적인 가치를 정교히 하는 작은 단위의 공동체 생활과도 구분된다.

이렇게 공간을 점유하는 행위가 어떤 주장과 결합하면 이러한 도시 활동의 현저한 이론적 근거를 뒷받침하게 되는데, 그건 바로 앙리 르페브르가 1967년에 설명한 '도시에 대한 권리'라는 개념이다. 이 개념은 100년도 더 넘게 공동체 조직자와 거주자 그리고 혁명가의 작업 속에 깊이 뿌리박고 있었다. 르페브르는 이 개념을 집회나 접근 또는 이동과 같은 일련의 통상적 권리에 대한 주장으로만 본 게 아니라, 새롭게 생겨나는 욕망과 완전히 호응하며 나타날 수 있는 종류의 도시를 상상할 권리로도 보았다. 월 스트리트 점령 운동과 그것의 모든 동시대적 표현들은 이러한 이중 가치에서 나오는 것이다. 이 운동은 반항보다는 휴식을 위해 계획된 도시 공간 안에 자리 잡음으로써, 또한 거기서 참여자들이 새롭게 발명해 실천하는 공평한 공동체 모델을 활용함으로써 그들의 모임 안에 또 다른 종류의 도시 ― 또 다른 종류의 사회 ― 가 내재한다는 주장을 펼친다.

요즘에는 지구 반대편에 있는 지지자들이 공공 마이크와 피자를 신

60년대의 록과 히피 문화를 집약했고 이후 공연 문화의 새 지평을 열었다.

용 카드 결제로 배달해줄 만큼 참신한 방식의 집회와 소통이 부상하고 있는데, 이러한 새로운 방식은 점령 운동을 저항하는 시위로서만이 아니라 협동하는 상상적 노력으로도 발전시킨다. 이런 운동이 '짜임새 없는' 요구를 한다고 일축한다면 요점을 놓친 것일 뿐만 아니라 그러한 점유가 갖는 힘도 파악하지 못한 것이다. 물론 여기에는 공평성에 대한 포괄적인 요구가 있고, 선진국에서 광기어린 수준으로 커져가고 있는 소득 격차에 반대하는 주장도 있으며, 정의를 향한 보다 일반적인 외침도 있다. 하지만 이런 운동은 주로 그것의 욕망을 변호할 때, 말하자면 바로 지금 누군가가 상상할 수 있는 범위를 넘어선 좋은 도시가 출현해야 한다고 주장할 때 힘을 얻는다. 반면에 어떤 정확한 특이성, 어떤 '실용적' 손질을 주변적 차원에서 제안한다면 이 운동은 진정한 메시지의 힘을 잃어버리게 될 것이다. 정의는 확실성의 영역이지만, 늘 논란에 부딪히며 다시 새로워지는 사회적 시학은 실재하는 도시와 그곳의 실천들을 정의해야 한다. 도발만으로는 충분하지 않다. 그 시스템을 바꿔야만 한다.

— *Spontaneous Interventions*, US Pavilion, Thirteenth International Architecture Exhibition at the Venice Biennale, August 2012.

06
뉴욕의 갓길 보도

1. 스트리트의 주인은 사람이다!

2. 갓길 보도의 주인도 사람이다!

3. 뉴욕시의 스트리트 공간 중 최소 50퍼센트는 고속의 기계적 교통수단이 다니지 않는 인도(人道)의 상태로 유지해야 한다.

4. 이러한 최소 비율은 가곽(街廓, Block)별로 적용해야 한다.

5. 어떤 스트리트는 가곽 위원회 구성원들의 75퍼센트가 동의한다는 전제하에 전부 인도로 전환할 수도 있다.

6. 가곽 위원회는 주어진 가곽에서 접근 가능한 곳에 주된 직장이나 주거지가 있는 투표 가능 연령의 인구로 구성해야 한다.

7. 이렇게 추가되는 보도들을 비롯해 뉴욕시의 모든 갓길 보도를 뉴욕시의 소유로 되돌리고, 뉴욕시는 모든 갓길 보도의 유지관리에 대한 일차적 책임을 져야 한다. 이런 의무에도 불구하고 가곽 위원회와 뉴욕시는 통행과 집회에 대한 일반의 권리를 최우선으로 보장하면서 각

가곽에 위치하는 용도 지역의 성격을 통제할 권리를 공유해야 한다.

8. 가곽은 정사각형 블록이 아니라 모퉁이에서 모퉁이까지 스트리트 하나로 구획되는 공간으로 이해해야 하며, 스트리트 양편의 인도까지 포함해야 한다. 정사각형 블록(square block)은 4개의 다른 가곽을 일부분씩 공유하는 개념으로 이해해야 한다.

9. 가곽들이 교차하는 길모퉁이(Block Corner)는 그중 하나의 가곽에 할당해야 한다. 이때 각각의 가곽은 4개의 길모퉁이 중 2개를 통제할 수 있게 해야 한다.

10. 그런 할당은 무작위로 이뤄져야 한다.

11. 가곽 하나의 공간을 넘어서는 블록 요소들을 다루기 위해 가곽 위원회가 여러 가곽을 병합하는 조치는 연속된 가곽을 병합하는 경우에 한해 허용되어야 한다.

12. 어떤 경우에도 이러한 병합은 네 개의 연속된 가곽 이내로 제한해야 한다.

13. 인도 위의 모든 용도는 공적 성격을 갖거나 공공의 접근이 가능해야 한다.

14. 기본적으로 가곽을 따라 통행할 권리와 가곽 안에서 집회할 권리는 침해되거나 방해받지 않아야 한다.

15. 공공 용도로 할당된 모든 구역에서는 지정된 면적의 최소한의 통행 구역 안에서 걷거나 한가로이 서 있는 행위가 방해받지 않아야 한다.

16. 통행이나 집회를 위한 용도가 아닌 갓길 보도의 용도, 예컨대 어슬렁거리거나 한가로이 서 있는 용도는 가곽 위원회가 결정해야 하며, 가곽 위원회는 공공의 통행이나 집회를 위한 용도가 아닌 그런 용도에

권리를 할당할 수 있다. 이러한 보조적인 공적 권리는 돌아가면서 할당해야 한다.

17. 어떤 경우에도 대중이 유료로 이용해야 하는 용도가 가곽 면적의 5퍼센트를 넘겨선 안 된다.

18. 고수입의 가곽이 아닌 경우, 공적 권리를 배분할 때는 그 권리의 귀속 주체인 가곽에 수수료를 지급해 이윤을 제공해야 한다.

19. 수수료 수입이 시 전체의 모든 가곽에서 거둬들이는 수수료의 평균보다 50퍼센트 이상 높은 가곽은 고수입의 가곽으로 이해한다.

20. 고수입 가곽의 수입 중 25퍼센트는 가곽 은행에 기부해야 한다.

21. 가곽 위원회의 대표들로 이사진이 구성되는 가곽 은행은 고수입 가곽의 자격 요건이 안 되는 가곽을 개선하기 위한 보조금을 지급해야 한다.

22. 허용되는 용도로는 좌석, 게임과 기타 신변잡기적인 레크리에이션 활동, 원예와 농업, 자전거 보관, 빗물 저장, 아동 돌봄, 하수 처리, 수목 식재, 공공화장실, 그리고 책과 저널, 신문, 간이식품 판매가 포함되어야 한다.

23. 뉴욕시 교통시스템을 이용하는 데 필요한 모든 가곽은 지상과 지하를 모두 포함해 독립된 분할 영역으로 지정하고, 그곳의 유지관리는 뉴욕시 교통국의 책임 하에 둬야 한다.

24. 인도의 용도는 사적 기념(Grandfather) 용도나 쇠락(Sunset) 용도로 분류해야 한다.

25. 사적 기념 용도는 영원히 보존해야 한다. 쇠락 용도는 매년 가곽 위원회의 검토를 받는다.

26. 사적 기념 용도는 최소 통로 간격과 가로수를 확보해야 한다.

27. 최소 통로 간격이란 확장된 인도 폭의 질반과 10피트(3미터) 중 더 큰 치수에 해당하는 통로 폭을 말하며, 이 간격은 연속된 갓길 보도의 치수들과 조화를 이뤄야 한다. 이 치수들은 뉴욕시 도시계획국이 가곽 의원회의 조언과 동의를 얻어 정한다.

28. 가로수는 심은 지 5년 이내에 여름철 가곽의 전 구역에 적절한 그늘을 드리울 수 있게 배치해야 한다.

29. 이 가로수들의 위치와 수종은 뉴욕 도시계획국이 가곽 위원회의 조언과 동의를 얻어 정한다.

30. 인도 위의 노숙은 취침 24시간 전까지 가곽 위원회에 신청하고, 가곽 위원회의 승인이 있을 때만 인도 위 노숙을 허용해야 한다.

— Rick Bell, Lance Jay Brown, Lynne Elizabeth, Ron Shiffman, eds., *Beyond Zuccotti Park, Freedom of Assembly and the Occupation of Public Space*, New York: New Village Press, 2012.

07
역경을 통한 교훈

허리케인 샌디가 뉴욕을 강타한 지 거의 2주가 지나서야 우리 부부는 난방과 온수 기능을 다시 사용할 수 있었다. 전기는 그보다 며칠 일찍 들어왔다. 로워 맨해튼에 있는 우리 아파트는 보일러가 아닌 콘 에디슨♦ 스팀 시스템을 쓰고 있는데, 이 시스템의 수리가 늦어져 전기와 스팀 난방이 서로 시간차를 두고 복구된 것이다. 우리는 전기든 난방이든 개별 통제가 아닌 중앙 통제 기술에 의존했었다. 필요한 기반시설을 가장 유용하게 개념화하고 배치하는 방법이 무엇인지에 대한 근본적 질문을 덮어놓은 채 말이다. 시스템을 복구하는 과정에서 우리는 명심해야 한다. 거대한 시스템일수록 거대한 고장이 일어나기도 쉽다는 것을.

　샌디의 고통과 위험은 고르게 분배되지 않았다. 물론 가장 큰 피해 지역은 도시에서 가장 낮은 곳에 자리한 지역들이었고, 이런 지역의 집

♦　Consolidated Edison. 뉴욕시의 전기와 가스, 스팀을 공급하는 민간 기업이다.

들은 홍수에 떠밀려 내려갔다. 아파트 건물의 16층에 살던 우리도 샤워를 하거나 인터넷을 쓰려면 윗동네로 이동해야 하는 불편을 겪었지만, 이런 불편은 수많은 사람들이 겪은 진짜 비극에는 비할 바가 아니었다. 우리는 여느 중상류층의 사회안전망과 다르지 않게 어디서나 경찰의 도움을 받는 특권적인 구역에 살고 있었다. 그래서 구호 물품과 상호 협력, 호텔방이나 카푸치노를 찾는 법에 관한 실질적 조언을 받을 수 있었다. 하지만 뉴욕시의 공공주택 단지들은 상황이 매우 달랐다. 400채가 넘는 건물이 피해를 보았고, 폭풍이 불어 닥친 지 2주가 지나도록 1만 5천 세대 이상이 난방이나 수도 또는 전기가 끊긴 상태로 지냈다. 최근『뉴욕 타임스』에는 맨해튼에 사는 어느 부부에 관한 우스개 기사가 실렸는데, 수도가 끊긴 다음 변기 수조를 백포도주로 채울지 적포도주로 채울지 고민하는 부부의 이야기였다. 샌디 때문에 건물 안에 갇혔던 사람 중 이 기사를 즐겁게 봤을 사람이 과연 몇 명이나 될까?

해수면이 상승하고 있고, 폭풍의 빈도와 에너지가 증가하고 있으며, 현재 우리는 그에 대한 준비가 안 된 절박한 상황에 처해있다. 합리적인 관찰자라면 이런 상황을 명약관화한 사실로 인식한다. 샌디에 대한 뉴욕의 대처는 카트리나에 대한 뉴올리언스의 대처보다 여러 가지 면에서 미흡했다. 비록 그 시스템이 부정확해서 극적인 실패를 경험했지만, 양수기와 둑은 우리가 아는 위험한 상황이 실제로 땅과 물의 이치로 일어난다는 사실을 인정하는 오래된 대비물이다. 뉴욕은 재정과 물자 그리고 리더십에 관한 한 뉴올리언스보다 훨씬 더 많은 자원을 동원할 수 있었고 놀라우리만치 회복력 있는 사례(예컨대 심각한 홍수에 잠겼던 지하철이 놀라운 속도로 빨리 회복된 일)도 보여줬지만, 재조정된 기후변화의 현실에 대비해서는 사실상 아무것도 계획한 게 없었다. 실제로 우리는 그게 우리가 지금까지의 건축 방식을 통해 자초해온 문제임을 겨우 조금씩 자각해가고 있다. 로워 맨해튼의 흥미로운 지도 하나는 17세기 뉴암스테르담 시절에 시작된 간척지가 가장 위험한 지역임을 보여주는데, 이는 상당히 인공적인 개발 행위가 홍수의 원인임을 말해 주는 증거다.

이 문제를 다룰 수 있는 유일한 방법은 행위적인 해법과 물리적인 해법을 동시에 제공하는 조치를 취하는 것이다. 터널을 보호하고, 장벽을 건설하고, 습지대를 복원하고 구축하며, 합류식 하수도를 개별화하고, 줄어드는 모래톱을 정식으로 등록하고, 투수성 재료로 바닥을 포장하고, 발전기와 유류보급소와 기타 주요 설비를 더 높이 설치하거나 단단히 고정해야 한다. 경제학적 논리는 명쾌하다. 저지대를 보호하지 못하면 샌디 때와 같이 5백억 달러 정도를 쓰게 될 것이고, 비용곡선 상에서 수리 비용은 이미 보호 비용을 확실히 넘었다. 뉴욕대학교의 랭건 의료센터에서만 그 피해는 10억 달러에 달한 것으로 추정된다. 랭건 의료센터는 발전기가 작동을 멈추고 지하의 자기공명촬영(MRI) 장치가 파손되고 사육장 내의 많은 동물이 익사했을 때 폐쇄할 수밖에 없었다. 우리는 이제 뉴올리언스 주민들이 했던 것처럼 환경적 우선순위의 결정에 대해, 보호와 유기의 필연적인 변증법에 대해, 보험액 계산과 견줄 수 없는 중차대한 문제에 대해 생각해야만 한다.

바로 이 지점에서 환경 변화에 관한 사회적 딜레마가 존재한다. 우리는 노동자가 밀집한 뉴욕시 해변 마을(예컨대 퀸스의 라커웨이즈와 스테이튼 아일랜드의 미들랜드 해변)이 뉴올리언스의 로워 나인스 워드와 같은 역할을 했는지 질문해야 한다. 심각한 기후적 위험 요인이 있고, 재난에 취약한 해변에 각자의 생활양식을 추구하는 취락이 비교적 저밀도로 자리 잡는 상황에서, 문화적인 주장과 지역사회의 주장 간에 어떻게 균형을 맞출 것인가? 우리는 분명 로워 맨해튼의 세계적 자산들을 버리기보다는 보호하려 할 것이다. 하지만 966킬로미터의 뉴욕 해안선을 검토하려면 분명 광범위한 보호 전술에 대해 진지하면서도 심지어는 급진적인 생각을 해봐야 할 것이다. 네덜란드 스타일로 대규모 전술을 펼쳐 자산들을 보호하든, 좀 더 유연하고 자연스러운 형식으로 후퇴 전략을 취하든 말이다. 이러한 결정은 단순히 기술적으로 이뤄질 게 아니라, 상호성의 의미와 공동체라는 개념 자체의 기본적인 가치들을 중심으로 이뤄질 것이다.

아마도 샌디가 가져온 피해 중 가장 상징적 의미가 큰 것은 9/11 추모관에 난 홍수였을 것이다. 9/11 추모관은 지난 10년간 우리의 생각을 크게 지배해온 위험의 형식을 기록한 탁월한 지표였다. 우리는 종종 장군들이 늘 전장에서 죽을 때까지 싸울 준비가 되어있다는 말을 듣곤 하는데, 이제는 더 이상 지난날의 위험에 그러한 자원을 과도하게 투입할 수 없음을 인식해야 할 때다. 오늘날 반정부적이고 반환경적인 독살스러운 정치로 인해 우리가 이 절박한 위협을 해결하고자 우리의 평화 배당금을 쓰지 않게 되길 희망하자.

— *Architectural Record*, December 2012.

08
허리케인 샌디

허리케인 샌디가 이 도시에 엄청난 피해를 주고서 찾아온 예기치 못한 결과 중 하나는 우리 공무원들에게서 들을 수 있는 놀랄 만큼 쾌활한 대답이다. 이제 뉴욕시 공무원들은 해수면 상승과 강력한 폭풍에 대비해 도시를 긴급히 보강해야 한다는 걸 솔직히 인정한다. 또 하나의 놀라운 점은 샌디로 인한 피해가 상당 부분 인재(人災)였으며 이에 대비하고 잘못된 인습을 바꾸는 법을 고민하지 않는다면 똑같은 재난이 반복되리라는 공감대가 폭넓게 형성되었다는 것이다. 우리가 지금껏 살아온 방식으로는 더 이상 이곳에서 살 수 없다는 데에 논란의 여지는 이제 거의 없다.

하지만 엄밀히 말해 홍수 대비는 로켓 과학과 같은 게 아니다. 여기서 가장 어려운 건 분배의 문제다. 위험에 대비한 사전 조치와 사후의 복구 조치를 얼마나 공평하게 분배하여 시행하는가가 어려운 것이다. 카트리나 이후에도 그랬듯이 이러한 분배 담론은 피해자 분류(위험에 처한 이들을 보호할 것인가 대피시킬 것인가)의 문제를 다루지만, 그들이 본질적으로 살만한 곳에 살고 있는가와 적절한 주거권을 누리고 있는가를 근본적으로 따져보진 않는다. 하지만 요즘 우리는 한창 폭넓은 인식론적 변화를 겪는 중이어서, '자연'의 힘과 우리의 관계를 새롭게 이해하는 가운데 샌디와 같은 사건이 기후변화의 증상임을 깨달아가고 있다. 지금껏 일어난 기후변화를 되돌리려면 수백 년이 걸릴 수도 있기 때문에 문제의 근원을 강력히 뿌리 뽑지 않고 사건 중심의 국지적인 보호책만 시행하면 근시안적인 조치가 될 수밖에 없다. 도로 위를 달리는 자동차의 수를 과감히 줄이지 못하면, 가차 없이 늘어나는 석탄 연소를 멈추지 못하면, 그리고 전 세계적인 삼림 훼손을 멈춰 지구의 온도를 낮추지 못하면 우리는 완전히 망한다.

국제 사회가 단호한 조치를 내리는 데 실패하면 각국에서 더 긴밀히 협력하며 노력할 수밖에 없다. 설령 이런 노력이 지구 환경에 큰 영향은 주지 못하면서 윤리적 의무감만 해소시킬 위험이 있더라도 말이다. 뉴욕에서 건물은 온실가스의 약 75퍼센트를 배출하는 오염원이기 때문에, 건축은 냉난방과 조명, 시공, 동선 계획, 그리고 실내 소비 패턴의 근본적 변화를 외치는 역할을 주도해야 한다. 우리의 진보는 현실 속에서 고통스럽게 천천히 일어난다. 하지만 이런 변화를 만들어 내지도 않고 그저 홍수에 초점을 맞추기만 한다면, 가차 없이 상승하는 해수면 앞에서 연약한 칼만 열심히 휘두르는 수많은 크누트대왕◆ 중 하나가 될 뿐이다.

홍수 대비책에 대한 현재의 담론은 연성과 강성이라는 두 부류의

◆ 크누트대왕은 1016년부터 1045년까지 잉글랜드, 덴마크, 노르웨이, 스웨덴을 아우르는 북해제국의 대왕이었으며, 신하들과 바닷가를 거닐다가 밀려오는 파도를 보며 파도에 즉시 멈추라고 명령했다는 일화가 전해진다.

접근으로 나뉜다. 이러한 구분은 감상적이면서도 정치화된 것으로, 여러 가지 면에서 유익하지만 생산적이지 않을 위험이 있다. 가장 정통적인 환경론자들은 땅을 중시하는 철학적 입장을 강조하는데, 말하자면 댐과 제방, 거대한 장벽과 같은 육중한 구조물을 짓는 강성 해법보다 더 '자연적인' 개입 형태를 선호하는 것이다. 확실히 우리는 이러한 연성 시스템을 널리 확산하고 심지어 완전한 표준 시스템으로 만들 필요가 있다. 도로는 다공성 포장재로 덮어야 하고, 생태습지는 마을을 구불구불 관통해야 하며, 지붕은 초록색으로 마감해야 한다. 굴 양식장과 습지대는 복원하고 확장해야 하며, 홍수 구역은 폐기해야 한다. 하지만 자연적인 시스템의 보호 능력에는 분명 한계가 있다. 폭풍 해일을 완화하는 해안 습지대의 능력을 높이려면 해수면 상승 높이를 1피트 낮추는 데 1마일의 습지대가 필요하다는 걸 기본으로 알아야 한다. 대서양으로 20마일 뻗어나가며 롱아일랜드 해협까지 메워버리는 습지대가 실용적이기만 한 것은 아니다!

뉴욕은 저항 전술과 수용 전술을 신중하게 결합할 필요가 있다. 강성적인 면에서는 해안선을 따라 길게 이어지는 방호물과 함께 수상과 육상에 모두 적용되는 건축 형식이 필요하다. 건물과 중요 설치물을 땅에서 들어 올려 홍수 때 물이 들어차는 높이 이상으로 지어야 한다. 또한 분산된 형태의 기반시설, 말하자면 폐기물 재처리와 에너지 생산, 이동, 민물 공급, 사회적 접촉 등을 위한 기반시설을 활용해 건물의 생존 가능성을 높여야 한다. 그렇게 하면 건물의 회복력이 훨씬 좋아질 것이며, 긴급상황뿐만 아니라 평소의 시민 생활에서도 지역의 자율성을 훨씬 더 높은 수준으로 끌어올릴 수 있다. 또한 합류식 하수도 시스템도 개별적인 시스템으로 나누고 지하철과 터널도 보호해야 한다.

　　아울러 네덜란드 스타일의 어떤 대규모 조치도 분명 필요할 것이다. 물론 나는 현재 제안되고 있는 대규모 홍수 방벽의 특수 사례들에 대해서는 여전히 판단을 유보하고 있고, 그런 제안의 타당성을 입증하는 설득력 있는 논거가 나오길 기다리는 중이다. 뉴저지에서 롱아일랜드까지 굽이 돌아가는 해안 만곡부를 가로질러 거대한 홍수 방벽을 설치하기만 하면 실제로 뉴욕시의 홍수를 막을 수 있을까? 그렇게 물을 막으면 방벽의 양쪽에서는 무슨 일이 일어날까? 만약 해수면 상승이 영원히 일어난다면 그로부터 우리를 보호해줄 수 있는 방벽은 없다. 하지만 우리는 단호하게 행동해야 하고, 비록 많은 돈이 든다 할지라도 적어도 1천억 달러 가치는 될 샌디의 피해 규모와 비교하기에는 참으로 무색한 금액이다. 대규모의 개입도 비중을 따져보면 비현실적이라고 비판할 수 있을만큼 엄청난 규모의 피해가 일어났기 때문이다.

　　뿌리째 바꿀 생각을 할 필요가 있는 건 분명하다. 기후과학자 클라우스 제이콥은 퀸스의 고지대에 있는 대규모의 땅에 공동묘지가 들어선 걸 보고는 죽은 자와 산 자의 입장을 뒤바꿔 생각해보는 논리를 제안했다. 합리적인 생각이다.

— Architectural Review, March 2013.

09
에이다 루이스 헉스터블

미국 건축 비평계의 여성 원로였던 에이다 루이스 헉스터블은 올해 아흔한 살의 나이로 세상을 떠났다. 그녀는 한 미국 일간지에 소속된 최초의 전업 건축비평가였고, 이후 일부 계승자들을 위한 패턴과 어조를 설정했으며, 미국 대중매체에서 건축의 적절한 위치를 확립하는 데 중심적인 역할을 했다. 그녀의 글은 간명하고 우아했으며, 저널리스트의 단문 형식에 맞게 잘 조율되어 있었다. 또한 그런 글쓰기는 『뉴욕 타임스』는 말할 것도 없고 진정 시대의 스타일을 구현한 것이었다.

60년대 매디슨 애비뉴의 광고기획자들을 세련되게 묘사하며 엄청난 인기를 얻은 드라마 『매드 맨(Mad Men)』은 당대의 핵심 인물이었던 헉스터블의 글을 인용하면서 서로 다른 매체의 텍스트를 관련짓는 장르 비틀기를 시도했다. 60년대는 헉스터블의 감수성이 형성되던 시기였고, 이 드라마는 당시의 모습과 정서를 예리하게 묘사하면서 헉스터블의 취향과 삶의 목적을 형성했던 핵심 맥락을 섬세하게 구현해냈다. (물론 그게 그녀가 추구하던 가치는 아닐지라도 말이다.) 페미니즘과 시민권, 베트남전, 섹스, 약물, 로큰롤 등으로 대표되는 당시의 생활양식과 정치적 변화 속에서 속물적인 창의성을 발휘하려고 노력하는 광고기획사 임원들의 시각은 다양한 모양새의 옷깃과 아래로 늘어뜨린 구레나룻, 사무실 안에서 피우는 담배를 비롯해 그 모든 20세기 중반의 모던 패션으로 구현되고, 바로 그런 시대적 유행과 대립각을 세운 인물이 에이다 루이스 헉스터블이었다는 생각을 하게 만든다.◆

헉스터블의 저술은 확실히 반문화적 범주에 속한다고 말할 수 없으며 당대를 휘저은 초대형 사건들의 건축적 함의를 기술한 바도 거의 없다. 하지만 그녀는 분명 도덕적으로 굳건한 중심을 잡고 있었고, 비록 시야는 좁았어도 좋은 시각을 갖고 있었다. 그녀는 자신을 중심으로 사회가 움직인다는 걸 자각했으며, 안정적인 건축의 질을 확보해온 위대한 전통의 합의를 굳건히 할 뿌리를 내리는 데 자신의 소명을 걸었다. 그녀의 산문은 간결했고, 운율이 흘렀으며, 적시적기에 재치를 가미했다. 전성기 모더니즘 건축에 꾸준한 애정을 보이며 강도 높게 헌신했던 그녀의 취향은 주로 말끔한 스타일의 이오 밍 페이와 그보다 더한 고든 번샤프트, 그리고 모더니스트 필립 존슨 쪽이었다. 그녀는 켜켜이 쌓인 도시의 역사적 층위가 중요하다는 걸 강하게 인식하고 있었으며, 대중적인 소비

◆ 2009년에 방영된 『매드 맨』 3번째 시즌 제2화에는 기존 펜실베이니아 역사를 허물고 매디슨 스퀘어 가든을 조성하려는 관계자들이 광고기획사 임원들을 만나 상담하는 내용이 나온다. 이때 광고기획사 측에서 헉스터블이 1963년 『뉴욕 타임스』에 기고한 「도시를 죽이는 방법(How to Kill a City)」을 인용하며 이견을 표하자, 관계자 측에서는 헉스터블을 애송이라고 폄하한다. 보자르 양식의 기존 펜실베이니아 역사는 1963년에 철거된 후 지하화되어 지금에 이르고 있으며, 당시의 철거 반대 여론은 1965년 랜드마크 보존 위원회의 설립에 영향을 주었다.

문화의 지루함을 경멸했다. 어리석은 일을 참고 넘어가지도 않았고, 건축이 돈의 연결고리에 위치하며 종종 불법적인 협치 관계에서 이뤄진다는 것도 분명 잘 이해하고 있었다. 대중적인 참여 형식에 관심이 적었을 뿐만 아니라 장식을 뺀 현란한 형태를 실험하던 전 세계적인 반항 기류에도 거의 관심이 없었다. 청년문화는 그녀의 관심에서 대부분 비껴 나갔다. 그녀가 특별히 환경 문제에 개입한 것도 아니었다.

혁스터블의 마지막 문집은 2008년에 출판되었는데, 그 서문에 등장하는 어느 '유명한 프랑스 저널리스트'와의 일화에서 그 저널리스트는 이렇게 묻는다. "선생님은 정확히 어떤 논쟁적 입장에서 글을 쓰십니까?" 혁스터블은 이 질문이 어리석다고 여기는데, 이런 태도는 그녀의 입장과 한계를 모두 드러내는 것이다. 그녀는 과거 예술학의 최후에 남은 예술사가를 자처한 만큼 형태의 '진지함'이나 정확성을 평가하는 게 비평가의 역할이라고 보는 편이었다. 그녀가 이런 역할을 '논쟁적 입장'으로 여기지 않았다는 사실은 프랑스의 거대한 사상적 물결에서 큰 영향을 받은 이론과 비평의 급속한 변화에 관심이 없었다는 뜻일 뿐만 아니라, 바로 그 당시에 비평의 기능을 확실히 보수적으로 이해하고 있었다는 뜻이기도 하다.

혁스터블은 건축을 지나치게 건축가와 동일시했는데, 이런 관점은 이후 『뉴욕 타임스』의 건축비평가들에게로 이어지다가 최근에야 더 큰 사회적 참여의 관점으로 확장되었다. 나는 그녀의 저작을 다시 읽어 보다가 당대의 다른 위대한 도시비평가인 제인 제이콥스와의 진정한 대화가 없었다는 사실에 놀랐다. 어떤 의미에서 그들은 비평의 영역을 함께 분담하고 있었기 때문이다. 혁스터블이 형태의 수호자이자 감식가였다면, 제이콥스는 그 효과의 수호자이자 감식가였다. 확실히 혁스터블은 일종의 공동체적 가치를 견고하게 방어했는데, 특히 전통적인 공공 영역의 품위와 길거리의 시각직 특성을 지키고자 했다. 반면에 불량한 공공시설과 정부의 호언장담, 집단적 기억이 서린 공간 위에 펼쳐지는 무질서한 행정은 그녀가 특별히 공격하던 골칫거리였다.

그녀가 가장 힘껏 외쳤던 목소리는 현재 우리가 부적절하게 '보존(preservation)'이라 부르는 입장에 선 목소리였다. 보자르의 건축을 특히 사랑했던 그녀의 목소리는 펜실베이니아 역사와 그랜드 센트럴 터미널 그리고 세관과 같은 뉴욕의 중요한 기념비들을 보호하자는 경종이었다. 그녀는 작고하기 한 달 전에도 평소만큼 예리하고 훌륭한 비평을 발표했는데, 그것은 당시 카레르 앤드 헤이스팅스◆의 걸작인 뉴욕 공립도서관의 명목적 관리자일 뿐인◆◆ 공무원들이 기존 도서관을 철거하고 새 도서관을 지으려던 계획에 반대한 글이었다. 노먼 포스터가 설계한 새 도서관은 현재 놀라운 구조 체계의 책장들이 차지하고 있는 공간에서 유연하게 순환하는 형태로 계획되어 있었다. (도서관의 책들은 이 값비싼 부동산에 남겨두기에는 너무 덜 이용된다는 이유로 뉴저지로 옮겨질 예정이었다.) 헉스터블은 이때가 최전성기였다. 열정적이고, 박식하고, 예리했을 뿐만 아니라 진정한 가치가 있는 건축과 진정한 가치관을 수호한 강력한 인물로 떠올랐으니 말이다.◆◆◆

— Architectural Review, June 2013.

◆ Carrere and Hastings. 1885년부터 1929년까지 운영된 미국의 대표적인 보자르 스타일 건축사무소. 이 사무소에서 설계한 뉴욕 공립도서관은 카레르가 사망한 1911년에 완공되었다.
◆◆ 공립 시설의 진정한 주인은 공무원이 아닌 시민임을 뜻하는 표현이다.
◆◆◆ 철거 반대 여론 속에서 포스터의 신축 계획안은 결국 철회되었고, 기존 건물은 내부를 개조하기로 결정되었다.

10
그라운드 제로섬◆

미국에서 가장 높다고 알려진 건물인 1,776피트의 원 월드트레이드센터
(One World Trade Center)는 5월에 목표 높이를 완성했지만, 그보다 수개월
전에 이미 스카이라인에서 그 위용을 뽐냈다. 특히 여섯 블록 떨어진 거
리에 있는 우리 집 근처에서 볼 때 그랬다. 이 건물의 높이는 다소 논쟁의
대상이었는데, 1,776피트 중 408피트가 평지붕 위에 이쑤시개처럼 꽂은
첨탑의 높이였기 때문이다. 이에 대한 판정권이 있는 단체인 세계초고층
도시건축학회◆◆는 아직 결정을 내리지 못하고 있다. 이 문제가 쟁점이 된
이유는 건축가 데이비드 차일즈가 첨탑을 보호하면서 시각적으로도 건
물의 완벽한 일부로 보이게 하려는 의도로 계획했던 섬유유리 덮개를 몇

◆   이 제목은 한편으로 그라운드 제로에서 재건되는 여러 프로젝트에 대한 비평을 합(sum)해
    놨다는 의미로 단순하게 읽을 수 있지만, 더 깊이 보면 각 프로젝트의 장·단점을 모두 합
    쳤을 때 결국 총합이 일정하여 한쪽이 득을 보면 다른 한쪽이 해를 입는 상태라는 뜻의 '제
    로섬(zero sum)'으로도 읽을 수 있다.
◆◆ Council on Tall Buildings and Urban Habitat, CTBUH

달 전 개발업자가 시공하지 않겠다고 했기 때문이다. 차일즈는 이에 분개하고는 자신의 건축주를 공개적으로 비판했다. 미국의 대표적인 기업형 건축사무소에서◆ 저들에게 먹이를 준 손을 명백히 물어뜯은 것이다. 이를 두고 인터넷의 각종 건축 블로그에서는 우습고 유치한 논쟁이 벌어지기 시작했는데, 온도가 오르내리면서 자연적으로 일어나는 확장과 수축이 어쨌든 건물 높이에 변화를 일으킬 것이냐를 놓고 벌어진 논쟁이었다. 계속 변하는 온도 때문에 원 월드트레이드센터의 높이는 사실상 1,776피트가 아닌 경우가 대부분인 걸까?

그라운드 제로의 재건은 처음부터 정신없는 정량화 작업이었다. 가장 중요한 숫자는 물론 희생자의 숫자다. 하지만 그러한 인간적 비극은 부동산 막장 드라마의 그림자에 금세 가려졌다. 그렇다. 3천 명의 사람이 죽었을지 몰라도 임대 공간은 무려 1천만 제곱피트가 파괴되었다고 말하는 막장 드라마가 횡행한 것이다! 이렇게 희생자 수를 통상적인 사업으로 재빨리 전환하는 태도에 소름이 끼친 나는 이곳에 뭔가를 다시 짓지 말자는 쪽에 가담했다. (다시 짓자는 쪽에는 많은 희생자 유가족이 있었고, 믿기 힘들지만 당시 뉴욕시장 루돌프 줄리아니도 있었다.) 뉴욕시에는 여기 말고도 사무공간으로 쓸 만한 곳이 많았다. 그리고 내가 들어 본 어떤 주장도 이 사건만의 고유한 분위기를 적절히 헤아리지 않았다. 이곳은 민주적 가치를 공간적으로 표현할 수 있고 부동산 거래보다는 자유로운 집회가 가능한 관대한 장소가 될 수 있는 곳이었는데 말이다.

재건하자는 의견은 현재 거의 완공 단계인 첫 번째와 두 번째 신축

◆   데이비드 차일즈는 대규모 건축·엔지니어링 종합기업인 에스오엠(Skidmore, Owings and Merrill, SOM)의 건축가다.

마천루를 대지 바로 북쪽에 이미 완공된 세 번째 마천루, 그리고 그 건너 편의 또 다른 마천루와 결합하는 식으로 강화되기만 했다. 다섯 번째 마천루는 지어지는 중이고, 추모관은 완공되었으며, 패스◆ 철도역사는 지하에서부터 지어지며 올라오고 있다. 사용 방식과 정서적 효과의 관점에서, 이 단지는 자본주의가 현실적으로 선호하는 건축 형식과 행동 양식을 가장 잘 보여주는 예다. 이런 거대한 단일 구조를 형태적으로 판단하기 위한 확실한 기준은 전체 규모에 비해 발명적인 요소가 얼마나 되는지를 따져보는 것이다. 미니멀리즘의 전제를 받아들이면 비평은 좁은 노선을 밟게 된다. 이미 완공됐거나 조만간 완공될 세 개의 건물은 같은 비례의 거울 유리로 외장 마감을 했다. (골드만삭스 타워는 커튼월이 약간 다르기 때문에 여기서 제외한다.) 워싱턴 D.C. 바깥의 주차장 건물에 거대하고 암시적이며 거울에 비친 상형문자처럼 설치된 국가안보국 본부처럼, 월드트레이드센터 건물들도 우리와 상관없는 사업을 하는 곳임이 드러난다. 차일즈가 설계한 두 개의 타워(1번과 7번 월드트레이드센터)와 마키 후미히코가 설계한 세 번째 타워는 거의 완전히 평범하며 약간의 모양만 냈을 뿐이다. 건물이 상징적인 예시로 떠오르는 것에 겁먹은 건축가들은 독창적이지도 않고 무게감도 없는 건물을 생산해냈다. 대신 그들이 만든 구조물은 하늘과 주변을 스치듯 비춰내면서 은밀하게 시야에서 사라지려 한다. 하지만 그 규모가 엄청나서 결코 눈에 안 띌 수가 없다.

원 월드트레이드센터의 크기가 압도적이든 아니든 간에, 이 건물은 분명 뉴욕의 스카이라인에서 최고봉을 차지하면서 다운타운과 미드타

◆ Port Authority Trans-Hudson, PATH. 뉴욕·뉴저지 항만공사의 허드슨강 횡단철도 이름이다.

운의 스카이라인이 맨해튼의 양대 산맥을 형성하도록 그 리듬을 재설정한다. 하지만 이 건물은 평범하다. 그렇게 많은 시간과 돈을 들여 아이디어를 낸 결과치고는 너무나도 초라하다. 외피를 근사하게 만드는 데는 지극히 적은 돈을 들였다. 건축에서 가장 절실한 기술 현안인 심각한 환경적 도전에 맞설 혁신의 기회를 쓸데없이 날려버렸다. 심지어 그 오래된 엠파이어스테이트 빌딩에서도 창문을 열 수 있는데, 여긴 그렇지 못하다. 전보다 더 넓은 땅을 차지하고 있으면서 주거 공간도 없고, 공동체를 위한 공간도 없으며, 사회적 서비스나 의료 서비스도 없다. 표현의 자유를 행사한다며 귀에 거슬릴 소리를 할지 모르는 기관을 모조리 배제하려는 측과 반대 측의 교전 끝에 규모가 축소된 공연장 건물은 영원히 개관하지 못할 태세다. 그리고 20~25달러로 제시한 9/11 박물관 입장료는 지나치게 비싸다. 주변의 고층 사무실에 앉은 헤지펀드의 주인들이 인색한 눈으로 이곳을 내려다보며 쌈짓돈을 챙기고 있는 셈이다.

원 월드트레이드센터는 꼭대기가 잘려나간 오벨리스크◆다. 워싱턴 기념탑보다 세 배 이상 크지만 마치 할례라도 받은 듯한 모습이다. 예전 건물처럼 새 건물도 디테일의 종류가 매우 적은데, 물론 이게 꼭 약점은 아니다. 하지만 고대 오벨리스크나 피라미드의 모양을 마천루에 맞는 규모와 용도로 확장하는 과정에서 이슈가 생기고 기회가 생겨난다. 이 건물은 단단한 돌덩이도, 클레오파트라의 바늘을 순수하게 압축한 것도 아니다! 차일즈의 대담한 한 수는 정사각형 평면의 모서리를 모두 따서 모서리마다 길게 늘인 수직의 삼각형 단편들을 만들어가며 조금씩 타워를

◆　고대 이집트에서 태양신을 상징하던 좁고 긴 사각기둥 모양의 기념탑. 위로 올라갈수록 가늘어지며, 방첨탑이라고도 부른다.

　　　　　　　　　　그라운드 제로선

형성한 것이다. 그래서 창문을 내기가 어려워졌다. 직사각형 유리 패널을 이웃 패널의 끝과 연결하려면 (적어도 한쪽 모서리에서) 불규칙한 모양을 취해야만 했다.

모서리는 건축에서 가장 지속적이고 흥미진진한 이슈 중의 하나다. 미스 반 데어 로에가 파크 애비뉴 375번지에 설계한 시그램 빌딩은 종종 그 모서리 디테일의 완벽한 마감 때문에 언급되곤 하지만, 그 내막을 살펴보면 건물 뒷면의 '안쪽' 모서리를 주요 입체의 우아한 '바깥쪽' 모서리로 연결하는 데 실패했음을 알 수 있다. 원 월드트레이드센터에서는 유리창이 불규칙하게 연결되는 보기 싫은 부분을 조잡한 금속 돌림띠로 덮어버렸다. 프리즘 같은 순수주의가 이런 '미니멀리즘' 디자인에서 기댈 만한 한 가지 예술적 요소인 만큼(물론 미니멀리즘 작품이 실제로 그리 클 수 있느냐는 질문이 떠오르지만), 우아한 해결책은 거의 기대하기 어려운 것이었다. 그 대신 모서리들을 아우르는 장식적인 '가두리 작업'(과 서투른 3방향 조인트에서의 수렴)은 지붕선상에서 단순하게 두께를 형성하면서 엔타블러처♦의 느낌을 자아낸다.

많은 사람들은 이 건물의 애국적인 첨탑이 놀랍게도 이슬람 사원의 첨탑과 닮았다고 지적했다. 이슬람 사원에는 작은 탑이 있는 옥상과 기도 시간을 알리는 발코니가 있는데 그것이 닮았다는 것이다. 이 영웅적인 마천루의 모든 작업이 지워버리려고 했던 타자의 이미지가 이렇게 첨탑으로 상징될 조짐은 완공 몇 주 전에 이미 이상한 방식으로 나타났다. 옛 로워 맨해튼 이슬람 센터 부지 건너편에 있는 두 건물 사이의 좁은

♦ 고대 그리스·로마 건축에서 기둥과 그 위의 삼각형 박공벽(페디먼트) 사이를 연결하는 수평 구조. 밑에서부터 아키트레이브, 프리즈, 코니스라는 세 가지 수평 띠로 구성된다.

틈새에서 기존 월드트레이드센터와 충돌했던 항공기 중 하나의 큰 파편이 발견되었던 것이다. 우리는 심드렁하니 이유 없는 두려움을 내비치며 월드트레이드센터 부지를 순회하는 상인들에게서 할랄◆ 핫도그를 사 먹고, 이 지역을 지구상에서 가장 집중적인 수색 구역 중 하나로, 일종의 국가적인 조사실로 만들려고 하는 엄격한 감시에도 개의치 않는 듯하다. 다양한 경찰 및 공안요원 복장을 한 사람들은 이곳을 보호하고자 주변에 차량 진입을 막는 말뚝을 두르고 (마치 십자군의 성채에 난 '출격구'처럼) 여러 개의 비상문을 설치하여 보행자의 천국을 만들겠다고 한다. 빅 브라더가 도시를 배회하는 산보자로 변신하는 중이다.

나는 9/11 추모관이 개관한 후 한동안 그곳을 방문할 마음이 나지 않았다. 한 가지 이유는 입장 허가를 받아야 하는 체제에 복종하기 싫어서였다. 또 다른 이유는 이 사건에 맞지 않는 건축이 나를 실망시킬까 두려워서였다. 그러다가 동네 주민이면 번거롭게 방문 계획을 세울 필요가 없게 된 어느 날 저녁에 나는 이곳을 방문했다. 나의 우려는 입구에서부터 공항에 온 것처럼 검색을 받는 현실로 증명됐지만, 나는 자기탐지기를 통과해 공사 가림막을 끼고 돌아 어디서나 보이는 경찰들을 지나쳐 두 개의 검은 협곡에 이르렀다. 그러고는 고속도로의 굉음을 죽이는 폭포수 소리에 이끌려 점점 더 그리로 다가갔다. 그 빈 공간은 의미심장했다. 우아한 디자인이었고, 간결하게 현실화된 곳이었다.

이곳에 오기 전에는 기존 건물이 앉아있던 자리를 파낸다는 개념이 너무 친숙한 제스처라고 생각했었다. 그 빈 공간은 존재론적으로 낯선

◆ 이슬람교 율법에 따라 도축한 고기를 말한다.

곳이지만, 실제로 '파낸' 공간이 아니라 이미 발굴된 부지의 더 넓은 공간 속에 구축된 공간이었다. 이 프로젝트의 공모전에 제출된 수많은 작품들이 땅속으로 파고 들어가는 안이었고, 최종 우승자로서 실제로 이 프로젝트를 짓게 된 마이클 아라드의 안도 마찬가지였다. 하지만 아라드의 안은 훨씬 더 특수성이 있었고 매우 많은 문제들을 해결했다. 희생자들의 이름 배치, 조경건축가와의 마지못한 협업, 통제되지 않는 건축의 주변적 역할, 박물관 입구와 기계설비 더미의 어색한 관입, 흐르던 대로만 흐르는 물줄기의 반항, 낮에서 밤으로의 전이, 아래쪽을 향한 시선은 무얼 파악하는가라는 질문 등을 해결한 아라드의 안은 굉장히 강력하고 적절한 작품이라는 인상을 주었다. 이 프로젝트를 결론지은 작업은 커다란 빈 공간의 바닥 속에서 더 작은 빈 공간을 '발굴'한 것이다. 그 모서리 너머를 바라보면, 거대한 틈의 바닥을 휘저은 물이 중앙의 작은 정사각형 공간으로 흘러 들어가 시야에서 사라지는 걸 볼 수 있다. 믿기 어려울 만큼 감동적으로 상실을 환기할 뿐, 들여다볼 수 없는 빈 공간인 셈이다.

지난여름에 나는 발을 헛디뎌 골절상을 입고는 수술과 함께 오랜 물리치료를 받았다. 브로드웨이 남쪽의 한 병원에서 치료를 받았는데, 창밖으로 월드트레이드센터 공사장이 훤히 보여서 유명한 스페인 건축가 겸 엔지니어인 산티아고 칼라트라바가 설계한 패스 철도역사의 지하 공사 현장을 거의 직접 내려다볼 수 있었다. 그런 시점에서 바라보니 공사의 노력과 에너지와 복잡성을 분명하게 확인할 수 있었다. (당시에는 여전히 결과가 어떻게 될지 불분명했지만, 이 프로젝트의 최종적 성격에 대해서는 걱정 마시라.) 이렇게 효율적인 결정이 이뤄지는 걸 보면서, 나는 결국 완성되는 거대한 타워를 보고 많은 사람들이 느끼는 짜릿한 반응을 이해한다. 그것은 뭔가가 회복된다는 의미이자, 그 구멍 난 간극을 메워줄 또 하나의 디딤돌인 것이다.

나는 그 복잡한 철골 공사의 마지막 지상 작업을 지켜보기 위해서 종종 이 역사 곁을 걷는다. (이 공사는 허리케인 샌디 때문이라며 또 한 번 1년 반이 지연되었다.) 하지만 칼라트라바의 환승센터에는 문제가 하나 있다. 이번에도 그건 숫자의 문제다. 하루 5만 명의 승객을 수용할 예정인 이 철도역은 38억 달러가 넘는 공사비로 지어지고 있는데, 이건 최초 추정가인 20억 달러의 거의 두 배에 달하는 금액이다. 칼라트라바는 지구상에서 가장 비싼 건축가 중 한 명으로 알려져 있으며, 공사비는 늘 그를 괴롭히는 질문이었다. 대표적으로 발렌시아에 그가 설계한 '예술과 과학의 도시'는 약 1억 유로에 달한다는 엄청난 설계비와 10억 유로 이상이 될 그 단지 자체의 공사비(월드트레이드센터에 비한다면 헐값이다!)로 인해 많은 사람들(특히 좌파)의 공격을 받았다. 스페인에서 더 이상 비용을 지불할 수 없는 엄청난 프로젝트 비용을 비판하기 위해 만들어진 '칼라트라바가 혈세를 탕진한다'는 뜻의 지역 웹사이트(calatravatelaclava.com)도 있다.

이런 비판은 패스 철도역사에도 들어맞는다. 시 외곽 터미널을 통과하는 승객의 8퍼센트 미만을 태우기 위해 그랜드 센트럴 역사보다 더 큰 구조물이 지어지고 있으며, 그 시스템의 수용 능력을 늘리려는 시도도 전혀 없다. 이런 과다한 비용 지출을 옹호하는 꽤 얄팍한 주장들이 있는데, 대략 세 가지로 정리가 된다. 첫 번째는 잔치 이론인데, 말하자면 일부러 사치를 부려 의례적이고 문화적인 영향력을 키울 수 있다는 것이다. 이런 주장은 특히 공적 예산이 빠듯한 상황에서 공적 공간을 위한다는 구실로 부추겨지곤 한다. 두 번째는 그 화려한 (잉여가치를 위한) 철도역사에 소박한 기념비를 짝지음으로써 우리가 잔치만 벌이려는 게 아님을 보여줄 수 있다는 주장이다. 세 번째는 칼라트라바의 건물이 강철 세공과 드넓은 공간을 조합한 걸작이었던 옛 펜실베이니아 역사의 철거를 보완하는 효과가 있으리라는 주장이다. 모두 갈대같이 얄팍한 생각들이다.

그래서 건물은 어떠냐고? 난 좋아할 준비가 됐다! 칼라트라바가 설계한 교량과 공항, 철도역사, 문화시설 등이 구현하는 대칭적인 골격 구조와 화려하면서도 종종 생물의 형태를 모방하는 스타일은 지금껏 수많은 비평가들에게 공격받은 바 있다. 하지만 내가 보기에 그의 이런 작품들은 뜻밖의 선물과도 같은 것이다. 나는 오랫동안 칼라트라바의 작업이 아름답고 절제되어 있다고 생각해왔다. 그의 작업은 풍부함이나 화려함을 넘어 하나의 족보를 이루는 구조적·미학적 논리를 고수한다. 그의 작업이 너무 '재현적'이라고 비판하는 건 어리석은 주장이다. 건축은 충분히 탄력적인 분야여서 실제 뼈대에서 영감을 받아 자신만의 뼈대 구조를 만드는 칼라트라바의 섬세한 작업 역시 건축의 영역이다. 실제 (제트기나 새의) 날개와 다소 유사해 보이는 날개 형태를 만드는 건 말할 것도 없다. 원래 지붕 양쪽으로 달린 46미터 높이의 강철 날개를 기계적으로 여닫아 빛과 공기를 도입하려 했던 초기 설계 요소가 나중에 사라졌을 때도 사람들은 실망을 표했는데, 이런 반응은 뭔가 좀 세련되지 못하게 느껴진다. 이 구조물은 이제 새처럼 보이는 느낌이 약해지고 오히려 『뉴욕 타임스』의 데이비드 던랩이 묘사한 것처럼 스테고사우루스를 더 닮게 되었다. 나 역시 그와 같은 인상을 받았지만 나는 이런 결과가 불만족스럽지 않다. 내가 가장 좋아하는 공룡도 스테고사우루스였고 애초에 여닫을 수 있는 지붕 평면이라는 게 그리 멋진 계획도 아니었을뿐더러, 칼라트라바가 밀워

키 미술관에 증축한 '여닫을 수 있는' 새 모양의 구조물이 그렇듯이 가동보다는 정비하는 데 대부분의 시간을 들일 가능성이 높기 때문이다.

칼라트라바의 철도역사가 그라운드 제로에서 유일하게 야심 찬 건축 작품이라는 건 거의 분명한 사실이다. 나는 독자에게 이곳을 자주 지나쳐보라고 권하는데, 그러다 보면 이 작품이 마치 두 손을 깍지 낀 듯한 모습으로 빠르게 조립되어가는 과정을 볼 수 있기 때문이다. 완공된 건물은 대지의 다른 건물에 대부분 적용된 지루한 숫자 짜 맞추기식 구조와는 과감한 대비를 이루게 될 것이다. 뉴욕과 뉴저지 사이를 오가는 군중은 이 공간을 소란스럽게 통과해 막힘없이 지상으로 떠밀려 올라와 애도와 돈벌이를 위해 세심하게 계획된 구역으로 섞여 들어가게 될 것이다. 뉴욕에서 이 패스 철도역사는 독특하면서도 경이로운 건물이 될 것이다. 하지만 더 큰 규모에서 소홀히 취급받는 우리의 기반시설과 공공영역에 비해 이 건물이 과연 40억 달러의 가치를 하는가의 여부는 독자의 판단에 맡기도록 하겠다.

— *Nation*, September 2, 2013, thenation.com.

11
마셜 버만 1940~2013

1987년 여름에 나는 상파울루에서 열린 한 대규모 학회에 연사로 참석하러 처음으로 브라질을 방문했다. 여러 지역 신문에서 이 행사를 취재했지만, 정작 문화면은 다른 소식을 다루고 있었다. 1982년에 초판된 역작 『현대성의 경험』◆이 당시 포르투갈어로 번역되어 브라질을 방문한 저자 마셜 버만의 북 투어를 소개하고 있던 것이다. 나는 대중매체가 이런 문학적인 사건에 그만한 잉크를 할애한다는 데 놀라 한껏 경외심을 느꼈던 기억이 있다. 카페를 가도, 버스를 타도, 길거리를 거닐어도 사람들이 읽는 신문의 한쪽 전면을 장식한 버만의 얼굴을 볼 수 있었기 때문이다.

버만은 그 책에서뿐만 아니라 거의 50년간 글쓰기에 헌신하며 뉴욕 시립대학교에서 교편을 잡는 과정 내내 현대인은 어떻게 만들어지는지, 현대인은 어떤 맥락과 조건 속에서 자신의 사적·공적 운명을 발견하고

◆   원제는 『견고한 모든 것은 공기 속으로 사라진다: 현대성의 경험(*All That Is Solid Melts into Air: The Experience of Modernity*)』이다.

구분할 힘과 가능성을 얻는지를 가장 큰 주제로 삼았다. 그는 이러한 자기발달이 이뤄지는 원초적 장면을 늘 도시에서 찾았으며, 그 누구보다도 더 사랑스럽거나 명쾌하게 도시성을 묘사하고 비판하고 찬미했다. 현대성의 배경을 이루는 밝은 빛은 도시의 갓길이나 지하철, 교량이나 격자에만 있는 게 아니다. 도시를 건설할 때도 이해할 때도, 모든 현대적 의식의 도구는 밝은 빛으로 일깨워지는 계몽적 경험을 바탕으로 한다. 관찰자이자 이론가요 비평가이자 사랑하는 인간◆이었던 버만은 그랜드 콘코스◆◆와 그랜드 센트럴, 대심문관(Grand Inquisitor),◆◆◆ 거대서사(Grand Narratives)를 말 그대로 웅대한(grand) 시야로 살펴보면서 예리하고도 독창적이며 섬세하게 분석해냈다.

브라질에서 학회가 끝나고, 우리 일행은 모더니티의 메카인 브라질리아를 방문하기로 했다. 호텔에 도착해 여권 보관을 맡기려고 안내 데스크 앞에 서서 기다렸다. 그런데 투숙인 명부에 서명을 하면서 보니 그 위에 버만의 서명이 있는 게 아니겠는가. 채 마르지 않은 잉크를 보고 뒤를 돌아보자 로비 건너편에 마침 그가 있었다. 우리는 인사와 소개를 주고받았다. 그때 그는 현대의 특징적인 한 가지 불편을 겪고 있었다. 항공사에서 수하물을 분실한 것이었다. 다행히도 그는 옷을 갈아입지 못하는

◆ 버만은 『현대성의 경험』에서 파우스트를 통해 현대적 인간형의 발달상을 제시하는데, 몽상가(dreamer)에서 연인(lover)으로, 개발자(developer)로 변신해간 파우스트의 자기발달(self-development)이 그것이다. 여기서 '사랑하는 인간(lover)'은 버만이 말하는 '연인'의 의미에 해당하는 번역이다.

◆◆ 뉴욕시 브롱크스 자치구의 주요 간선도로. 브롱크스는 버만이 태어나 자란 곳이다.

◆◆◆ 도스토예프스키의 소설 『카라마조프가의 형제들』(1881)의 제2부 제5편에 실린 단편 제목. 버만은 『현대성의 경험』 재판 서문에서 이 인물을 언급하는데, 2011년 번역판(윤호병·이만식 옮김, 현대미학사)에서는 '대심문관'을 '종교재판소 소장'으로 옮겼다.

불편을 감내할 수 있는 사람이었다. (고대 로마 시인이나 걸쳤을 헐렁한 침대보 같은 겉옷이 어울릴 사람이 바로 버만이다. 맨해튼의 한 동네에서 아주 오랫동안 교편을 잡은 그는 해밀튼 하이츠의 소크라테스나 다름없으니까.) 그는 되는대로 옷을 입고서 즐거운 여행을 떠나기 위한 첫발을 내딛었다.

몇 달 전 나는 기존에 갖고 있던 『현대성의 경험』의 낡은 사본을 찾지 못해 또 하나를 주문했다. 도착한 건 더 최근에 나온 판본이었는데, 반갑게도 이 브라질리아 여행을 떠올리게 하는 새로운 서문이 추가되어 있었다. 브라질리아는 버만의 첫 방문지였고, 그는 이곳을 자신이 가장 아끼던 종류의 도시 형태와 문화와는 반대되는 곳으로 묘사했다. 버만은 일찍이 마르크스가 청년기에 쓴 저작을 접하고서 내면적 변화를 겪었다고 기술한 것으로 유명한데, 아울러 마르크스의 분석이 도시와 깊은 연관이 있고 근본적으로 인간적일 뿐만 아니라 필요불가결한 윤리적 행복과도 관계가 있다고 말한다. 그는 종종 자신의 신념이자 정신적 자극제이기도 했던 마르크스의 다음 문장으로 되돌아가곤 했다. "각자의 자유로운 발전은 모두가 자유롭게 발전하기 위한 조건이다." 거친 질감의 콘크리트와 유리 그리고 탁 트여 바람이 부는 공간으로 구성된 질서가 교조적인 관념으로 작동하는 브라질리아에서는 대중이 진정으로 도시에 개입할 수 있게 만드는 친밀함과 다양성 같은 것들이 지워져 있다. 버만의 여행은 브라질리아와 더불어 그 도시의 많은 건물을 설계한 건축가 오스카 니마이어와 대화를 나누는 과정이었다. 그는 니마이어의 건물을 답사하면서 오래전부터 표명해온 자신의 소신을 변함없이 드러냈다. 도시의 형태와 삶을 결정된 방식이 아니라 서로 대화하는 방식으로 구상해야 한다고 말이다.

지난달에 나는 아테네에서 하루를 보냈다. 아크로폴리스의 전경이 펼쳐지는 옥상 레스토랑에 가고자 플라카를 통과할 때는 한쪽에 야외 식당이 줄지어있고 반대쪽에 대중교통 노선이 지나가는 거리를 따라 걸었다. 그 궤도 너머에는 아고라의 잔해가 놓여 있었다. 이 세 가지 조건을 (협력과 적대의 관점에서) 구분한 건 순전히 버만뿐이었다. 이곳에는 공적인 상호작용을 일으키는 세 유형인 도시의 위락과 교통수단 그리고 협치가 이상적으로 자리 잡았는데, 이는 2,500년간 도시적 특성을 형성하며 시민 생활의 습속에 활력을 불어넣는 기획이 이어져 왔음을 보여주는 것이다.

이런 곳을 방문할 때면 우리는 늘 버만과 함께 할 것이다. 버만과 똑같이, 정쟁이 심한 그리스 정치에 트로이카◆가 개입하는 걸 비난하는 그래피티에 매료되어 연대의식을 보일 것이다. 그처럼 우리도 길거리에서 공연되는 그리스 힙합의 사운드에 즐거워할 것이다. 그러한 즐거움은 그가 태어난 곳이자 늘 그의 영혼의 고향이 되어 현대 도시 생활의 조건에 대한 가늠자로 남은 브롱크스에서 온 것임을 생각하면서, 그를 그리워할 것이다. 전 세계에서 온 사람들이 군중이 되어 천천히 산책하는 모습이 도시에서만 일어날 수 있는 차이와 결합하면서 얼마나 그를 짜릿하게 했을지 우리는 알게 될 것이다. 우리는 우르릉대며 도시를 가르는 열차가 버만에게 자신이 어릴 적 살던 트레몬트의 도랑을 문득 연상시켰을지도 모른다고 생각할 것이다. 고속도로 길을 내려고 한복판을 팠다가 폐허가 되고 만 도랑을. 그리고 그가 정말 소중히 여겼던 고전적 장소인 아고라가 가까워 두근대는 심장을 안고 고대의 동시대인이었던 플라톤과 아리

◆ 유럽연합(EU)과 유럽중앙은행(ECB), 국제통화기금(IMF)을 통칭하는 용어다.

스토텔레스와의 대화를 회상했을 걸 생각하면서 전율을 느낄 것이다. 괄목할 만한 글쓰기와 놀라운 강의, 그리고 달콤함을 발산하는 위대한 정신 속에서, 마셜 버만은 도시와 우리를 위한 이 자유의 꿈을 향해 우리 모두를 이끌어 줄 것이다.

— *Nation*, September 16, 2013, thenation.com.

12
공기가 교환재가 될 가능성

부동산은 채굴 산업이다. 부동산은 공기를 채굴한다. 공간은 건축을 위한 기본적인 원자재이고, 사실상 뉴욕시에서는 1제곱피트의 공간마저도 모두 부동산으로 소진되어왔다. 이 도시의 마지막 초록 들판마저 점유된 지 이미 오래고, '성장'은 밀도와 동의어가 되었다. 개발업자는 더 넓은 땅을 얻기 위해 더 많은 공기를 전용해야 한다.

하지만 토지는 역사적으로 제곱피트나 제곱미터, 에이커, 헥타르, 제곱마일 또는 제곱킬로미터 등으로 계산되는 지표면상의 필지 면적으로만 측정되어 왔다. 이게 너무나 당연한 얘기로 들리겠지만, 여기에 수직적 차원을 소유한다는 개념이 들어가면 얘기가 복잡해진다. 지하에 있는 것에 어떻게 접근할지에 대한 문제를 생각해보라. 예컨대 드릴을 수평으로 천공해도 되는가가 여전히 논란거리인 석유와 광물 등의 채취 문제를 생각해볼 수 있다. 하수도부터 지하철까지 다양한 지하 기반시설이 있으면 문제가 더 어려워진다. 하지만 자기 땅의 둘레 안에서 파내거나 채취한 걸 자신의 소유물로 보는 가정은 지금껏 이어져 왔다.

지하 공간과 지상 공간의 소유권 문제는 중세 시대에 한 문장으로 간명하게 법률화된 바 있다. "땅을 소유한 자는 그 위의 하늘과 그 아래의 불바다까지 소유한다(*Cuius est solum eius est usque ad coelom et ad infernos*)." 이 원칙은 오늘날까지 소유지의 수직성을 결정하는 데 효과적인 법률적 토대로 남아있지만, 그 개념은 기술과 도시 형태가 변화함에 따라 점점 더 복잡해지게 되었다. '공중권(air rights)'에 대한 최초의 담론은 항공의 시작으로 촉진되었음을 보여주는 증거가 있다. 첫 번째 계기는 18세기 말 파리에서 열기구가 머리 위로 지나가기 시작했을 때고, 두 번째 계기는 저공 항공기가 도래했을 때다. 불법 침입과 프라이버시, 위험과 방해 등의 문제에서부터 시작해 하늘의 높이에 관한 논쟁이 일어났다.

1915년 로워 맨해튼에 건설된 이쿼터블 빌딩(Equitable Building)은 현대적인 공중권 개념을 만들어 낸 중요한 사건이었다. 높이 164미터의 이 건물은 설립 이후 세계 최대의 사무소 건물이 되어 주변부를 위축시켰다. (이 건물은 지금도 파인 스트리트에 튼튼하게 서 있다.) 이쿼터블 빌딩은 주변에 거대한 그림자를 드리웠고, 이 문제로 인해 1916년에 뉴욕시는 지역지구제법 초안을 작성하게 되었다. 이 법은 보도와 차도 사이의 연석에서 대지를 향해 사선으로 건축 제한선을 그어 올려 거리의 일조권을 보장하는 셋백(setback) 시스템을 의무화했다. 이런 조치는 단박에 공기의 특별한 가치를 만들어 냈다. 빈 공간이 면 단위의 소유권을 넘어 공간을 점유하는 개발업자의 절대적 능력을 제한함으로써 특별한 가치를 갖게 되었고, 하늘을 제한 없이 점유하며 건설할 수 있는 권리보다 햇빛과 공기에 접근할 수 있는 공공의 권리를 우선시하게 된 것이다.

1916년 지역지구제 법률이 명시한 건물 형태의 규제는 여러 면에서 수십 년간 이어져 온 공동주택 개혁을 위한 투쟁의 연장선이었다. 이 투쟁은 뉴욕시의 건축 규정에 일련의 변화를 가져왔는데, 위생 시스템과 창문 배치 및 소방 설비를 진보적으로 개조해 모든 방에 자연광을 유입시키고 모든 아파트마다 배관을 연결했으며 화재 시에는 최소 두 가지 방법으로 탈출할 수 있게 했다. 뉴욕 정부는 이미 19세기 말에 시내 건물과 공간의 형태, 용도, 성능에 대한 권한을 주장하면서 사적 이익의 준수를 요구하고 자기 땅을 제한 없이 개발할 권리를 제한했었다.

　　뉴욕시의 지역지구제 규정은 1961년에 대폭 개정되었는데, 이는 주로 당대의 건축 유행을 반영하기 위해서였다. 이런 변화 속에서 재산권을 측정하고 그것을 공익에 비춰 균형 있게 행사할 수 있도록 소위 말하는 '용적률(floor area ratio)'이라는 새 도구를 도입하게 되었다. 용적률은 주어진 대지에서 얼마나 큰 용적으로 지을 수 있는지를 명시하는 배율로서 널리 쓰이고 있다. 예컨대 필지 넓이가 100제곱미터라고 가정했을 때 용적률이 200퍼센트면 총면적 200제곱미터의 건물을 지을 수 있을 것이다. 하지만 이런 용적률 변화가 있더라도 지역지구제는 여전히 거리에 햇볕이 들 수 있게 보장하는 공식을 명기했고 주어진 대지마다 허용되는 용도도 특정했다. (사실 이 법은 용도와 용적률의 범주를 훨씬 더 다양하게 늘렸다.) 이로 인해 스카이라인에 일어난 가장 극적인 변화는 기념비적인 '웨딩케이크' 모양 대신 광장을 앞에 둔 채 뒤쪽에서 곧게 솟아오르는 형상의 고층 건물이 많아진 것이다. 획일적으로 정렬해있던 기존의 관습적인 거리 입면을 깨뜨린 이런 변화는 논란거리가 되기도 했다.

　　1961년의 변화들은 새로운 투기 영역을 개시하기도 했다. 그중 하

　　　　　　　　　공기가 교환재가 될 가능성

나가 공중권의 영역이었는데, 공중권은 지역지구제가 허용하는 한계와 기존 건물 사이에 벌어지는 간극 속에서 형성된다. 용적률은 사실상 순환하는 공기량을 규제하는 공중권의 금본위◆처럼 기능한다. 용적률은 순수한 부의 형식이며, 그것의 교환 가치는 현실적인 유용성과는 상관없이 변화한다. 한편 뉴욕시는 공익을 위한다는 명목으로 용적률을 상업적으로 거래하는 일련의 정책을 추진하면서 또 다른 투기 영역을 개척했다. 이때가 바로 '공공-민간 파트너십'이라는 새로운 문화가 뉴욕 도시계획을 지배하게 된 결정적 순간이었다.

'보너스(bonus)'와 '양도(transfer)'는 용적률을 교환 가치가 있는 통화처럼 만드는 두 가지의 기본 개념이다. 보너스부터 살펴보자. 뉴욕시는 지역지구제에 따른 기본 한도 이상으로 용적을 추가할 수 있는 권리를 부여하는데, 대개는 다소 명목적인 공익을 실현하기 위한 것이라는 구실이 따라붙는다. 이런 거래는 일반적으로 공공복지 차원에서 옳지 못한 처사임이 판명되었다. 맨해튼에 수없이 많은 밋밋한 소형 광장과 쓸모없는 아케이드를 보라. 서로 우위에 서려고 경쟁하는 개발업자들이 이익을 최대한 뽑아내면서 미미하게 개선해놓은 결과가 그것이다. 보너스는 자극이 필요하다고 여겨지는 지역의 개발을 부추기는 용도로도 쓰여 왔다. 예컨대 타임 스퀘어와 미드타운 서측에서는 전술적으로 용도지역을 상향해 그 일대를 활성화하는 조치가 이뤄졌다. 가장 최근의 보너스 전략은 개발업자가 중·저소득층을 위한 '적정가' 주택을 프로젝트의 일부로 포함시킬 때 용적률을 높여주는 일명 '포용적(inclusionary)' 지역지구제라

◆　단위 화폐의 가치를 재는 척도로서 일정량의 금을 설정하는 것이다.

불리는 방식이다. 이 보너스는 엄격하게 집행되기 때문에 지금껏 적당한 결과만을 생산해왔다. 새 뉴욕시장으로 당선된 빌 디블라시오는 그런 포용적 조치를 의무화하겠다는 뜻을 밝혔는데, 그가 마지막까지 책임지고 완성할 수만 있다면 이 조치는 뉴욕시의 주택 공급에 다시 균형을 불어넣을 중대한 발걸음이 될 수 있을 것이다.

양도는 공중에서 이뤄지는 더욱 난잡한 거래 방식이다. 이 개념은 곧 많은 필지가 용적률에 맞춰 지어지지 않고 있으며 그러한 잉여 용적을 측정하고, 판매하고, 또 다른 필지로 재할당할 수 있음을 뜻한다. 지금까지는 이런 잉여 가치가 대개 같은 블록 안에서만 양도될 수 있었다. 하지만 블룸버그 행정부는 이런 권리를 훨씬 더 광범위하게 양도하는 조치에 열린 태도를 보였고, 점차 이런 양도를 중심으로 그랜드 센트럴 역사 주변의 73개 블록에 대해 용도지역을 상향하려고 필사적으로 노력해왔다. 그 노력이 결실을 맺었다면 (세인트 바츠나 세인트 패트릭스, 센트럴 시너고그, 레버 하우스와 같은) 지역 랜드마크 위의 지어지지도 점유되지도 않은 영역을 공탁하고 그 본질적인 희소성에 따른 시장 요율로 판매할 수도 있는 공기 은행을 효과적으로 만들어 냈을 것이다. 뉴욕시장은 얼마 안 있어 시의회에서 부결될 걸 예상하고 11월에 이 제안을 철회했지만, 이 안은 수정된 형식으로 다시 제출될 가능성이 높다.

확실히 블룸버그 시장이 재직 시절 도시계획에 가장 확실하게 기여한 것은 도시의 지역지구제를 대폭으로 개편한 것이었다. 140건이 넘는 조치가 별건으로 이뤄졌고, 이런 개편이 뉴욕 총면적의 40퍼센트 이상에 영향을 끼쳤다. 밀도를 접근성과 관련해서 관리하고 기존 지하철역과 동네의 중심지들 위주로 성장을 집중시켜야 한다는 합리적 신념을 따라,

공기가 교환재가 될 가능성

용도지역 상향과 하향을 모두 포함하는 지역지구제 개편이 이뤄졌다. 하지만 이 정책은 결과적으로 밀도와 성장을 고르게 분배시키지 못한다는 비판을 집중적으로 받았다. 용도지역 하향은 상대적으로 더 부유하고 백인이 많이 사는 동네에서 일어났다. (그래서 불균형적으로 더 잘사는 사람들에게 부동산 가치가 유리하게 형성되었다.) 반면에 용도지역 상향은 대부분 가난한 유색 인종 동네에서, 그리고 퀸스와 브루클린 이스트강 수변 같은 옛 산업 부지에서 일어났다. 바로 거기서 뉴욕시가 고급 고층 건물 단지를 줄줄이 이어 계획한다면 노동자 계층과 그 이면에 놓인 제조업 동네를 왜곡하고 지워버리는 효과가 일어날 것이다. 단순히 젠트리피케이션이 일어날 위험을 뛰어넘어, 그런 동네에서 쾌적한 이스트강을 단절시키는 벽을 세우는 효과가 생길 것이다. 이 문제를 예견한 이가 다름 아닌 제인 제이콥스다. 그녀는 2006년에 세상을 떠나기 직전 뉴욕시장에게 강력한 경고가 담긴 편지를 써서 '추하고 만성적인 실수'를 중단할 것을 촉구했다.

　뉴욕대학교의 퍼만 센터는 지역지구제 변경이 가져오는 순수한 잠재 효과에 관해 유일하게 실질적으로 보이는 연구를 진행했다. 이 연구의 몇몇 보고서에 따르면, 지역지구제를 변경한 도시는 용적률이 상당히 늘었고 이러한 용적률 향상이 정책 시행의 일차적인 동기였다. 차후 수십 년에 걸쳐 늘어날 것으로 예상되는 수백만 명의 뉴욕 이주민을 수용하기 위해 시 행정부가 도시를 재구성하려는 노력의 일환이었던 것이다. 그리고 시내 부동산의 총용적을 늘림으로써, 블룸버그 행정부는 원래부터 가장 스스럼없이 친분을 맺으며 최고의 충성 서약을 해놓았던 부동산 산업을 지원했다. 또한 일부 학자와 공공 도시계획 관련 지식인 중에도 밀도를 도시계획의 가장 중요한 원리로 이론화하는 경향이 있다. (가장 대표적인 저명인사를 꼽자면 에드워드 글레이저가 그렇다.) 이 새로운 밀도 학파는 저 나름의 이유를 대며 밀도가 사회성을 유도한다고 주장한다. 밀도 있는 도시가 더 근본적으로 지속 가능하다고, 밀도는 더 많은 사람이 거주할 수 있는 여지를 만들어 세수를 늘리고 지방자치단체의 서비스 증대를 유도한다고, 또한 제2차 세계대전 이후 미국적 모델이 된 교외적인 대안을 개조할 필요가 있다고 말이다.

이 모든 게 그럴듯한 가정임을 인정키로 하자. 그런데 이들은 밀도라는 개념을 절대적인 것으로 취급하는 경향이 있다. 그들은 밀도를 정당화하는 요인만 따질 뿐, 밀도를 제한하게 될 요인은 따져보지 않는다. 밀도를 열심히 추진하고 나서 얻는 결과가 그런 개발의 혜택을 입을 위치에 있는 자들을 위한 경제적 이익만 극대화하는 것이어선 안 된다. 그와는 다른 무엇이 있어야 한다. 어떤 가치들, 예컨대 역사적 패턴과 랜드마크, 사회적 결속을 비롯해 '맥락'이라는 범주에 속하는 조건들이 그런 등식의 일부를 형성한다는 것도 역시 사실이다. 하지만 도시의 공기에 가치를 매기는 데 활용할 수 있는 더 근본적인 기준이 과연 없는 것일까. 일단 여전히 분명한 사실은 천식과 우울증과 기타 건강 문제들을 방지하려면 햇빛과 깨끗한 공기가 중요하다는 것이다. 이를 감안해본다면, 건축 가능 면적을 고밀도로 높일 때 (지역지구제와 주거 개혁에 가려진 더 폭넓은 동기인) 공개 공지와 녹지 공간의 가용성에 얼마나 돌이킬 수 없는 결과가 일어나겠는가? 용적률을 키울 때는 그만큼 정원 용지 면적을 절대적으로 규정하는 공식을 마련하면 어떨까? 현재 거주 가능한 바닥 면적과 공원 면적은 아주 거칠게 말해서 네다섯 배의 비례 관계를 갖는다. 뉴욕은 여전히 미국에서 공원 공간이 가장 잘 마련된 도시 중 하나다. (그리고 블룸버그는 공원을 확충하고 개선한 공적을 인정받아 마땅하다.) 하지만 건축 밀도와 그에 동반되는 쉼터의 필요성을 연관 짓는 정책은 거리에 햇볕이 들게 설계한 지역지구제 말고는 아무것도 없다. 밀도를 높일 때면 아울러 공개 공지를 늘리고 근접성도 계산하게 해야 보다 납득할만 한 형식으로 좋은 도시가 계획될 수 있을 것이다.

현재 시스템은 57번가에 형성되고 있는 '억만장자의 거리', 즉 엠파이어스테이트 빌딩만 한 초호화 고층 건물들이 줄지어 올라가는 끔찍한 광경을 만들어 내고 있다. 그중 몇몇 건물들은 겨울마다 센트럴파크에 무려 1.6킬로미터 길이의 그림자를 드리우게 될 것이다. 공중권 양도 효과에 대한 환경적 규제가 아주 제한된 수준으로만 이뤄지면서 생겨난 장막인 셈이다. 이런 규제는 주로 지구단위 보존(district preservation)의 형식을 취하거나 건물 높이를 특정 수준으로 제한하는 '맥락적' 지역지구제(contextual zoning)의 형식을 취하기 마련인데 말이다. 이와 같은 수수께끼가 얼마 전 앤드루 쿠오모 뉴욕주지사가 서명한 법안에서도 핵심을 차지하고 있다. 쿠오모 주지사는 허드슨강 공원(엄밀히 말하면 공원 안에서 개발 가능한 부두 공간)에서 누리던 공중권을 웨스트사이드 고속도로 건너편으로 양도하는 법안에 서명했다. 이제 이곳에서는 고층 타워 건설을 허용하기 위해 공중권이 매매될 것이다. 새로운 브루클린 다리 공원과 하이라인 프로젝트에서도 그랬듯이, 그렇게 생긴 수입으로 허드슨강 공원의 완공과 유지관리 자금을 충당하게 될 것이다.

민간 기업에 사용권을 내주며 공공 예산을 걷는 조치에 이론적인 오류는 없다. (전체적인 시스템은 결국 이렇게 작동하는 거니까.) 하지만 그러한 양도의 한계에 관한 문제가 있고, 그것이 어떤 식으로 사회적 계층화를 키우느냐의 문제가 있다. 공공이 누리던 쾌적한 자원이 민간 주식의 가치를 높이는 꽃목걸이가 되어 지나치게 특정 계층에 집중되고, 이를 뒷받침하는 모든 가치 이론은 그런 거래에 대한 규제를 지나치게 완화한다. 법안은 엄격한 규제 체제를 버리고 보너스 시스템으로 갈아탔으며, 일단의 공공재와 공적 권리를 진보적으로 정의하는 법 집행 방식을 밀어내고 하나의 공공재를 다른 공공재와 맞바꾸는 교환 시스템을 채택했다. 어떤 혜택(예컨대 '광장'이나 '적정가 주택' 등)은 다른 혜택('일조권'과 '공중권', '기반시설 축소' 등)보다 더 중요하다고 암묵적인 평가를 받는다. 하지만 정확히 누가 이런 평가를 하는 것인가?

사실상 유일한 평가 기준이 되는 건 이윤이다. 용적률을 높이는 건 도시적으로 돈을 찍어 내는 행위와 다름없다. '지역지구제 상점(zoning store)'이라는 놀림을 받곤 하는 뉴욕시 도시계획국은 통화 공급량을 조작하는 미국 연방 준비 제도와 같은 기능을 한다. 하지만 이렇게 용적 공급량을 찍어 내는 도시계획국의 결정은 단순히 무계획적이고 기회주의적인 결정이 될 위험이 있다. 지역사회의 열망과 생동감 있는 상상력, 무엇이 좋은 도시를 만드는가에 대한 예리한 감각, 진정한 공평성을 위한 흔들림 없는 투쟁에서 비롯한 폭넓고 견고한 일단의 형식적 원리와 야심에 기초하지 않는다면 말이다. '계획'은 모름지기 형식적인 매개체로서 이런 갈등을 해결하고 도시의 공익을 위한 총체적 비전을 발전시켜야 한다. 하지만 도시계획 교수이자 활동가인 톰 앵고티가 언급했듯이, 뉴욕시 도시계획 위원회는 지금껏 사실상 진정한 계획을 생산해본 적이 없었다. (1969년에 있었던 마지막 노력은 한 번도 채택되지 못했다.) 그 대신 특히나 협소

공기가 교환재가 될 가능성

하고 매우 정량적인 계획에 개입했을 뿐이다. 권력을 원리적 수단으로 삼아 지역지구에 휘두르고 대량의 손쉬운 개발을 늘리는 걸 주된 동기로 삼으면서 말이다.

2030 뉴욕시계획(PlaNYC 2030)은 훌륭한 제안을 많이 담고 있음에도 불구하고, 2007년에 만들어진 것으로서 뉴욕시 도시계획국에서는 겨우 약간의 자원만 투입했을 뿐이며 뉴욕시헌장(New York City Charter)에서 정초한 과정에 따라 심사되거나 승인된 바가 전혀 없어 법적으로도 불안정한 지위에 있다. 이 계획은 (앵고티가 "민간 개발업자와의 거래를 협상하기 위한 뉴욕시장의 대리자"라고 부르는) 경제개발공사(EDC)가 마련한 것인데다, 대개는 경영컨설팅 기업 맥킨지 앤 컴퍼니의 작업을 기반으로 한다. 따라서 이건 뉴욕시의 계획이 아니라 블룸버그의 계획일 뿐이며, 블룸버그는 곧 있으면 시장직에서 물러날 것이다. 그럼 이제 다시 새 시장으로 선출된 빌 디블라시오 당선자에게 주목해보자. 디블라시오가 뉴욕시의 계획과 관련해 누구의 자문을 받았는지 또는 그 과정이 가져올 미래에 대해 어떤 입장을 취하고 있는지를 자세히 아는 사람은 아무도 없는 듯하다. 그는 과거에 애틀랜틱 야드와 윌리엄스버그/그린포인트 재개발 같은 논쟁적인 프로젝트들을 지원한 바 있다. 하지만 그를 뽑은 사람들은 뉴욕시장의 권력을 활용해 우리의 말하기도 부끄러운 소득 격차를 극적으로 줄이고 블룸버그 시대의 낙수효과에 대한 믿음 대신 사회적 정의를 향한 수단으로 협치를 더 강력하게 운용하겠다는 그의 공약에 확실히 감동을 받았다. 디블라시오에게는 2030 뉴욕시계획에서 가장 좋은 요소들을 제도화하고 이를 1989년 수정 헌장에서 구현된 '공동체가 힘을 갖는 체계'로 정착시킬 기회가 있다. 이런 계획이 지역지구제를 대체해야 하

며, 공동체가 절대 권력자와 금권 정치가보다 더 큰 목소리를 내야 한다.

한자동맹◆의 기념비적 표어는 '도시의 공기가 자유를 만든다(*Stadtluft macht frei*)'였다. 이제 우리의 공기를 자유롭게 할 시간이다.

— *Nation*, December 18, 2013, thenation.com.

◆　Hanseatic League. 중세 후기 북해와 발트해 연안의 도시들이 결성한 상인 조합을 말한다.

공기가 교환재가 될 가능성

13
뉴욕 현대미술관의 큰집

지난달 맨해튼의 윤리문화협회에서는 남의 불행으로 자기 행복을 취하는 감정이 깊이 묻어나는 행사가 열렸다. 그날은 뉴욕 현대미술관장 글렌 로리와 딜러 스코피디오＋렌프로(DS＋R)의 엘리자베스 딜러가 최근 발표한 미술관 확장 계획을 변론한 날이었다. 이 계획은 현재는 비워진 바로 옆 미국 민속박물관을 철거하는 안을 포함하고 있었는데, 그 민속박물관은 토드 윌리엄스와 빌리 치엔이 설계하고 뉴욕 현대미술관이 2011년에 사들인 건물이었다. 이런 확장 계획에 대해 지역 비평계와 건축계는 신랄하고도 인신공격적인 비난을 쏟아냈다. 윤리문화협회에 모인 군중은 살기등등한 기세로 딜러 스코피디오＋렌프로의 콧대를 꺾어 면박을 주고 싶어 했다. 왜 그랬을까? 2001년에 9/11 참사가 터진 직후에 개관한 그 별나게 작은 민속박물관이 확실히 보호할 가치가 있는 건물이었기 때문이다. 이 건물은 현재 대규모의 건물이 줄줄이 들어서고 있는 주변 환경에 비해 유달리 아름다운 작품으로, 당시의 크고 무미건조한 유리 건물에서 찾아볼 수 없는 예술적인 디테일로 지어졌다. 하지만 더 폭넓게 보면, 급박한 공지에도 불구하고 무려 650명이 이 건물을 지키기 위해 모였다는 사실은 부동산이 주도하던 블룸버그 체제하에서 번성한 건축 실무와 개발에 대해 대중이 느낀 환멸의 크기를 가늠케 한다. 게다가 "우리는 결정을 내렸습니다."라며 계획을 기정사실화한 로리 관장의 발표는 뉴욕 현대미술관과 딜러 스코피디오+렌프로에 대한 대중의 실망감을 더 키우기만 했다.

많은 뉴욕시민들은 뉴욕 현대미술관이 뉴욕에서 빼놓을 수 없는 시설 중 하나인 만큼 특별한 애착을 느끼고, 이 미술관이 주는 기쁨과 좌절에 민감하게 자기감정을 이입하곤 한다. 나 또한 대학생 시절 이 미술관에 얽힌 특별한 기억이 있다. 1960년대의 방학 때 이곳을 찾아 마티스의 그림들 사이에서 검은색 타이츠를 입은 베닝턴 출신 소녀들을 꾀어 보려 했었기 때문이다. 그러고는 몇 세대에 걸쳐 뉴욕시와 세계 각지에서 온 방문객들은 갤러리와 카페, 서점, 영화상영실, 정원에서 교육하는 현대성의 문화에 길들여졌다. 나는 이 미술관이 획일화하는 상업주의에 잠식당했다고 느꼈는데, 특히 시저 펠리와 다니구치 요시오가 각각 1984년과 2004년에 사생아 같은 쇼핑몰 스타일의 증축 설계를 한 이후로 그랬다. 그리고 그 '캠퍼스'를 또 한 번 확장하겠다는 최근의 결정이 그런 느낌에 불을 질렀다. 캠퍼스라니, '일렬'로 늘어선 건물들에 붙이기에는 이상하고 허세 섞인 이름이 아닌가.

반면에 미국 민속박물관은 일종의 바리케이드이자 저항의 지점으로 인식된다. 이곳은 그 공항 홀 같은 현대미술관의 수많은 군중을 뚫고 브로드웨이 수준의 가격과 씨름할수록 점점 더 하찮은 대중이 되어가는 느낌을 주는 광란의 거대 기관에만 저항할 뿐만 아니라, 더 넓게는 도시 전체에서 일어나고 있는 과정에 저항한다. 여기서 떠올려봐야 할 사실은 현대미술관의 1차 확장계획에 포함된 3개 층이 최상위 부자들을 위한 블록 한복판의 터무니없이 높은 고층 타워를 떠받치는 기단이 될 예정이란 점이다. 분명 그 작은 민속박물관 건물은 바로 옆집에서 기정사실화한 유린 행위뿐만 아니라 동네 전역에서 올라가고 있는 말단비대증의 건물군에도, 데미언 허스트와 제프 쿤스를 비롯해 자산으로서 소유되는 미술품들에 홀린 보이지 않는 재벌 권력의 소굴에도 저항하는 마지막 울타리로 보인다. 이 모든 과정에서 현대미술관 측이 수행하는 비준과 공모의 역할에 대해 문화계가 느끼는 불안이 상당하며, 그 모든 게 바깥으로 흘러나오고 있다.

이와 얽힌 또 하나의 감정은 뉴욕 현대미술관의 둘도 없는 오래된 친구인 뉴욕 공공도서관에도 닥쳐올 야만에 대한 것이다. 현재 뉴욕 공공도서관은 42번가의 중앙도서관에서 그 건축과 기능의 중대한 요소이자 우아하고 구조적으로 필요불가결한 서가를 없애는 변신을 도모하고 있다. 서가를 없앤다면 물론 책들도 옮겨야 할 것이다. 그리고 그 이유는 더 '민주적인' 개념으로 도서관을 활용할 수 있게 하겠다는 것이다. 민속박물관이 사실상 새 건물에 가깝다 하더라도, 이 건물을 없애는 건 분명 대중의 뜻을 사칭해 기존의 존경받던 전통(인쇄된 책, 조용한 학술 연구, 다채로운 거리 벽체의 리듬, 공예 등)을 무시하는 허울뿐인 절박성과 관계가 있다. 그리고 더 폭넓게 보면, 이는 견고한 모든 것이 공기 중으로 — 또는 유리라는 재료로 — 녹아버림을 걱정하는 불안과도 관계가 있다.

53번가에서 벌어지고 있는 문제는 단순히 새 계획이 기존 건물을

119

침입하는 게 아니라, 현대미술이 지금껏 긍정해왔으나 뉴욕 현대미술관이 제도화될수록 시들해져 간 특질인 불복종과 차이에 대한 존중이 아예 사라져버린 것에 있다. 현대미술관이 그런 임무를 포기했으며 탐욕으로 타락한 도시 문화에 공모하는 것처럼 보인다는 사실은 분노를 더 키울 뿐이다. 뉴욕 현대미술관과 그 증축안을 설계한 건축가들은 새로운 세대의 큐레이터들이 등장해 실험할 때라면서 뭔가 뚜렷한 개념을 복원해야 한다고 주장한다. 실제로 민속박물관을 철거하자는 주장은 제약보다 촉진의 관점에서 표현되지만, 많은 이들은 성가신 요소(하지만 진주를 만들지도 모를 모래알 같은 요소)를 제거하고 애매한 요소(접이식 유리벽 설치, '아트 베이', '그레이 스페이스')를 선호하는 태도가 예술 자체의 특정성을 공격하는 것이라 여긴다. 이 새로운 공간들은 가장 근본에서 멀어진 전위주의를 재현하며, 엘리자베스 딜러의 용어로 말하자면 "고집스러운" 작은 건물의 흔적을 지우고 이렇게 철저하게 애매한 공간들로 채우겠다는 생각은 염세적 우울감에 빠진 포기의 제스처로 보인다.

윤리문화협회에서 몇몇 사람들이 지적한 것처럼, 딜러 스코피디오+렌프로는 꼼꼼하고 정밀하게 탐구했지만 그 탐구의 전제가 이미 잘못되어 있었다. 의뢰인이 이번 확장 계획에서 효율적인 동선을 필수조건으로 설정했다는 전제 위에서 민속박물관을 자산이 아닌 장애물로만 인식했기 때문이다. 건물을 살릴 수 없었던 게 아니다. 결국 살릴 의지가, 사랑이 없었던 것이다. 이 건물을 살리려면 고고학적이고도 예외적인 자극 속에서 뭔가 재기발랄한 상상력을 발휘해 현대미술관의 유연한 수평동선 계획에 매끈하게 개입할 필요가 있었을 것이다. 딜러 스코피디오+렌프로는 영리하고 솜씨 좋은 디자이너들이며, 그들이 보여준 많은 중간

렌더링은 민속박물관 건물을 더 큰 조화 속에 통합할 연상적이고 생산적인 병합의 요령으로 가득한 섬세한 전략들을 담고 있었다. 하지만 슬프게도 그들은 의외성이 있는 건물을 그와 정반대인 평범한 요소의 집합으로 철저히 동화시켜 결국 그걸 지워버리려고 애쓰는 모습을 보였다. 마치 냉혹한 상자 형태로 설계를 진행하는 것만이 유일하게 가능한 선택이었다고 말하고 싶어 하는 듯했다.

딜러 스코피디오+렌프로는 윌리엄스·치엔 부부와 같은 세대로서 현대미술에 심취해있는데다 현대미술을 위한 공간 설계에도 능숙하지만, 건축 모더니즘에서 그들은 서로 충돌하는 조류에 속한다. 딜러 스코피디오+렌프로는 바우하우스 전통의 적자로서 기능주의적인 건축의 분위기에 집단적 기예와 퍼포먼스를 결합하는 만큼 뉴욕 현대미술관에 안성맞춤인 건축가들이다. 반면에 윌리엄스와 치엔은 확실히 프랭크 로이드 라이트와 루이스 칸, 카를로 스카르파, 그리고 아마도 (확고한 주관이 있는 독창적 인테리어로 유명한) 폴 루돌프까지 포함하는 조류와 더 관련이 깊고, 더 두터운 재료 감각과 특정 스타일의 복잡한 직교 체계를 내세우는 건축가들과 더 가까운 편이다. 비록 그들의 작업이 겉으로는 특이해 보이지 않는다고 하더라도, 밀도와 전통적 구성을 좋아하는 그들의 기호는 투명성과 장식적인 기술을 좋아하는 딜러 스코피디오+렌프로의 기호와 대비된다.

저녁에 열린 토론회에서 로리 관장은 회화였다면 절대 하지 못했을 작품 철거 행위를 어떻게 건축 작품에 할 수 있느냐는 질문을 받았다. 그는 이에 답변하면서 건축의 성격을 기능성에서 찾았고, 민속박물관의 미래에 대한 현안을 '보존'의 영역에서 빼내 더 무력한 '적응적 재사용'의 범주에 두었다. 과연 그 건물을 훌륭한 갤러리나 현관 복도나 카페처럼 본래의 설계 목적과는 '다른' 무엇으로 바꿀 수 있겠냐고 말이다. 이는 물론 원래 디자인이 더 정확할수록 철거 가능성도 더 높아진다는 뜻이다.

엘리자베스 딜러는 이 질문을 분명하고 정직하게 구체화하며 다음과 같은 질문으로 발전시켰다. 어떤 본질적인 특이성을 도려내지 않고서 건물의 얼마나 많은 부분을 바꾸거나 없앨 수 있겠는가? 그녀의 설명을 듣자니 나다니엘 호손의 「모반(The Birthmark)」이라는 소설이 떠올랐다. 아내의 얼굴을 바라보던 한 과학자는 그녀의 유일한 결점이라 생각되는 모반에 집착하게 되고, 그걸 지울 수 있을지를 고민한다. 그러자 아내가 답한다. "이 반점은 매력점이라고 불릴 때가 정말 많았기 때문에 나도 그렇게 생각하면 그만이었어요." 하지만 그러고서 남편의 욕망에 굴복한다. 이미 눈치챘겠지만 그 결말은 이렇다. 남편은 많은 연구 끝에 결국 반점을 없애는 해법을 찾지만, 그것으로 아내를 사망에 이르게 한다.

이런 성형에 의한 죽음은 또 하나의 아이러니를 암시한다. 윌리엄스와 치엔은 필라델피아에 있는 반스 미술관의 새 건물을 설계한 건축가들이고, 이 작업은 뉴욕 현대미술관의 확장 설계 때문에 딜러 스코피디오+렌프로를 버린 사실상의 모든 비평가들에게서 따뜻한 환영을 받았다. 반스 미술관이 필라델피아로 이사한 후에도 기존 건물은 철거되지 않았지만, 기존 건물의 맥락이 이 미술관과 어울렸다고 열렬히 믿는 사람들은 여전히 많다. 미술과 주거 공간의 공생 관계가 그 장소의 혼이었다는 것이다. 이에 비춰볼 때 뉴욕 현대미술관 측의 철거 계획이 어떤 윤리적 기준에서 모종의 업보를 치를 일은 아니다. 하지만 그와 비슷한 것 때문에 로리 관장은 뉴욕 현대미술관의 주변 맥락에 대해 더 깊이 생각해봐야 할 것이다. 미술관 측은 이웃한 건물의 예술적 가치를 인정하길 거부하며 한 동네의 내장을 도려내는 작업을 돕고 있기 때문이다.

미술과 건축의 경계를 탐구하는 일은 오랫동안 딜러 스코피디오+렌프로가 실천하던 작업이었다. 그들은 레이크 제네바의 호수 위에 대규모 '연무'를 설치하는 획기적인 작업을 했는데, 마치 안개로 만든 '건물'과도 같은 이 설치물은 환상적일 뿐만 아니라 건축을 탈물질적이고 수행적인 차원과 강력하게 동일시한 작업이기도 했다. 여러모로 볼 때 지금껏 그들의 직무상 목적은 상대적으로 보수적이고 확정적인 주변 환경 속에서 형언할 수 없는 특질을 프로젝트에 담아내는 것이었다. 그들이 제임스 코너와 함께 설계한 하이라인 프로젝트는 많은 사람들의 머릿속에 적응적 재사용의 사례로 오랫동안 기억되고 있다. 이 프로젝트가 훌륭한 이유는 형언할 수 없는 폭넓은 욕망을 집중시켜 특이하고도 친근한 구조물을 즐겁게 제시했기 때문이며, 정교한 미니멀리즘과 계속해서 변화하는 비옥한 식물들을 결합한 영리한 구조를 옛 철도에 덧붙여 증축했기 때문이기도 하다. 마찬가지로 그들의 링컨센터 개·보수 작업은 강력하지만 결점이 있는 형판 위에 각인되어 풍부한 팔림프세스트♦의 일부를 이룸으로써, 건물의 비효율성과 갑갑한 제국양식 그리고 일관되지 못한 디테일의 문제를 상당히 해소했다.

딜러 스코피디오+렌프로는 오랜 기간 건축과 비평 활동을 통해 정치적인 것을 탐구해오기도 했다. 특히 그들은 전시와 설치, 텍스트, 건물

♦ 팔림프세스트(palimpsest)는 양피지를 '다시 문지르다'라는 뜻의 라틴어에서 온 말이며, 양피지에 쓰인 글을 문질러 지운 다음 다시 새로운 글을 씀으로써 흔적이 켜켜이 중첩되는 구조를 일컫는다.

에 관한 작업을 해오면서 감시와 프라이버시, 대중문화와 관광, 신체와 보철 기술을 통한 신체 확장, 시각의 착시에 관한 물음을 제기했다. 확장하는 게 중요하다는 뉴욕 현대미술관의 주장에서 정치는 핵심적인 동기로 소환되지만, 적잖이 산만하고 종잡을 수 없는 방식으로 소환된다. '접근'에 대한 집착은 동선에 대한 지나친 강조와 너무 쉽게 결합한다. 예술이 '거리'에 더 가깝게 배치되고 사람들은 갓길 보도에서 예술을 볼 수 있을 것이다. 회랑이 있는 정원은 주기적으로 대중에게 개방될 것이다. 이 모든 건 '벽 없는 미술관'의 환상을 꾸며낼 접이식 유리를 통해 촉진될 것이다.

아아, 이것은 진짜로 정치적인 게 아니라 쓸모없는 대체재일 뿐이다. 진정으로 정치적인 것이란 사적 이익에 대한 너그러움에 의존하는 게 아니라 그것에 영향을 주는 결정에 대중이 실제로 참여하는 데에 달린 것이다. 이러한 이중적 딜레마는 윤리문화협회에서의 토론에 참석했던 사람들의 마음속에 분명 있었을 것이며, 짜증나는 사실이 결정된 후에야 참여 요청을 받은 데 대한 실망감 속에도 있었을 것이다. 마찬가지로 보존의 문제와 정확히 무엇을 보존하느냐에 관한 난처한 대화는 너무도 쉬운 말로 일축되었다. 예컨대 그걸 '파사드주의(facadism)'라고 부르며 경시해버린 것이다. 사실 많은 사람들이 민속박물관 건물을 살리자고 주장하는 이유는 다른 게 아니라 그 건물이 하나의 예술 작품이기 때문이다. 그것만으로도 충분히 좋은 주장이지만, 어떤 건물은 그것이 갖는 현재적 의미나 친밀함 또는 특이성을 통해 도시의 근본적인 인상을 결정짓는 중대한 일부를 이룬다는 생각도 아주 좋다. 이러한 속성은 통상 이뤄지는 예술적이거나 역사적인 판단으로 약호화하기 어려운 것이다.

하지만 이런 가치들은 도시에서 기억과 존중 — 심지어는 연민 — 의 감각을 이루는 중심적 가치들이며, 법정 밖 공론의 장에서 싸워 쟁취해야만 하는 것이다. 민속박물관 건물의 특별한 건축적 장점이 무엇이든 간에 분명한 사실은 53번가에 위치한 그 건물이 중간 블록마다 연립주택이 들어설 예정인 미드타운의 마지막 방벽으로서 부분적인 기능을 수행하며, 이런 기능은 애비뉴를 따라 서 있는 더 큰 타워들과 행복한 대비를 이루면서 정교하게 표현되고 있다는 점이다. 뉴욕 현대미술관은 민속박물관 건물을 철거해 그 예외성을 도려내면서 돈에 미친 엔진에 관여하고 있다. 블록 한가운데의 80층짜리 타워에는 눈 하나 꿈쩍하는 이가 없고 옆집의 그 사랑스러운 작은 보석을 살릴 방법은 찾을 수도 없는 엔진 말이다.

— *Nation*, March 10, 2014, thenation.com.

14
빈자의 출입문 뒤편

우리는 그리니치빌리지에 있는 집세가 동결된 집에서 25년 넘게 살다가 3년 반 전에 도심의 분양아파트로 이사했다. 우리는 양심의 가책을 느끼는 60년대 투사 유형인지라 특권층의 분위기가 감도는 곳에 발을 들여놓는다는 걸 다소 불안해하고 있었다. (여보, 부동산은 '장물'이야.) 하지만 새집에 도착한 지 얼마 안 있어 어떤 긴급 사안에 대한 주민 위원회 심의에 소집되면서 우리의 불안을 잠재울 수 있는 계기가 생겼고, 그런 불안은 빨리 극복되었다. 우리 건물은 원래 사무소였다가 아파트로 용도 변경한 건물이었다. 별도의 출입구가 세 군데 있었는데 하나는 저층부의 상업 공간 출입구, 또 하나는 중층부의 임대아파트용 출입구, 나머지 하나는 상층부의 분양아파트용 출입구였다. 임대아파트는 꽤 빠른 기간에 분양아파트로 변경되었고, 우리가 답을 내려야 할 문제는 그 예전 임대아파트용 로비와 분양아파트용 로비를 하나로 합칠지 존치할지의 여부였다. 합치게 되면 직원도 덜 필요하고 전기세도 덜 들며 새로운 상업 공간을 마련할 수도 있다는 것이었다.

반면에 단점은 엘리베이터 대기 시간이 그만큼 길어질 것이고 그때까지 안내데스크 뒤에 모아뒀다가 수동으로 배달하던 우편물을 표준화된 우체통에 넣어 둘 것이란 점이었다. 물론 언급되지 않은 다른 단점들도 있었다. 과거 임대아파트였다가 분양아파트로 개조된 세대들은 원래 규모보다 좀 더 작아졌고 그만큼 높이도 더 줄었다. 계급과 특권의 기운이 강력하게 느껴졌다. 그리고 우리의 이웃들은 집값을 우려하는 목소리를 냈다. 비록 겉으로는 '서비스 축소'와 '불편'만을 걱정하는 척했지만 말이다. 녹슨 우체통마저 깨져있을 때가 일반적이었던 지저분한 임대아파트에서 수십 년간 살다 온 우리로서는 마침내 부동산 문제에서 해탈하나 싶었지만, 이제는 우리의 소박한 기쁨 — 광고성 우편물과 『뉴욕 리뷰 오브 북스』를 손수 건네받고, '모든 층마다' 쓰레기 수거장이 있으며, '엘리베이터'를 타는 기쁨! — 마저 빼앗길 판이었다. 우리는 다른 거의 모든 사람들과 함께 '존치'에 투표했다.

도시는 분배의 엔진이며, 도시가 할당하는 특질 가운데 하나는 계급의 공간적 위치다. 우리 건물의 두 출입구를 나누는 건 지나치게 섬세하고 우스꽝스럽기까지 하지만, 뉴욕시의 포용적 지역지구제법이 만든 부산물 중 하나는 이런 할당을 만들어 낼 필요를 확산시켰다는 점이다. (뉴욕의 경우) 블룸버그 시장 시절에 처음 입안되어 이제 디블라시오 시장이 강력하게 추진하고 있는 포용적 지역지구제법은 개발업자에게 용적률 추가와 상당한 세금 감면, 저렴한 융자 수수료 등의 보조 혜택을 제공하는 조건으로 개발업자가 적정가 주택을 생산케 하려는 시도다. 이런 조건으로 적정가 주택을 지어야 할 곳은 개발업자의 프로젝트 내부('현장')가 될 수도 있고 시외('현장 외')의 어딘가가 될 수도 있다. 뉴욕은 이런 전략을 사용하는 수많은 도시 — 시카고, 샌프란시스코, 보스턴, 덴버, 샌디에이고 등 — 중 하나에 불과하다. 물론 뉴욕은 현재 다른 곳보다 이 전략을 훨씬 낮은 수준으로 전개하고 있고 '지정 구역'(어퍼 웨스트사이드와 윌리엄스버그/그린포인트 수변 등)에서만 자발적인 방식의 거래를 허용하고 있지만 말이다. 이런 인센티브를 활용하는 프로젝트들은 보통 대규모인 편이고, 적정가 아파트는 건물의 별개 구역에서 상가와 혼합 배치되는데 심지어 별도의 건물에 배치되기도 한다. 물론 별도의 건물에는 별도의 출입문이 필요하기 때문에 여기서 '빈자의 출입문'이 생겨나게 된다.

이번 가을에는 엑스텔◆이 리버사이드 대로 40번지에 계획한 타워 건설안을 두고 격렬한 항의가 있었다. (타워는 현재 공사 중이다.) 유감스럽게 생긴 (하지만 전망은 멋진) 이 상자 건물은 허드슨강 강변 72번가 밑에 도널드 트럼프가 지은 역시 유감스럽게 생긴 상자 건물들의 긴 줄 끝에 위치한다. 이스트강 강변을 따라 이어지는 (톨 브라더스 노스사이드 피어스를 비롯한) 브루클린의 몇몇 건물처럼 이 건물도 적정가 주택 부문과 상가 부문으로 분명히 구분되어 있으며, 각 부문에는 별도의 출입구를 낼 예정이다. 이러한 이중 출입구의 상징성은 어퍼 웨스트사이드의 낭만적 감수성을 침해하는 것이었던 만큼 상당한 소란을 불러일으켰고, 크리스틴 퀸을 비롯한 많은 정치인도 그 소란에 가세했다. 하지만 이 문제는 허세를 좀 빼고 접근해야 한다. 이렇게 분명하게 출입구를 나누는 건 오랫동안 공식적인 정책과 일반의 문화적 기대를 동시에 반영하기 위한 매개체였

◆　Extell Development Company. 뉴욕의 부동산 개발회사다.

으며, 그렇게 구조화된 근접성이 갖는 가치나 적정 수준에 대해 분명한 이론을 제시한 사람도 없어 보이기 때문이다.

내가 이 도시에서 영주권자로 살기 시작한 첫 5년은 1955년에 처음 구상된 웨스트사이드 도시재개발 구역 사업의 진행 기간과 일치했다. 이 재개발 구역은 부분적으로 연방 기금을 투입하고, 종전과는 전혀 다른 개념으로 차이를 분류하여 나온 산물이었다. '기준에 미달하는' 주거가 대량으로 철거되었고 많은 신축 건물이 일차적으로 중산층 주민을 겨냥했다. (이는 입소문으로 퍼지던 '백인들의 교외 이주'를 막고자 한 조치였다.) 하지만 거기에는 새로운 공공주택이 일부 섞여 있었고, 현존하는 뉴욕시 주택공사(NYCHA) 프로젝트를 위한 대규모 구역도 확보되어 있었다. 머지않아 로버트 모지스의 시대가 되었지만 이 프로젝트는 기존 동네를 통째로 밀어버리고 빈곤 노동자를 위한 대규모 단지를 짓는 방식을 쓰지 않았다. 도시 재개발에 관한 친숙한 주장들은 제쳐두고 말해보자면, 그 결과 우리의 혼합 패러다임에 어떤 심리적 영향을 미치는 혼합체가 생산되었다. 상대적으로 작은 범위 안에서 부유층은 공원을 따라 살았고, 중간소득층과 저소득층 시민은 모두 대형 단지에 살았으며, 각 계층이 사는 건물들의 부지는 흩어져 있었다. 그리고 당시 그 동네에서는 집세 규제가 적용되는 세대수가 많았기 때문에 거주자의 다양성도 확보되었다.

집세를 차등적으로 규제하는 일부 형식은 분명 주거의 비용 절감과 혼합 배치를 보장하기에 가장 효과적인 수단이다. 물론 집세 규제와 인센티브를 조화롭게 결합해 세입자를 격리하지 않는 민간 부문 건설을 촉진하는 데 어떤 성공적인 공식이 있는 건 아니지만 말이다. 이런 격리는

제8항◆ 집세 할인권 프로그램(Section 8 vouchering program)을 실시했을 때도 일어났었는데, 이 프로그램은 종종 기존 공공주택을 철거하기 위한 보상금으로 잘못 제공되어 기존의 격리 패턴을 더 키우는 경향이 있었다. 우리는 주거를 '권리'로 보는 일관된 국가적 합의를 이루지 못하고 있으며, 그 결과 소수의 정치인들은 주거를 기껏해야 (보건이나 부, 교육, 건전한 영양 제품과 같은) 일반 재화에 지나지 않는 것으로 거침없이 묘사한다. 그리고 반동적인 폭스사의 거품 제조자들은 '복리후생'이나 (상류층을 향하지 않는) 재분배의 낌새가 나는 것이라면 무엇이든 때려 부수고 민간 부문의 해법을 선호하는 일을 계속하고 있으며, 이런 해법은 이름뿐인 자유주의자들이 '공공-민간 파트너십'—이라 쓰고 '기업을 위한 복지(corporate welfare)'라고 읽는다—을 이상화하면서 취해온 방법이기도 하다.

시장(市場)이 평등을 제일의 우선순위로 삼는 시스템이 아님을 인정한다면, 어떤 식으로든 공평한 결과를 만들어 낼 수 있게 시장에 개입해야 한다는 건 분명한 사실이다. 도시 속의 분배 윤리라는 개념은 단순히 용도(또는 용도에 대한 전통적 관심)만이 아니라 사회적 접근도 포용하는 분배 계획 과정을 필요로 한다. 결정적 순간은 공간의 영역에서 사회적 재화를 할당하는 문제가 환대받을 때 찾아온다. 예를 들어 '사회적' 주거의 공급과 배치에 대한 개념들은 끊임없이 진화하면서 다양한 시대와 장소에서 매우 다양한 결과를 만들어왔다. 특히 교훈적인 사례인 오스트리아의 빈에서는 현재 무려 60퍼센트의 주민이 지방자치단체가 지은 주택에 살고 있으며, 이런 주택은 대부분 중산층을 겨냥하고 있다. 사회주의 번

◆　1937년에 제정된 미국 주택법 제8항을 말한다.

영기였던 1920년대와 1930년대 초에 이 도시는 거의 25만 명에 달하는 노동자 계층을 위한 멋진 주택을 지었고, 이는 빈의 '붉은 고리(Red Ring)'라는 전설적인 이름으로 불렸다. 한편 뉴욕은 19세기부터 오늘날까지 초점만 바꿔왔을 뿐 해법에 관한 논쟁은 여전히 제자리를 맴돌고 있다. 대규모 개발단지를 집중적으로 신축할 것인가, 적정가 주택을 분산하여 신축할 것인가, 할인권을 통해 보조금을 분배할 것인가, 아니면 현존하는 주거 생산 시스템을 시장 요율의 요구에 접근하지 않는 수단으로 더 따뜻하고 유용하게 만들도록 집세를 규제할 것인가 등등.

하지만 뉴욕시민들은 예상보다 좋은 동기에서 비롯한 '불평등'의 형식에 훨씬 더 큰 관용을 베푸는 것으로 보인다. 한편으로 뉴욕시는 소득 격차가 엄청난데도 폭동 수준의 큰 분노가 나타나지는 않는 것 같다. 다른 한편으로 부자들은 보다 일상적인 관용의 형식에 찬성하는 것 같다. 나는 집세 규제로 인해 동일한 아파트에 지불되는 수수료에 큰 차이가 나는 뉴욕시 건물의 거주자들이 어떤 심리로 살아가는지 추적하는 연구를 본 적이 없다. (우리는 아파트에 살면서 가끔 옆집의 집세 청구서를 대신 받아주곤 했는데, 옆집에서는 우리보다 1/4 수준의 집세를 내고도 아무런 부작용을 겪지 않았다.) 그렇다고 대부분의 미국인이 유나이티드 에어라인 38번째 열에 앉은 나머지 승객들이 자신과 엄청나게 차이나는 요금으로 여행한다고 분노하는 것 같지도 않다. 분명한 것은 그런 상황이 일반적으로 우리의 심리적 한계를 초과하지 않는다는 것이며, 이는 곧 우리가 더 큰 규모의 불평등을 교정하기 위한 분배적 차원의 보상을 어느 정도 작게 시행하는 걸 '정상적'으로 받아들이며 인내할 수 있을 뿐만 아니라 불평등 자체를 관용할 역량도 있음을 뜻한다. 실제로 미국에서 가장 잘사는 지역

과 가장 못사는 지역이 겨우 1마일밖에 떨어져 있지 않은 도시에서 눈에
띄게 불평등이 상연되는데도 혁명적 불만이 표출되지 않는다는 건 그저
놀라울 뿐만 아니라 모종의 증상을 암시하는 듯하다.

　이런 논의에서 핵심을 이룸에도 불구하고 거의 공공연히 제기되는
일이 없는 한 가지를 말해보자면, 이런 예들이 대개 우리의 윤리적·정치
적 어휘로 잘 등장하지 않는 '통합(integration)'의 척도이며 이러한 통합적
가치가 공개적으로 되살아나지 않는 한 어떤 정책도 성공할 수 없다는
점이다. (계급과 민족과 인종의) 혼합에 관한 담론은 늘 제자리를 못 찾고,
정책 목표로서 명시적으로 존중받는 경우가 거의 드물며, 더 지루하고
둔감한 용어인 '공평성(equity)'이나 '공정성(fairness)'의 문제로 환원되는
경향이 확실히 두드러지게 목격된다. 하지만 우리의 미래를 논하려면 그
런 혼합에 관한 문제를 중심에 두고 가장 우선적으로 다뤄야 한다. 우리
의 소득 격차가 점점 더 빠른 속도로 벌어지고 있기 때문이다. 통계에 따
르면 소득 격차는 잔인하게 가속하고 있다. 저널리스트 찰스 블로우가
인용한 국제통화기금의 한 보고서에 따르면, 상위권 10퍼센트의 부자들
이 벌어들이는 시장 소득 비율이 1980년에는 30퍼센트였다가 2012년에
는 48퍼센트로 늘었고 최상위권 0.1퍼센트의 부자들이 벌어들이는 소득
은 같은 기간 2.6퍼센트에서 10.4퍼센트로 4배 뛰었다. 반면에 빈곤율은
수년간 조금도 개선되지 못했다.

　뉴욕에서 이러한 소득 격차는 주거비용의 위기로 더욱 악화된다.
뉴욕주 회계감사관 토마스 디나폴리가 최근 발행한 보고서에 따르면,
뉴욕주의 세입자 중 절반과 주택 소유자의 1/3 이상이 소득의 30퍼센트
이상을 연방 기준 하한에 해당하는 주거비용으로 쓴다고 한다. 디나폴

리가 『뉴욕 타임스』에서 밝혔듯이, "자가 소득은 줄어드는 반면 비용은 점점 올라가고 있다." 소득 격차만이 아니라 집을 구매할 여력이 안 되는 사람의 비율도 극적으로 늘고 있다. 2000년에는 40.5퍼센트였던 세입자 비율이 2012년에는 50.6퍼센트로 늘었으며, 소유자 비율은 같은 기간 26.4퍼센트에서 33.9퍼센트로 늘었다. 그리고 이 위기는 단지 도시에만 국한된 게 아니다. 디나폴리는 브롱크스에 사는 세입자의 57.6퍼센트가 소득 수준을 초과하는 비용을 지출하고 있으며 그린과 울스터, 록랜드, 오렌지카운티에서는 세입자의 54퍼센트가 역시 그런 실정임을 밝혀냈다.

공공 부문이 실제로 주거를 건설한다는 생각에서 총체적으로 후퇴해 사적인 계획을 구조적으로 유도한다는 생각이 점점 더 유일한 대안으로 자리 잡고 있다. 하지만 이런 영역에서는 여전히 당근과 채찍이 제각기 역할을 해야 한다는 논의가 활발히 이뤄진다. 블룸버그 체제에서는 당근밖에 없었기 때문에 철저하게 자발적인 순응이 이뤄졌다. 시의원 브래드 랜더가 2013년에 기술한 블룸버그 행정 결과 보고서에 따르면, 비록 일부 지역(대표적으로 어퍼 웨스트사이드)에서 다른 지역보다 더 좋은 결과를 내긴 했어도 전체적인 정책의 결과는 특별할 게 없었다. 하지만 핵심은 총 2,769세대(당시 지정 구역에 개발된 총세대의 13퍼센트)에 달하는 적정가 주택이 이 시기에 생산되었고, 디블라시오가 자신의 공약처럼 두 번의 임기 동안 20만 세대를 만들어 낼 경우 확실히 다른 모종의 접근이 필요하다는 점이다. 특히 집세가 규제되는 세대들이 빨리 사라지고 있음을 감안한다면 새로운 접근의 필요성은 더욱 명백해진다. 집세가 규제되는 세대가 빨리 사라지는 이유는 빈집에 대한 규제 철회 때문일 수도 있고, 규제를 받는 세대가 포함된 건물이 철거되어서일 수도 있다. 랜더에 따르면 집세가 규제되던 약 8천 세대가 2005년부터 2012년까지 건물 철거로 인해 사라졌다고 한다.

이 문제는 포용적 지역지구제를 일반적으로 의무화하는 방식으로 풀어야 한다. 이런 입장을 지지하는 게 랜더이고, 디블라시오도 선거 유세 과정에서 같은 입장을 표명했으며, 맨해튼 자치구청장 게일 브루어를 비롯한 다른 지역사회 조직과 정치인도 이 해법에 지지를 보냈다. 다른 어떤 지자체 프로그램도 새로운 적정가 주택을 생산할 기회가 없어 보이고 뉴욕시가 그저 예전과 똑같이 짓는다고 말하는 사람도 없어 보이는 상황에서, 상기한 해법은 집세 규제를 확고하게 방어하고 뉴욕시 주택공사의 활기를 회복하는 노력과 더불어 우리가 취할 수 있는 최선의 대안이 될 수 있을 것이다.

이런 거래는 브루클린의 거대한 도미노 설탕 공장과 그 주변 12에이커 넓이의 부지를 개발할 때 적용된 방식이었다. 2000년대 중반부터 진행된 이 프로젝트는 계획 초기부터 논쟁을 일으켰는데, 도미노측이 2004년에 공장 조업을 중지하고 커뮤니티 프리저베이션 코퍼레이션 (Community Preservation Corporation)이라는 개발업체와 두 파트너에게 5,580만 달러에 건물을 팔고 나서 계획이 시작되었다. 개발업체는 이스트강 동편을 따라 건물을 배치하려는 뉴욕시 계획의 일환으로서 라파엘 비뇰리가 설계한 단지를 제안했는데, 이 단지는 2,200세대를 포함하고 있었고 그중 660세대는 적정가 주택으로서 3~40층 높이 건물을 지지하는 구조로 분산 배치될 예정이었다. (지금은 랜드마크가 된) 거대한 산업 건물을 재사용하는 계획에 대한 감상적인 반대가 있었고, 인근 동네에 닥칠 젠트리피케이션 압력, 음울한 엘 트레인◆과 기타 서비스에 몰릴 새로운 인구, 40층짜리 건물이 땅 안쪽으로 드리울 긴 그림자, 단지 안에 포함될 수변 공원이 단절된 보호구역이 될 가능성을 우려하는 비판이 일었다. 또한 강변의 거대한 건물들이 그 공간에서 가장 상상력 있고 생산적인 용도가 되지 않을 수 있으며, 배터리 파크 시티에 이어 21세기 수변 개발의 또 다른 패러다임이 될 거라는 강력한 의미도 있었다.

이 프로젝트는 2010년에 뉴욕시 도시계획 위원회의 재가를 받았지만, 2012년에 개발업체가 파산하면서 이 땅과 그에 관한 권리를 투 트리즈(Two Trees)에 1억 8,500만 달러 가치로 팔았다. 투 트리즈는 브루클린의 덤보 지역을 고급화해 부를 축적한 데이비드와 제드 월렌타스 부자가 소유한 회사인데, 그들은 새로운 건축가로 샵(SHoP)을 고용했고 샵은 더 넓은 공원 공간과 더 풍부한 용도 혼합을 제안했다. 지금 돌이켜보면 비놀리의 설계안도 편안하고 꽤 괜찮아 보였지만, 샵은 그보다 훨씬 더 높고 전혀 다른 건물을 설계했다. 하지만 기본적인 세대수가 여전히 모자랐기 때문에 디블라시오 시장은 투 트리즈를 다시 불러 보충을 요청했다. 그 이후 들려온 희소식은 다음과 같다. 40채의 적정가 주택 세대가 더 지어질 것이고, 더 넓은 가족용 아파트의 비중도 더 높아질 것이다. 각 세대는 영구적으로 시장 요율보다 저렴한 가격을 형성할 것이고, 더 이상 빈자들만의 출입문은 없을 것이다. 그리고 샵에 따르면, 적정가 아파트와 상가 구역은 건물마다 무작위로 섞여 혼합될 것이다.

이 승리는 너무 많은 희생을 치른 것일까? 700세대의 적정가 주택

◆ 브루클린의 로커웨이 파크웨이와 맨해튼의 8번로 사이를 운행하는 지하철 급행 노선이다.

은 분명 희소식인데, 특히 이 거래가 최소 요건이었던 20퍼센트의 적정가 주택 비율을 30퍼센트 가까이로 끌어올렸기 때문에 그러하다. 또한 상당히 더 많고 더 섬세한 공원 공간이 들어설 것으로 보인다. 더 넓은 사무 공간을 포함하게 되어 부지 내의 혼합 배치에도 도움이 될 것이다. 하지만 여전히 남아있는 문제도 많다. 적정가 주택의 상당수가 한 건물 안에 배치되어 켄트 애비뉴의 땅 안쪽에 세워질 거라는 얘기가 있으며, 실제로 세대를 혼합하는 전략은 아직 설계되지도 못했다. 건물 자체는 예전 계획보다 '훨씬' 더 고층이고, 그 건축은 로테르담이나 상하이의 중고품 할인매장에서 사 온 것 마냥 구식이다. (물론 건축가는 그 개신문 같은 형태가 이면에 웅크린 저층 건물이 늘어선 거리에 더 많은 빛을 유입시킬 거라고 엉큼하게 주장한다.) 또한 이와 관련해서, 이 건축은 브루클린을 상하이 푸둥 지구처럼 만들려던 전임 뉴욕시장의 계획을 현직 시장이 완전히 묵인하고 있음을 보여주는 증거이기도 하다. 교통도 큰 문제가 될 것이다. 윌리엄스버그 다리는 안타깝게도 불쑥 나타난 타워들에 비해 자그마해 보일 것이다. 그리고 가장 근본적으로는, 윌리엄스버그 자체에 살아있는 특징과 생태가 분명 돌이킬 수 없을 만큼 훼손될 것이다. 브루클린 자치구가 단순히 장벽으로 가로막히는 게 아니라, 무엇보다 이곳을 인기 있고 특이하게 만든 늘어진 구조물의 상승하는 가치에 자리를 빼앗기고 인구과밀에 시달리게 될 것이다.

디블라시오 행정부가 전진적인 조치를 취할수록, 나는 도시계획에 관한 행정부의 '정량적' 의도를 느끼며 믿음을 갖는다. 하지만 도시의 질은 숫자 놀음 이상의 것이기에 나는 우리의 거리와 건물과 공공 공간이 지탱하는 삶의 형식에 관한 어떤 신호를, 디자인에 관한 모종의 아이디어를 기다린다. 700세대의 주거 단위는 단순히 호박에 줄 긋는다고 만들어지는 가짜 수박이 아니다. 하지만 한때 활기와 다양성이 넘치는 멋진 저층 지대였던 이스트강의 오래된 동쪽 강둑은 아마도 영원히 사라진 듯하다. 정말 유감이다.

덧붙임

어쩌다 모로코 출신이었던 나의 학생 한 명이 그저께 그라운드 제로를 방문했는데, 그 벽체와 브로슈어 인쇄물에 적힌 8개 언어의 그래픽 자료에서 아랍어가 전혀 없는 걸 알고 당황했다고 한다. 그래서 안내자에게 그 이유를 물었더니 그냥 세계에서 주로 쓰는 8대 언어를 쓴 거라고 답하더란다. 그런데 알고 보니 아랍어는 세계에서 6번째로 많이 발화되는 언어다. 이슬람 사원도 없애고, 아랍어도 없애고, 다음은 또 뭘 없앨 것인가?

— *Nation*, April 21, 2014, thenation.com.

15
지어지는 것과 무너지는 것

나는 요즘 뉴욕시 부시장 앨리시아 글렌이 라디오에 출연해 디블라시오 행정부가 최근 발표한 적정가 주택 프로그램을 설명하는 걸 챙겨 듣고 있다. 누군가가 열정적이고 지적으로 '진보적인 도시계획'에 대해 말하는 걸 듣는 일은 감동적이다. 나는 바로 그 계획의 사본도 애써 읽어왔다. 그래서 그 수사법과 시야에 감동했지만, 사실 더 많이 읽을수록 그 내용이 더 산만하고 불투명하게 느껴졌음을 인정할 수밖에 없었다.

희소식부터 얘기하자면 계획이 큰 수치들을 제시한다는 점, 매우 다양한 개입을 포괄한다는 점, 비용 적정성(affordability)을 진정 가난한 자들을 포용하려는 의도로 정의한다는 점이다. 뉴욕시장은 다음 10년에 걸쳐서 (약 50만 명을 수용하는) 20만 세대를 '짓거나 보존'하겠다고 제안하며, 이 구상이 '미국 역사상 가장 크고 야심 찬 적정가 주택 프로그램'이라고 선전한다. 그럴 수도 있다. 하지만 시민을 위한 경제적인 주거를 만드는 부담이 그 도시에만 집중되는 것은 전형적으로 일어나는 비극이다. 그리고 이 계획을 위한 건설 자금은 75퍼센트를 민간 자본에서 끌어올 예정이므로, 문제는 그 410억 달러의 유인책이 충분히 매력적인가에 있다.

미국 역사상 가장 크고 야심 차다는 이 적정가 주택 프로그램은 연방주택관리국(FHA)의 융자정책을 통한 정부 지원과 1949년에 제정된 국민주택법(National Housing Act)을 통한 자금 지원을 받았다. 정부 지원금은 대개 교외 개발에 초점이 맞춰져 있었고 고속도로와 기타 기반시설에 대한 대규모 연방 투자를 통해서도 촉진되었다. 한편 1949년의 국민주택법은 지역 당국이 저소득층 임대주택을 위해 연방 기금을 집행할 수 있는 권리를 부여한 법이었다. 도시 지역이 지원받은 정부 예산은 전체 예산 중 극히 일부에 불과했는데, 연방 정부가 도시보다 교외에 무려 15배의 예산을 쏟아부었기 때문이다. 거의 모든 기준으로 볼 때 미국에서 가장 성공적인 공공주택공사인 뉴욕시 주택공사는 뉴욕에서 그런 정부 보조금을 집행할 수 있는 지역 기관으로서 18만 세대가 넘는 주택을 지었고, 그중 대부분은 전쟁 이후 20년간 건설되었다. (전쟁 중에는 정부 차원에서 미국 전역에 국방노동자를 위한 2백만 세대 이상의 주택 건설 사업을 진행했다.) 이런 수치는 절실한 수요를 반영한 것인데, 당시의 공급 부족을 보여주는 대표적인 예로, 1949년 이스트강 강변에 지어진 스타이브샌트 타운 개발단지는 준공 당시 8,757세대의 임대아파트를 마련했지만 접수한 청약 건수는 20만 건이나 되었다.

20만 세대를 공급하기 위해 뉴욕시장은 12만 세대를 보존하고 8만 세대를 신축하자고 제안한다. 하지만 그중 얼마나 많은 세대가 정말 영구적인 적정가의 아파트가 될까? 그 답은 바로 두 가지 현안에 따라 달라진다. 그 적정가는 누구를 기준으로 한 것인가, 그리고 그런 아파트를 어떻게 제도화할 것인가. 첫 번째 현안에 대한 계산법은 집세와 지역중위

소득(Area Median Income)의 관계에 기초하는데, 적정 주거비(affordable housing cost)는 일반적으로 소득의 30퍼센트 미만으로 정의된다. 이를 기준으로 하면 여러 단계의 비용 적정성(affordability) 구조가 만들어지고, 뉴욕시는 이를 '최저'부터 '중간' 소득 수준까지 다섯 단계로 구분한다. 현재 모든 단계에서 극심한 위기가 벌어지고 있는 상황인데, 뉴욕시 자체 통계에 따르면 소득에 따른 부담 가능 수준과 집세의 격차가 극적으로 벌어지면서 '심각하게 집세 부담을 느끼는' 가구가 늘어나고 있다. 뉴욕시에는 저소득층이나 최저소득층 세입자가 거의 1백만 가구에 달하지만, 그중 그들에게 적정가에 제공되는 아파트 세대수는 절반도 안 된다. 그리고 무주택 노숙자는 적어도 5만 명을 넘는다.

비용 적정성은 단순한 물리적 공급의 문제를 뛰어넘는다. 왜냐면 공간에 대한 수요보다 소득이 훨씬 더 크게 차이나기 때문이다. 가난한 4인 가족이 사는 공간의 규모가 그보다 소득이 4배인 중산층 4인 가족이 사는 공간의 1/4이 되어야 한다거나, 상대적으로 시공의 질이 나빠야 한다고 주장하는 사람은 거의 없다. 다룰 수 있는 변수는 단 세 가지, 즉 (공급이 적은) 땅의 가격과 공사비, 보조금 수혜 가능성뿐이다. 땅값의 문제는 좀 탄력적인 면이 있는데, 시에서 소유한 땅을 사용하는 문제라든가 더 저렴한 비용으로 개발되는 동네(예컨대, 이스트 뉴욕)에 관심이 집중되는 문제 또는 토지 수용의 문제 등과 관련이 있다. 뉴욕시의 계획은 건축이나 건설 방법에 대해 많은 말을 하지 않는다. 장기적인 비용을 줄이려고 지속 가능한 건설을 장려하거나 허가 과정을 합리화하는 아이디어에 약간의 논의를 할애할 뿐이다. 그러고는 이러저러한 형식으로 보조금을 허가한다.

그 보조금은 어디서 오는 것일까? 정부나 뉴욕주의 지원금은 많지

지어지는 것과 무너지는 것

않을 것이다. (디블라시오 시장이 두 배로 늘리겠다고 공약하는) 뉴욕시 주택보존개발부 예산의 85퍼센트를 차지하는 연방 기금은 절반이 줄었고, (저소득층 임대주택을 지원하는) 제8항 집세 할인권 프로그램은 계속해서 지원금이 줄고 있으며, 뉴욕시 계획은 연방정부와 뉴욕주의 지출 가운데 약 7퍼센트에만 해당하는 예산을 기획하고 있다. (이마저도 제약이 심할 때가 많다.) 직접 투자를 위한 자금이 상대적으로 희박한 가운데 뉴욕시가 우선적으로 협상할 수 있는 자산은 공기와 세금이다. 이 구상에서는 두 가지가 핵심이다. 하나는 현재의 자발적으로 이뤄지는 포용적 지역지구제 보너스를 의무화하는 방식을 인센티브 목록에 추가하는 것이고, 다른 하나는 용적률 완화와 세금 감면이 조화롭게 연관되도록 '신중하게 설계된' 접근법을 개발하는 것이다. 이런 거래는 비용 적정성을 영구적으로 유지하도록 의무화할 수 있다. 여기까지는 좋다. 하지만 구체적인 내용이 빠져 있다. 이런 구상을 아무리 폭넓게 의무화하더라도 외딴 지역까지 만족시킬 수 있을까? 그리고 이 모든 게 최종적으로 의지하는 개발 공동체가 계획에 순순히 응할까? 사실 이 계획은 현존하는 비용 적정성을 어떻게 유지할 것인지도 분명히 하지 않고 있다. '집세 규제 완화의 흐름을 거스르기'와 '전환 구역의 땅을 가진 지주들에게 소득과 집세를 제한하도록 장려하기'는 명확한 방법론 없이는 그저 진정제 역할만 할 뿐이고, 숫자를 철저히 계산하지 않으면 단순한 소망으로만 남을 뿐이다.

그리고 모두가 알고 있지만 쉬쉬하는 골칫거리가 있다. 이 프로그램이 완전히 성공한다 하더라도 뉴욕시의 적정가 주택 세대수는 상당히 줄어들 가능성(아니, 실은 개연성)이 있다는 점이다. 여러 주택 세대가 집세 규제를 빠져나갈수록, 시장 가격이 상승할수록, 점점 더 많은 적정가 주택이 개축되거나 대체될수록, 뉴욕시의 저비용 세대수는 급격한 하향곡선을 그리게 된다. 커뮤니티 서비스 소사이어티의 한 연구에 따르면, 평균적인 연간 멸실은 약 3만 8천 세대였으며 이 수치는 블룸버그 시대에 '연방 빈곤선(federal poverty line)'의 200퍼센트만큼 소득을 올리는 가족에게 적정가'였던 아파트 중 39퍼센트가 사라진 이유를 설명해준다. 지난 20년간 뉴욕시는 안정화된 1백만 세대 중 약 1/4을 잃어버렸다. 이 수치는 설령 뉴욕시장의 계획이 완전히 성공한다 하더라도 10년간 18만 세대의 순손실이 일어날 것을 뜻한다.

돈이 없다면 뉴욕시는 가장 우선적인 자원인 공기 공간을 거래할 수밖에 없다. "더 적정한 비용만으로 살 수 있는 도시가 되려면 뉴욕시가 더 고밀도의 도시가 되어야 한다"고 부시장 글렌은 주장한다. 정말인가? 비록 나는 "대도시에는 이미 잘만 사용하면 모든 '주택난'을 즉각 해결할 수 있는 충분한 물량의 주택이 있다"는 프리드리히 엥겔스의 관점에는 동의하는 편이지만, 그렇다고 신자유주의 도시계획의 핵심어가 되어버린 밀도 개념을 무분별하게 쓰는 것에는 넌더리가 난다. 뉴욕시장의 계획이 제안하고 있듯이, 우리에게 필요한 건 단순한 면적 이상의 것이다. 계획의 목표는 다양한 사람들이 다양한 용도 속에서 풍요롭게 사는 좋은 동네를 만들고 지키는 것이어야 하고, 밀도의 관리는 그 퍼즐의 한 조각일 뿐이다. 이 계획에 대해 내가 정말 걱정하는 것은 앞선 행정부와 마찬가지로 정책 시행의 도구가 너무 무디다는 점이다. 훌륭한 장소를 만들려면 점진적인 변화와 공동체의 참여, 적절한 투자, 모든 종류의 기반시설, 그리고 '디자인'이 필요하다. 지난 블룸버그 행정부는 냉혹하게 정량적인 환상에 취해 있었다. 우리가 고작 용적률 관리만 하게 된다면, 다른 지역도 그 전철을 밟게 될 것이다.

　나는 현 뉴욕시 행정부가 아름답고 지속 가능하게 계획하는 능력이 아직 검증되지 않아 걱정되지만, 아울러 큰 희망도 품고 있다. 이 계획을 시작하는 좋은 방법은 시가 소유한 땅에 초점을 맞춰 정확하게 설계하는 일이다. 또한 커뮤니티 서비스 소사이어티가 제안하듯이 빈곤층이 거처를 잃어버릴 위험이 가장 큰 '변화하는 동네'에 노력을 집중하는 것도 합리적이다. 그리고 똑같은 말을 반복하고 싶진 않지만, 이제는 다시 '우리들'이 거주할 수 있는 집을 짓도록 하자. 뉴욕시 주택공사는 1950년에만 무려 3만 5천 세대의 주택을 건설했다. 실제로 1950년대를 통틀어 보조금을 지원받은 주택은 100퍼센트가 '공공' 주택이었다. 그 이후로 우리는 도시와 그 설계에 대해, 또한 '게토'와 프로젝트에 대해서도 많은 걸 배웠다. 이제 그 교훈을 활용하자!

∷

얼마 전 영국왕립건축가협회는 국제건축가연맹에서 이스라엘통합건축가협회를 제명해달라는 결의안에 찬성표를 던졌다. 국제건축가연맹은 2005년에 이스라엘 건축가들이 점령지에 건물을 짓는 데 참여한 것과 이스라엘통합건축가협회가 그런 행위에 반대하지 못한 것을 비난한 바 있었다. 이에 대한 나의 생각은 분명 혼란스럽다. 내가 보기에도 네타냐후 이스라엘 총리는 끔찍한 인물이고, 이스라엘의 팔레스타인 점령은 비열하며(명백한 아파르트헤이트◆이며), 이런 일에 건축가가 참여한다는 것도

◆　'분리'와 '격리'를 뜻하는 아프리칸스어로, 남아프리카공화국의 극단적인 인종분리정책을

비도덕적이다. 내가 영국왕립건축가협회의 일원이었다면 역시 그 결의안에 찬성표를 던졌을 것이다. 하지만 창조적인 집단 내의 앵무새 같은 사람들이 일제히 이스라엘에 비난을 퍼붓는 행동에는 늘 뭔가 불안한 구석이 있다. 마찬가지로 나는 강력한 반대 목소리의 본거지가 되고 있는 조직(예컨대 이스라엘의 대학교)들의 보이콧도 전술적으로 꼬여있다는 생각을 늘 해왔다. 이런 주장에는 양면적인 이유가 있다.

모든 분노는 선택적인 사안을 향하지만, 전 지구적인 불의에 맞서 투쟁은 여전히 심사숙고해야 한다. 단순히 비판에 답하는 것만으로는 충분하지 않다. 영국왕립건축가협회의 행동을 비판하는 이들은 왜 이제껏 시리아를, 중국의 티벳 점령을, 북한의 파시즘을, 또는 미국의 최고 보안 교도소를 비난하지 않다가 '우리의 현재 담론'과 무관한 사안에 응하느냐고 묻는다. 이에 대해 이스라엘 제명 요청 결의안을 발의한 영국건축가협회 전(前) 회장 안젤라 브래디는 "이건 중국이나 다른 지역에 관한 얘기가 아니다. 나는 누가 더 나쁜 상황에 있는가를 말하고 있는 게 아니다"라고 답했다. 마찬가지로 우리가 더 폭넓은 비참의 세계와 멀찌감치 떨어져 있다면 '당신이 그 문제를 해결하는 편에 속하지 않는다면'으로 시작하는 이분법적 주장*도 사안을 예리하게 보지 못하는 것이다. 악은 행동으로 구분할 수 있는 게 아니라, 오로지 그 동기로만 구분할 수 있다. 영국왕립건축가협회의 결의안은 이스라엘 건축가들이 점령지와 장벽의 건설에 공모했을 뿐만 아니라 국제법을 명백히 위반했다는 체계적인 틀

지칭하는 말로 상용화되기 시작했다.

◆   뒷부분에 등장하는 통상적인 주장은 '당신이 그 문제에 가담하는 편에 속할 수밖에 없다' 이다.

지어지는 것과 무너지는 것

로 사안을 해석할 만큼 충분히 영리했다. 또한 전문가 조직이 정치적·도덕적으로 진보적인 태도를 취하는 건 늘 보기 좋고 고무적인 일이다. 영국왕립건축가협회는 남아프리카공화국에서 아파르트헤이트가 한창일 때에도 그쪽 기관과의 연계를 끊는 식으로 진보적 태도를 취한 바 있다. 그럼에도 불구하고 서구 세계가 공식적으로 표명하는 분노의 표현들을 비슷한 덩어리로 모아 보면 어떤 보충 설명, 아마도 문화적이거나 정신분석학적인 보충 설명을 요하지도 않을 만큼 너무도 명백하게 이 특정 사안만을 악으로 비난하는 편애를 확인할 수 있다.

선택적인 분노는 수많은 저항에 부딪칠 수밖에 없으므로, 나는 영국왕립건축가협회의 다음 행동을 기다린다. 누가 카타르에서 일어나는 건설 인부의 사망을 다뤄보지 않겠는가? 두바이에서 이뤄지는 계약노동을 다뤄보는 건 어떤가?

:::

글렌 스몰은 미국 건축계의 소중한 괴짜 중 한 사람으로서, 타고난 재능과 불굴의 투지를 모두 갖춘 인물이다. 그는 다소 복잡한 경력의 소유자이지만, 일찍이 친환경 건축 운동을 이끌며 6~70년대 히피의 몽환적인 행복감으로 손수 짓는 형태에 대한 믿음을 유지해온 선두주자 중 한 사람이었다. 수년 전 그는 니카라과로 이주했는데, 에르티 르위테스가 마나과시장으로 재직하던 시절에 수많은 건축 설계 건을 수주했다. 그중 가장 시각적 쾌감을 주는 작품은 마나과특별시 호안의 '믿음의 광장(Plaza de la Fe)'에 있는 야외 공연장 구조물인 라 콘차 아쿠스티카(La Concha Acustica)였다. 이 외피 구조물은 스몰의 가장 섬세한 작품으로, 놀치는 파도나 명멸하는 불꽃처럼 굽이굽이 솟구치는 모양을 하고 있다. 주물 콘크리트로 튼튼하게 지은 이 구조물은 많은 시민 행사의 배경을 이루며 사랑받았다.

이 구조물이 지난한 과정 끝에 얼마 전 철거되고 말았다. 끝까지 철거하기가 쉽지 않았던 라 콘차 아쿠스티카는 다음번의 큰 지진이 오면 넘어질 위험이 있는 불안정한 구조물이라 철거한다는 당국의 주장이 거짓말임을 보여주었다. 이러한 철거는 산디니스타 민족해방전선(Sandinista National Liberation Front)◆의 정치 보복에 따른 결과로 보인다. 소모사 정권에 저항한 산디니스타 투쟁의 초기 일원으로서 오르테가 제1기 정부의 관광부 장관을 지냈던 르위테스는 마나과시장으로 재직하는 동안 스몰이 설계한 구조물 네 개를 지었다. 그러다 1990년대에 오르테가와 사이가 틀어져 야당이었던 산디니스타 복원운동(Sandinista Renewal Movement)의 주요 주자가 되었다. 하지만 1998년에는 다시 산디니스타 민족해방전선에 합류해 2000년에 마나과시장으로 선출되었고, 그 후 또 한 번 분열이 일어나 산디니스타 복원운동으로 돌아간 그는 2006년 대선에 출마했다가 선거를 넉 달 앞두고 급성 심장마비로 사망했다.

한 작가는 글렌 스몰의 친구들과 주고받은 애도의 편지에서 정부가 탈레반처럼 행동한다고 썼다. 맞는 말이다.

◆ 1961년에 니카라과의 반미·반독재 무장혁명조직으로 창설된 정당으로, '산디니스타'는 1930년대 미국의 니카라과 침공에 저항한 아우구스토 세사르 산디노의 이름에서 유래한 말이다. 1979년에 기존의 소모사 독재정권을 무너뜨리고 1984년 선거에서 다니엘 오르테가를 초대 대통령으로 선출해 1990년까지 오르테가 제1기 정부를 이어나갔다. 이후 원내 제2당으로 내려앉았다가 2006년에 다시 제1당으로 올라섰고, 2007년에 오르테가 제2기 정부를 출범시켜 지금에 이르고 있다.

지어지는 것과 무너지는 것

::

나의 스튜디오 주변에 있는 가로등 기둥들은 우리 지역의 상업활동 촉진지구에서 만든 현수막으로 장식되어 있다. 오랜 시간 도시의 틈새를 이뤄온 우리 동네에 '허드슨 스퀘어'란 이름을 붙여 홍보하는 데 성공했음을 기념하는 현수막이 붙어있는 것이다. 흥미로운 건 그 이름에 유래가 없다는 점인데, 허드슨 광장이란 데가 실제로 없기 때문이다. (매연이 자욱한 홀랜드 터널 입구를 광장으로 치는 게 아니라면 말이다. 자동차로서는 행복하게 머무를 수 있는 광장이겠지만.) 확실히 이 상업활동 촉진지구는 (사람들은 모두 좋지만) 지금껏 나무를 심거나 새로운 도로 시설물을 설치하는 등의 어떤 중요한 개선이 이뤄지지 않은 상태였다. 하지만 '허드슨 스퀘어가 뜨고 있다(Hudson Square Is Rising)'는 슬로건이 새겨진 현수막은 내 기분을 상하게 했다. 나에겐 건물들이 지금보다 두 배로 높아지고 단 하나의 예외도 없이 끔찍하게 자라나는 현상과 더 많은 건물이 그렇게 지어질 때가 임박했다는 현실에 즐거워해야 할 이유가 없다. 확실히 내겐 나의 옛 스튜디오에서 쫓겨날 가능성을 높일 뿐인 저 치솟는 건물들을 보며 기뻐해야 할 하등의 이유가 없는 것이다. 이 근방의 임대료가 미칠 듯이 치솟고 있단 뜻이다. 저 현수막의 슬로건이 마치 우리에게 보내는 작별인사처럼 보인다. 더 부유한 자들에게 프레 타 망제◆에서 샌드위치를 즐기자고 하면서.

그렇게 동네가 떠나간다.

— *Nation*, June 9, 2014, thenation.com.

◆ 1983년에 영국에 설립되어 국제적인 체인망으로 확장한 샌드위치 전문 패스트푸드점이다. 'Pret a Manger'는 불어로 '먹을 준비가 된'이란 뜻이다.

16
작은 주거 상자들

나는 최근에 도시계획 관련자들과 함께 주거비용 적정성을 논하는 모임을 가졌는데, 당시 한 개발업자는 뉴욕시에 1실 거주(single room occupancy) 건물을 되살필 필요가 있다고 제안했다. 1실 거주 유형은 원래 하숙집으로 출발했으나 1954년부터 법적으로 더 이상 건축할 수 없게 된 유형이다. 그 개발업자는 이런 유형의 건축이 낡은 싸구려 여인숙이 아니라 마치 대학 졸업 후에 들어가는 기숙사처럼 화장실을 공동으로 쓰는 개념으로 생각했다. 학생들이 공동 화장실 앞에서 수건으로 장난치듯 친밀하고 화기애애한 공간이 될 거라는 생각이었다. 이 새로운 초소형 아파트, 소위 마이크로하우징이라 불리게 된 이 유형에 대해서는 최근 들어 많은 논의가 이뤄졌다. 블룸버그 행정부는 이런 아파트 세대를 현 주거 문제를 해결할 중요한 요소로 보고 지원했다.

마이크로하우징은 역사가 오래되었으며 모더니즘의 사회적·건축적 실천에 모두 중요한 폭넓은 이상과 야심을 구현한다. 노동자 주거, 대량 건설, 조립식(프리패브), 평등주의, 그리고 보다 넓은 관점에서 미니멀리즘에 관한 윤리적이고 예술적인 개념들을 구현하는 게 바로 이 유형이다. 이러한 '하우징(housing)'에 관한 이론은 상대적으로 새로운 것으로서, 산업혁명 시대에 살 집이 필요한 프롤레타리아 계층이 형성되면서 출현했다. 자본에 대한 규제 완화가 최고조에 이르렀던 당시 노동자들을 수용할 숙소는 뉴욕시의 임대주택(tenement), 베를린의 임대막사(*Mietkasernen*), 영국의 (작은 방들이 끝없이 이어지는) 연립주택(row house) 같은 형식을 취했다. 그런데 이런 곳이 비위생적이고 과밀한 상황이었기 때문에, 이를 개혁하기 위해 사회적 혜택을 제공하면서도 질서를 세우려는 담론이 형성되었다.

그로 인해 생겨난 한 가지 결과가 바로 '최소 실존(*Existenzminimum*)'이란 이름의 최소 생활 단위였다. 이 개념은 모든 시민을 위한 '건강한 주거'를 요청한 1919년 독일 바이마르 헌법의 한 조항에 대한 응답으로서 발전했다. 발터 그로피우스는 전형적인 귀족 가문 출신으로, 이 문제를 "생물학적 관점에서 더 나은 환기와 채광 조건이 필요하고 기술적으로 정확하게 구성되기만 한다면야 작은 양의 거주 공간만 있으면 되는(……) 사람에게 필요한 기본적인 최소한도의 공간과 공기, 빛, 열" 중 하나로 정식화했다. 모더니즘의 장식 없는 단순성에서 영향받은 이 축소적인 경향은 '신즉물주의' 또는 '새로운 객관성(new objectivity)'을 향해 접근해가는 백색 벽체의 미학으로 다양한 주거 실험과 프로젝트를 생산했다.

최소화의 경향은 기술적인 정밀함을 향한 모더니즘의 열정을 활용하면서 테일러주의의 '과학적' 관리법을 무비판적으로 수용하기도 했는데, 이는 효율성을 시금석으로 한 이중적 합리화의 경향이었다. 모든 기기와 찬장이 손만 뻗으면 닿을 거리에 있도록 정밀하게 설계된 선실형 주방보다 더 좋은 게 있겠는가? 이렇게 기술에 권능을 부여하는 물음은 공간과 기술에 기초한 경제와 소비자의 사치로 나아가게 되는 시작점이었다. 마르가레테 쉬테-리호츠키가 에른스트 마이의 뉴 프랑크푸르트 사회적 주거 프로젝트를 위해 1926년에 설계한 전설적인 주방은 1950년대 미국 교외에서 '노동 절약형'이라는 (말하자면 주부의 삶이 전보다 훨씬 더 편해진다는!) 수식어로 과대 선전되던 주방의 전조가 되었다.

하지만 이 두 유형은 완전히 상반되는 두 가지의 분배 윤리를 바탕으로 한다. 궁핍에서 벗어난 최소한도에 도달하는 것과 개개인의 복지 혜택을 제한하는 방법으로서 최소한도를 제공하는 것 사이에는 큰 차이가 있다. 미국의 주거 프로젝트들이 긴축경제 속에서 빈민이 넘어서길 열망해선 안 되는 한계를 표현하는 법을 고민해왔다면, '최소 실존' 개념은 회개와 긍정 사이를 왔다 갔다 하는 셰이커 교도적인 소박함에 가깝다.

건축가들은 '최소 주거'에 관한 이론을 개발했고, 그럴수록 건축 대량생산의 선구자였던 독일 건축가 콘라드 박스만이 '공장제 주택의 꿈'이라 불렀던 것에 점점 더 관심을 갖게 됐다. 모더니즘 건축, 특히 양차 세계대전 사이의 주류 건축은 공장 조립라인에서 수백만 대의 차량을 찍어 내는 것과 같은 논리와 효율적 구성으로 건물을 지을 가능성에 현혹되었다. 일명 '포디즘 건축'이 시작된 것이다. (비록 이런 가능성을 자본주의적 최적화를 통해서가 아니라 인민이 생산 수단을 소유하는 데서 찾은 이들도 있었지만 말이다.) 하지만 이런 열망에도 불구하고, 대부분의 모던 건축은 과거나 지금이나 전통적인 장인정신에 기대어 시공을 해왔고 모더니즘의 열망과 현실 사이에는 명백한 모순이 일어났다. 군더더기를 제거한 백색 건물들은 콘크리트로 타설한 골조 위에 수작업으로 한 겹의 치장 벽토를 바르고 골조 사이를 전통적인 벽돌 쌓기로 채워 넣는 과정을 통해 만들어졌다. 기술은 구조보다 시스템 — 전기, 중앙난방, 엘리베이터, 기계 환기 — 속에서 달성되는 편이었다.

건물을 공장의 기율 속에서 설계하려던 욕망은 이후 주로 세 가지 방향을 취해왔다. 첫 번째는 완전한 상자를 짓는 경향인데, 이동식 주택 같은 단일 주택으로 짓거나 모셰 사프디의 해비타트 67 같이 레고처럼 층층이 쌓을 수 있는 요소로 짓거나 때로는 가구까지 공장에서 마감하는 방식이다. 두 번째는 훨씬 더 널리 퍼진 경향으로, 일부 구조 부재를 공장에서 사전 제작하여 현장에서 조립하는 시스템이다. 옛 소련이나 그 종속 국가들을 방문해본 사람이라면 을씨년스럽게 보이는 '패널' 빌딩이 어디에나 존재하는 걸 보게 될 것이다. 패널 빌딩은 현장에서 카드 접듯이 콘크리트를 빠르게 세워 조립한 거대한 규모의 집이다. 마지막은 특수하고 복잡한 구성 요소들 — 주로 침실이나 주방 — 을 사전 제작해서 신속히 끼워 넣을 수 있게 하는 시스템으로, 때로는 노동조합에 가입한 인부를 고용하지 않으려고 쓰이기도 하는 방식이다.

이러한 산업화된 도시 주거 유형은 미국 도시에서 강력한 힘을 발휘해본 적이 없다. 많은 이동식 주택이 개발되어 광범위하게 퍼지고 레비타운과 같은 복제된 교외 주택 건설을 가능케 한 현장 조립식 건축이 개발되긴 했지만 말이다. 하지만 이제 그런 건축에 대한 논의가 다시 활발해지는 중이고, 공장 기술을 활용한 수많은 프로젝트가 뉴욕시에서 진행되고 있다. 그중 가장 큰 프로젝트는 브루클린의 애틀랜틱 야드다. 이 프로젝트는 세계에서 가장 높은 모듈 기반 건물로서, 현재 열다섯 개 건물 중 첫 번째 건물의 공사가 진행되고 있다. 브루클린의 실내경기장인 바클레이스 센터의 개발업체인 브루스 라트너는 통상적인 방법으로 지을 때보다 공사비가 20퍼센트 덜 들 것으로 추정한다. 이렇게 절약한 금액 중 일부는 세입자에게 혜택으로 돌아가는 걸까, 아니면 그저 최종 결산 금액을 확대하는 데 불과한 걸까? 그리고 그렇게 절감한 비용 중 얼마나 많은 부분이 인건비를 줄여 만든 결과일까? 노동조합에 가입했다 하더라도, 모듈을 만드는 공장 노동자들은 전형적인 건설노동자보다 약 25퍼센트 적게 돈을 번다.

분명히 주거비용에 관해 뭔가가 이뤄져야 하고, 그런 게 바로 모듈화와 마이크로유닛이 추구해야 할 목적이다. 2012년 초에 뉴욕시는 '어댑트 뉴욕시(adAPT NYC)'란 이름의 공모전을 실시해 개발업자/건축가 팀들이 제안하는 마이크로하우징 작품 33개를 접수했다. 당선자인 엔아키텍처(nArchitecture)가 설계한 시범 프로젝트는 맨해튼 27번가에 위치한 계획이었다. 나는 『뉴욕 데일리 뉴스』의 공모전 소식 다음에 실린 사진 한 장을 특히 좋아한다. 블룸버그 시장 옆에 당시 도시계획국장(아만다 버튼)과 주거보존개발국장(지금은 부동산담보 대출 사업을 하는 매튜 웸부아)이 함께 서 있는 사진인데, 그들은 바닥에 그려진 여러 초소형 아파트 중 하나의 외곽선 안에 서 있다. 그 공간은 블룸버그나 버튼의 포도주 저장고나 옷장을 수용할 수 없을 만큼 작았고, 그 옆에는 '작은 아파트의 건강 위험'에 관한 『애틀랜틱』 기사가 인용되어 있었다. 표제가 말해 주듯이 인용된 기사는 그렇게 여유 없이 설계된 주거가 '중요한 심리적 문제들'을 일으킬 수 있다는 내용이었다. 뉴욕시립대학교(CCNY)에서 일하는 나의 동료 수전 새거트[*]는 거주자의 인구통계학적 요인에 따라 이런 심리

---

[*] 뉴욕 시립대학교의 환경심리학 교수다.

작은 주거 상자들

적 문제가 복합적으로 나타날 거라고 주장해왔다. 갓 성인이 된 젊은 독신자들에게는 룸메이트와 부대껴서 지낼 필요가 없으니 그런 곳이 재미있을 수도 있고 심지어 유용할 수도 있다는 것이다. 하지만 커플이나 아이가 있는 부모 또는 노년층에게는 악몽이 될 수도 있는데, 비좁은 데다 사생활이 보장되지 않는 환경이 심각한 부담이 될 것이며 심지어 재앙과도 같을 수 있다는 것이다.

새거트 교수는 작게는 7평 넓이도 가능한 마이크로 주거 단위들이 폭넓게 구성될 때 일어나는 또 하나의 중요한 결과도 지적한다. 실제로 가구를 합리적으로 배치하기에는 너무 좁아서 접이식 침대를 설치해야 할 수준이고, 주거 단위의 최소 면적을 400제곱피트(약 11.2평)로 설정하는 뉴욕시 지역지구제법도 변경할 필요가 생긴다는 것이다. 이런 주거 단위가 대규모로 들어선다면 (단위면적당 회수율을 늘림으로써) 모든 아파트 건물의 집세를 올릴 가능성이 높다. 그렇게 되면 원래 저렴하게 스튜디오나 원룸에서 살 수 있었을 사람들을 내쫓게 될 것이다. 최근 뉴욕대학교 퍼만 센터의 한 보고서는 이런 위험을 확인시켜준다. 샌프란시스코의 한 마이크로하우징 프로젝트에서는 시내 스튜디오 아파트 평균치보다 단위면적당 거의 50퍼센트가 더 높은 집세를 내게 될 거라고 한다. 샌프란시스코 주거 권리 위원회(Housing Rights Committee of San Francisco) 상임이사인 사라 쇼트에 따르면, "그런 집이 적정가 주택이라고 말하는 건 정직하지 못하다. 그건 단지 거주자가 훨씬 더 적은 공간을 얻게 된다는 뜻일 뿐이다."

이렇게 새로 반복되고 있는 마이크로하우징은 인구 과밀을 해소하고 삶의 질을 높이려던 지난 한 세기 이상의 노력을 거꾸로 되돌리고 있다. 이런 구상을 옹호하는 쪽에서는 대학 기숙사에서의 즐거움을 언급할지 몰라도, 그 주장의 밑바탕에는 점점 더 확대되어가는 밀도의 절대주의가 전제로 깔려 있다. (밀도를 절대시하는 게 종종 도시성과 같은 것으로 위장되기도 한다.) 이런 사고방식이 기성 도시계획 권력을 상당 부분 괴롭히고 있으며, 그들이 개발에 대해 내놓는 해법이란 늘 더 많이 개발하는 것이다.

　　주거 유형은 저마다의 이상적 거주자를 발명하고 그들의 지위를 사물로써 구체화한다.『애틀랜틱』기사를 쓴 야코바 유리스트는 뉴욕시의 1~2인 가구가 180만 가구나 되는 데 반해 (우리 중 약 33퍼센트가 독신자다) 스튜디오와 원룸 아파트는 1백만 개밖에 없는 우리의 주거 현실을 상기시킨다. 어떤 세입자 계층이 인구통계학적 지위에 맞춰 자기 공간을 떼어 내야만 한다는 생각은 정말 심기를 불편하게 한다. 이런 개념은 최소 실존의 중심에 놓인 계산, 말하자면 정부 규제와 촉진의 대상으로서 지정되는 최소한도의 공간적 시혜 개념으로 돌아가는 것이다. 이는 넓은 아파트에 사는 노년층이 우리 중 나머지를 어떤 방식으로든 사취하고 있으며 더 작고 더 '관리하기 쉬운' 장소에 살면 분명 더 유복해질 거라는 주장과 다를 바가 없다. 다시 말하건대, 한편에는 모두에게 각자의 공간을 제공한다는 최소한도에 대한 열망이 있다. 그리고 (퍼만 센터의 말을 빌리자면) "현존하는 주택의 성격과 세입자 가구의 필요 사이에 존재하는 불일치"를 교정하기 위해 그런 최소한도를 계속해서 정의하는 과정은 상상력과 연민의 부재를 드러낸다. 필요는 그리 쉽게 정량화할 수 있는 게 아니며, 어떤 건 숫자로 환원하는 것 자체가 불가능하다.

　　뉴욕시가 제안하는 마이크로아파트들은 호텔 객실(그런데 스위트룸은 아니다!) 크기이며, 마찬가지로 일시적인 주거 패턴에 맞춰져 설계되어 있다. 대학생 시절 엄청나게 쌓인 학자금 융자를 갚은 세입자들은 이런 아파트에서 시작한 다음 괜찮은 협동조합 공동주택으로 이사하게 될 것이다. 마이크로아파트를 옹호하는 쪽에서는 이런 건물이 호텔처럼 다양한 편의시설(헬스장, 멋진 로비, 그리고 아마도 공유 주방)을 제공하기 때문에 변변찮은 개인 공간을 효과적으로 보완해줄 것이고 비록 진정한 공동 소유권을 보장하거나 생활양식 이상의 공유를 기획하는 건 아니라 해도 공동체적인 만족감은 끌어 낼 거라고 주장한다. 이런 주장이 일부 젊은 독신자들에게는 — 그리고 더 작은 아파트에 살 준비가 된 노년층에게도 — 맞을 수 있을 것이다. 하지만 이런 편의시설을 강제할 법적 근거가 없으며, 부동산의 관점에서 헬스장 대신 한두 개의 세대를 더 추가하는 게 유리한 상황이라면 그 업계가 굳이 건물을 헬스장과 일광욕실로 채우며 초과 근무를 하리라는 보장도 없다. 그리고 여기서 또 다른 데로 이사하기가 쉽다고 말하는 것은 대부분의 뉴욕 시민이 겪는 경험을 반영하지 못하는 환상일 뿐이다. 현실에서는 생활공간을 찾는 것도 한곳에 사는 것도 어려운 경험이며, 특히 규제되지 않는 집세가 그런 어려움을 만들어 낸다.

마이크로 주거 단위와 공장제 모듈의 디자인은 서로 수렴할 가능성이 있으며, 법적인 문제가 해결되면 이런 유형이 떠오를 가능성이 충분히 있다. 최근 인우드에 개설된 뉴욕시 최초의 진정한 모듈 기반 아파트 건물인 '더 스택'은 단 19일 만에 건립되었다. 피터 글릭이 설계한 이 건물은 괜찮은 외관을 하고 있지만, 아파트의 각 세대는 마이크로가 아닌 보다 평범한 단위주거 유형을 섞어놓았다. 이러한 개발은 전도유망한 사례이며, 모듈 건축의 가장 초라하고 매력 없는 사례만 보던 사람들에게서 반감을 줄이는 데 도움이 될 것이다. 자녀 없는 스님과 결벽증 환자만 거주할 수 있는 공간으로 사람들을 밀어 넣는 것보다는 더 나은 아이디어가 아닌가? 도시는 강박이 아닌 선택을 만들어 낼 방법을 고민하는 장소여야 하지 않을까?

통탄할 만한 환경적 상황은 우리 모두가 환경에 가하는 생태적 영향을 극적으로 줄이고 건물도 중요한 역할을 수행할 것을 요구한다. 맥도날드 체인점 같은 주택을 만드는 시대는 끝나야 한다. 또한 우리는 우리 부모 세대와 다르게 살고 있음을 인식해야 한다. 미국의 인구통계가 더 소규모 가구로 극적으로 변화하고 있으며, 수요와 공급이 일치하지 않고 있음을 인식해야 한다. 점점 줄어들어 소수가 되어가는 핵가족을 더 이상 우리의 패러다임으로 여기지 말고 우리의 실제적인 습속과 필요에 맞는 다양한 주거를 생산하는 게 아주 중요하다. 하지만 다양성만으로는 한계가 있다. 이런 아파트들은 그저 너무 작기 때문이다.

— *Nation*, August 18-25, 2014.

17

평소와 같은 비즈니스

혼합 용도는 어떨 때 혼합 은유가 되는가? 그라운드 제로에서 추모관과 거대한 사무소 겸 상업단지를 함께 재건하자는 결정이 내려진 순간부터, 두 분위기 사이의 갈등이 시작되었다. 그 이후로 애도와 이윤을 얼마나 긴밀하게 짜낼 수 있느냐는 질문이 오랫동안 있어왔다.

현재 9/11 박물관과 추모관이 완공된 상황이고, 첫 번째부터 네 번째 빌딩까지는 사용 준비 단계에 있으며, 세 번째 빌딩은 (정부가 래리 실버스타인을 또 한 번 긴급구제 해줘서) 다시 지어지고 있다. 그리고 칼라트라바가 설계한 역사는 골조 공사가 이뤄지는 중이며, 현장의 질감과 비례, 분배, 예술적인 표현영역을 감지할 수가 있다. 또한 존엄성과 범속성 간의 힘겨루기는 후자 쪽에서 결정적이고 일관된 방식으로 해결된 게 분명하다.

나는 며칠 전 박물관에 가보려고 그리니치 스트리트를 따라 걸어 내려갔다. (나는 인근 주민이어서 수년간 일상적으로 이 부지를 지나다녔다.) 도시 계획가들은 그리니치 스트리트가 9/11 부지를 도시와 그 격자망 속에 다시 엮어 주는 최후의 열쇠라며 그 가치를 몹시 선전하곤 했다. 이 거리가 당시 공격을 받기 '전부터' 상처를 치유할 봉합선으로서 존재하고 있었다는 것이다. 현재로서는 그리니치 스트리트가 여전히 임시 패스 철도역사에 막혀있지만, 임시 역사가 철거되고 나면 이 거리가 세 개의 마천루 뒤편과 처치 스트리트 사이를 지나게 되고 동쪽으로는 칼라트라바의 가시 달린 신축 패스 철도역사가, 서쪽으로는 9/11 기념 광장이 보이게 될 것이다. 이 부지의 북쪽 진입로는 일곱 번째 월드트레이드센터 앞에서 (방문객들에게 영원히 사소한 느낌을 전달하게 될) 제프 쿤스의 애처로운 붉은 풍선 조각이 놓인 작은 광장을 지나쳐 엠파이어스테이트 빌딩보다 더 높이 지어질 첫 번째와 두 번째 월드트레이드센터 사이를 통과한다. 이 '관문'과도 같은 공간 속 어딘가에 결국 예술 센터가 지어질 수 있을 것이다. 현금과 더불어 논쟁을 일으키지 않을 임차인을 모을 수만 있다면 말이다.

이렇게 뻗어 나가는 거리가 차량 통행로 쪽으로 자유롭게 열리든 말든(양쪽에는 보안장치가 설치될 가능성이 높다) 이 부지를 관통하는 보행자 경험의 차이는 실제로 거의 없을 것이며, 그리니치 스트리트의 좁은 쇄석 표면은 그렇게 과장되게 선전된 환경 속에서 대단한 표식을 남기지 않은 채 자체적인 분위기를 만들어 낼 것이다. 사실 이 계획에 성공적으로 포함된 한 가지 강력한 연결 조치는 월드트레이드센터를 떠받치던 기단을 제거하고 처치 스트리트의 높이를 강 쪽으로 연장시킴으로써 이 부지의 삼면에서 벽을 없애고 그리니치 스트리트의 단절도 없앤 것이다. 단순히 지면의 경사를 따르는 부지는 이제 기본적으로 횡단이 가능해졌기 때문에 사실상 '스트리트'란 말은 불필요하게 되었다. 하지만 복원된 그리니치 스트리트의 실제 기능은 성스러운 영역과 세속적인 영역을 구분해 주는 데에 있다. 한 가지 핵심 질문이 남아 있다. 사업체 건물과 광장 사이에 낀 용도 구역은 어떤 성격을 띠게 될 것인가. 카페와 레스토랑? 의류 매장? 기념품 판매점?

이와 같은 종류의 위태로워 보이는 분리용 경사면은 이 프로젝트의 수직 단면에서도 나타날 것이다. 사건의 희생자들을 추모한다는 아이디어에 담긴 주된 요소는 '발굴'이었다. 발굴은 기존 건물의 움푹 팬 흔적 속에 배치한 두 군데의 연못뿐만 아니라 거의 전부가 지하로 들어간 박물관 자체에도 적용되는 말이다. 박물관의 주요 층은 땅에 구멍을 낸 추모관의 바닥보다 더 '밑에' 위치한다. 이 부지의 다른 곳에서는 추모관·박물관과 동일한 지층에 광범위한 지하 상업 공간이 자리 잡을 예정이지만, 즐거운 공간에서 비극적인 공간을 가로막을 중립적인 경계벽도 설치될 것이다. 이러한 분리는 적어도 시각적 수준에서 성공할 가능성이 높겠지만, 그 의미는 계속해서 남을 것이다.

베트남전 참전용사 추모관이 추모의 선례를 확립하는 데 성공했다는 얘기를 끝없이 듣게 된다. 그 기념관은 이론의 여지없이 훌륭한 작품이지만, 그게 꼭 이후의 모든 추모관을 위한 공식을 세운 작품이라 말하긴 어렵다. 전사자들의 이름이 줄줄이 기록된 검은 석재로 마감한 내리막 공간이 창조적 추모의 가능성을 모두 담아낸다고 볼 이유는 거의 없는 것이다. 하지만 베트남전 참전용사 추모관의 정말 결정적인 문제는 그것이 가혹하고 분열적이며 결국 실패하고만 전쟁 속에서 죽은 미국인들을 명예롭게 기린다는 점, 그래서 그 추모관이 기리는 존엄성에서 어떤 기념비적이고 의기양양한 의미를 덜어 냈어야 했다는 점이다. 우리가 우리의 전쟁을 변함없이 정의로운 것으로 여기는 태도에 점점 더 — 그리고 올바르게 ─ 저항할수록, 우리의 추모는 더욱더 신중하게 '다시는 전쟁을 반복해선 안 된다'는 경각심을 주게 된다. 베를린의 홀로코스트 추모비가 보여주는 냉혹한 풍경, 워싱턴의 홀로코스트 박물관이 보여주는 지나치게 백과사전 같은 건축, 그리고 오클라호마시티의 묘석을 대신하는 의자들은 추상화된 상실의 잔존물이 되었다. 하지만 그런 것들이 우리의 도시에 현존한다는 게 본질적으로 어떤 의미인지를 물을 필요가 있다. 바로 이 지점에서 그러한 표식은 도착적인 기념물이 되기 때문이다.

베를린의 홀로코스트 추모비는 도시의 심장부를 점유하면서 특히 바로 그 근처에서 대량학살을 계획한 범죄자(와 그 후손)들을 직시하고, 도시의 정상적 조직을 고집스럽게 변경하며 그 속에 개입한다. 이러한 파열의 특질, 말하자면 구축적인 추모비들이 주는 공포감을 환기시키는 특질을 그라운드 제로에서는 거의 아무것도 찾아볼 수 없다. 그라운드 제로의 추모관은 결국 도시의 조직 속에 '끼워 맞춰지는' 방식을 추구한다. 물론 나는 이 추모관을 처음 몇 번 방문했을 때 감동을 느꼈지만, 지금은 그게 숭고하면서도 진통제에 가깝다는 느낌을 받는다. 문제의 일부는 그 계획이 집요하게 직교 체계를 이루고 있는 데다 조경의 선도 지나치게 규범화되어 있다는 데서 온다. 포장재와 잔디가 띠 모양으로 뻗고, 똑같은 나무들이 군사 정렬하듯 정확하게 배열됐기 때문이다. 확실히 기하학이 갖는 강력한 의미를 두고 내부적으로는 대개 비밀스러운 갈등이 좀 있었다. 해체주의의 유행이 저물어온 시점에 이 독창적인 '공모전'이 실시되었고, 해체주의의 불안한 파편화와 더불어 인식과 세계의 불안정성을 재현하는 것에 대한 명청한 주장들이 이뤄지고 있었기 때문이다.

불쌍한 스뇌헤타. 이 좋은 건축가들은 다른 모든 해체주의 건축가

평소와 같은 비즈니스

들이 멀리서 살금살금 몸 사리고 있을 때 비뚤어진 비대칭의 분위기가 이곳의 공식화된 스타일이라고 순진하게 믿고 있었다. 그래서 그들이 제출한 박물관 파빌리온 설계안은 이미 한물간 감수성을 참조한 빈약한 건축물이요, 직각이 지배하는 장에 삽입된 손끝만 한 불규칙성의 흔적이다. 물론 그 박물관 밑에서도 데이비스 브로디 본드가 좀 부드럽게 축을 이탈하는 설계를 하긴 했지만 말이다. 다소곳한 베트남전 참전용사 추모관과는 달리, 여기서는 내리막길이 점진적이고 얕은 길이 아니라 에스컬레이터를 타고 긴 거리를 내려가 기존 건물의 기초 높이에 도달하는 길이다. 그 공간은 매우 크고, 어떤 파라오적 위엄과 장중함을 느끼게 하는 곳이다. 그리고 큐레이터들은 분명 매우 열심히 그리고 매우 감각적으로 9/11의 '이야기를 전하는' 전시를 만들어 냈다. 하지만 이 모든 게 선을 너무 넘어 미학적인 영역으로까지 나아가기 때문에, 진정한 날것으로 느껴지는 게 거의 없다. 텔레비전 영상, 콘디 라이스와의 인터뷰, 임시적이고 어슴푸레한 벽면 투사처럼 매체를 활용하는 방식은 지나치게 친숙한 느낌을 주며, 너무 많은 감정을 소멸시켜 버린다. 실제로 가장 강력한 느낌으로 다가온 전시에서는 폭파와 붕괴의 이미지도 없었고 전시용으로 세심하게 기획된 현장 '유품'도 없었다. 그곳은 그저 죽은 자의 초상 사진들만 있는 방이었는데, 거의 모두가 행복한 순간에 찍어 둔 사진들이었다. 사물로 채워진 게 아니라, 얼굴로 채워진 방.

이 박물관의 디자인은 위에서 일어나는 것과 동일한 정상화 전략을 활용한다. 전체적으로 두드러지는 것은 무역센터 타워의 잔해에서 찾은 뒤틀린 강철을 복원해 우아하게 벽에 걸어놓은 '조각들'이다. 이 조각들은 앤소니 카로의 조각이라 해도 믿을 만큼 정제된 모습으로 전시되어 있다. 박물관의 깔끔하고 평범한 건축적 맥락 속에서, 이 조각들은 끔찍함 때문이 아니라 각각의 '예술적' 호소력 때문에 읽힐 수 있는 작품들이다. (끔찍함은 오히려 27달러의 입장료를 내고 박물관에 들어가자마자 처음으로 보이는 명단이 이 프로젝트에 돈을 기부한 기업들이란 사실을 알 때 굳어지는 문화적 인상이다.) 궁륭 천장의 슬러리 벽체조차도 정말 영웅적인 느낌이 거의 들지 않고, 본래의 기능적 의미와 너무 멀어져 있으며, 무엇이 진짜이고 무엇이 가짜인지 알기 어렵게 하는 새롭게 구축된 환영들 사이에 샌드위치처럼 끼어있다. 그리고 진정 활기찬 축조법을 보여줄 수 있었던 단 하나의 기회는 날아가 버렸다. 이 박물관에서 '유용한' 많은 공간 ─ 갤러리와 복도, 교실, 욕실 등 ─ 이 추모관의 그 넓은 빈 공간 밑에 놓여 있다. 밋밋한 회색 화강석으로 마감된 그 빈 공간의 벽체가 박물관 내부에서 위에서 아래로 내려오며 잘 보이긴 하지만, 이 괴이하고 육중한 빈 공간의 틀 '밑에서' 걸어 다닐 수 있는 극단의 경험은 완전히 사라져버렸다. 작은 캐노피를 지나 들어가면 그냥 어떤 지하의 느낌도 없이 어디서나 느낄 수 있는 범속함과 평범함만 느껴질 뿐이다.

이 프로젝트의 전체적인 계획을 하나의 작품으로 본다면, 그 취지는 끔찍한 사건에서 유래하는 장소적 의미와 동떨어진 어떤 자율성을 성취하는 데 있었고 그런 취지가 성공을 거뒀다고 말할 수 있다. 단지 참사를 관광적인 볼거리로 재가공해 그 끔찍함을 줄인 것만이 아니다. 건축적인 구성 원리와 그것을 지배하는 미학이 너무 표준을 따르기 때문에 기본적인 배치계획 연습의 수준을 넘어서지 못하게 되었다. 이 계획은 광장 주변을 에워싸는 커다란 건물들의 높이를 넘어서지 못한다. 건물과 광장 모두가 질문이나 불안, 독창성, 또는 위안에 대한 어떤 진정한 열망도 보여주지 않기 때문이다. 디자인의 질이 너무 지독하고도 천편일률적인 일상성을 보여주기 때문이다. 이 장소에 대한 의미화 작업은 너무나 많은 부분이 단순히 정량적인 것에 속박되어 있다. 마치 그게 감정적이거나 예술적인 것의 적절한 대체재라도 되는 듯이 말이다. 이 어리석은 건축이 도시에서, 국가에서, 세계에서, 우주에서 가장 높은 건물이라 한들 알 게 뭔가? 우리가 왜 그런 데 신경을 써야 하나?

나는 이 장소의 의미를 발명하기 위해 다양한 대리자 역할을 한 특별한 비장소적 요인들이 있다고 생각한다. 처음부터 지배 권력이 엄청난 범죄에 대해 할 수 있는 유일한 응수는 엄청난 — 그리고 엄청나게 값비싼 — 프로젝트뿐이라고 결론 내렸다. 그것은 잃어버린 모든 '건축'을 대체할 프로젝트였다. 이 개념이 엄청난 양의 돈을 거둬들이려는 대부분의 결정권자들이 가진 욕망을 가리는 얄팍한 껍질임은 제쳐두더라도, 그러한 응수에는 일종의 돈 잔치와 같은 게 있었다. 말하자면 보상심리에서 나온 사치이자, 문제를 돈으로 해결하려 한 것이다. 나는 여기서 레이건과 스타워즈를 떠올린다. 우리가 무기경쟁에 뛰어들어 적을 무찌를 수 있을 거라는 생각, 그렇게 아주 환상적이고 쓸모없는 시스템을 구축해서 남는 결과라곤 파산밖에 없게 되는 생각 말이다.

그라운드 제로에서 우리가 엄청나게 값비싼 기술로 우리와 어울리지 않는 적을 앞지를 수 있다는 생각이 번역된 것은 아니다. 아이러니하게도 우리는 그런 환상을 관철하는 데 실패하는 중이다. 여전히 이런 식의 케케묵은 호전성과 그걸 떠받치는 기업을 위한 복지에 너무 많은 걸 투자했기 때문이다. 오히려 그라운드 제로는 우리 자신의 사치로 무책임하게 무장한 곳이다. 우리는 하루에 단 3만 명만 실어 나르는 통근 철도 노선의 지붕을 건설하는 데 50억 달러에 가까운 가격을 지불하고 있다. (B-2 폭격기의 2.5배 가격이다!) 이러한 지출 규모는 (끝없이 불어나는 몇 천 달러짜리 좌변기의 바가지 가격, 주로 군사시설에서 건설업체가 빨아먹는 초과비용 같은 걸 포함해서) 프로젝트의 타당성과 심지어 탁월성까지도 보장하는 역할을 너무 지나치게 수행하는 '거대성'◆ 신드롬의 일부분이다. 그렇게나 많은 돈이 든다면 틀림없이 좋은 프로젝트라는 신드롬!

하지만 결국 우리는 공항 같은 경찰국가의 모더니즘과 독창성과 특이성을 벗겨낸 매끈한 표면으로 건축과 도시계획을 하게 될 것이다. 군중의 효율적인 움직임을 고려해 설계할 것이고, 그렇게 계획되는 건축과 도시에는 도처에 감시와 통제의 장치가 설치될 것이고 그런 장치조차 군중의 '경험'을 형성하는 일부로서 인정받게 될 것이다. 하지만 이런 장치가 계획 프로젝트로서는 한 가지 매우 중요한 일을 하게 될 텐데, 결국 보행 동선이 동서 방향과 남북 방향으로 부지를 가로지를 수 있게 해주고 모든 각도에서 감시를 받되 물리적 장벽의 방해는 대체로 받지 않게 해줄 것이다. 그러나 그렇게 처치 스트리트가 발전하면 유리 협곡이 되어버릴 테니, 아주 어두운 오후에는 조심해야 한다. 그리고 이 부지에서 가장 크고 지속적인 문제 중 하나가 여전히 남을 텐데, 그것은 고속도로 규모의 웨스트 스트리트와 건너편 월드 파이낸셜 센터의 너무 꽉 막힌 정면이 강 쪽으로의 보행자 흐름을 끊는다는 점이다. 지금은 웨스트 스트

◆ '거대성(bigness)'이란 용어는 건축가 렘 콜하스가 『스몰, 미디엄, 라지, 엑스라지(S, M, L, XL)』(1995)에서 선언적으로 쓴 단편 에세이의 제목이다. 당시 콜하스는 거대성을 건축이 기댈 수 있는 최후의 보루로 내세우면서 건축을 비인격적인 정량적 개념으로 프로그램화했다.

평소와 같은 비즈니스

리트를 도심 조직의 일부로 복원하자던 위대한 고(故) 프레더릭 슈워츠 선생의 제안을 기억하는 게 좋을 때다.

평소와 같은 비즈니스를 과감히 넘어서려고 시도했었다면 이 장소가 얼마나 더 좋아졌겠는가?

— *Metropolis*, September 2014.

18

크게 그리고 더 크게

2015년 2월 20일 『뉴욕 타임스』 부동산 분야의 첫 면에는 두 편의 기사가 실렸다. 한 기사는 260~360제곱피트 넓이의 초소형 주거 단위들로 이뤄진 뉴욕시 최초의 '마이크로아파트' 블록에 적용된 조립식 구조를 묘사했다. 다른 기사는 브루클린의 한 창고에서 단독 아파트 세대의 세심한 실물 모형을 취재했는데 그건 맨해튼 웨스트 53번가에 지어지고 있는 최고급 타워의 주거 단위 모형이었다. 아마도 내부에 10채의 마이크로 주거 단위를 끼울 수 있을 그 아파트 모형은 자그마치 1백만 달러나 할 것으로 추정되었지만, 마감에 대한 고민을 적절히 끝내고 나면 버려질 예정이었다. 여기서 우리는 소득 격차가 구체적으로 굳어진 현실을 보고 있다. 넓은 곳에 살기와 정말로 자그마한 곳에 살기(나는 병 속의 지니를 꿈꿔요!◆)가 공존하

◆ 지니(Genie)는 아랍 신화에서 병 속에 사는 정령을 가리키고, 1965~1970년 미국에서는 *I Dream of Jeannie* 라는 시트콤이 방영됐다. 한편 저자는 소득 격차를 표현한 값인 지니계수(Gini coefficient)의 Gini를 사용해 "I Dream of Gini!"로 쓰고 있다.

는 두 도시의 이야기를 보고 있는 것이다.

대체 무슨 일인가? 센트럴파크 근처에 빽빽이 지어지는 무시무시한 고층 건물들에는 주인이 살지 않는다. 세금을 탈루하는 재벌가의 소유주들은 힘 빠진 스타 건축가의 디자인에 억대의 달러 가격표를 붙이고, 공원 위로 건물의 그림자를 드리운다. 그러면서도 공적인 보조금을 지원받고, 어떤 건물이 가장 아찔한 조망을 자랑하는지 경쟁이라도 하듯 산지미냐노♦ 같은 경관을 만들어 낸다. 이렇게 걷잡을 수 없이 높아지는 뉴욕시의 건물들에 대한 수없이 많은 비평이 이뤄져 왔다. 또 다른 글은 어떻게 쓰는가? 쇼핑하러 가면 된다! 나의 사랑스러운 부동산 중개업자는 로버트 스턴이 설계한 파크 플레이스 30번지(현재 도심에서 가장 높은 282미터 높이의 주거 건물)와 북쪽으로 몇 블록 위에 헤어초크 드 뫼롱이 쌓아 올린 레너드 56번지(살짝 더 낮은 250미터 높이), 그리고 볼품없는 세 건물 중 (희망사항이지만) 마지막 하나가 될 곳을 보여주려고 중개업소에서 약속을 잡았다. 마지막 건물은 두에인 스트리트 105번지의 (부드럽게 말하자면) 특별하지 않은 임대아파트 건물인데, 존 칼 워넥이 원자폭탄에도 견딜 것처럼 창문도 없이 설계한 통신회사 건물♦♦ 옆에 있다. 두 건물은 현재 트라이베카 지구의 거대한 벽을 함께 이루고 있다.

앞선 두 분양아파트 건물의 전시실은 서로 매우 닮았다. 편안한 분위기의 분양실 입구에서는 세 개의 작은 펠레그리노 생수병과 역시 세 개의 에비앙 생수병이 커피 테이블 위에 완벽하게 줄지어 고객을 기다린

♦   이탈리아 토스카나주의 도시 유적지로, 농촌의 초록 지대 한가운데에 여러 채의 타워가 서 있다. 유네스코 세계문화유산으로 지정되어 있다.
♦♦ 1974년에 완공되어 AT&T 장거리 통신망 사업부로 쓰였던 건물을 말한다.

다. 곧이어 '브랜딩'의 기세를 올릴 준비를 하고 있는 것이다. 나는 고개를 돌려 모든 방을 장식하는 고급 조명기구와 비품의 상표를 둘러본다. 비품들의 이름은 요리나 화장실 볼 일 같은 행위를 전혀 연상시키지 않지만, 그 배치는 '우리 군중'의 심리를 그대로 반영한다. 우리의 월풀◆은 절대로 가게나우◆◆ 근처에 두는 법이 없다!

하지만 중심이 되는 브랜드는 건축이다. 벽면을 꾸민 인용문(파크 플레이스 30번지에서는 건축가와 개발업자의 말을 인용했고, 레너드 56번지에서는 저명한 예술 및 건축 비평가들의 말을 인용했다), 매력적인 카탈로그, 그리고 소개 영상은 제공되는 생활양식이 스위트룸 욕실의 '친칠라 밍크' 대리석 상판보다 훨씬 비싼 것들로 이뤄져 있음을 보여준다. 비록 레너드 56번지의 2008년 홍보 영상이 하늘에서 비처럼 쏟아진 조각들로 건물을 형성하는 다소 진지한 오락적 가치를 제공하긴 했지만, 무엇보다 최고는 더 희극적인 파크 플레이스 30번지의 홍보 영상이다. 내가 가장 좋아하는 장면은 '밥'(건축가 로버트 스턴)과 '래리'(개발업자 래리 실버스타인)가 세계에서 가장 넓은 메르세데스 벤츠 뒷좌석에 앉아서 브루클린 출신의 두 소년이 어떻게 강을 건너 그리도 더럽게 고급스러워졌는지를 얘기하며 시시덕거리는 장면이다. 내가 두 번째로 좋아하는 장면은 오래전에 사라진 마크 로스코와 잭슨 폴록, 재스퍼 존스의 미술 작업실들이 동네 지도에 뜨자 "부동산에 대해 알고 싶다면 예술가들을 따라다니세요!"라고 밥이 쾌활하게 말하는 장면이다. 하지만 우리가 방문했을 때 극도로 우스웠던 순간은 바로 현장에서 목격되었다. 울워스 빌딩이 이스트강의 조망을 정

◆ 미국의 다국적 가전제품 브랜드다.
◆◆ 독일의 고급 가전제품 브랜드다.

말로 방해하지 않을 거라며 안심시키려던 분양업자가 안절부절못하고 있었기 때문이다!

　　파크 플레이스 30번지는 다른 곳에서는 상관없을지 몰라도 여기서는 뻔뻔하게도 바로 옆에 있는 (한때 세계에서 가장 높았지만 241미터밖에 안 되는) 카스 길버트의 걸작을 내려다보는 호리호리한 석회석 건물이다. 이 신참내기는 그럼에도 자기가 장소의 혼에 뿌리를 둔 건물이라고 주장한다. 분양 브로슈어에 밥은 이렇게 써놓았다. "우리는 뉴욕의 전통을 재발명하고 있습니다. 파크 플레이스 30번지는 복잡한 형태와 강력한 스카이라인상의 실루엣으로 1920~30년대의 타워를 되살릴 것입니다. 당신은 첫인상에 사로잡힐 것이고, 그 표면을 따라 시선을 옮기다 보면 디테일의 깊이가 보이기 시작할 겁니다." 이 건물에 부착된 외장재를 처음 보았을 때 나는 사실 그 디테일이 덜 마감되었다고 생각했다. 평평한 입면에서 비워진 면과 채워진 면이 이루는 비례를 감안해볼 때 충분한 조형적 활동성이 느껴지지 않았고 표면의 분절도 너무 불분명하게 되어있었기 때문이다. 하지만 고층으로 갈수록 이 건물은 더 어리숙한 장식을 드러낸다. 진정한 건축적 여드름이 난 것만 같다! 특히 여드름이 몰린 곳은 아래쪽 호텔과 위쪽 아파트(어…… 혹자는 레지던스라고 하더라) 사이의 2개 층 높이 연결부에 부착된 뚱뚱한 비막이 쇠시리 부분이다. 이 부분은 스턴을 상징하는 디테일이며, 실제로 그는 1974년 랭 주택의 문 위에 이 구불구불한 선을 넣으면서 자신의 경력을 시작했다.

　　디테일이 어떻게 더 큰 개념에서 유래하고 그런 개념을 유도할 수 있는지에 대해 알려면 같은 시대에 지어진 인근의 몇몇 다른 석회석 건물을 다시 새로운 의미로 탐구해보면 된다. 첫 번째는 바로 길 건너편에 있는,

크로스 앤 크로스가 칙칙한 공공산업진흥국(Works Progress Administration)◆ 스타일로 설계한 1935년의 연방 사무소 겸 우체국 건물이다. 이 건물은 비록 엄밀히 우아하진 않더라도 꽤나 견실한 건물이었으며, 아르데코풍의 지그재그 형상에 군더더기를 뺀 국가주의와 고전주의의 도상학을 결합한 세련되지 못한 장식 프로그램을 활용했다. 별무늬와 줄무늬 그리고 모퉁이의 독수리 장식 ─ 파시즘의 상징과 유사함은 두말할 것도 없다! ─ 은 트리글리프와 그 사이의 소용돌이 장식 메토프가 조합된 견고한 프리즈◆◆ 위에 얹혀 마치 프랭클린 D. 루즈벨트(또는 무솔리니)의 조각상을 기다리는 것만 같다. 당대의 진정 뛰어난 사례(이자 가장 위대한 마천루 중 하나)는 랄프 워커가 설계해 월 스트리트 꼭대기에 멋지게 지은 1931년의 어빙 트러스트 컴퍼니 건물이다. 이 건물은 엄청나게 섬세한 방식으로 모델링되었다. 계단식으로 직설적으로 후퇴하지 않는 자연스러운 셋백이 이뤄졌고, 발작적인 아름다움◆◆◆을 전해 주는 모자이크 마감의 은행 홀(힐드레스 메이어◆◆◆◆의 작품이며, 여기에는 스턴의 복고풍 랄프 로렌 같은 장

◆ 뉴딜 정책의 일환으로 1935년에 설립되어 1943년까지 운영된 미국 연방 기관. 수백만 명을 고용해 공공시설 공사를 진행했으며, 이로써 미국 내의 거의 모든 지역사회에 이 기관에서 지은 공공시설이 들어서게 되었다.

◆◆ 고대 그리스·로마 건축 양식 중 도리아 양식에서 삼각형의 박공벽과 기둥 사이를 잇는 띠 구조인 엔타블러처는 위에서부터 코니스와 프리즈, 아키트레이브로 나뉜다. 그중 중간의 프리즈는 트리글리프와 메토프로 이뤄지는데, 트리글리프는 일정 간격으로 반복되는 수직 부재의 집합으로서 수직 부재 사이의 홈이 세 개여서 트리글리프(triglyph)라고 한다. 한편 트리글리프와 트리글리프 사이의 넓은 단면을 메토프라고 한다.

◆◆◆ convulsive beauty. 초현실주의 작가 앙드레 브르통이 소설 『나자(Nadja)』(1928)에서 도입한 개념. 브르통은 이 소설에서 초현실주의적 아름다움을 발작적인 것으로 묘사했고, 소킨은 메이어의 다채로운 모자이크에서 느껴지는 초현실적 충격을 '발작적'이란 말로 표현한 것으로 보인다.

◆◆◆◆ Hildreth Meiere. 미국의 대표적인 아르데코 벽화가다.

식이 없다!)이 있는 기단부에서부터 상승한다. 워커는 건물의 꼭대기에 커다란 창문 네 개를 배치했는데, 그곳에서 금권을 주무르는 책임자들은 창밖으로 자기들이 소유한 세계를 응시하며 아바나산 엽궐련을 피워댈 것이다. 이 건물에서는 어떤 디테일도 표피적이지 않으며, 모든 게 아름답게 조각된 매스의 강력하고 정교한 느낌을 연장시킨다. 이런 식으로 디테일은 의미를 발견하고, 외부에서 온 의미가 아닌 그 고유의 의미를 띠게 된다.

파크 플레이스 30번지에서는 서비스를 받을 수 있는 침실 두 개짜리 집을 아직 6~7백만 달러에 구할 수 있지만, 헤어초크와 드 뫼롱이 설계한 레너드 56번지에서는 남아있는 가장 싼 집이 1천 7백만 달러짜리 펜트하우스다. 그리고 분명한 것은 이런 식의 건축 활동이 계속 일어날 것이란 점이다. 그들의 핵심 개념은 폴 루돌프처럼 상자들을 직각 구성으로 쌓고 방들을 허공으로 돌출시킴으로써 하늘에 떠 있는 듯한 느낌을 만들어 내는 것이다. 하지만 최상층 머리 부분에서는 이런 조치를 보류했다. 실제로 이 건물은 전통적인 삼부 구성이고, (지하층 세대가 염가로 5백만 달러에 팔릴 수 있었던) 주축 공간은 가격 대비 성능 분석을 상당히 한 것으로 보인다. 지금까지 지어진 건 재미없는 노출콘크리트 슬래브와 조잡해 보이는 유리 커튼월이다. 여기서 돌출하는 공간은 방이 아니라 발코니다. 들쭉날쭉한 발코니들은 위로 갈수록 (그리고 하층부에서도 약간) 흡사 레고 블록을 연상시키지만, 건물 쪽으로 다가가 밑에서 바라보면 발코니의 유리 난간이 바닥 슬래브 뒤로 사라지면서 그 리듬만을 남겨둔다. 그리고 그 발코니들의 당김음은 매우 규칙적이어서, 그 리듬이 어디서나 절묘하게 전달되는 것은 아니다. 나라면 발코니가 거실 안에 있지도 않은 펜트하우스에 1천 7백만 달러를 지불하진 않을 것이다!

　이 두 건물은 시민적인 감각이 전혀 없는 '속악한(vulgar)' 건물이다. 속악하다는 것은 단지 취향이나 예술적 질이 낮은 게 아니라, 지나친 것이자 '문명화된' 전형을 과시하는 것이다. 레너드 56번지와 파크 플레이스 30번지 모두 도시에 횡행하는 이기적인 스케일 과시에 기여하면서 건축을 위장술로 활용한다. 하지만 디자인이 얼마나 섬세하든 간에 이 건물들은 빌어먹게 크고, 빌어먹게 비싸다. 그래서 와인 가게와 식당, 예술가, 집세 규제를 받는 방랑객을 비롯해 한 동네를 구성하는 다른 많은 요소들을 몰아내는 또 하나의 조종자가 된다. 사회적으로나 형태학적으로나 잘 혼합되어 있던 동네가 그렇게 급격히 사라져간다. 이 새로운 주거는 그에 대한 어떤 해결책을 제시하는 게 아니라 우리의 주택난을 더 '가속화'할 뿐이다. 우리는 포용적 지역지구제를 통해 분배적 정의의 척도를 이룰 노력의 부산물이었던 '빈자의 출입문'이 갖는 의미와 그것을 양심적으로 운용할 가능성에 대해 논쟁한 바 있지만, 레너드 56번지는 그 모든 노력을 조롱한다. 이 건물에는 그 나름대로 아니쉬 카푸어◆가 만든 출입문이 설치될 것이다! 이건 규제할 필요가 있는 지나친 형식이다.

　고대 그리스부터 시작해 많은 사회에서 사치스러운 소비를 제한하는 '윤리 규제(sumptuary)' 법을 시행해왔다. 일반적으로 이 법은 계급 사회의 외적 질서를 유지하기 위해 하층 계급이 상류층처럼 쾌락을 즐기거나 과시를 하지 못하게 막아 하향식 위계를 공고히 하는 수단이었다. 16세기 프랑스에서는 왕자들만 가자미를 먹는 게 허용되었다. 고대 로마

◆　Anish Kapoor(1954~). 인도 태생의 영국 조각가로, 1991년에 영국 최고의 현대미술상인 터너상을 받았고, 건축적 규모의 설치 조형 작업을 많이 해왔다.

에서는 황제와 원로원 의원만 자주색 옷을 입을 수 있었다. 매사추세츠 만 식민지[♦]는 연봉이 200파운드를 넘는 사람들만 화려한 옷을 입도록 제한했다. 그리고 이제 우리는 그와 비슷한 법을 암묵적으로 시행하고 있는 듯하다. 브랜드명이 된 건축은 특권의 상징이 되었고 큰손과 은밀한 개척자의 전유물이 되고 있다.

백색 유약을 바른 벽돌로 만든 웨딩케이크 같은 아파트가 일반적이었던 1950~60년대를 그리워하는 사람은 얼마 없지만, 그런 건물은 공공의 혜택(일례로 거리에 드는 빛과 공기)이라는 분명한 개념을 갖고 만들었다는 게 확연했었고 오늘날처럼 거대한 차이를 드러내는 나르시시즘이 아닌 조화의 가치를 우선시했었다. 2차 대전 이후의 시기(전쟁이 정말 끝났다고 말할 수 있었던 때)를 돌이켜보면, 돌아온 참전 군인을 포함한 중산층과 빈곤층 모두를 위한 건물을 짓기 위해 열성을 다하겠다는 암묵적인 합의가 지방자치단체와 민간 개발업자 사이에 있었다. 뉴욕시 주택공사가 지은 여러 '프로젝트'와 스타이브샌트 타운이나 파크체스터 같은 거대 단지는 기본적으로 대단한 건축술을 자랑하지 않았다. '공원 속의 타워'라는 개념을 채택했지만, 그런 개발단지들은 공원 위로 떠오르는 타워와는 꽤나 다른 평등주의 형식에 입각한 것이었다. 물론 그렇다고 이런 문제적인 획일화된 계획이 좋은 도시의 필수 요소였다고 생각하면 오산이지만, 분명 그것은 함께 나누는 것, 공동의 가치, 수렴하는 집합에 대한 생각을 나타내고 있었다. 하지만 우리는 더 이상 격차를 문제시하지 않고 있다.

— *Architectural Record*, May 16, 2015, architecturalrecord.com.

♦   1630년 영국에서 건너온 청교도 피난민들이 정착한 미국 초기의 대표적 식민지다.

19
또 다른 도시

나는 내가 속한 동네 위원회와 함께 트라이베카 역사지구의 확장을 주장하고자 뉴욕시 랜드마크 보존 위원회를 방문했다. 누군가에게는 이 동네에 멋쟁이들이 출몰하고 되돌릴 수 없을 정도로 유행의 첨단을 타는 사람들이 몰려드는 판국이니 우리의 행동이 1퍼센트의 허영심 가득한 프로젝트로 보일지 모른다. 하지만 우리의 주장은 단순히 장소의 물리적인 질과 관련된 것만이 아니었다. 우리가 이 동네에서 트라이베카 역사지구에 추가해야 한다고 주장한 지역은 집세가 규제되는 아파트가 가장 많이 몰려있는 곳이고, 우리는 그곳을 포함시켜야 이곳 주민들이 오래 거주할 수 있을 거라고 생각한다. 랜드마크 보존 위원회는 이 동네에서 공생하며 뿌리를 내려온 역사적인 사회 생태를 보존할 방법을 찾아야 한다.

우리의 주장은 성과를 보지 못했다. 보존 위원회가 사람이 아닌 건축에 초점을 두기 때문이다. 우리는 역사와 공동체의 보존을 통합하자는 주장이 전적으로 명료하게 들리진 않을 것을 알고 있지만, 그게 뭐 어떻다는 건가? 우리는 주거에 관한 어떤 원리들은 절대로 침범당해선 안 되는 것임을 강조하고 싶었다. 가장 근본적인 원리들은 세계인권선언에 명시되어 있다. "사생활, 가족, 그리고 집(……)에 대한 임의적인 침해"와 "각 국가(주, state)의 경계 안에서 움직이고 거주할 자유"를 보호해야 한다고 말이다. 세계인권선언은 주거와 사회적 서비스, 공동체 문화생활 참여, 그리고 자유민주주의의 핵심에 있는 다른 많은 기회들을 포함하는 삶의 '적정' 수준도 명시한다.

빌 디블라시오 시장의 '진보적 의제'는 중도좌파의 심기를 건드릴 사항을 배제하고 있으며, 많은 것 가운데 그의 지방자치단체가 야심을 담아야 할 핵심 요소인 주거와 주거권에 대해서는 이상하게도 침묵하고 있다. 착취당하는 노동자들의 손에 더 많은 돈을 쥐여 주고 금권정치가의 손에는 덜 쥐여 줘야 부가 재분배된다는 것은 분명한 사실이다. 하지만 디블라시오 시장이 흠잡을 데 없이 열거하는 열네 가지 요점에는 도시의 부를 이루는 일차적 원자재인 공간을 재분배하는 아이디어가 표현되지 않았다. 뉴욕시장은 낙수효과를 유도하고자 일차적으로 개발업자에게 주는 보조금에 의존할 뿐만 아니라 빈부의 물리적 격차를 키울 가능성도 높은 주거 정책을 펼쳐 매서운 비판을 받아왔다. 이렇게 악화하는 특권의 지형은 윌리엄스버그나 트라이베카의 치솟는 물가로만 확증되는 게 아니라, 새로운 빈민 주거에 가장 적합한 현장으로서 가난한 동네에만 초점을 맞추는 정책에서도 분명히 드러난다. 일례로 뉴욕시 행정부는 이스트 뉴욕을 정책 시행을 위한 시범 부지 세 곳 중 하나로 선정했다. (다른 두 곳은 제롬 애비뉴와 플러싱 웨스트다.) 그 동네는 이미 뉴욕시가 개입할 걸 기대하는 투기로 가득한 상태이며, 그렇게 상승하는 땅값은 적정가의 수준을 가차 없이 올려버려서 그곳에 이미 살고 있는 많은 사람들이 감당할 수 없게 만들 위험이 있다.

디블라시오는 그의 전임자들처럼 도시계획의 의미에 대한 딜레마에 사로잡혀 있다. '하우징 뉴욕(Housing New York)'이라는 그의 제안은 '질과 비용 적정성을 위한 지역지구제(Zoning for Quality and Affordability)'라는 계시적인 부제를 달고 있다. 계획을 지역지구제로 대체하는 것은 모든 도시 개발 정책에 포함되는 공공과 민간의 이익 협상에서 나타나는 특징이다. 어떤 도시든 간에 얼마간 제약의 구조가 필요하다는 일반적 합의가 존재하긴 하지만, 부동산 혜택과 적절성 간에 선을 긋기란 결코 쉬운 일이 아니다. 뉴욕에서는 이런 선 긋기가 (공적, 사적, 집합적, 제도적) 소유권 영역에서뿐만 아니라 그 용도와 규모, 성능, 외관의 관점에서 부동산을 변형할 '권리' 속에서도 작동한다. 우리의 시스템을 원활히 작동시키며 앞으로 더 나아가기 위해서는 기본적으로 이런 제약들 모두가 협상과 기술적·사회적 진화, 부패, 개념 변경에 따른 변화에 열려있어야 한다. 패러다임은 변화하고 우연한 사건은 일어날 것이다. 도시에 관한 하나의 개념 다음에는 또 다른 개념이 이어지는 것이다.

우리는 그런 변화의 한복판에 있으며, 그 변화를 모든 시내에서 볼 수 있다. 뉴욕시는 건설 프로젝트로 어수선하며, 그중 대부분은 끼워 맞춰지는 기본 조직망 위로 극적으로 치솟는다. 소호에서 지어지고 있는 도심 아파트 건물은 인근 건물보다 높이가 두세 배에 이른다. '허드슨 스퀘어'는 한창 성장 호르몬을 만들어가는 중인데, 기존 구조물 위에 많은 증축이 이뤄지고 있다. 카날 스트리트 밑에 지어지고 있는 한 무리의 초고층 타워들은 스카이라인을 지배한다. 트라이베카는 더 빠르게 변하고 있다. 트라이베카 트러스트의 의장이자 내가 존경하는 이웃인 린 엘즈워스의 연구에 따르면, 이 동네에서 작년에만 건물 여덟 채가 철거되었고 적어도 스무 채의 건물이 앞으로 철거 대상이 될 수 있다고 한다. 철거 대상에는 얼마 전 케이프 어드바이저스가 5천만 달러(평당으로 환산하면 무려 3만 5천 달러라는 경악스러운 단가)에 사들인 웨스트 브로드웨이변의 건물 여섯 채가 포함되는데, 『크레인의 뉴욕 비즈니스(*Crain's New York Business*)』 매거진에서 추산하는 바에 따르면 아파트 세대를 제곱피트당 최소 3천 달러◆(계산을 해보라!)에는 팔아야 이익이 남을 거라고 한다. 우리의 랜드마크 보존 위원회 방문을 조직했던 엘즈워스는 이 모든 건물이 사라질 때 적어도 현재 집세가 안정화되어 있는 아파트 110세대와 약 40개의 소기업이 사라질 거라고 추산한다. 더 이상 여기엔 그 어떤 빈자의 출입문도 없을 것이다!

이 훌륭한 지역에서 자유롭게 부동산을 보유할 만큼 충분히 운 좋은 이들이라면 눈물을 흘릴 필요가 없지만, 트라이베카의 변화는 사회적으로나 건축적으로나 훨씬 더 총체적인 결과를 초래할 수 있다. 이 장소는 하나의 실험실인데, 기본적으로 부동산 가치가 가능한 한 빨리 증가하는 동네를 '좋은 동네'라 생각하고 '건축'이 가격을 부풀리는 수단이라 보는 본원적 축재자◆◆들로 가득한 곳이기 때문이다. 고전적인 젠트리피케이션의 공식은 다음과 같다. 역사적인 '특성'이 만들어 낸 한 동네의 가치가 동네에 새로 들어선 형식에도 적용되고, 예컨대 트라이베카에서는

◆　평당으로 환산하면 약 10만 5천 달러다.
◆◆　primitive accumulator. 한편 '본원적 축적(primitive accumulation)'은 사회학에서 화폐가 자본으로 축적되는 역사적 과정을 일컫는 용어다.

저층을 형성하던 기존 조직 위로 솟아올라 특권적 가치를 탈취해가는 괴물 같은 고층 건물들이 무모하게 퍼져나간다. 우리는 코카인의 행복감에 취해 코카인이 담긴 통으로 하염없이 되돌아가기만 하는 생쥐와 다름없다. 동네의 변화는 너무도 근본적으로 그 가격 상승의 무한 나선을 타기 때문에, 회계적인 가치 상승과 물리적 현실 간의 전쟁은 더욱 극명해진다.

트라이베카에서 일어나고 있는 변화는 단순히 이 동네의 추가적인 '끝물'이 아니다. 그 변화는 뉴욕시장의 계획가들이 전제하고 있는 매우 특별한 — 하지만 전략적으로 숨기는 — 가정을 보여준다. 이 도시가 가장 잘 돌아가게 하는 요인은 강제적인 이동성이며, 그것은 요컨대 인간적인 중요성을 '외부 요인'으로 환원하는 자본 순환의 지도와 같다.『뉴욕타임스』의 사본 하나를 집어 들면 상승하는 적정 가격이 바꿔놓는 최근의 인기 있는 동네에 관한 기사를 읽지 않을 수가 없다. 보럼 힐에서 터무니없는 가격이 매겨진 곳이 생기면 잭슨 하이츠처럼 상대적으로 더 저렴한 곳까지 가격이 올라간다. 경영대학원에서 꿈꾸는 '파괴'의 낭만에 동화되는 이 불안정한 상태는 단순히 뉴욕시에서만 일어나는 게 아니라 미국 전체에서 일어나는 일이다. 주거와 직업이 점점 더 불안정해지면서 미국인들은 현재 그 어느 때보다 더 자주 이사하며 노동 시간을 희생하고 있다. 이런 상황에 어떤 수완이 필요한 걸까? 최근의 전반적 추세는 바짝 약이 오른 상황인데…….

이 잔인한 이동의 경제학은 미적으로 무기력하기도 하다. 도시는 너무도 오랫동안 창조적이라는 찬사 속에서 파괴되어왔고, 역동적으로 철거되며 대체되어 왔으며, 그동안 휴대용 착암기는 거리에 구멍을 뚫고 크레인과 타워는 하늘 높이 마천루를 세워왔다. 그것은 분명 일부나마 우리 자신의 이미지로서 그 자체의 전율을 담고 있다. 하지만 이런 변화는 무엇보다 그러한 파괴를 절대시하는 거짓 원리에 바탕을 두고 있다. 그렇게 지나친 방탕함으로 사물을 파괴하려는 의지는 현재 계획의 또 다른 가정과도 상호보완적으로 작동하는데, 그것은 밀도를 절대시하는 가정이다. 부동산 첩보요원 같은 뉴욕시 도시계획국장 칼 와이스브로드도 부분적으로 공유하는 이런 생각은 신자유주의적 명령을 전파하는 수단이 되었고 학계의 핵심 인사들에게서도 지지를 받았다. 그중에는 컬럼비아대학교 도시부동산센터에서 '초-도시 개발(hyper-urban development)'을 열렬히 추진하는 인사들도 있다. 그들은 거리낌 없이 뉴욕 항만을 메워서 거버너즈 아일랜드를 연결해 거대한 개발구역으로 만드는 안을 옹호해왔다. 그들이 제시한 숫자들은 인상적이지만, 그 전제는 정말 터무니없다. 더욱 최근에는 도시계획국의 연구와 흡사하게 새로운 주거 단위들의 배치 구역을 정하기 위한 극단적인 다이어그램 연구를 진행하면서, 정량화할 수 없는 특징을 배제한 조그마한 매스 모형들을 만들어 내고 있다. 질문이 무엇이든 간에 늘 밀도가 답이 된다.

주거비용 적정성은 위기 단계에 와있다. 디블라시오 시장은 불평등을 고치겠다는 진보적 의제와 충동을 내세웠지만, 현재는 더 고질적인 불평등의 증상이 나타나고 있다. 우리가 물어야 할 중대한 질문들은 다음과 같다. 지금껏 해온 것처럼 개발업체에 보조금을 지급해 인도적인 조치를 유도하는 전략이 과연 지속적인 효과를 낼 것인가, 현존하는 적정가 주택들을 보호할 수 있는가, 널리 퍼진 불균등한 개발 정책을 관리할 수 있는가, 새 주거를 계획할 때 필요한 교통·교육·문화·레크리에이션·환경을 함께 조율해가며 개선할 수 있는가, 그리고 이 새로운 접근의 형식이 공평하고 세련될 것인가 등등.

이러한 질문은 도시 전체에서 시험을 받을 것이며, 이에 대해서는 회의론과 낙관론이 모두 존재한다. 회의론자들은 전임 블룸버그 시장 시절에 이뤄졌던 개발 거래와 무분별한 용도 지역 상향 조치가 이번 시장 임기에도 속편으로 이어질 거라고 본다. 디블라시오 시장의 협약 중 주류 보존 조직과 진보적인 공무원들의 반발을 가장 많이 사고 있는 요소는 소위 말하는 맥락적 지구 내의 건축 가능 높이를 최대 31퍼센트까지 늘리는 걸 허용하겠다는 지역지구제 수정조항이다. 공식적인 정의에 따르면, "맥락적 지역지구제는 신축 건물의 높이와 용적, 가로경계선으로부터의 후퇴(셋백), 길거리 방향의 정면 폭을 규제함으로써 기존 동네의 특성과 일관된 건물을 만들고자 한다." 이에 대한 반대 측에서 이룬 합의는 이러한 고밀화가 이중의 부정적 효과를 낳을 거라는 점이다. 즉 신축 건물의 늘어난 크기는 동네의 형태적 특성을 파괴할 것이고, 기존 건물의 소유주와 개발업자 들에게 인센티브를 제공해 건물을 철거하고 더 크고 비싼 건물로 대체하게 만드는 식으로 기존 건물에 엄청난 압력을 가할 것이며, 그 결과 남는 건 더 이상 맥락이 없는 맥락밖에 없을 것이다.

낙관론자들은 현 뉴욕시장이 뭔가 아주 좋고 실로 진보적인 정책들, 예컨대 집세 관련법의 개정과 무주택자를 위한 영구주택, 괴롭힘을 당하고 쫓겨나는 세입자들을 위한 추가적인 보호 조치를 지지한다는 걸 이유로 든다. 게다가 디블라시오 시장은 얼마 전 재정적으로나 물리적으로나 위험 상태에 있는 공공주택 — 뉴욕시가 직접 통제하는 적정가 주택의 대형 매장 — 을 구제하겠다는 총체적 구상을 발표한 바 있다. 노후 건물이 산재해있고, 디자인은 시시하며, 지역사회는 잘 통합되어 있지도 않은 데다, 수많은 계획 부지가 안타깝게도 (허리케인 샌디의 피해가 심각했던) 홍수 지대에 있음을 감안한다면 공공주택보다 더 긴급한 사안이 없을 것이다. 하지만 여기서도 그런 제안은 아직 숫자 게임을 넘어서지 못하고 있으며, 사실상 장소와 특징의 문제에는 아무런 관심도 보이지 않는다.

이 계획은 행정을 합리화하는 다양한 조치들(그리고 각기 다른 연체금을 안고 있는 세입자들의 약 1/4로부터 집세를 거두려는 노력)과 함께 시작하며, 이런 전술이 계획된 손익분기점에 도달할 수 있을지는 오직 시간만이 말해줄 것이다. 하지만 거기에 담긴 핵심적인 주장은 계획 범위 내의 '빈' 땅을 신축에 활용하자는 것으로, 이는 일반적인 고밀화 정책을 새로운 영토에 적용하는 것이다. 그런 빈 땅이 존재하는 이유는 전성기 모더니즘 시절 '공원 속의 타워(towers in the park)'라는 건축적 접근으로 계획된 범위에 속해있기 때문이다. 뉴욕시 주택공사의 프로젝트는 풍부한 조경 구역뿐만 아니라 수많은 지상 주차장까지 그런 빈 땅으로 간주한다. (주차 요건의 축소는 뉴욕시 행정부의 주거 정책에서 일반적으로 감지할 수 있는 특징 중의 하나다.) 이런 이유로 인해 뉴욕시 주택공사의 많은 프로젝트가 기본적인 지역지구제가 허용하는 한계보다 낮은 밀도로 지어지고, 엄밀히 말해 건축 가능한 잉여 공간 — 허공 — 을 남겨두게 된다. 하지만 여기에 뭔가를 증축하게 되면 맥락을 바꿀 뿐만 아니라 새로운 서비스와 기반시설에 대한 압력도 키울 것이다. '구조적' 수준에서 보면 디블라시오 시장의 제안은 블룸버그 전 시장의 제안과 동일하다. 둘 다 그렇게 '잉여' 대지와 공간을 민간 개발업자에게 양도하기 때문이다.

개발업자의 계획이 무엇이든 간에, 그것은 분명 계획 부지의 성격을 변화시킬 것이다. 이런 장소에 대한 의견은 최근 다소 변화해온 편이다. 그런 장소에 반영된 멸균적인 계획에 대해 제인 제이콥스처럼 즉각적 반감을 표하던 입장은 최근 들어 치밀한 규칙성을 보이는 가로망에 캠퍼스처럼 나무 그늘이 끼어드는 구성을 보다 섬세하게 인정하는 의견에 밀리게 되었다. 이러한 목가적 관점에 한계가 없는 건 아니다. 계획 부지들은 주택 외 용도의 혼합과 공개공지에 대한 진지한 관심, 불편하고 음산한 저층부의 재설계를 절박하게 필요로 한다. 그리고 부지 내의 획일성과 기계적인 디테일, 저렴한 마감, 독창적이지 못한 건축을 새롭게 발명해낼 필요도 절실하다. 이런 문제는 뉴욕에만 있는 게 아니며, 전 세계의 도시들은 이런 모델을 따라 지어진 수백만 세대의 주거 단위를 갱신하며 계승할 패턴을 고민해봐야 한다. (이런 곳을 철거하고 보상금만 주거나 그마저도 없이 세입자를 내쫓는 패턴과는 반대로) 이런 장소의 활력을 되살릴 가능성이 보이는 수많은 원형들이 현재 출현하기 시작하고 있다.

일반적으로 고밀화에 반대하는 모든 주장은 여전히 논쟁에 부딪히기 때문에, 이 문제는 고밀화를 어떻게 누구를 위해 할 것이냐는 질문으로 옮겨간다. 나는 공적 재산(과 권리들)을 소수의 사적 이익으로 양도하는 걸 보면 꽤나 즉각적으로 반감을 느낀다. 이런 거래는 오로지 개발업자들이 환원해야 할 것보다 더 많은 걸 얻는다고 느낄 때만 이뤄질 수 있기 때문에, 이런 모든 교환은 기본적으로 공공에 해가 되는 거래다. 하지만 공공 예산이 부족한 상황에서(상기한 주거 프로젝트들은 오랫동안 묵혀온 연방 자금으로 지어졌다) 지방자치단체는 돈 있는 사람들하고 적과의 동침을 하도록 내몰린다. 디블라시오가 그랬듯이 누군가 이런 전제를 받아들이게 되면 가장 중요한 문제는 결과적으로 얼마나 관용적인 혼합을 하느냐와 그러한 거래를 얼마나 비례성의 원칙에 맞게 하느냐가 된다.

블룸버그 시장 재직 시절에 이뤄진 어떤 공정한 주택 거래의 경우, 엄격히 자발적인 용적률 혜택을 주는 대신 20퍼센트의 적정가 세대를 제공해야 한다는 조건으로 거래가 이뤄졌다. 디블라시오는 그 비율을 30퍼센트로 높이는 걸 의무화하는 방안을 알아보고 있다. (비록 아직은 그런 시도를 하려는 움직임이 없지만 말이다.) 그리고 그는 이런 프로젝트를 더 발전시킬 방안도 알아보는 중이다. 그 제안은 2단계 시스템으로 이뤄지는데, 제1단계에서는 뉴욕시 주택공사가 개발업자들에게 땅을 임대하고 개발업자들은 50퍼센트의 적정가 세대를 제공해야 할 의무가 있다. 제2단계에서는 주택공사 측이 (둘은 브루클린, 하나는 브롱크스에 위치한) 세 단지를 10년간 2억 달러에 임대하면 개발업자들이 '집세가 저렴한' 세대 1만 호를 짓게 될 것이다.

이 계획은 세부적으로 골치 아픈 문제가 많다. 적정가 주택 시장이 형성되지 않은 동네에서 무엇이 개발업자가 시장 요율의 주거 속에 적정가 주거를 포함시키는 상호 보조 정책을 수락하게 만들까? 행정부는 계약 기간이 끝난 이후에 어떻게 적정가 주택을 영구히 유지할 수 있을까? 그리고 서두에서 언급한 내용으로 되돌아가 보면, 이 모든 건설과 수정 조항의 설계가 어떻게 뉴욕시 주택공사의 재정 건전성뿐만 아니라 환경적 탁월성과 더 건강하고 살기 좋은 완전한 동네를 확보하는 데 일조하게 될까? 얼마 전 주택공사가 낸 보고서는 정말 모호하고 개념적인 이미지 수준의 변화만 담겨있을 뿐, 선정 부지에 거대한 물량의 신축 주거를 어떻게 배치할 것인지에 대한 계획은 시작도 하지 않고 있다.

재정의 문제가 설계의 문제를 압도해버리고 있으며, 그 속에서 여러 계획 부지의 변화는 트라이베카 지구의 변화와 통합되고 있다. 센트럴파크나 그랜드 센트럴 터미널 주위로 솟아오르는 고급 타워들의 저주가 실제로 바닥 필지 위에 장식적으로 돌출하는 것이자 공간을 순전히 통화로 바꾸는 데 지나지 않는 것처럼, 뉴욕시는 장소를 돌봄과 기교, 진정한 '분배적 공평성'의 매개체로 다루기보다는 투기의 질료로 취급하는 위험을 감행하고 있다. 게다가 거대하게 일어나고 있는 장소의 상실과 철거, 우리 계층과 공간 구조의 재설계 과정에서 적정가 주택이 과연 늘어나게 될지도 불분명하다. 우리는 가장 희망적인 복원의 예측마저도 훌쩍 뛰어넘는 빠른 속도로 그런 주택을 상실해오고 있기 때문이다.

— Nation, June 17, 2015, thenation.com.

또 다른 도시

20
돼지의 귀[*]

"서투른 건물을 짓고 싶다면 착한 건축가를 고용하라. 그리고 괘씸한 건물을 짓고 싶다면 유명 건축가를 고용하라"라고 옛 속담은 말한다. 뉴욕은 빈발하는 거대한 돼지 같은 건물에 열심히 립스틱을 발라주는 세계적인 스타 건축가들의 돌격에 신음하는 중이다.

57번가를 따라 초고층 아파트들이 줄지어 솟아오르고 있는 '억만장자의 거리'는 증거물 제1호다. 단순히 스카이라인을 제멋대로 장악해 센트럴파크에 으스스하게 긴 그림자를 드리워서만이 아니라, 우리의 주거비용 적정성 위기가 얼마나 고조에 이르렀는지를 말 그대로 지도화하는 (mapping) 곳이기 때문이다. 발끝부터 하늘까지 이어지며 성층권까지 다다를 듯한 이 거래의 산물들은 재벌과 유령회사가 안전한 안식처에 익명

◆   '돼지의 귀로 비단 지갑을 만든다(make a silk purse out of a sow's ear)'라는 영문 관용구는 변변 찮은 재료로 대단한 걸 만드는 것을 뜻하며, 대개는 헛수고를 암시하기 위한 부정적 표현으로 쓰인다.

으로 돈을 (그리고 때로는 롤스로이스 자동차를) 보관해두기 위한 건물들이다. 대부분의 소유주들은 매년 이 레지던스에서 잠깐 몇 주를 보내고 지방세 부담을 최소화하도록 계산된 끈기를 보여줄 것이다.

비록 유명 건축가들의 이름이 붙어있을지라도, 이런 건물은 사실상 변호사와 회계사가 설계한다. 건물의 형태는 뉴욕시 지역지구제 시스템의 핵심을 알아내 지역지구제가 제공하는 보너스를 최대한 활용하고 인근 필지들에서 사들인 '공중권'들을 재조합해 만든 결과물이다. 지난여름에 신망 있는 아트 스튜던츠 리그(Art Students League)는 (플라자 호텔과 다코타 아파트로 유명한 건축가 해리 하든버그가 설계한) 1891년 프랑스 르네상스 양식의 매력적인 셋집 위에 있던 빈 공간을 엑스텔 개발회사에 3천 1백만 달러에 팔았다. 이렇게 번 큰돈이 학교 측의 미래를 보장하는지는 몰라도(물론 적어도 3억 달러에 팔아야 한다고 주장한 리그 측 사람들이 소송을 벌여 판매가 지연되긴 했지만), 그 대가로 지어질 건물은 노드스트롬♦ 타워가 될 것이다. 마이클 키멀맨의 잊을 수 없는 표현으로 "푸들을 짓누르고 서 있는 거인"처럼 그 자그마한 학교 위에 외팔보 구조로 얹히게 될 88층짜리 '이웃집' 말이다. (두바이의 부르즈 할리파♦♦를 설계한 것으로 유명한) 애드리언 스미스의 계획에 따라 이 건물은 북반구에서 가장 높은 '주거' 건물로서 1,775피트 높이의 기록을 경신할 예정이며, 이 높이는 현재 뉴욕시(와 미국)에서 가장 높은 초-밉상 타워인 원 월드트레이드센터보다 1피트가 낮다. (개발업자는 그 이유를 '경의를 표하기 위해서'라고 말한다.)

♦ 미국의 고급 백화점 체인이다.
♦♦ 2018년 기준 세계에서 가장 높은 초고층 건물로, 미국의 애드리언 스미스와 에스오엠(SOM)이 설계하고 우리나라의 삼성물산이 시공했다.

노드스트롬의 분양아파트 매출액은 순 44억 달러로 추정된다. 그런 공허한 압출성형은 땅을 거의 통째로 돈으로 바꾸는 작업이며, 스카이라인이 점점 더 부동산 가격 막대그래프를 똑 닮아가는 것은 우연이 아니다. 그런 건축적 기표를 가장 간명하게 보여주는 사례는 라파엘 비뇰리가 설계한 파크 애비뉴 432번지다. 1,397피트 높이의 이 건물은 노드스트롬에 비하면 왜소하지만 그런데도 엠파이어스테이트보다 146피트가 더 높다! 파크 애비뉴 432번지는 뉴욕시 어디에서나 (그리고 아마 달에서도) 보이며 자체적인 팬을 거느리고 있다. 팬들이 이 건물을 흠모하는 이유는 그게 날씬한 데다 모눈종이 같은 격자로 이뤄진 입면에서 솔 르윗보다 못한 가차 없는 미니멀리즘을 볼 수 있어서다. (그리고 에스오엠이 1965년 시카고에 설계한 브런즈윅 빌딩과 아주 닮아서다. 브런즈윅 빌딩은 이런 외관의 선구자격 건물이다.)

이런 건물에 대한 평가는 거의 모두 정량적인 것을 중심으로 이뤄지고, 그 건축에 대한 평가도 통계적으로 이뤄진다. 장식적인 높이 경쟁은 좀 더 신비한 표준인 '깡마름'의 경쟁과 결합해 공학설계 능력과 거주 가능성을 모두 겨루는 공개적인 결투로 이어진다. 바람과 지진을 비롯한 시장 외적 요인들에 견딜 만큼 건물이 튼튼할까? 전체 구조에서 코어를 빼면 실제 아파트로 쓰기에 충분한 공간이 나오긴 할까? 현재 이 호리호리한 말뚝 스타일을 이끄는 선두 주자는 샵(SHoP)이 설계한 웨스트 57번가 111번지인데, 이 건물은 "세계에서 가장 날씬한 타워"라는 칭찬을 받는다. 높이 1,428피트에 80개 층으로 이뤄진 이 아파트에는 단 60세대만 자리 잡을 것이다. (상층부의 46세대는 주변의 어수선한 환경 위로 솟아올라 공원 전망을 확보하고 있으며, 14세대가 위치하는 스타인웨이 홀은 공중권과 위신을 제공하기 위해 기단부에 보충

된 랜드마크다.) 가격은 약 1억 달러에서 최대치를 형성할 것이다.

　　이런 건물에 붙은 스타 건축가의 이름표가 실제로 부동산 가격 상승에 많이 기여하는지에 대해서는 아직 시비가 밝혀진 바 없다. 이런 부류로는 뉴욕에 처음 들어선 건물인 1,005피트 높이의 엉성한 원피프티세븐(One57)은 일찍이 크리스티앙 드포르장파르크가 설계한 엑스텔의 생산품이었는데, 특히 그 건선 피부 같은 외피 때문에 비평가들에게 조롱을 받았지만 여전히 미친 가격에 팔리고 있다. 장 누벨의 1,050피트 높이 웨스트 53번가 53번지는 더 상고머리 같은 모양으로 들어설 것이다. 건장한 대각 보강재와 위로 갈수록 좁아지는 외형을 갖출 테지만, 사실 누가 신경이나 쓰겠는가? 건축가의 브랜드는 그저 여러 요인 중의 하나일 뿐이며, 거기에 덧붙여진 활력소에 불과한데 말이다. 초호화 가전제품, 듬뿍 사용한 오닉스 대리석과 부빙가 목재, 배타적 특권, 과시, 입지, 위엄 있는 조망, 우월성의 감각, 부룬디라는 나라의 국민 총생산에 맞먹는 금액을 아파트의 한 세대에 쓴다는 데서 나오는 자의식 등에 비하면 말이다.

　　프랭크 로이드 라이트는 예일대학교에 방문했을 때 뉴 헤이븐에서 시간을 보내야 한다면 어디서 살고 싶으냐는 질문을 받고, 네오고딕 양식의 대못 같은 하크니스 타워에서 살고 싶다고 했다. 진행자가 왜 그런지 궁금해하자, 라이트는 그곳이야말로 마을에서 하크니스 타워를 볼 수 없는 유일한 장소라는 이유를 댔다. (기 드 모파상은 에펠탑의 레스토랑에서 매일 식사를 했는데 그곳이 에펠탑의 모습에 방해받지 않고 식사할 수 있는 곳이라 그랬다고 전해진다.) 안타깝게도 뉴욕에는 현재 이런 디자이너급 돼지 요리의 전염병을 피할 만한 곳이 거의 남아 있지 않다.

— *Architectural Review*, August 2015.

21
바다에서 길을 잃다

나는 봄 학기에 보스턴으로 강의를 나가면서 뉴욕시에서 유에스 에어웨이즈 셔틀을 타고 통근했다. 교직원 할인은 임대료가 더 싼 자리를 배정받는 것으로 끝났을 뿐이다. 무슨 말인고 하니 비행 중 공짜 읽을거리가 다소 제한적이었고, 나는 결국 『월 스트리트 저널(*Wall Street Journal*)』과 『뉴 크라이티리언(*New Criterion*)』만 억지로 읽어야 했단 얘기다. 왜 이 특정한 통근 인구에게 우리 쪽보다 우익 세력이 더 무료 배포를 적극적으로 하는지 알 수 없지만, 나는 군말 없이 보수적인 날개를 단 무료 잡지와 함께 비행에 임했다.

　『뉴 크라이티리언』은 학기 중 두 번 건축 관련 기사를 실었는데, 흥미롭게도 둘 다 이탈리아 건축가 렌초 피아노가 설계한 미술관을 다룬 기사였다. 하나는 매사추세츠주 케임브리지에 있는 하버드대학교 포그 미술관이었고, 다른 하나는 뉴욕시 미트패킹 지구에 신축된 휘트니 미술관이었다. 이 잡지는 예전에 피아노를 열렬히 지지한 적이 있었는데,

2014년에는 그가 포트워스에 설계한 킴벨 미술관 증축 프로젝트를 "걸작"으로 다루었고 2006년에는 그의 모건 도서관 개축 프로젝트를 "눈부신" 작업으로 칭하며 취재했었다. 하지만 이젠 뭔가가 달라졌다. 포그 미술관을 확장하며 한층 개선한 피아노의 작업에 대해 ("고전적인" 방식을 실천하는 뉴욕 건축가인) 피터 페노이어가 쓴 리뷰는 쌀쌀맞다. 현대성과 "전통"의 봉합에 초점을 둔 페노이어는 신설된 장애인 경사로가 "정교한 디테일의 석재 에디큘◆ 발코니"를 위협할 정도로 가까이 있다고 통탄하면서 1927년에 지어졌던 과거의 미적지근한 건물을 과대평가한다. 그 건물은 광란의 20년대에 하버드대학교에서 유행한 다른 유사 조지안 양식 건물과도 대동소이한 것이었는데 말이다.

페노이어는 건물 뒤쪽의 또 다른 경사로를 정당하게 비난하기도 한다. 바로 옆에 르코르뷔지에가 설계한 역작인 카펜터 센터의 큼직한 양갈래 길을 매우 초라하고 사소하게 연장해놓았다고 말이다. 그리고 그는 피아노의 많은 결점을 다음처럼 못 박는다. 옛것과 새것 간의 경계를 조잡하게 처리했고, 입면은 우아하지 못하며, 마감이 특이할 게 없고, 동선도 미적지근하다는 것이다. (물론 주 계단을 '반-인본주의적'이라 말하는 건 지나치지만 말이다. '너무 좁다'고 말하는 게 적당할 것이다.) 페노이어는 이 건물에서 가장 거주성이 좋은 새 공간이 거대한 유리 지붕 밑의 보존 구역이라는 점도 올바르게 지적한다. 조망이 끝내주는 널찍한 업무 환경이자, 다소 음울한 새 갤러리들보다 훨씬 더 "기능적"이라면서 말이다.

실제 전시되는 미술품보다는 부수적인 어떤 기능(직원실, 조망, 카페,

◆   aedicule. 건물에 더 작은 집이나 방처럼 덧대어 지은 구조물로, 어원상 '작은 집'을 뜻한다.

편안한 소파 등)의 우연한 성공을 칭찬하면서 전체에 오명을 덮어씌우는 건 휘트니 미술관에 대해 쓰인 거의 모든 글에서 반복되는 비평 전략인데, 『뉴 크라이티리언』의 편집주간 제임스 파네로도 그런 전략을 쓰는 인물 중 한 명이다. 그는 페노이어보다 더 자유롭게 반감을 펼쳐내는데, 아마도 말 그대로 변호해야 할 희생자가 없어서일 것이다. 대신 그는 그 "미술관 자체"를 "응집성, 대칭, 재료에 대한 감수성"을 구현하는 "고양된 설계"의 장소로 이상화한다. 따라서 휘트니 미술관이 실패하는 부분은 다음의 두 가지로 설명된다. 이 미술관은 플라톤적 범주에 포함되는 동시에 그 범주 바깥에도 속하는 게 문제고, 완전히 다른 '유형'의 건물이라 또 문제라는 것이다. "이런 구성이 무엇을 닮았든 간에 (……) 그건 분명히 미술관처럼 생기지 않았다. (……) 그 대신 병원과 감옥, 시멘트 공장, 후쿠시마, 동구권 정부기관 같은 것들이 머릿속에 떠오른다." 비록 파네로가 이 건물의 효과에 대해 약간의 평범한 타격을 날리긴 하지만, 그의 건축적 논거는 거의 전부가 주관적인 직유에 의존한다. 휘트니는 '다른 무엇처럼 생겼기' 때문에 괜찮은 미술관이 되지 못한다는 식이다.

　이런 주장은 조잡하다. 하지만 진정 비위에 거슬리는 건 파네로의 비평에서 계급주의 — 사실은 인종주의 — 가 암시된다는 데에 있다. 휘트니 뒤에는 '부정한 돈'이 있다는 식으로 말이다. 휘트니 미술관의 창립 이사진 중 "일류" 가문은 없었다. "록펠러 가문도, 모건 가문도, 프릭 가문도, 멜론 가문도 없고 코즐로프스키 가문만 있었다." 이렇게 신분이 높지 않은 전통에서는 새 건물을 지을 때 돈이 문제가 되는데 로더 형제에게서는 상대적으로 더 적은 돈을 받고 "부동산과 카지노로 자수성가한 갑부이자 미술관의 언론 시사회 도중 개회사를 할 때 양복 상의가 바지에 끼어 있던 닐 블룸"의 기호에 맞추게 된다는 게 파네로의 생각이다. "대 표적인 오바마 진영 운동원인 블룸은 의심의 여지없이 영부인의 은혜로 운 개회사를 하사받으려던 이 미술관의 노력을 거의 술술 성사시키며 정 치적으로 기여했다"는 것이다.

이런 비평에는 악취가 난다. 하지만 건축 비평은 건물이 전달하는 정서와 효과의 전 범위를 사회적·기능적·미학적·맥락적 차원에서 설명 할 수 있어야 한다. 기원과 출처도 중요하다. 하지만 ("고양된 설계"를 방어 하는) 파네로의 글은 지금껏 그 건물을 다룬 '모든' 비평문에서 사실상 지 배적이었던 기능주의 미학을 논박하려던 게 역시 분명하다. 『뉴 크라이 티리언』이 대칭과 응집성을 두고 허세를 떠는 건 단순히 영원한 예술적 진리의 상실을 그리워하는 네오콘적 향수 때문만은 아니다. 그보다는 더 일반적인 차원에서 비판적 해석력의 궁핍을 반영하는 것이다. 휘트니 미 술관에 대한 비평은 이런 문제를 특히 분명하게 보여줬는데, 갤러리에 대해서는 칭찬을 늘어놓다가 전체적인 건물에 대해서는 무관심하거나 적대심을 드러냈기 때문이다. 이러한 다중 인격적 분열은 종종 편집 노 동을 하는 부서에서 나타나곤 하는데, 미술비평가가 미술품의 외관을 한 껏 치켜세우다가 건축비평가에게 글이 넘어가면 전체적인 구조가 쓰레 기 취급을 당하는 꼴이다.

이렇게 내부와 외부의 불일치에 초점을 맞추는 건 보편적인 현상이 다. 홀랜드 카터도 『뉴욕 타임스』에서 이런 분열을 보여준다. "바깥에서 보면 렌초 피아노가 허드슨강 옆에 새로 설계한 휘트니 미술관은 유조선 의 선체 같은 양감을 갖고 있다. 하지만 그 내부는 완전히 다르다." 같은 신문에서 피트 웰스가 휘트니 미술관 1층에 있는 다니엘 메이어의 레스토랑 언타이틀(Untitled)에 대해 쓴 리뷰도 주변적인 건물을 훌륭한 미술품의 컨테이너로 묘사하는 수사법을 반복한다. "모든 에너지와 아름다움이 (……) 저 접시들 위에 있다." 로버타 스미스는 『뉴욕 타임스』에 쓴 글에서 내부에 대한 애정을 표현하며 이렇게 주장한다. 이 건물은 "미술품과 사람을 동등한 솜씨로 수용한다. (……) 내가 보기에 미술품은 옛 휘트니에서보다 여기서 더 좋게 보인다. 그리고 안에 들어오니 놀라우리만치 편안하다." 하지만 스미스는 다시 갓길로 나와 이렇게 쓴다. "외부 계단은 피아노 씨의 설계에 담긴 작업적이고 상징적인 논리를 요약해서 보여준다." 그러고는 외부 계단을 가리켜 "이 건물을 일종의 건축적 아상블라주♦로 만드는 다중적인 요소들 가운데 가장 억척스러운 부분"이라 부른다. "거리에서 보면 저 후면의 꼭지는 건물의 동쪽 입면을 강력한 비상탈출구처럼 또는 항공모함의 한 단편처럼 뚫고 나온다." 이런 생각은 아상블라주와 그것이 추구하는 정의하기 어려운 합성물의 가치를 별로 반영하지 못한 것으로 보이며, 대신 그녀는 (아마도 그것이 '건축'이기 때문에) 뭔가 잘못된 부분들이 취합되어 잘못된 것으로 접합되었다고 이해한다.

이러한 잘못된 모음이라는 개념은 저스틴 데이비슨이 『뉴욕』 매거진에서 (미술비평가 제리 살츠의 격찬과 함께 실린 글에서) 훨씬 더 강력하게 전개한다. 데이비슨은 내부에 만족하고, 창조적인 전시 기획을 위한 널찍한 갤러리들의 잠재력을 칭찬하며, 현재 설치 작업이 매력적이라 여기는 데다, 동선과 계단식 테라스들의 구성도 소중히 여긴다. (유람선과 비상탈출구에 대해 필요한 언급을 하는 건 아무것도 없다.) 반면에 그는 물리적인 조화가

♦ '모음'을 뜻하는 미술 용어로, 예술품이 아닌 일용품을 모으는 데 중점을 둔다. 콜라주(collage)가 평면적 차원의 모음이라면, 아상블라주(assemblage)는 입체적 차원의 모음이다.

어색하다면서 "돌출한 부분들과 기울어진 표면들의 어색한 맞춤"에 무척 난감해한다. 그러더니 이 건물을 "마치 이케아 플랫팩◆을 배송받아 엄청난 재능을 활용해 일부러 투박한 건물로 '잘못 조립한' 듯한" 무언가로 묘사한다. 페노이어보다 훨씬 더 섬세하고 재능 있는 비평가인 데이비슨도 이 건물이 부수적인 부분에 압도당했다고 여기면서, 그걸 "쉼표로 가득한 교향곡"이자 "미술에 쉽게 질리는 사람들에게 안성맞춤인 장소"로 묘사한다.

『뉴욕 타임스』의 다재다능한 건축비평가 마이클 키멀맨은 좀 더 조율되어 있지만 진부한 수사법에 기대기도 한다. 서쪽에서 봤을 때 이 미술관은 "어색하고 좀 이상한 데다, 애매하게 바다를 향해하는 느낌이고, 해안선이 고르지 못한 곳에서 뱃바닥을 부풀리는 듯하며, 오래전 뉴욕의 해저 암반 산업 중 하나를 암시하는 블록 위의 선박 같은 느낌"이라는 것이다. 반면에 "북쪽에서 보면 뭔가 다른 걸 닮았는데 창문들이 공리적으로 배치된 벽이 있고 일단의 배관들이 연청색 강철 입면을 타고 올라가 기계설비가 노출된 옥상으로 향하는 게 공장이나 아마도 병원을 닮은 듯하다"고도 한다. 비상탈출구에 대한 언급도 의무적으로 이뤄진다. (나로서는 그 야외 계단이 비상탈출구와 닮지 않았다고 생각한다. 뉴욕의 고전적인 비상탈출구는 건물의 수직적인 입면에 바로 부착되기 때문이다.) 키멀맨은 그 계단이 계절별로 쓰였다 말았다 하고 불편한 데다 끊기기도 하는 문제에 대해서는 좀 더 관대한 편이지만, 그 큰 갤러리 공간들의 '유연성'에 한계가 있다는 회의적 시각을 보인다. (나는 이런 회의가 정확하다고 생각한다.) 실제로 개관

◆ 사용자가 직접 조립하도록 가구 부품들을 납작한 상자에 담아 판매하는 이케아의 상품을 말한다.

식 때 이 공간들은 석고보드로 마감한 벽체에 그림을 걸어 둔 전시실이 일렬로 이어지는 총체적으로 표준화된 집합으로 전환된 바 있다. 키멀맨은 돈줄을 쥔 신·구세력 간의 계급투쟁도 들먹이는데, 도심의 물주들과 더불어 "할리우드 스타들과 기타 상류층 부르주아지 보헤미안들이 옛 사교계 명사 목록을 대체하고 있다"고 한다. 그럼 당신은 어떤가?

사실상 내가 지금껏 읽은 모든 비평은 휘트니 미술관의 사회적 효과를 이런 식으로 후원자가 누구인지 훑으며 지나가거나 미트패킹 지구와 첼시의 젠트리피케이션이 하이라인과 더불어 최고조에 이르렀다는 식으로 읽는다. (하이라인의 젠트리피케이션은 그 이름처럼 최고조에 이르렀다.) 『네이션』에 기고하는 배리 슈왑스키는 1971년 한스 하케가 빈민가 주택의 소유주들을 공개한 다큐멘터리 사진 작업이 휘트니 미술관에 전시된 걸 거론하면서, 로워 이스트사이드에 있는 자신의 옛 동네에 불어 닥친 젠트리피케이션을 멀리서 애도한다. 피터 슈첼달은 『뉴요커』에 기고한 자신의 글에서 이 미술관이 "젊은 예술가와 작가, 기타 창조적인 유형"의 사람들이 인근에 살 기회를 없애버릴 거라고 결론을 내린다. 홀랜드 카터도 이러한 절멸의 비유를 언급하면서 첼시를 "예술가 동네가 되는 것과 정반대인 (……) 외부인 출입제한 공동체(gated community)"로 묘사한다. 아울러 그는 그 전시에서 공개된 소유주들 가운데 미국 태생은 단 한 명밖에 없음을 언급한다.

하지만 로버타 스미스가 언급한 항공모함으로 되돌아가 보자. 나는 강 상류의 스물다섯 블록을 차지하는 거대한 인트레피드 박물관 부지를 어떤 비평가도 언급하지 않았다는 게 놀랍다. 그에 가장 가까운 언급을 한 건 『아키텍처럴 리뷰』의 로버트 비번이었는데, 그는 (역시 이 건물을 "맵시 있는 병원" — 병원에 맵시가 웬 말인가? — 에 비유하면서도) "그 모델은 일각에서 말한 것처럼 탈산업적인 다락 공간도 백색의 입방체도 아니며, 그저 항공기 격납고일 뿐"이라고 말한다. 실제로 인트레피드는 기둥 없이 드넓은 — 휘트니 미술관을 많이 넣을 수 있을 만큼 넓은 — 격납고 갑판을 갖추고 있고, 그 위의 비행갑판 '테라스'에는 엄청 세련되고 아름답기까지 한 기능주의 '조각들'로 이해되는 한 쌍의 전시용 항공기도 있다. 인트레피드는 그 장황한 비평적·해양적 비유들을 단숨에 정리할 수 있는 진정 부유하는 오브제다. 수십 년간 사용되어온 그 승강기와 계단, 총좌, 안테나, 레이더, 전망 탑, 그리고 기타 부속품들이 매끈한 대칭을 이루는 선체 껍데기를 덮고, 일견 무작위로 추가된 듯 보이지만 선박의 균형을 깨뜨리지 않고자 엄밀히 계산되었기에 진정 기능주의적으로 작동하면서 완벽하게 간결한 시각적 효과를 낸다. (작동이 효율적으로 이뤄지는지도 늘 검사된다.)

　사실상 휘트니 미술관에 대한 모든 비평은 바로 이 지점에서 실패하는데, 기능주의의 순수한 결과론적 미학을 다른 모종의 형태주의와 혼동하기 때문이다. 휘트니 미술관은 기존의 어떤 대표 사례와도 쉽게 비교할 수 없기 때문에 비평가들은 저마다 기능주의 미학의 명목적인 제약에 갇혀 (때로는 들떠서) 생각하는데, '갤러리는 좋지만 건물이 나쁘다'는 논거를 해명하려는 노력이 오류라는 걸 알지 못하는 듯하다. 그러한 혼란은 휘트니 미술관이 사실상 기능적인 면에서 성공을 거두었다는 증거다. 인트레피드처럼 휘트니 미술관도 불안하고 낯선 형태적 결과들을 양산한다. 아마도 이에 가장 근접한 견해를 보인 슈왑스키는 이 건물에 대해 이렇게 말한다. "시각적으로 휘황찬란하지도 특별히 우아하지도 않을 뿐만 아니라, 도시 위에 생생한 실루엣으로 자신의 마크를 새겨 넣는 로고 형태의 디자인과 같은 종류도 아니다. 그것은 조각이 되길 시도하는 건축이 아니다." 비록 이 미술관이 외관상 "거의 건축가를 드러내지 않는"다고 말하긴 하지만, 슈왑스키는 그 갤러리들이 인상적이라고 생각하며 휘트니 미술관을 "뉴욕시에서 근·현대 미술을 볼 수 있는 최고의 장소"라고 일관되게 부른다.

기능주의에 대한 작위적인 독해가 갖는 문제는 그게 기능주의의 명목적인 미학인 '형태는 기능을 따른다'는 개념과 완전히 어긋난다는 데 있다. 기능주의 개념은 명목상 어떤 직설적인 효능들을 간결하게 압축해 놓은 집합을 바탕으로 외관을 구성하고 이해하고 판단하는 것을 뜻한다. 이런 관점에서는 디젤 엔진도, 띠톱도, 공장 조립라인도, 조화나 비례, 리듬, 응집성, 대칭 또는 다른 예술(음악이나 시나 옛 거장이 그린 회화 등)에서 따온 모종의 가치 판단 기준에 대한 관심이 덜했을 수 있다. 사실 몇몇 기능주의 건축가들은 특별히 그러한 확신에 차 있어서 건축 외의 분야에서 영감을 받는 걸 격렬하게 비난한 것으로 유명하다. '기능주의' 건축은 진정한 기계 '미학'의 지배를 받았다기보다는 한편으로 (주체성을 제거하는 어떤 로봇 기술적인 환상을 품은) 장식 없이 반복되는 대량생산 건설부재의 미니멀리즘이 지배한 경향이었고, 다른 한편으로는 매우 특정한 범주에 속한 기계들 — 항공기, 선박, 자동차와 같이 수력학적 또는 공기역학적으로 매끄럽게 유동하는 곡선이 주로 쓰이는 장치들 — 의 미학이 지배한 경향이었다. 휘트니 미술관을 그 자체로 묘사할 수 없고 또 다른 종류의 건물이나 사물에 빗대어서만 묘사할 수 있다고 주장하는 비평은 결국 관조되는 것을 제외한 모든 실제적 기능을 벗겨낸 '조각'적인 형태로서 건물을 취급하는 것이다.

휘트니에 대한 비평 중 진정한 최고 수위는 분명 『뉴욕 리뷰 오브 북스』에 잉그리드 롤런드가 쓴 난파선 같은 글일 것이다. 그 글은 항해술과 은유법의 과잉결정론에 완전히 빠져 익사하고 있다. "피아노는 휘트니 프로젝트를 하나의 배처럼 거듭 묘사해왔다. 그는 크리스토퍼 콜럼버스의 고향인 제노바에서 태어나 항해술을 좀 안다. 따라서 그가 최근 설계한 건물이 원양선과 비슷한 것은 단순한 우연이 아니다." 롤런드는 이 말이 왜 사실인지를 설명하지도 않은 채 "그 건물은 배처럼 강철 골조에 강철 패널을 덮어 만들었다"고 말할 뿐이다. 물론 강철은 건물을 정말 건물답게 만드는 재료이기도 한데 말이다. 하지만 그녀는 이보다 더 직접적인 의태법을 사용할 때 더 정확히 말한다. "동쪽에서 접근해보면 (……) 미술관이 유람선처럼 보인다." 하지만 "항구 쪽에서 접근해보면 (……) 컨테이너선처럼 읽히는데, 높이 쌓인 운반용 화물에서 국제 해운업을 변화시킨 단순성이 눈부시게 드러나는 듯하다." 그녀는 우리에게도 이상한 구원의 책임을 전가하며 다음을 상기시킨다. "저 타이타닉호는 몇 블록 더 북쪽에 정박할 예정이었다. (그리고 이렇게나 많이 내려와 정박한 강변에서 나는 가족과 함께 1962년 나폴리를 향하던 저 원양정기선에 올랐다.)" 이런 은유는 갈수록 심해진다. 롤런드는 이 건물이 "내부 설계를 중심으로 외부가 완성되었다"고 쓴다. (하지만 엄연히 배는 그런 식으로 설계되지 않는다.) 그러면서 이렇게 주장한다. "내부는 단위별로 떨어져 있는 게 합리적인 데 비해, 외피는 때때로 전함의 상부처럼 거칠고 불규칙적으로 보인다. 휘트니 미술관은 약간 원양구축함 같기도 하다." 유람선에다, 컨테이너선에다, 전함에다, 원양구축함까지. 난 지금 익사해 죽을 지경이다!

하지만 그녀의 배는 거의 출항하지 않는다.

배가 물을 항해하려면 매끈한 유선형이어야 하지만, 물도 배를 부력으로 띄워 올리면서 중력의 압력을 중화하는 완충 효과를 낸다. 따라서 땅에 정박해 있을 때의 휘트니는 또 다른 종류의 선박이다. 땅과 하늘 사이에 컨테이너들을 쌓아 유지하도록 강제된 선박인 것이다. 이 육상 선박이 출항하기라도 한다면, 바람이 부는 그 철골 갤러리를 뭔가 단단한 것에 정박시켜야 할 것이다.

(물론 여기서 그 단단한 것이란 땅을 뜻하는 것이며, 땅에 정박시킬 닻은 허리케인 샌디가 다시 와도 건물이 실제로 날아가지 않을 만큼 충분히 단단하면 좋겠다.) 롤런드는 이러한 안정성과 운동성의 수수께끼를 풀면서 돛을 올리고는 건물의 "어디엔 있고 어디엔 없는 기둥 배열"과 그 외의 구조적 특징들, 예컨대 "건물의 북쪽에서 벙커 같은 모습으로 솟아오르는" 콘크리트 코어 등을 외친다. 그러고는 이 미술관이 "뉴욕 스카이라인과 더 일관된 형상"을 이루지 못하게 하는 건 바로 그 실내를 "더 압축적인 배 모양으로 배치"하지 않기로 한 피아노의 결정이라고 선언한다.

　다소 소박하게 기술된 기능적 장점은 "다채롭게 쌓인 별개의 조각들은 매우 풍성한 미술품들을 보여줘야 하는 기본적인 문제에 대한 충분히 좋은 해법"이라는 것이다. 롤런드는 결국 "한때 허드슨강을 따라 육중한 강철 말뚝에 끼워 정박했던 원양여객선들"이 없기 때문에 "휘트니 미술관이 도시의 풍경 속에서 인상적인 규모의 오브제임에도 불구하고 상대적으로 조용한 존재감을 나타낸다"는 결론을 내린다. 그녀는 이런 이미지를 끝까지 이어가지만, 중간에는 잠시 (미술관의 골조가 "하늘과 조화를 이루기 위해 연한 청록색조의 페인트로 마감된" 걸 묘사하고 나서 바로) "한때 정육점이었던 시설의 붉은 벽돌 입면을 지그재그로 가로지르는 비상탈출구를 일부러 연상시키는 외부 계단"을 묘사하기도 한다. 롤런드는 배들의 이미지에 완전히 사로잡혀 있다. 마치 헤스페러스호의 돛대에 결박당한 불쌍한 영혼처럼 말이다.♦ 그리고 휘트니 미술관의 일관되지 않은 특징들마저 그녀를 낚는다. "어떤 배에서든 일부 갑판은 다른 갑판보다 더 매력적이다."(또다시 그 계급적 관점!) 그리고 증기선 휘트니에서 아마도 가장 기가 막힌 것은 그 "콘크리트로 된 심장이다. 엔진실의 기계음이 거대한 배 전체를 운항시키는 곳." 음, 거기보다 더 매력적인 곳은 아마도 8층에 위치한 카페의 발코니일 것 같다. "여기서는 원한다면 저 자그마한 돛대 꼭대기의 망대에 서서 레오나르도 디카프리오와 케이트 윈슬렛을 따라 해볼 수 있다. 타이타닉호의 갑판에서 북대서양을 헤치고 나아가던 그들을."

비평가가 바다에 빠져 죽고 있다!

— *Nation*, December 1, 2015, thenation.com.

♦ 미국 시인 헨리 워즈워스 롱펠로우가 1842년에 처음 발표한 서사시인 「헤스페러스호의 난파」에서 선장은 허리케인이 닥쳐오자 자기 딸을 돛대에 결박하고서 죽는다. 배는 난파되고 딸은 다음날 돛대에 결박된 채로 어부에게 발견된다.

바다에서 길을 잃다

22

함께 모인다는 것

뉴욕에는 거대한 자아가 부족할 때가 없다. 그중 한 명은 대통령이 되려는 엄청난 욕망의 소유자다. 10월 10일에는 또 다른 두 욕심쟁이인 앤드루 쿠오모 주지사와 빌 디블라시오 시장이 오랫동안 쌓여온 악감정을 뒤로 한 채 합의에 도달했는데, 합의의 내용은 현재 메트로폴리탄 교통공사(Metropolitan Transit Authority)◆의 5개년 자본지출 계획에 드는 비용 290억 달러를 뉴욕시와 뉴욕주가 공동 부담한다는 것이었다.

　　나무 소비를 줄이는 데 동참하지 못해 미안한 일이지만 나는 이 계획의 사본을 한 부 인쇄해 읽고서 희망과 실망을 모두 느꼈다. 그 몇백억 달러의 비용은 모든 영감을 동원해 — 비록 일관되지 않은 면은 있지만 — 광범위하게 교통시스템을 정비하고 기능적인 상태로 유지하려는 게 일차적인 목적이다. 세련된 신종 차량을 많이 획득할 예정인데, 대부

◆　뉴욕시를 포함한 뉴욕주 남부 12개 카운티와 코네티컷주 남서부 2개 카운티까지의 대도시권 교통을 관할하는 뉴욕주 소유의 교통공사를 말한다.

분의 차량은 사용 한계에 다다른 열차와 버스를 대체하게 될 것이고 (총 469개소의) 지하철 역사 중 단 20개소만 개축이 이뤄질 것이다. 상당량의 자금이 오랫동안 진행되어온 두 건의 교통시스템 확장 프로젝트에 배정되었는데, 하나는 1919년에 처음 제안된 2번로 지하철 노선 확장 프로젝트다. 다음 해에 일부 구간에서 시작될 이 서비스는 그 거래의 일환으로서 96번가에서도 정차할 것이며, 125번가까지 이어지는 핵심 구간은 늦어도 2020년까지 완공될 예정이다. (아마도 일부 죄수들을 활용한다면 더 빨리 지을 수도 있을 것이다.) 다른 하나는 롱아일랜드 철도 차량이 펜실베이니아 역뿐만 아니라 그랜드 센트럴 터미널 역에도 정차하도록 '이스트사이드 액세스' 터널을 증축하는 대규모 프로젝트다. 둘을 합쳐 보면 교체나 수리가 아닌 '개량' 공사가 예산의 15퍼센트를 차지하는데, 오래전에 제안되었다가 줄곧 간과되어온 대규모 작업치고는 꽤 상당량의 예산이 투입되는 것이다.

하지만 이렇게 인상적인 규모로 폭넓은 교통망 정비가 긴급하게 이뤄짐에도 불구하고, 계획의 전반적인 철학은 인색하다. 메트로폴리탄 교통공사는 이번에도 '필요성'이라는 명목으로 교통시스템의 확장을 말 그대로 회피했고 개념적으로 발전시키지도 않았다. 이 계획은 기반시설의 필요성을 부정하는 소리를 못이 박히도록 들어온 사람들을 위한 것이자, 일자리 창출 프로그램(삽자루를 쥐여 주는 프로그램!)이나 단순히 붕괴 위기에 있는 교통시스템의 수명 연장을 위해 대중교통에 자본을 지출하곤 하는 정치인들을 위한 것이다. 또한 이 계획은 아직도 우리의 국가적인 교통 예산을 좌우하는 핵심 요인이 자가용이라는 걸 이상하게 여기지 않는 사람들을 위한 것이기도 하다. 허드슨강 밑에 지하 철도를 신설하는 문제를 놓고 뉴욕주와 뉴저지주 간에 벌어진 어리석은 언쟁은 수년간 뉴저지 주지사 크리스 크리스티의 (재정적 책임이란 말로 포장된) 근시안적 관점에 사로잡혀 고속도로를 제외한 모든 대형 공공 프로젝트가 의심의 대상이 된 지독히도 미련한 사례였다. 중국과 일본과 유럽에서는 초고속 열차들이 마을과 마을을 다니며 활력을 불어넣는 데 반해, 미국의 철도에서는 사시사철 탈선이 일어난다. 1986년 이후로 상하이에만 350마일이 넘는 지하철 노선이 구축되었지만, 같은 기간 뉴욕에서는 기존 일곱 노선에 한 정거장을 추가하는 데 그쳤을 뿐이다.

메트로폴리탄 교통공사의 계획은 더 큰 교통 공학적 사고방식의 영향도 받는다. '함께 모이기'보다는 곳곳을 따로 가는 사고방식 말이다. 바로 이런 사고방식이 실제로 교통을 움직이는 토대가 된다. 도시를 경제적 생산성의 거대한 엔진으로 이해하며 교통을 신성시하는 태도는 여행하는 주체를 가능한 한 빠르게 경제적인 최단 경로로 움직여야 할 물류의 수준으로 격하시킨다. 세계에서 가장 창조적인 도시 중 하나라는 뉴욕에서 항공사는 비행기 좌석의 간격을 점점 더 줄이고, 지하철 역사는 점점 더 초라해지며, 그 디자인의 범속함은 일상적인 모욕에 가까워진다. 나는 A, C, E 노선이 만나는 14번가-8번로 지하철역에서 톰 아터니스의 사랑스러운 예술이 주는 매력을 느끼지만, 그보다는 그 역사가 깨끗하고 환기가 잘 되었으면 좋겠다.

비록 보수적인 기성세력의 작품이긴 해도, 메트로폴리탄 교통공사의 계획은 투자를 확대하고 훨씬 더 큰 시스템을 구축하기 위해 아주 설득력 있는 논거를 갖춘 연구 결과를 발표했다. 이 계획은 뉴욕주가 기후가 좋지 못하고 사우디 왕족이나 카다시안 가족을 제외하고 가장 소비를 많이 하는 계층이 사는 곳임에도 불구하고 미국에서 가장 에너지를 효율적으로 사용한다는 (일견 직관에 반하는 것처럼 보일 수 있지만) 친숙한 통계를 제시한다. 그 이유는 하나밖에 없다. 뉴욕주에서는 인구 비례와 달리 대중교통 이용률이 매우 높고 그 수도 급격히 늘어나고 있기 때문이다. 뉴욕시에서 자가용 소유가 적고 대중교통을 선호한다는 것은 광역적인 차원에서 연간 온실가스 배출량이 약 1,700만 톤이나 적게 나간다는 뜻이다. 이건 뉴욕주 전체의 절반에 해당하는 면적에 묘목을 심을 때 얻는 혜택과 같은 수준이다.

　일명 '그리드락 샘(Gridlock Sam)'으로 알려진 새뮤얼 슈워츠는 그의 유쾌한 새 책 『스트리트 스마트(Street Smart)』(2015)에서 말하기를 지난 십년간 전국에서 일어난 기분 좋은 변화인 대중교통 이용률의 증가가 특정한 문화적 변화, 말하자면 소위 밀레니엄 세대가 만들어 낸 변화라고 한다. 이런 주장을 뒷받침하는 통계적 근거는 설득력이 있지만, 밀레니엄 세대가 교외 생활의 단조로움을 혐오하고 자동차에 대한 부모들의 불만을 이어받았다는 문화적 해명은 그리 설득력이 크지 않다. 하지만 그건 별 문제가 아니다. (우리 베이비붐 세대를 확실히 포함하는 역사적 개념인) 전후 청년 세대(postwar youth)가 소비와 사교의 장소로서, 특별히 교외에서 느끼는 소외와 아노미의 형식에 대한 해독제로서, 그리고 가장 중요하게는 집단적인 민주주의적 실천을 가장 잘할 수 있는 장소로서 도시에 특별한 애착을 가져왔다는 건 거의 의문의 여지가 없는 사실이다. 밀레니엄 세대가 특히 디지털 형식의 모임에 능할 수는 있지만, 그 증거 ― 타흐리르 광장◆에서

◆　이집트 카이로의 도심에 있는 광장. 2011년 이집트 혁명이 일어난 곳으로 유명하다.

셰리 터클◆까지 — 를 보면 트위터는 현실에서 직접 대면하는 반응을 촉진하기만 할 뿐이고 디지털 수단에만 의존하는 소통은 결국 깊은 사회적 관계와 그로 인한 정치에 대단히 심각한 효과를 일으키고 있는 것으로 보인다.

디블라시오와 쿠오모 간의 거래는 타임 스퀘어를 역사상 최초로 현존하는 영구적인 공공 광장으로 변화시킨 보행자 전용구역을 해체하려던 디블라시오 시장의 단기적인 시도 속에서 이뤄진 것이었다. 6년 전 디블라시오의 전임이었던 마이클 블룸버그는 (매우 깨어있는 사람이었던 뉴욕시 교통위원장 자넷 사딕-칸과 함께) 이 구역에 광장을 설치해 혼잡하던 거리를 부드럽게 만들었다. 처음에는 해변용 의자와 소풍용 테이블, 화분 등으로 일시적인 눈길을 끌었지만 지금은 내구적인 석재로 포장되어 있다. 이렇게 만든 보행자 전용도로는 앉거나 걸어 다니는 군중을 끌어왔을 뿐만 아니라, 교통 속도를 효과적으로 높이고 사고를 줄였으며 광장 주변의 상점 판매와 부동산 가치도 늘렸다. 이 놀라운 공공적 제스처가 실제로 (많은 거리 공연자들을 포함한) 공공의 이용을 유도했을 때 이상하게도 디블라시오는 공공의 불편을 느꼈다며 광장을 옮겨야 한다는 결론을 내렸다. 하지만 그는 단지 거리 공연자들을 내쫓는 것 이상을 추구하고 있었다. 경찰서장 윌리엄 브래튼의 위협을 받아 타임 스퀘어를 다시 '자동차'에 내주고 싶어 했던 것이다!

◆ 매사추세츠공과대학교의 과학기술 사회학 전공 교수. 1960년대 말 프랑스에서 목격한 사회적 분위기를 계기로 『정신분석 정치: 자크 라캉과 프로이트의 프랑스 혁명』이라는 사회학 박사 논문을 썼고, 이후 과학기술이 인간 심리와 사회에 미치는 영향을 연구해왔다. 최근작인 『외로워지는 사람들(Alone Together)』(2011)과 『대화를 잃어버린 사람들(Reclaiming Conversation)』(2015) 등의 저서는 최근 기술이 밀레니엄 세대에 끼친 영향을 다루고 있다.

뉴욕시 ― 와 그 광역권 ― 의 한 가지 큰 문제는 교통을 촉진하는 요인들 ― 메트로폴리탄 교통공사와 뉴욕시 교통국, 택시·리무진 위원회, 전미 철도여객공사, 공원, 우버(Uber), 리프트(Lyft), 상업활동 촉진지구, 뉴저지 대중교통, 수많은 버스 노선, 자가용, 시티바이크, 개인 자전거, 연락선, 헬리콥터, 비행기, 승강기, 기타 등등 ― 이 사적인 영지처럼 운영된다는 점이다. 교통수단의 다양성은 뉴욕처럼 복잡한 대도시에 결정적으로 중요하지만, 그 다양한 교통수단을 제대로 조율하지 못하는 건 병리적인 실패다. (최근에 라과디아 공항에 가보려고 했는가? 브루클린을 가로질러서?) 그리고 이건 분명 사실상 이 모든 시스템의 사적이고 경쟁적인 기원과 로버트 모지스의 완벽한 독재 국가 같은 상태로 되돌아가는 영토 확장(과 예산 통제)의 역사를 떠올리게 한다. 왜 우리 스트리트의 절반이나 되는 공간을 개인 차량을 '주차'하는 데 써야 하는가? 왜 우리의 교통체증을 일으키는 중심 요인인 차량 숫자를 우리가 규제할 수 없는가? 왜 자전거 이용자가 자기 목숨을 내걸고 블록을 건너야 하는가?

좋은 도시 형태를 판단하는 절대적인 기준이 하나 있다. 보행자들이 긍지를 느낄 수 있는 장소. 그게 바로 좋은 도시 형태다. 그렇다고 단지 개별적인 자율성을 극대화하면 된다는 게 아니다. (물론 인간은 자유로운 움직임과 접근을 바탕으로 이동해야 한다.) 근본적으로는 인간의 몸이 신체 정치의 근본적인 요소로 남아있음을 주장하고, 우리 모두에게 속한 공적인 도시 영역에서 우리가 모일 가능성을 방해하는 모든 요인을 깊이 의심해 봐야 한다는 것이다. 공적 공간을 어떤 활동을 위한 절대적인 보호구역으로 혼동해선 안 된다. 비록 늘 그런 편견을 제약하기보다는 재량껏 허용할 수밖에 없을지라도 말이다. 일반적으로 공적인 행위는 미국 대법원에서 거듭 확인한 것처럼 '시간과 장소와 방식'의 제약을 받을 수 있다. 도전적인 말, 외설적인 비어, 한밤중의 너무 큰 소음, '순수하게' 상업적인 활동, 노상강도를 비롯한 일탈 행위들은 공적 공간에 자동으로 주어지는 특권이 아니다. 비록 대법원은 세세한 부분에서 혼란과 미묘한 뉘앙스를 모두 보여주긴 했지만 말이다. 예컨대 대법원은 전단 살포 이후에 쓰레기가 생긴다는 사실이 그런 형식의 발언에 재갈을 물릴 만한 충분한 근거가 되지 못한다고 판단했다.

아마도 집회의 권리를 인정하는 고등법원의 의견으로 가장 흔히 인용되는 판례는 1965년에 판결이 난 콕스 대 루이지애나 사건일 것이다. 이 사건은 1961년에 한 시민운동가 집단이 조직한 피켓에서 시작되었다. B. 엘튼 콕스 목사는 배턴루지 법원 앞에서 시위를 했는데 건물에서 법적으로 지정된 거리만큼 물러서 있었다. 그리고 그 건물에는 도심의 한 격리된 레스토랑에서 피켓 시위를 한 죄목으로 한 무리의 학생들이 체포되어 구금되어 있었다. 시위자들과 학생들은 함께 노래를 불렀고, 콕스 목사는 연설을 했으며, 보안관은 시위 해산을 명령했다. 그런데 아무도 떠나지 않자 경찰이 군중에게 최루탄을 쐈고, 콕스 목사는 체포되어 재판을 받은 뒤 유죄 선고를 받았다.

하지만 대법원이 이 판결을 뒤집으면서 공적인 거리를 집회의 장소로 사용할 수 있고 언론의 자유를 실천할 수 있는 권리를 지켜냈을 뿐만 아니라, 당시 집회를 제약하던 시간과 장소와 방식이라는 기준의 유효성도 인정했다. 실제로 아서 골드버그 판사가 기술한 바에 따르면 다수 의견은 그 누구도 "타임 스퀘어 한복판에서 혼잡한 시간대에 언론의 자유라는 형식으로 거리 집회를 고집할" 수 없다고 진술했다. 이 사건은 논쟁을 일으켰다. 대법원의 의견은 5대 4로 갈렸는데, 많이 인용되는 고(故) 해리 캘번 교수의 분석에 따르면 그 판결이 특히 분열석이었고 "주의사항으로 가득했으며 그런 형식의 시위에 대한 공감도 결여되어 있었다." 홍미롭게도 다수의 판사는 이 사건이 공공 자산에서 노동조합이 피켓 시위를 할 권리에 어떤 영향을 미칠지를 특별히 우려했다고 한다. (블랙 판사와 클락 판사는 이를 구체적으로 언급했으며, 골드버그 판사는 한때 미국 노동 총연맹산업별 조합회의의 고문변호사였다.)

캘번은 이 사건의 핵심이 "거리를 통로가 아닌 광장으로 사용하는 시민이 거리를 변칙적으로 사용하고 있는 것인지의 여부"에 관한 것이라고 쓴다. 적절한 사용에 관한 이 특수한 골칫거리는 1960년대 중반에 특별하고도 시의적인 광기의 수준으로 치달았는데, 당시 라스베이거스의 수많은 카지노 소유주들 ― 커크 커코리언, 스티브 윈, 그리고 그 유명한 시민적 자유주의자인 셸던 애덜슨 ― 이 무노조 매장에 대한 노동조합의 시위를 좌절시키고자 사업장 앞 공공 보도를 '제거'하고 어떤 경우에는 사업장 소유의 보도로 대체했기 때문이다. 실제로 커코리언의 엠지엠 그랜드 카지노 호텔은 갓길 보도를 사유화할 수 있게 해달라고 클락 카운티 위원회를 설득하자마자 거의 즉시 조합 시위자들이 사유지를 '무단 침입'했다며 경찰에 신고했고 시위자들은 체포되었다. 이런 일은 미라지와 트레저 아일랜드, 베네치안 같은 사업장 앞에서도 똑같이 일어났지만 결국 노조를 무력화하려던 경영진의 시도는 좌절되었다. 미국의 헌법 수정조항 제1조에 근거해 (어떤 갓길 보도가 유일하게 존재하는 경우) 공공 보도와 사유화된 보도를 구분하려는 시도는 헌법에 위배된다는 법원의 일관된 판결이 있었기 때문이다. 지금까지 확정적 의미를 띠고 있는 이 판결은

함께 모인다는 것

2001년에 미국시민자유연맹이 제기한 소송의 제9호 순회재판에서 그 의미가 계승되었다.

하지만 라스베이거스에서 갓길 보도를 두고 일어난 이 투쟁은 계속되고 있다. 카지노 측과 해당 지방자치단체는 모두 타임 스퀘어 문제와 좀 더 관련 있는 무리를 쫓아낼 방법을 찾으려고 노력 중이다. 그 무리는 바로 새로운 라스베이거스의 열렬한 가족 친화적 분위기를 망치는 퇴폐업소 광고 전단 배포자들이다. 갓길 보도를 사유화 — 또는 제거 — 하는 게 최초의 방법이었지만, 지금까지 이 방법은 헌법에 막혀 좌절되었다. 그래서 다른 전략들이 고민되어 왔는데, 그중에는 2000년에 '8피트 규정'을 부과하며 낙태 시술 병원 앞에서 전단을 돌리는 공격적 행위를 규제한 힐 대 콜로라도 사건의 판결을 활용하려는 시도도 있었다. 하지만 이런 수법은 어리석어 보인다. 게다가 상업적 표현을 규제하는 법률에는 교묘한 틈새도 다양하게 존재하는데, 틀림없이 이런 틈새를 비집고 어찌해보려는 시도가 있을 것이다.

다시 타임 스퀘어로 돌아와 보면, 나는 그곳을 꽤 자주 지나다니지만 뉴욕시장이 그토록 거품을 물고 몰아내려는 엘모◆나 미니마우스나 보디페인팅을 한 토플리스 여성의 접근을 한 번도 받아본 적이 없다. 실제로 나치 추종자들이 스코키◆◆에서 행진할 수 있는 마당에 왜 우리의 '진보적인' 시장이 쿠키 몬스터나 벌거벗은 카우보이를 그리도 걱정하는지 나로선 알 수가 없다. 이런 소란은 특히 아이러니가 풍부한 말로 요약되

◆　미국의 어린이 프로그램 『세서미 스트리트』에 등장하는 캐릭터 중 하나다.
◆◆　미국 일리노이주 동북부 시카고 부근의 도시를 말한다.

는 것 같다. 말하자면 섹스가 가족놀이로 재포장되어 듀스(Deuce)◆로 돌아온 것과도 같다. 그리고 물론 이곳의 디즈니화에 대해 우리가 수년간 불평해온 마당에 이제 저 정치인들이 미키마우스 복장을 한 사람들의 등장에 당황해하고 있다는 사실은 실로 의미심장해 보인다. 결국 조야한 상업주의에 반격을 날리려는 생각은 초대형 개발 사업을 위해 시시콜콜한 것들의 조야함을 공격하는 행위로만 이해될 뿐이다. 틀림없이 뉴욕시의 변호사들은 이런 음탕한 모욕 행위들에 자물쇠를 채울 방법을 찾아내고야 말 것이다.

하지만 디블라시오 시장과 브래튼 경찰서장이 라스베이거스처럼 행동하게 만든 요인에는 음탕함 이상의 무엇이 있는 것 같다. 타임 스퀘어가 사랑받는 '세계의 교차로'일 뿐만 아니라 대중교통 노선이 집결하는 핵심이기도 하다는 걸 (그리고 진정 형편없고 짜임새 없으며 끝없는 미완성 상태에 있는 타임 스퀘어 역의 '리노베이션'이 욕먹고 있음을) 감안할 때, 1층의 집회 공간을 지워버리려던 뉴욕시장의 시도는 그저 반민주적이었다. 공공의 집회 공간을 제거함으로써 표현의 자유를 억압하려는 자기본위적 충동은 자유에 대한 모욕일 뿐만 아니라 블룸버그 시장 시절에 보행자를 더 우선시하며 움직임과 휴식을 혼합했던 진보적인 계획을 망치는 일이다. 디블라시오 시장과 브래튼 경찰서장은 라스베이거스에서 일어나는 일이 다른 곳으로 확산해서는 안 된다는 걸 잊어버렸다.

타임 스퀘어의 소란도 근시안적인 도시계획 방식이 조율을 잘 못해

◆ 한때 섹스 산업이 성행했던 타임 스퀘어 끝자락의 브로드웨이 42번가를 속되게 이르는 말. 어원적으로는 '유령'이나 '신'을 뜻하지만, 영어에서는 '악마'와 '재앙'을 뜻한다. 42번가는 90년대에 재개발이 이뤄졌고, 그로 인해 디즈니화가 이뤄졌다는 비판을 받았다.

함께 모인다는 것

일어난 결과다. 뉴욕시 도시계획국은 지역지구제를 적용하는 일밖에 안 한다. 뉴욕시 교통국은 우리의 거리와 갓길 보도를 보행자와 자전거 이용자를 위해 재구성하려는 의지를 상실해버린 듯하다. 메트로폴리탄 교통공사는 교통시스템을 합리적인 개수 상태로 유지할 능력이 거의 없고, 몇몇 화려한 프로젝트에 자본이 집중적으로 투입 ― 7개 지하철 노선의 확장에 25억 달러, 칼라트라바의 패스 고속철도역사에 40억 달러, 풀턴가 역사에 15억 달러가 투입 ― 되는 것은 상상력이 없다는 방증이다. 이 프로젝트들은 괜찮은 장소이지만 그 우선순위는 왜곡이 심하다. 1마일의 도시 자전거 전용도로를 구축하는 데 드는 비용은 약 15만에서 50만 달러 사이로 추산되는데, 최고급으로 장식하는 극단적인 경우를 가정해 보자. 그렇다면 저 세 프로젝트에 드는 80억 달러로는 1만 2천 마일의 안전한 자전거 도로를 제공할 수 있다. 다행히도 뉴욕시 스트리트의 총 길이는 6천 마일 밖에 안 되니 돈은 충분히 남는다. 계산을 해보라!

길거리는 사람들의 것이다!

덧붙임

미국 헌법 수정조항 제1조와 거리에 대한 권리의 옹호자인 라스베이거스의 척 가드너가 아주 중요한 정보를 아낌없이 안내해 주었다. 그에게 특별한 감사를 전한다.

— *Nation*, December 21-28, 2015.

23
그라운드 제로의 성당

부분과 전체의 관계인 비례는 오로지 규모, 즉 사물의 실제적 차원과 결합할 때만 건축적 의미를 만들어 낸다. 비트루비우스에서 다빈치를 거쳐 르코르뷔지에에 이르는 수천 년간 이상화된 몸이 비례 체계의 척도가 되면서 그런 연결을 만들어 냈다. 이 모든 걸 설명해 주는 통상적인 표현은 감성적 욕망과 실용적 욕망을 결합하는 '인간적 스케일(human scale)'이란 말이다. 이런 욕망은 영화 『존 말코비치 되기』에 나오는 너무 좁아 서 있기도 어려운 반 층짜리 공간이나 알버트 슈페어의 독일 국민대회당처럼 군대를 사열하고 자체적인 분위기를 만들어 낼 수 있을 만큼 거대한 공간에서 극단적인 형태와 감정으로 분명하게 드러난다.

인간적 스케일에서 가장 효율적인 균형점이 정해져 있지 않다는 것은 공간이 편안한 실내의 느낌을 유도하든 충격과 경외를 일으키든 간에 사회적이고도 심리적인 차원에서 적정 규모를 찾아야 함을 암시한다. 정복자들이 지은 교회는 원주민들의 눈을 현혹시켜 그들의 순종을 유도하려는 의도가 있었다. 물론 위대한 유럽 성당들도 신성의 전능함을 찬미함으로써 상대적으로 백성이 스스로를 작게 느끼고 천국에 도달하는 궁륭 천장 밑에서 난쟁이가 된 느낌이 들게 만들었다. 이런 능력이 늘 부정적인 것만은 아닌데, 장엄함과 고귀함 그리고 한없이 신비한 공간적 분위기를 찬미하며 불어넣을 수도 있기 때문이다. 샤르트르 성당은 논박할 여지없이 기가 막히며, 이 건물을 빼놓고 문화를 논할 순 없을 것이다. 하지만 이 건물이 건축의 절대적 전형으로서는 훌륭할지 몰라도(피라미드가 당대에 그랬듯이 또는 주간 고속도로가 우리 시대에 그렇듯이), 고딕 성당은 상대적으로 세속적인 목적에 부적합해 실용성에는 한계가 있다. 우리는 본능적으로 자치구간 고속열차(Interborough Rapid Transit) 노선의 정류장 입구를 그런 성당 건물로 지을 생각을 하진 않을 것이다. 그렇지 않은가?

플로베르의 『수용자 입장의 개념 사전(*Dictionary of Received Ideas*)』(1913)에서 '철도 역사' 부분을 찾아보면 "늘 이것에 정신이 팔린다. 이걸 건축의 모델로 언급하라"라고 나온다. 산티아고 칼라트라바의 오큘러스 — 월드트레이드센터 부지에서 사실상 패스 철도역사와 몇 개 지하철역의 출입 건물 기능을 하는 놀라운 작품 — 가 완공되었는데, 실용성과 표현을 동시에 갖춘 이 밤송이 같은 구조물은 이제 온전한 군밤이 될 태세다. 12년간의 공사 끝에 결국 개소한 이 오큘러스는 (665달러의 '행정비용'을 포함해) 최소 40억 달러 이상을 소비해 놀라움과 동시에 극도의 분노를 자아내고 있다. 이곳은 돈이 빠져나가는 블랙홀이자, 기가 막히게 자율적인 기념비이며, 집을 나와 움직이는 사람들의 매개체다. 이곳은 주변(사라져가는 그라운드 제로 아트센터나 저 시시한 사무소 타워들)이나 다른 곳(새로운 펜실베이니아 역사와 항만공사 버스 터미널, 500곳의 지하철 플랫폼 리노베이선, 또는 19세기 기술로 지어진 삐걱대는 교통 기반시설과 빈약한 수용능력을 개선하는 절실한 개축 프로젝트)에서 소진될 수도 있었을 창조적 에너지를 소용돌이처럼 흡수했다. 오큘러스는 엄격히 예술적인 효용성(말하자면 위풍당당하게 기능적인 불필요성)의 순수함과 뭔가 더 우주적인 고요함을 모두 상징하기 위해 애쓴다.

칼라트라바는 독특하지만 현학적이지 않은, 철도 역사인 동시에 성당과도 같은 건물을 만들어 냈다. 이 건물은 높이 160피트(49미터)에 길이 365피트(111미터)로 반짝반짝 빛나는 백색의 강철 늑재로 짠 새장이자, 그랜드 센트럴 역사보다 더 큰 부피로 성당 회중석 같은 공간을 에워싸며 독특하게 솟아오르는 왕관이다. 치밀하게 줄지은 수직 늑재들이 높은 천장의 유리와 만나 거대한 내부 공간을 에워싼 다음 바깥을 향해 가시처럼 뻗어 나간다. 마치 자유의 여신상의 면류관에서 뻗는 가시처럼 뇌하수체 같은 구조에서 뻗어 나가는 늑재들은 고슴도치의 가시처럼 또는 익룡의 날개 뼈처럼 건물에서 날아오른다. 이런 혼합적인 은유(새이기도, 비행기이기도, 불사조이기도, 스테고사우루스이기도 한 곳!)는 어쩔 수 없이 생물 형태적인 건물의 특성과 형태적 독창성을 시사한다. 칼라트라바의 동물 우화에 나오는 다른 캐릭터와 강력한 가족 유사성을 보이긴 해도 오큘러스는 진정 보기 드문 작품이다.

오큘러스는 정신적인 장면과 집단적 움직임의 장면에서 영리하게 떨어져 그 목적성을 중립적으로 완화한다. 9/11 추모관은 땅을 파고들어가고 (역시 칼라트라바가 설계한) 새로운 그리스정교회는 단순히 길 건너나 길가를 따라 위치한 게 아니라서 그 빛나는 초롱불 안에서는 알아볼 수가 없다. 이 중립적인 거리감은 오큘러스에 이교도적 정신성을 불어넣는다. 오큘러스는 원래 다니엘 리베스킨트의 '빛의 쐐기(Wedge of Light)'가 희미하게 비추려고 했었던 공간을 차지한다. 리베스킨트가 계획한 공간은 아부심벨이나 스톤헨지에 맞먹는 시간의 지표로 제시되었지만 사무소 타워 건축에 틀과 권능을 부여함으로써 그 틈으로 햇빛을 도입하는 새로울 게 없는 범속함으로 인해 사소한 의미로만 남는다. 오큘러스는 엄밀히 말해 하나의 철도 역사가 아니라, 다양한 거리와 관계를 두며 경로를 조직하는 하나의 중심점으로써 일련의 역들을 더 자율적으로 구성해낸다. 펜실베이니아 역사와 동등하게 차선들을 분산적으로 모아놨지만 개별적으로 보면 그것들은 거대한 공간과 관계 맺는 축소모형들이다. 이곳은 작은 계단들이 패스 철도역사의 다섯 차선을 향해 내려가는 거대하고 아름다운 무주 공간이며, 브로드웨이 로컬 노선은 괴상한 모양의 트러스들이 지지하는 육상의 거대한 터널 속을 지나간다.

하지만 지금껏 이 건물에 대해 쓰인 사실상의 모든 글이 "전함을 지을 게 아니라면 1만 개의 학교를 지었어야" 한다는 논거를 중심으로 하고 있었다는 사실은 제쳐두기로 하자. 그런 주장은 결정론적인 데다 이미 결론이 나 있는 주장이다. 그보다는 이 건물의 조립과 구축에 나타나는 시학을 고려해보자. 나는 저 환상적인 대형의 야수가 오브제이자 공간으로서 존재하는 게 정말로 '좋다.' 그리고 그게 그 양편에 들어설 두 채의 형편없는 타워들 사이에 절박하게 끼워져 지어졌다는 데에는 이미 슬픔을 느낀다. 오큘러스가 그저 걸어 나가거나 날아갈 수만이라도 있었으면! 사실 칼라트라바는 원래 그 날개들이 펄럭임으로써 동물처럼 움직이길 원했었다. 그리고 나는 이런 운동성이 비용 효율에 대한 고려 속에서 사라지고 정지한 건물이 자리 잡으면서 그가 느꼈을 실망에도 공감한다.

칼라트라바는 그의 많은 작업이 보여주는 해부학적 즉물주의, 말하자면 균형과 접합, 견고성, 골조의 리듬 같은 것들로 인해 사랑과 비방을 동시에 받는다. 오큘러스는 아주 표현적으로 '장식적'이기 때문에 — 화려하지만 지나치게 화려하지는 않은, 눈을 즐겁게 하는 수준에서 멈추는 장식적 제스처로 가득하기 때문에 — 건축과 조각의 경계를 불분명하게 만든다. 그것은 확장된 영역의 '건축'이다. 이 건물은 예술계의 거물급 제사장인 리처드 세라의 작업과 동일한 문제를 제기한다. 세라의 작업은 공간과 통로를 단순히 조각적으로 조절하는 작업 이상으로 보일 것을 요할 뿐만 아니라 그 모든 코르텐 강철의 막대하게 육중한 무게에서 많은 힘을 유도한다. 칼라트라바와 마찬가지로, 세라의 조각이 주는 강력한 효과는 많은 경우 걱정스러울 정도로 비틀린 타원형과 불안정하게 기울어진 '위험한' 벽체의 무게감과 관계가 있다. 하지만 칼라트라바와 세라는 기능주의의 인색한 점근선적 형태를 서로 다르게 변주한다. 〈기울어진 호(Tilted Arc)〉와 같은 작품에서 세라는 육중하게 미니멀한 느낌으로 가지만, 칼라트라바는 구조재의 수를 광적으로 늘려 실제로 어떤 부재가 하중을 부담하는지를 수줍게 감추면서 드러낸다.

칼라트라바의 디자인이 보여주는 매우 세심한 — 심지어는 광적인 — 공학 설계는 고딕 성당과의 중요한 차이 하나를 보여준다. 공사 도중이나 완공 후에 무너진 일이 잦았을지라도, 그런 교회는 단연코 2천 년에 가까운 시기 내내 가능한 것의 한계에서 개념화된 구조적으로 가장 진보한 건축이었다. 교회의 높이와 경간, 복잡성, '가벼움'은 놀라웠고 (순수하게 직감적이고 시행착오적이며 구조 계산이 수반됨을 감안할 때) 믿기 힘들 만큼 대담했다. 그 시각적이고 공간적인 친화성에도 불구하고 오큘러스는 상당히 또 다른 방식으로 작동한다. 건축가와 엔지니어 훈련을 모두 받은 칼라트라바는 늘 구조의 표현적 의미를 강조해왔는데, 종종 마술적인 교량과 역사에서 그랬던 것으로 가장 유명하다. 이런 작품들은 엔지니어의 가장 기술적이고 예술적인 영감에 해당하는 간결한 '우아함'의 경제를 구현한다.

　이런 관점에서 이 새는 칠면조다. 칠면조는 매우 비싸고 무거우며 치밀하고도 과하다 싶을 정도의 골격을 갖추고 있어서 기능적인 것과 장식적인 것의 경계선을 기꺼이 흐려버린다. 그것을 그 자체의 구조적 운율이라는 관점에서 이해하려면 그게 얼마나 사치스러운지를 계산해볼 필요가 있다. 오큘러스는 단지 위험과 관련해서만 매우 보수적으로 설계된 게 아니라(위험과 수단의 균형을 맞추는 건 구조적 성능을 높이는 핵심적인 변증법이다), 재료 보존의 측면에서도 몹시 '표현적'이고 낭비적이다. 이런 책임은 21세기의 어떤 구조에서도 피해갈 수 없다. 『뉴욕 타임스』에 따르면, 이 대중교통 환승역을 짓는 데 사용된 강철 구조재의 양은 무려 36,500톤이라는 엄청난 무게를 자랑하며 오큘러스에만 15,000톤 이상이 쓰였고 패스에는 12,000톤이 쓰였다. 그 총량은 아메리카대륙에서 가장 높은 건물인 원 월드트레이드센터를 짓는 데 사용된 '단' 40,000톤 남짓의 무게와 대략 비슷하다. 저명한 구조 엔지니어 가이 노든슨은 바로 그런 이유로 결국 칼라트라바의 건물이 단위부피당 탄소 함유 구조재의 양에서 지구상의 모든 건물을 능가한다고 주장한다. 그리고 트럼프와 샌더스가 지적하듯이 그 모든 강철은 유럽산이다!

　하지만 잠시나마 사치에도 어떤 미덕이 있다고, 오큘러스가 그라운드 제로에서 버려진 예술적 잠재력을 되살리는 미덕을 발휘했다고 해보

자. 그리고 더 나아가 공공사업에 지출되는 막대한 비용이 위대한 문명의 특징이며 그건 제로섬 게임이 아니라고, 말하자면 한두 개의 가시를 없애 아낄 수 있는 자금이 브루클린의 생활지원 주거 프로젝트에 적용되진 않을 거라고, 오큘러스는 예술적인 차원에서 독자적으로 판단될 수 있다고 주장해보자. 그러한 비판적 논점을 펼친다 하더라도 여전히 들어가는 시간과 비용은 중요하다. 그 많은 시간과 돈을 쏟아부었다면 그 결과물은 완벽에 가까워야 한다. 바로 이 지점에서 나는 의구심을 갖는다. 내가 보기에 오큘러스는 엄청나고 아름다운 작품이지만, '그리 올바른 작품은 아니다.' 나는 출구의 약 2/3에 가시들이 줄지어 있고 그 모든 걸 이어 주는 강철 터널과 보강재 그리고 간격재가 하나씩만 있다는 게 불편하다. 정말인가? 수십억 달러가 들어간 그 수입산 강철과 늑재들이 홀로 날지 못한다는 게? 그리고 그 아래 금속의 정확한 각도를 죽이는 고약한 내화재료는 또 뭔가? 게다가 그 깨끗한 결과물을 영구적인 먼지의 박물관으로 만들 게 분명한 손댈 수 없는 보와 틈이 널려있는 건?

이 건물은 하나의 교량 구조처럼 만들어졌다. (비록 그런 기능을 하진 않지만 말이다.) 그리고 부득이하게 교량 건설 기술을 반영하게 되었다. 건물의 각 장변은 구조용 아치를 지지하고, 이 아치들을 지지하는 듯한 거대한 늑재들은 안쪽으로 기울어져 벽체와 지붕의 혼합체를 만들어 낸다. 그리고 아치선을 통과하는 늑재들은 바깥을 향해 극적으로 돌면서 양 측면에서 솟아오르는 날개/가시의 형상을 만들어 낸다. 이건 순수하고, 화려하며, '피상적인' 표현이다. 비록 그 장식적이고 구조적으로 도전적인 표현의 무게는 수천 톤이 나가지만 말이다. 하지만 아치들이 대칭적일지라도 가시들은 그렇지 않다. 각 측면은 서로 다르며, 서로의 패턴을 역으

그라운드 제로의 성당

로 뒤집는다. 이렇게 하중을 탈중심적으로 부담하는 늑재들이 다양한 길이로 상승하며 아치들의 곡선을 형성한다는 것은 가려진 기단을 설계하는 데 많은 컴퓨터 전력을 소비했음을 의미한다. 거대한 비렌딜 트러스의 하현으로 거동하는 동일면에 삽입되어 인장력과 압축력에 모두 견디는 달걀형 고리는 풍하중에 저항하는 자립식 벽체의 강성을 높이기 위한 것이다.

이 구조물에서 가장 자의식적인 위트가 넘치는 부분은 건물의 용마루선 길이 방향으로 연속되어 나타나는 개폐식 유리 천창이다. 이 유리 천창은 두 아치 사이에서 하나의 간극을 형성한다. (내 돈을 들였다면 이 부분은 같은 이름인 로마 판테온의 중앙에 난 둥근 창 '오큘러스'처럼 유리를 덮지 않은 채로 남겨뒀을 것이다.) 이 부분은 실제로 이음이 이뤄졌고, 육중한 관절형 부벽의 지지를 받는 양 끝단에만 이음을 하지 않았다. 마치 양 끝에 하나씩 머리가 날린 야수와 같은 모양새인데, 거리에서는 그 야수의 입을 통해 이 건물에 진입하게 된다. 좁고 길게 이어지는 천창 슬릿은 늑재들이 구조를 붙잡음에 따라 건물의 양쪽 장변이 중간 솔기를 가로질러 연결됨으로써 일련의 A-형 골조를 이룰 거라는 자연스러운 시각적 기대에 저항한다. 그렇게 A-형 골조를 이루었더라면 여러 골조의 열을 함께 잇는 아치들로 더 강력하게 보강될 매우 튼튼하고 전형적인 구성이 되었을 테니 말이다. 하지만 이런 이음이 없다는 것은 늑재들이 부담하는 것처럼 보이던 하중을 실제로는 그 아치들이 부담하고 있다는 뜻이다. 이번에도 상상되는 바로는 늑재들과 위로 솟아오르는 가시들이 거의 평형을 이루면서 긴 외팔보 구조가 바닥의 고리 구조에 전달할 것으로 예상되는 회전 응력을 덜어 줄 것이다. 칼라트라바는 늑재의 제한된 역할에 대해서도 더 많은 힌트를 주고 있는데, 늑재들을 건물의 최하단부로 내려놓은 게 아니라 얇게 층화시키고 구부려 리드미컬하게 세공하여 (숨겨진 이음매 테두리 밑에 아주 작은 틈을 둠으로써) 벽체와 거의 연결되지 않은 것처럼 보이는 끊긴 소용돌이 형상을 만들어 낸다! 여기서 칼라트라바는 예민함과 둔탁함의 경계선을 즐겁게 갖고 놀면서, 자신의 시스템을 성당 부벽의 명료한 압축력 부담 방식(땅으로 향할수록 두께가 늘면서 지반을 향해 단호하게 박히는 방식)과는 매우 다르게 만든다. (그의 시스템에서는 하중 전달을 추적하기가 종종 어렵다.)

오큘러스는 동선의 구성 면에서도 샤르트르 성당과 구분된다. 성당 안에서는 주로 단일한 방향의 동선이 형성된다. 회중석 뒤에서 들어가 제단을 향해 이동하고, 기도하고, 뒤돌아 나온다. 일반적으로는 주축을 가로지르지 않고 접근할 수 있는 (성골함, 고해실, 세례반, 예배당과 연결된) 주변부의 이차 통로가 있다. (이런 배열은 오큘러스에서도 이중화된 순환 동선 속에 평범하게 반복된다.) 성당은 ― 타워와 지하실이 있음에도 불구하고 ― 늘 지면과 연속을 이루며 살짝 높이가 상승하는 데 반해, 오큘러스의 주요 층은 길거리에서 2개 층 밑에 있다. 가장 많은 이동이 이뤄지는 면이 지하에 있는 오큘러스는 다이어그램적인 차원에서 네 군데의 대중교통 환승지점을 향해 촉수를 뻗는 문어 머리 같은 기능을 한다. (대중교통 환승지점 중에는 유동인구가 훨씬 더 많은 풀턴 스트리트와의 연결지점이 있는데, 이곳에 씌워진 야심 찬 돔은 그쪽 블록 밑에서 펼쳐지는 드라마 때문에 몹시도 슬프게 만들어졌다.) 또한 그 문어의 촉수는 종종 꽤 먼 거리에 걸쳐 이어지는 주변 건물들의 로비를 향해서도 뻗는다. 게다가 지면이 단일한 평면인 성당과 달리, 이 공간의 다양한 층들은 심각하게 규모가 작아 보이는 수많은 에스컬레이터와 계단을 통해 우아하지 않게 연결된다. 이런 불만족스러운 연결은 회중석의 양 끝에서도 일어난다. 거기서는 1층 높이의 출입구가 어색한 외팔보 구조의 에스컬레이터들로 이어지는데, 동선이 앞뒤로 오락가락해서 시원한 축선상의 시야를 즐기지 못하게 방해받는 느낌이다. 결혼하는 많은 부부들은 그 중간의 층계참에서 사진을 찍을 것이다.

솔직히 말해 나는 그라운드 제로에 아무것도 짓지 말고 부지 전체를 훌륭한 공공 집회의 장소로 만들자고 주장했던 사람 중 한 명이다. 민주주의의 가장 위대한 물리적 자유를 한껏 보여주자는 차원에서 그리 주장했었다. 결국 최종 결과물에서 상업과 추모의 분리에 대한 나의 우려는 안타깝게도 해소되지 않았다. 칼라트라바의 놀라운 건물이 얼마나 '정신적'일 수 있든 간에, 두터운 최후의 벽체들은 돈이 도는 곳들을 말 그대로 인근의 더 성스러운 신전인 추모관과 박물관으로부터 부지불식간에 분리시킨다. 번쩍이는 이탈리아산 대리석으로 구성된 오큘러스의 모든 복도에 줄지은 것은 상점, 상점, 그리고 더 많은 상점이다. 상점의 고급스러운 흰색은 추모관의 음울한 검정색과 대비를 이룬다. 이 단지는 정확히 9/11 이전에 그곳에 있었던 걸 영광스럽게 회복시킨다는 개념으로 만들어졌다. 그런데 웨스트필드 코퍼레이션의 우리 옛 친구들은 우리에게 지하 쇼핑몰을 가져다 놨다. 거기서 몇 발짝 옆으로 가면 울워스 빌딩이 있다. 여기는 진정한 상업의 성당이다!

그럼에도 불구하고…… 나는 이곳이 공사 중일 때 수도 없이 찾아 부지를 둘러볼 수 있었다. 순전히 기발한 장비 운용계획과 저 거대한 폐허를 다루는 극도로 복잡한 기술, 끊임없이 부지를 가로질러 다니는 열차들, 믿기 힘들 정도로 얽히고설킨 기반시설, 24시간 내내 이뤄지는 사람과 물자의 거대한 움직임 — 이건 숨 멎을 듯 아름다운 성취다. 아마도 이런 변화를 가능케 한 사람들은 바로 그 헌신적인 작업자와 엔지니어들일 것이다. 그들의 기여는 지표면 위로 솟아오른 저 모든 비대한 형태를 보이지 않게 뒷받침하고 있다. 우리는 진정 그들에게 감사와 존경과 찬미를 돌려줘야 한다.

— *Nation*, April 25-May 2, 2016.

그라운드 제로의 성당

24
새로운 뉴욕, 그 진부한 이야기

우리 가족이 처음 텔레비전을 들여놨을 때 가장 꾸준히 함께 시청했던 프로그램은 불멸의 희극인이자 전설적인 '당돌함의 왕'인 필 실버스가 주연을 맡은 『빌코 상사(Sergeant Bilko)』였다. 1955년부터 1959년까지 방영한 이 코미디 프로그램은 캔자스에 꾸며놓은 육군기지 세트장에서 촬영되었다. 거기서 빌코는 미군 수송부대를 운용하며 이익을 챙기거나 불복하는 마음에 사소하고도 괴상한 장난을 치는 오합지졸들을 지휘하는 인물이다. 우리 가족이 그 소대에서 가장 좋아한 인물은 모리스 가스필드가 연기한 불쌍한 도버맨 일병이었다. 도버맨은 사랑스럽고 아주 정겹지만 못생긴 사내였는데, 한 의미심장한 에피소드에서는 도버맨에게 여동생이 면회를 올 거라는 통지가 온다. 어쩌다 '형제가 못생길수록 자매는 더 아름답다'는 자기 주문에 넘어간 빌코는 도버맨의 여동생과 운명적인 하룻밤을 보내리라 기대하며 만남을 준비한다. 그런데 알고 보니 그녀는 도버맨의 일란성 쌍둥이로 밝혀진다.

여기서 그 '여동생'을 연기한 건 두말할 것도 없이 가발을 쓰고 분장하고 하이힐을 신은 가스필드다. 그리고 나는 뉴욕시의 최근 건축을 볼 때면 늘 이런저런 형태로 그 이미지를 다시 떠올리게 된다. 현재 우리의 환경에서 스타 건축가가 설계한 건물의 인기가 부활하고 있는 이 '르네상스'는 세계 부동산 시장이 거대하게 부풀려진 '이름'의 브랜드에 지위를 더하며 정교해지고 있다는 방증이다. 건축은 늘 소비자의 열망을 반영하는 오브제였지만, 유행의 바람은 최근 들어 진정한 강풍에 가까워졌다. 그 바람을 타고 모조 사치품을 판매하는 거대 규모의 국제 시장은 전 지구적 신자유주의의 동질적인 논리를 구현한다. 여기서 특히 상징성을 띠는 시장은 공항 면세점이다. 면세점의 선반은 비싸면서도 흔한 제품들로 가득하다. 디오르, 구찌, 프라다, 글렌피딕, 코이바, 버버리, 고디바 등 등……. 건축계에서는 한때 실내장식가의 영역이었던 상류층의 이동 행태가 제트기를 타고 다니는 일단의 건축가들에게로 확산되었다. 그에 비해 지금도 뉴욕에서 잘 나가지만 특히 지난 세기에 고급 건축가 브랜드였던 맥킴 미드 앤 화이트(McKim, Mead & White)나 로사리오 칸델라 또는 에머리 로스와 같은 건축사무소들은 근본적으로 지역이나 국가에 기반을 두고 있었기 때문에 세계 여행을 그리 쉽게 할 수가 없었다.

극명하게 나타나고 있는 이런 변화는 놀라운 수준이며 이제는 맨해튼의 대부분에 확산되고 있다. 근사한 트라이베카에 위치한 우리 침실의 창문에서 체임버스 스트리트 쪽을 바라보면 이런 브랜드 확산의 전망을 확인하게 된다. 오른쪽부터 왼쪽 순으로 보면, 먼저 허버트 머셈프와 내 친구 사티야, 비제이얀티, 순다르가 살았던 아파트 건물이 보인다. 이 아파트는 1968년에 지어진 두에인 스트리트 105번지의 54층짜리 트라이베카 타워인데, 다작을 하던 에스엘시이(SLCE: 스타 건축가가 남긴 수많은 시공도면을 그렸을 뿐만 아니라 자기들만의 상업 건축도 별개로 설계하던 슈만, 릭턴스타인, 클래먼, 에프런이 세운 회사)의 디자인이었다. 비록 일직선으로 솟아오르는 건물이긴 하지만 두에인 스트리트 105번지는 내닫이창 등으로 입면의 요철을 만들어 다채로운 조망을 제공하고 내부의 자그마한 판박이 같은 방들에도 좀 더 많은 형태적 변화를 주었다. 이 아파트 옆에는 존 칼 워넥이 1974년에 통신회사의 전화교환 장비를 수용하려고 창문 없이 설계한 거대한 분홍색 화강석 건물이 있다. 이 건물은 인근에 원자폭탄이 떨어져도 당시의 0세대 육·해상 통신망을 보호할 수 있을 만큼 충분히 강력하게 지어졌다고 한다. 대체로 헛된 시도이긴 했지만 무시무시한 느낌을 줄이려고 건축적으로 '조각적인' 외피를 입게 된 이 건물은 사실상 그 외피 말고는 아무런 내용도 없는 형태의 의미를 묻게 한다. 외지에서 온 많은 방문객들은 목이 빠져라 이 건물을 바라보지만 무엇인지 이해할 수 없다는 듯 어리둥절한 표정을 짓고 그 광적인 무뚝뚝함에 당혹스러운 경외감을 느낀다.

또 그 옆에는 헤어초크와 드 뫼롱이 설계하고 얼마 전 완공된 레너드 스트리트 56번지의 타워가 있다. 이 건물은 기존에 있던 두 건물을 형태적·개념적으로 혼합한 결과물이다. 물론 여러 각도에서 볼 때 매우 매력적인 오브제이고 지금도 그 매력이 건재하지만, 그럼에도 이 건물은 앞서 언급한 트라이베카 타워와 통신회사 타워를 만들어 낸 시대와 양식적으로 매우 흡사한 시대물처럼 느껴진다. 트라이베카 타워와는 슬래브와 채움재를 노출시킨 방식이 흡사하고, 통신회사 타워와는 형태를 밀고 당기는 방식이 흡사하기 때문이다. 확실히 상자를 쌓아 올리는 표현은 지극히 60년대적이어서(폴 루돌프와 모셰 사프디를 떠올려보라), 나는 이 건물을 볼 때마다 당시 컴퓨터도 없던 나의 학생 시절 건축 스튜디오로 돌아간 듯한 느낌이 든다. 당시 나는 제도판과 로트링 펜만 갖고서 상대적으로 쉬운 투영도법의 '객관성'(모든 치수를 축척에 맞추는 것)에서 영향을 받아 많은 프로젝트의 축측투영도를 그렸다. 그런데 레너드 56번지도 꼭 그런 식으로 설계된 모양새다. 요즘 일각에서 '매개변수(parametric)' 디자인의 심층적 의미에 대한 헛소리에 빠진 것처럼, 이렇게 형태와 표현법 사이에 나타나는 상호 관계는 건축이 외관과 브랜드화에 점점 더 집착하면서 완전히 가상적인 상태에 이르는 순간까지 되풀이될 것이다.

40년이 넘는 간격을 두고 지어진 이 세쌍둥이의 도버맨 건물은 우리 시대의 건축적 레퍼토리를 거의 완전히 묘사하며, 순수하게 시각적인 기준으로 그 의미를 해명하려는 시도가 기본적으로 타당하지 않음을 시사한다. 내가 (침대에 누워) 바라보는 각도에서는 저 세 겹의 타워들이 모두 정확히 같은 효과를 낸다. 하나같이 내 시야에서 하늘을 가리는 것이다. 레너드 스트리트의 건물은 '다른 어딘가'에 지어졌다면 훌륭해 보였을지 모르지만 여기서는 근본적인 도시성, 말하자면 협력의 감각과 상황적인 이해가 없다. 미드타운의 황폐한 초고층 타워들처럼 이 건물도 내부에서 보는 시야와 일정 거리를 두고 보이는 시야를 사로잡는 데에만 혈안이 되어 있다. 이 건물은 특권적인 나르시시즘에 빠져, 나와 시선을 주고받고 있는 것이다. 길거리에서는 건물의 효과가 분명하게 나타나는데, 도심의 멋쟁이들을 울리는 젠트리피케이션을 일으키기 때문이다. 젠트리피케이션에 애통해하는 그들의 목소리를 부자 좌파의 짝짓기 소리로 치부하며 조롱하는 사람들이 많지만, 지상에서 일어나는 바로 그 과정이야말로 비판의 가치를 느끼게 하는 핵심적인 현장이다. 미국적 자유주의는 좋은 사회(와 좋은 도시)를 단순히 열망에 따른 기회만이 아니라 일상적으로 기회가 주어지는 혼합의 장소로 이해한다. 하지만 이 건물들은 그런 혼합을 주인이자 고객인 하나의 계층(비즈니스 클래스!)으로 환원하면서, 혼합의 가장 중요한 차원인 사회적 차원을 제거해버린다.

체임버스 스트리트는 그 자체로 이런 종류의 분석을 하기에 좋은 대상이다. 이 거리는 시청 건물부터 허드슨강까지 뻗어 나가며 맨해튼을 양분하고 사실상 뉴욕시의 모든 지하철 노선을 가로지른다. 그리고 그 노선에 위치한 지하철 역사에서는 매일같이 공무원들이 밀물처럼 나왔다가 썰물처럼 들어가는데, 이처럼 뉴욕시는 진정으로 다양한 인구에게 기회를 제공하는 모범적인 고용주라고 할 수 있다. 이곳은 경쟁이 심해서 임대료가 상승 나선을 탈 때는 조금도 예외 없이 예측 가능한 수준에서 희생자가 생겨난다. 정말로 이 거리의 블록마다 네일샵이 한곳씩 들어서고 인근 거리에는 더 많이 들어설 만큼 네일아트 수요가 많은가? 그리고 거대하게 신축된 저 '유럽형' 제모샵에는 대체 누가 가는가? 나는 커뮤니티 칼리지 옆에 있는 고급 레스토랑과 시끌벅적한 패스트푸드점에 간다. 확실히 껌과 로또를 판매하는 것 이상의 용도가 들어서기 힘들어 보이는 비좁은 곳에 이런 식당들이 계속 있다는 건 의미 있는 일이다. 하지만 할인매장과 스포츠 바,◆ 치과의원, 모병소◆◆를 들락거리는 더 설명하기 힘든 인과의 흐름 속에서, 이 거리는 우리의 문화적 경제가 낳은 미세한 고고학적 장면을 제공하는 동시에 자본의 순환에 맞춰 섬세하게

◆ 텔레비전으로 스포츠를 시청하면서 술을 마실 수 있는 주점이다.
◆◆ 미군 지원자를 모집하는 곳을 말한다.

조율된 감성을 보여준다. 여기에 있던 핫도그 노점상과 와인 가게와 철물점은 이미 사라졌다. 하지만 그 자리는 재벌이 지원한 분양아파트와 1만 개의 밀레 가전제품이 새로 차지했다!

1퍼센트의 공격적인 멋내기가 소득 격차의 증가를 드러내는 가장 가시적인 징표라면, 그 격차를 메우기 위한 가장 중요한 노력은 '포용적' 지역지구제를 통해 적정가 주택을 늘리는 일이다. (블룸버그 행정부에서 처음 시도되었고 현재 디블라시오 행정부에서는 더 열렬히 시도 중이다.) 이 전략은 영웅적인 동시에 전망이 우울하다. 영웅적인 이유는 그게 집세 상승으로 완전히 내쫓길 위험이 있는 인구 — 도시를 공유할 모든 권리를 갖고 있고 도시가 기능하려면 없어서는 안 될 인구 — 를 보호하고 집을 제공하려는 정직한 노력이기 때문이다. 전망이 우울한 이유는 그러한 노력이 최대한 성공을 거둔다 할지라도 위험에 처한 인구의 주거 상실을 막는 속도보다 시장이 훨씬 더 빠르게 기회를 잠식해갈수록 실제로 적정 비용을 부담할 수 있는 주택은 더 줄어들 것이기 때문이다. 게다가 그보다 더 우울한 것은 마치 근본적으로 우리 민주주의를 위한 게 아닌 것처럼 이뤄지는 양자 간 거래 방식이 소위 말하는 '공공-민간 파트너십'의 사고방식에 퍼져있다는 사실이다.

그건 매우 공화당적인 사고방식이며, 모든 노력은 그 가치가 얼마나 기본을 웃돌든 간에 결국 자체적인 자금 조달력에 대한 지극히 국지화된 검증을 받아야 한다고 생각하는 것이다. 그로 인한 결과는 다양하다. 새로운 브루클린 브리지 공원 한복판에 분양아파트를 짓기도 하고, 뉴욕시 주택공사 프로젝트에 남아있는 잉여 부지에 '시장 요율'의 주택을 짓는 이상한 (그리고 반대에 부딪히는) 변종이 생기기도 하며, 그런 건설이 담보하는 수익성과 건설에 따른 가격 상승이 인근의 기존 적정가 주택에 비해 장점보다 단점을 더 많이 가져올 가능성에 대한 의문이 해결되지 않아 고민하는 동네도 나타난다. 그것은 많은 상업활동 촉진지구와 보존 단체(고전적 사례로는 그랜드 센트럴 파트너십과 센트럴파크 보존 단체가 있다)에 이면의 동기를 제공하는 개념이자, 부유한 동네만 불균형적으로 선호하는 '공적' 개선을 위해 자진 부담금을 징수하는 책략이기도 하다.

뉴욕의 건축은 오랫동안 형태와 공식의 변증법 속에서 기초를 세워왔다. 트럼프 일가를 비롯한 여러 개발업자에게 많은 혜택을 준 세금 혜택과 보조금 같은 걸 통해서든 아니면 지역지구제법의 비결을 영리하게 조작해서 얻는 형태를 통해서든, 도시의 시스템을 게임처럼 만든 결과 비범하면서도 혐오스러운 작업이 계속 이뤄지고 있다. 우리의 도시계획은 양화와 악화를 모두 구축하는 협상의 도시계획이며, 거래의 건축이다. 그리고 그 거래는 늘 공적 이익과 사적 이익 사이에서 이뤄진다. 이는 올바르고 적절하지만, 문제는 누가 늘 가장 강력한 카드를 쥐고 있느냐에 있다. 카드가 공익을 거스르는 방향으로만 계속 쌓이는 건 결코 제로섬 게임이 아니다.

— *Metropolis*, July 2016.

25
맨해튼 트랜스퍼[◆]

"돈을 따르라"는 말은 출처가 의심스럽긴 하나 워터게이트 사건 당시 미스터리를 풀 열쇠로서 익명의 제보자가 언급했다고 알려진 불멸의 표현이다. 도시를 이해하려면 이와 비슷한 범죄수사대적인 눈을 동원할 필요가 있다. 도시 형태학은 현금의 흐름을 구체적이고 정밀하게 지도화하며, 뉴욕의 스카이라인은 투자 규모와 수익을 직설적으로 보여주는 막대그래프다. 부동산 제조업(누군가는 이걸 별스럽게도 '건축'이라고 부른다)은 우리의 으뜸가는 산업이요, 거래의 기술이자 우리의 창조성을 만들어 내는

[◆] '맨해튼 트랜스퍼'란 말은 여러 의미를 연상시키는데, 첫째는 1910년부터 1937년까지 뉴욕과 저지시티 사이에 있었던 철도 '환승역'이다. 둘째로는 존 더스패서스가 1925년에 발표한 동명의 소설이 있는데, 이 소설은 1920년대 뉴욕시에서 벌어지는 여러 인물의 이야기를 몽타주 기법으로 풀어 냈다. 셋째로 이 말은 2008년 금융위기 이후 구조조정 당한 월스트리트 금융기관 종사자들이 오바마 정부에서 일했다가 다시 민간으로 복귀한 '이직'의 의미로 쓰이기도 한다. 넷째로는 소킨이 뉴욕시의 개발 행태와 관련해 문제 삼는 공중권 '양도' 개념과 관련이 있다.

중심점이다. 돈은 단지 말만 하지 않는다. 돈은 설계자다. 그리고 대부분의 미국 도시에서 '계획'은 거의 전적으로 차액을 노린 공간적 거래 과정을 정교하게 개발하는 데 헌신한다.

현재 맨해튼 수변에서는 이 복잡한 관계망에 명료성과 불투명성을 훌륭하게 결합하는 프로젝트가 진행 중이다. 뉴욕 도시계획의 의도와 결과 사이에 벌어지는 변덕스럽고도 계산된 충돌을 드러내는 이 프로젝트의 이야기는 1985년 9월부터 시작한다. 당시는 40번가부터 배터리 파크에 이르는 맨해튼 해안선을 허드슨강 쪽으로 400피트(120미터 남짓) 밀어서 땅을 확보하겠다는 어리석기 짝이 없는 웨스트웨이 계획이 발표된 때였다. 이 거대한 개간지 밑에는 역사상 단위마일당 비용이 가장 비싼 주간 고속도로가 자리 잡아 영구적으로 녹슨 웨스트사이드 고속도로를 대체할 예정이었다. 도시계획가들은 가능한 한 가장 사치스러운 계획을 '물색'하고 있었고, 이 계획은 (넬슨 록펠러와 에드 코치, 현 쿠오모 주지사의 아버지, 그리고 대니얼 패트릭 모이니한을 비롯한) 공무원과 개발업자 공동체, 건설노동조합의 강력한 지지를 받았다.

웨스트웨이 계획은 시각적인 수사법과 유혹적인 잔디밭 이미지들을 활용했지만, 관건은 돈벌이에 있었다. 연방 정부가 21억 달러(현재 가치로는 100억 달러)의 비용 중 90퍼센트를 부담할 예정이었고 그랬다면 뉴욕시는 역사상 가장 큰 규모의 물리적 재산인 27만 평의 새 부동산을 (27만 평 중 12만 평은 공원용, 나머지는 자유사격장 개발구역으로) 얻었을 것이다. 그 규모가 몹시 인상적이지만, 그런 기세는 널리 공유되던 상황이었다. 전국의 도시들이 정부 자금을 손에 넣으려고 (종종 다채로웠던) 유연한 조직망에 고속도로를 밀어 넣으며 도시적 자살을 감행하고 있었고, 이런 흐름에서 뉴욕은 (로버트 모지스 시대를 정점으로) 압도적인 선두를 달리고 있었던 것이다.

웨스트웨이 계획은 환경보호주의자와 대중교통 옹호자, 지역사회 활동가, 진보성향 정치인이 뭉친 연합의 반대를 받았지만, 결국 그 매립지가 허드슨강의 줄무늬농어 개체수에 부작용을 끼칠 수 있음을 고려하지 않았다는 연방법원의 판결로 인해 좌절되었다. 가까스로 관철된 이러한 결정은 도시 고속도로를 둘러싼 투쟁의 전환점이 되었다. 벨라 앱저그가 후원해 발의된 법안은 고속도로 건설 자금을 대중교통 예산으로 전환시켜 다른 지하철과 버스, 보행자에게 큰 혜택을 줄 수 있었고, 샌프란시스코부터 시애틀에 이르는 다른 도시들도 수변 고속도로를 철거하기 시작했는데 이런 트렌드는 지금까지 계속되고 있다.

오늘날 우리에겐 웨스트웨이 대신 육상 '대로(大路, boulevard)'가 있다. 비록 수십억 달러가 더 싸긴 해도 가로수가 줄지어있고 장식용 조명이 빛을 밝히는 대로 말이다. 물론 이 대로도 여전히 이러한 특별한 거래 이익에 굴복할 위험에 너무 크게 노출되어있지만 말이다. 하지만 이 도로의 수변을 따라 흐르는 아름다운 미완성의 허드슨강 공원은 (수요를 충족할 만큼 큰 규모와는 거리가 멀긴 하지만) 완공에 가까워질수록 내구성을 갖추며 큰 즐거움을 선사하고 있다. 방법적인 차원에서, 이 공원은 웨스트웨이의 원리를 재생산하면서 전복시킨다. 웨스트웨이 계획은 공익적인 차원에서 (고속도로와 공원을 위한) 공공 자금을 활용함과 동시에 사적인 부를 축적할 기회를 만들어 내자고 제안했다. 사적인 부가 토지 판매수익과 부동산세의 형식으로 공적으로 회수될 거라는 이론이었다. 다른 한편으로 현재의 공원은 공적 용도를 위한 공공 자금을 상당히 들여 지어졌음에도 미래 자금을 확보하려면 민간 자본을 직접 유치할 수밖에 없는 만큼 정확히 공적인 사업은 아니다. 이 위태로운 '공공-민간 파트너십'의 패러다임은 현재의 공화당 집권기에 기본적인 '공공' 개발 전략이 되었고, 시민들의 생활 깊숙이 거래의 문화(이 공원에서는 말 그대로 놀려면 돈을 내야 하는 문화)를 심어놓았다.

'일반 세입'을 위한 진보적 과세의 특징은 이론적으로 '모두의 필요에 맞게 모두에게서 능력껏' 거둔다는 공평성에 입각한 주장을 구현한다. 미국의 시스템이 과세에서나 분배에서나 모두 심각하게 왜곡되어있는 상태라면, 그 모두의 필요와 능력은 민주적인 방식으로 결정되는 걸 원칙으로 한다. 하지만 안타깝게도 민주주의가 금권주의로 기울어질 때 일어나는 필요와 능력의 왜곡은 불가피하게 공적 수요와 어긋나는 결과를 키우게 된다. 그렇게 시스템이 점점 더 퇴보할수록, 공익의 문제는 더욱더 집단적 책임이 아닌 인도주의에 따른 선택적 처방 — 선택적 이타주의 — 에 내맡겨진다. 사적인 부의 축적을 선호하도록 설계된 세법은 (필연적으로 낙수효과에 의존하는 공공복지를 동반하면서) 부의 공적 처분에 대한 질문을 피해간다. 이 문제를 개인의 이익에 맡김으로써 자선과 죄책감과 탐욕과 과세 공제를 해결할 뿐만 아니라, 그 부가 코크 형제와 빌 게이츠, 앤드루 카네기, 록펠러 가문과 포드 가문, 또는 클린턴 재단에 속하는지의 여부에 따라 다양한 수준의 정치적 권력을 취하게 만드는 것이다. 부의 공유나 '재분배'를 악마화하는 수사법은 그 야비함의 크기만큼 지속된다. 버니 샌더스가 결국 대선 후보가 되지 못한 이유 중 하나도 높은 과세에 대해 우리가 일반적으로 갖는 반감에 있다. 북유럽식 '복지 국가'(모든 시민이 복지의 왕이나 여왕인 국가!)의 큰 정부가 '나눠주는' 지원금이 개인의 진취성을 말살해버린다는 유언비어가 흘러나오지 않던가.

심지어 '리버럴'한 뉴욕에서도 모든 걸 거래로 취급하는 트럼프주의를 정책으로 내면화해온 지 오래다. 공공 투자로 얻은 '수익'은 단순히 (총 지자체 행복지수 따위로?) 정량화해선 안 되고 말 그대로 '통화화(monetize)'해야 한다는 정책 말이다. 이러한 계산은 도시를 계획하고 개선하는 실천에 근본적으로 영토적 한계를 부여하는 신비로운 교환과 보너스 시스템의 기틀이 된다. 그 결과 우리는 이제 사실상 모든 공적 기획이 명백히 '본전을 뽑는다'고 주장한다. 물론 승자가 전리품을 취하는 트럼프의 신제국주의적 제안도 대략 자기금융(self-finance)◆으로 일컬어지는 방식으로 본전을 뽑을 수는 있지만 그런 경우는 제외하고 말이다. 그래서 우리는 공공주택을 건설하는 대신 포용적 지역지구제를 택하고, 공교육 대신 차터 스쿨과 상승하는 대학 등록금을 택하며, 공공의료 대신 탐욕스러운 시장의 혼란과 미흡함을 택한다. 이렇게 난잡한 뉴욕을 만드는 우리에겐 '사적으로 소유된 공적 공간(privately owned public space)'을 뜻하는 '팝스(POPS)'라는 모순적인 용어가 있다. 그것은 빛과 공기, 세입예산, 공평성, 자부심과 맞바꾼 통화로 구매된 많은 광장과 로비(그중에는 여기저기의 트럼프타워들도 있다!)로 이뤄진 슬픈 군도다.

모든 거래는 그로 인해 누가 이득을 보느냐는 질문을 남겨놓는다. 근사한 브루클린 브리지 공원의 시야를 가리며 현재 그 한복판에 지어지고 있는 고급 아파트는 너무 비싼 대가를 치르는 것일까? 수수께끼는 답보다 그 질문 속에 있다. 대가를 치르는 건 불연속적으로 파편화된 공적

◆　기업이 자본 지출을 유보하거나 주식 배당과 같은 방법으로 현금을 쌓아두는 것을 말한다.

공간이란 개념이기 때문이다. 더 나아가 이 질문의 너무도 명백한 함의는 그런 공간이 '이미 성공한' 인근 환경의 가치를 어떻게 끌어와 활용하느냐에 따라 그 위치와 특질이 결정된다는 점이다. 투자는 자기 이익에 복무함과 동시에 인접한 부동산 가격과 묶여 손쉽게 회수되기 때문에 사적인 돈이 센트럴파크에 무더기로 투입되고, 브루클린에 저 고층 분양아파트들이 올라가며, 하이라인은 번성하고, 배리 딜러♦는 자신의 사무실 창밖에 바로 보이는 공원 부두 사이의 '미개발'된 허드슨강에 말뚝을 박고 환상의 섬을 짓고 싶어 한다.

　　브루클린 브리지 공원처럼 허드슨강 공원도 신탁(trust)이 집행을 맡는다. 신탁은 누군가의 재산 — 이 경우에는 뉴욕시와 뉴욕주의 재산 — 을 다른 누군가가 관리하는 법인이다. 허드슨강 공원 신탁은 파타키 주지사가 재임하던 시절인 1998년에 주의회가 만들었고, 공식적으로 13인의 이사진이 통제한다. 이사진 중 5인은 뉴욕주지사가, 다른 5인은 뉴욕시장이, 나머지 3인은 맨해튼 자치구청장이 임명한다. 하지만 이 신탁의 이사회는 더 크고 아마도 더 중요한 이사회인 '허드슨강 공원의 친구들(Friends of Hudson River Park)'이라는 독립 조직의 지원을 받는다. 이 조직은 지속적인 건설과 유지관리를 위한 모금을 맡고 있는데, 크게는 투자은행가와 부동산 전문가로 이뤄져 있다. (그리고 문화적 분위기를 띄우기 위한 인사로 마사 스튜어트와 모모푸쿠 레스토랑으로 유명한 데이비드 장이 이 조직에 참여하고 있다.) 두 이사회를 지휘하는 매들린 윌스는 2011년부터 이 신탁의 대표 겸 최고경영자를 맡고 있으며, 뉴욕시 경제개발공사와 로워 맨해튼

♦　인터랙티브 코퍼레이션의 회장. 폭스 방송사와 유에스에이 방송사를 설립했다.

개발공사에서 오랫동안 임원으로 근무하고 로워 맨해튼 지역사회 제1이사회 회장을 맡아 많은 인맥을 구축한 영민한 인물이다.

월스가 이사회 지배권을 갖게 된 이유는 신탁이 자기금융을 한다는 법적 조건에 묶이면 공원이 파산한다는 사실에 대처하기 위해서였다. 따라서 그녀의 임무는 이 공원의 운영을 단순히 감독만 하는 게 아니라 최우선으로 '남아있는 상업 거점들을 개발함으로써 이 공원의 향후 재정 자립도를 보장하라'는 신탁 측의 지시를 충족하는 것이다. 이런 '거점'들에는 신탁이 통제하는 상업용 부두 시설(첼시 부두 종합운동장, 뉴욕 워터웨이 연락선 터미널, 인트레피드 항공우주박물관 등)이 현존하고 있을 뿐만 아니라 아직 지어지지 않은 다른 미개발 부두 작업(또는 딜러 스코피디오가 설계한 섬 같은 새로운 부두와의 거래)도 이뤄질 가능성이 있다. 이런 식으로 신탁이 소유한 최대 자산은 원래 홀랜드 아메리카 노선의 종착역이었던 1만 8천 평 남짓의 40번 부두다. 이곳은 그리니치빌리지와 트라이베카 사이에서 남다른 매력을 풍기는 장소인데, 그 동쪽에서 최근 급성장 중인 '허드슨 스퀘어'는 새로운 브랜드화와 새롭게 적용되는 지역지구제 속에서 과거의 산업 유산 대신 '창조적'이고 기술적인 용도, 고급 주택을 유치하고 포틀랜드처럼 허드슨강 강변에 갖가지 편의 시설을 곁들이는 개발을 부추기고 있다. 40번 부두에 들어가는 비용은 현재 허드슨강 공원 신탁의 세입 예산 중 30퍼센트가량을 차지하지만(뉴욕시에서 가장 훌륭한 부지 중 하나 치고는 정말 어리석게도, 그 비용은 주로 거의 2천 대에 달하는 차량의 주차에 쓰이고 있다), 이 부두는 쇠락 중이며 광범위한 재생이 긴급히 요청된다. 40번 부두는 뉴욕시에서 여가 활동 공간이 가장 적은 곳에 속하지만 그나마 몇 군데 있는 대형 경기장이 크게 사랑받는 곳으로 유명하다. 이 특별한 고

수익 투자 상품에서 틀림없이 어떤 식으로든 수익을 짜낼 시도가 이뤄질 것이다.

그래서 새롭게 부임한 윌스와 이사장 다이애나 테일러는 당시 소멸 직전이었던 '허드슨강 공원의 친구들'의 통제권을 쥐고 부유한 후원자들을 끌어왔다. 그 결과 혼란도 뒤따랐는데, 우버 개발자 더글러스 더스트는 40번 부두에 주택을 짓겠다는 신탁 측의 계획에 반대하며 더 많은 수익을 올릴 수 있는 상업적인 계획을 주장하다가 2012년에 신탁에서 제명되었다. (하지만 그는 순순히 나가지 않았다.) 실제로 수년간 다양한 부두 계획안이 경쟁적으로 제출되었는데, 그중에는 사무실과 주택, 쇼핑몰, 테마파크, '태양의 서커스(Cirque du Soleil)'를 위한 영구적인 공연시설, 더 많은 주차 공간, 뉴욕대학교의 확장 등 엄밀히 말해 공원에 어울리지 않는 용도의 계획이 포함되어 있었다.

하지만 40번 부두는 이곳에 개발이 '없음'을 홍보함으로써 역으로 공중권을 통해 이익을 얻을 수도 있다. 지금껏 그러기가 어려웠던 주된 이유는 뉴욕의 공중권 규정상 다른 부지로의 공중권 양도는 하나의 블록이나 지역지구제 구획 '안에서만' 할 수 있도록 제한되었기 때문이다. 그러니까 40번 부두의 권리는 오로지 그 부두 자체에만 적용될 수 있었다. 하지만 주 의회에서 허드슨강 공원법(Hudson River Park Act)을 수정한 결과, 2013년부터는 59번가에서 카날 스트리트까지 이어지는 허드슨강 공원의 육지 쪽 경계인 웨스트 스트리트 이면에서 한 블록 깊이 이내에 위치한 '(공중권) 수령 대상지'들로 공원의 공중권을 양도할 수 있게 되었다. 이렇게 수정된 규정은 허드슨강 공원에서 가장 큰 수입원을 확보하면서도 허드슨강 공원 신탁과 뉴욕시, 뉴욕주, 개발업자 컨소시엄 간에 이미 특정한 거래를 가능케 하는 데 중대한 역할을 했다. (참여한 개발업자 중 한 명인 마이클 노보그라츠는 뒤이어 자신의 지분을 팔아 이윤을 냈고 우연히 이 공원의 후원 이사회인 '친구들'의 회장이 되었다.) 20만 제곱피트(5,620평)의 개발권을 웨스트 스트리트의 바로 건너편에 있는 한 부지로 양도하면서, 한때 하이라인의 끝점이었던 이곳에는 이제 세 블록에 걸친 어마어마한 크기의 세인트존스 터미널 빌딩이 들어섰다. (그리고 아주 흥미롭게도 이곳에 입주한 주요 기업 중에는 블룸버그 전 뉴욕시장의 회사가 있다.)

이러한 다자간 협상 전반에서 핵심적인 역할을 한 중개자는 제임스 카팔리노의 홍보회사다. 카팔리노는 빌 디블라시오 뉴욕시장에게 오랫동안 기부를 해왔고 그를 위한 정치자금을 모금해온 그의 친구였다. 카팔리노는 2015년에 뉴욕시의 대표적인 그 어떤 민간 로비스트보다도 더 많은 돈(1,290만 달러)을 모금했다. 그는 요즘 뉴스에 많이 등장하고 있는데, 뉴욕시가 로워 이스트사이드에서 과거 리빙턴 하우스 에이즈 요양원에 적용되던 권리 양도 규제를 철폐하고 이곳을 고급 분양아파트로 용도 변경하는 과정에서 해결사 역할을 한 것으로 지목되었기 때문이다. 카팔리노는 이 건물의 소유주인 비영리기구 빌리지케어의 대표이며, 빌리지케어는 이 건물을 영리 요양원 회사인 얼루어 그룹에 팔았다. 얼루어 그룹은 규제가 철폐된 만큼 가격을 뻥튀기한 건물을 슬레이트 프로퍼티 그룹에 넘겨 (『월 스트리트 저널』에 따르면) 에누리 없는 7,200만 달러의 이윤을 챙겼다. 카팔리노는 이제 중국 개발업체 대련만달(Dalian Wanda)을 위해 일하는데, 대련만달은 리빙턴을 사들인 컨소시엄의 일부인 중국만과(China Vanke)와 파트너 관계에 있다. 8월 말에 디블라시오는 뉴욕시 행정부가 인정한 권리 양도 거래에 대해 아무것도 모른다고 주장하면서 한때 그의 기금 모금자였던 카팔리노와의 관계를 다음과 같이 끊어버린다. "저는 카팔리노 씨와 접촉하지 않았습니다. (……) 그와는 더는 연락하지 않아요."

『디엔에이인포』◆의 대니얼 촐라키언은 정치전문지『폴리티코』가 정보공개법에 따라 요청해 입수한 문서를 부분적으로 참고해 사건의 흐름을 정리했는데, 이에 따르면 카팔리노는 2014년 1월 말 (뉴욕시장 취임식 직후에) 제1부시장 앤서니 쇼리스에게 이메일을 보내면서 칼 와이스브로드에게도 참조용 사본을 보냈다. 그 후 '일주일 뒤'에 와이스브로드는 도시계획 위원장으로 임명되었다! 그 이메일 내용은 아래와 같다.

> 앤서니, 지난 12개월간 우리 회사는 매들린 윌스와 함께 제안서 하나를 작성해왔습니다. 이 제안은 우리의 고객인 아틀라스 캐피탈이 기부한 1억 달러를 허드슨강 공원 신탁에 맡겨 40번 부두를 여가용으로 계속 쓸 수 있게 재생하고 안정화하는 자금을 마련하자는 것입니다. 우리는 뉴욕주가 후원하는 총괄 프로젝트 계획을 통해 세인트존스 터미널 위를 건너는 주거 프로젝트를 엠파이어스테이트 개발공사(ESD) 프로젝트로 만드는 것에 대해 논의 중입니다.

사실 신탁과 엠파이어스테이트 개발공사 그리고 개발업체는 이미 2013년 12월에 공중권을 보장하려는 목적으로 프로젝트의 규모와 1억 달러 가격을 고정시킨 비밀 양해각서에 서명한 상태였다.『크레인의 뉴욕 비즈니스』에 따르면, 이 양해각서는 블룸버그 행정부가 끝나가던 당시 경제개발 부시장 로버트 스틸이 서명한 것이었다. 블룸버그(그리고 윌스와 와이

◆ 뉴욕시와 시카고에서 지역 뉴스를 다루던 온라인 신문으로, 2017년까지 운영하고 폐쇄되었다.

스브로드)는 '총괄 프로젝트 계획'의 용도를 명백히 지원하고 이를 엠파이어스테이트 개발공사가 감독하게 했는데, 이 계획은 개발업체가 뉴욕시의 까다로운 표준 토지이용 검토과정(Uniform Land Use Review Process)을 회피하기 위한 수단으로 (카팔리노의 회사가 하던 수많은 로비를 통해) 열렬히 추구하던 과정이었다. 개발업체는 그렇게 해야 승인을 얻는 데 드는 시간과 자금을 많이 절약할 수 있을 거라고 믿었다.

뉴욕주와 뉴욕시, 신탁, 그리고 개발업체 간에 이뤄진 협상들은 카팔리노의 지속적인 물밑작업을 매개로 카메라 앞에서 밝은 모습을 보이며 진행되었다. 하지만 2015년 5월에 그 비밀 양해각서가 공개되면서 아연실색해하는 반응이 터져 나왔다. 맨해튼 자치구청장 게일 브루어는 "충격받았다는 말로는 우리 모두가 받은 느낌을 이루 다 표현하기 어렵다"고 했다. 그뿐만 아니라 부두 위의 주택 건설에 반대하는 투쟁을 이끌며 공중권 양도 법안을 지지했던 주의원 데보라 글릭도, 언론과 대중도 모두 그런 반응이었다. 그러자 디블라시오 행정부는 입장을 180도 바꿔 (아군이 누구인지를 분명히 아는) 개발업자의 즉각적인 동의를 받았고 그 양해각서와 총괄 프로젝트 계획 경로를 철회한 뒤 표준 토지이용 검토과정을 밟게 되었다.

현재 거의 마무리 단계에 이르고 있는 표준 토지이용 검토과정은 원래 개발업체의 계획과 환경영향평가 초안보고서를 접수한 날부터 법정 기간인 200일 동안 이뤄진다. 이 과정은 그 계획의 영향을 받는 공동체 위원회(community board)인 CB2를 비롯해 맨해튼 자치구청장, 뉴욕시 도시계획 위원회, 뉴욕시의회, 그리고 마지막으로 뉴욕시장이 연이어 검토한다. (뉴욕시 도시계획 위원회는 공청회를 열 의무가 있고, 실제로 8월 26일에 공청회를 열었다. 시의회는 공청회를 열 수 있지만 그게 의무사항은 아니다.) CB2와 자치구청장은 (거부를 포함한) 권고를 내릴 권한이 있지만 이런 권고에는 구속력이 전혀 없다. 뉴욕시 도시계획 위원회와 시의회 그리고 뉴욕시장은 실제로 힘이 있지만, 이 프로젝트는 도시계획 위원장과 (현재 막판의 큰 영향력을 발휘하고 있는) 야심 찬 지방의원 코리 존슨, 그리고 뉴욕시장이 오랫동안 그 거래를 강력하게 지지해온 경우다. 그리고 CB2와 브루어 자치구청장, 도시계획 위원회의 소수 위원들, 그리고 그 많은 공동체 주민들(이 거래를 활용해 계획 대상지의 바로 북쪽에서 그리니치빌리지의 큰 부분을 차지하는 구획을 보존하려고 열심히 노력해온 그리니치빌리지 사적보존협회 등)의 반발이 최종 결과에 실질적인 영향을 줄지는 분명치 않다. 실제로 그들의 관심사는 도시계획 위원회에 거의 영향을 주지 않았고, 2016년 10월에 도시계획 위원회는 실질적인 변화 없이 이 프로젝트를 승인하기로 표결했다.

이렇게 제안된 개발 계획은 해당 부지의 기존 지역지구제와 근본적으로 어긋나기 때문에, 뉴욕시 도시계획국(정치적으로 임명되는 뉴욕시 도시계획 위원회에 보고하는 정부 기관)은 '허드슨강 공원 특별지구'를 정의하는 개정된 지역지구지도를 작성했다. 이 특별지구는 공중권을 양도받아 허용 가능한 용적을 크게 늘리고, 지정된 용도를 바꾸고, 추가적인 주차 공간을 허용하고, 인근 건축물의 규모와 성격을 지배하는 '맥락적' 제한(예컨대 한 블록 떨어진 허드슨 스퀘어 특별지구를 만들 때 개정된 규제 등)을 받지 않은 채 건축할 수 있는 곳이다. 행정부는 이 새로운 공중권 수령 대상지의 요인들에 기초해 이 프로젝트를 의무화된 포용적 지역지구제에 포함시킬 것이고, 그에 따라 개발업자는 적정가 주택을 의미 있는 비중으로 혼합해 제공할 의무가 있다. 하지만 이 경우에도 대상지에서 허용 가능한 용적은 더 늘어난다. 표준 토지이용 검토과정의 최종 단계는 이런 지역지구제의 변화를 승인하느냐 거부하느냐 또는 변경하느냐를 결정하는 것이다. 이런 변화가 통과되면 그 거래를 완성하는 법적 공간이 마련될 것이다.

그럼 그 프로젝트는 어떠한가? 그 디자인은 뉴욕시의 허세 가득한 각종 계획 — 네모난 대형 상점, 방대한 주차 공간, 초고층 타워, 그리고 진정 기괴한 '정당한 권리의' 대안적 계획(이 거래가 실패한다면 특별한 승인 없이 지을 수도 있다며 개발업자가 기본적으로 늘어놓는 으름장) — 의 핵심에 놓인 '형태는 자금을 따른다'는 사고방식을 특별히 완숙하게 변주한 것이다. 이 프로젝트의 계획들은 1억 달러의 거래를 성사시키겠다는 신탁의 일차적 필요에 근거해 교묘하게 역설계된 것으로, 나중보다는 지금 거래하는 게 낫다는 인식에 이끌리고 있다. 지금 거래하지 않으면 CB2로 추가적인 공중권 양도가 이뤄질 때 그에 대한 공적 저항이 격렬하게 일어날 것이고, 그렇게 되면 수변 어딘가의 다른 공동체로의 양도도 어려워질 거라는 판단 때문이다. 실제로 이 계획에 대해 최근 반발한 CB2와 자치구청장은 공원에서 인접한 동네로의 공중권 양도를 최대 20만 피트(60킬로미터) 이내로 엄격히 제한할 것을 구체적으로 요구해왔다.

건축적으로 보면 이 계획은 (비록 좋은 건축가들의 작업이긴 하지만) 나쁜 계획이다. 전체적인 윤곽과 특수한 세부사항 모두가 그렇다. 그중에서도 특히 나쁜 것은 CB2 역사상 최대 규모의 프로젝트가 들어서게 될 그 특별지구가 40번 부두를 포함한 주변과 거의 완전히 단절되어 있는데다 미래의 변화를 예측하고 인도하는 계획이 전혀 없다는 점이다. 예컨대 많은 이들이 염원하듯 세인트존스 빌딩과 그 뒤편 블록에서 같은 길이로 평행하게 이어지는 단층의 유피에스(UPS) 시설이 지워버린 가로망을 복원하는 계획이 여기에는 없다. 사방에서 일어나는 활발한 개발은 (미래의 물류 기술 발달과 더불어) 결국 유피에스(와 인근의 페덱스)를 압박하게 될 것이다. 그렇다면 현재 지워져 있는 가로망을 복원하고 공원과 학교를 포함해 새롭게 조성되는 이 블록들에서 무슨 일이 일어날지를 생각하며 그에 대비한 '계획'을 확실히 해야 할 것이다.

현재 상정된 계획안은 분명 일부러 너무 많은 걸 채워 넣는 식의 부정적 특성으로 가득할 뿐만 아니라 보다 긍정적인 협동의 활로가 열릴지도 모르는 일련의 교묘한 결핍도 담은 첫수였다. 예컨대 개발업자 측에서 계산한 바로는, 이 프로젝트의 공적인 공간 요소가 너무 희박해서 지역민 1인당 누리는 공공 공간이 줄어들게 될 것이다. 환경영향평가 초안 보고서는 대단히 의심스러운 데다가 이 엄청난 규모의 개발이 사실상 교통과 일조권, 공공 서비스, 기타 중대한 기반시설에 심각한 역영향을 미치진 않을 거라고 쾌활하게 결론을 내린다. 이에 못지않게 무책임한 것은 개발업자가 수천 명의 새 입주민 가운데 아동들을 수용할 학교 하나도 포함하지 않으려고 오랫동안 저항해왔다는 점이다. 마지막으로 이 계획은 의무적인 적정가 주택들의 내부적 분배(와 실제로 가격이 얼마나 적정한가)에 대해 애매한 태도를 취한다. 비록 노년층을 위한 작은 단위세대들이 유피에스 차고에 면한 단일 건물에 집중될 예정으로 보이지만 말이다. (발표 자료는 초대형 건물들의 규모를 파악하기 어렵게 하는 노상의 투시적 관점들을 잔뜩 동원해 건물 뒤편의 진기한 임대아파트 하나를 억지로 묘사하고, 거기에 주변의 분양아파트들 사이로 희미하게 물이 보이는 장면을 엮어 넣는다.)

이 모든 문제는 개정안에서 다뤄질 수 있고, CB2와 브루어 자치구청장 모두 조정을 요구한 바 있다. 하지만 그중 가장 강력한 안에서도 침몰하는 타이타닉호에서 갑판의자를 재배열하는 것만큼이나 애처롭기

그지없는 계획을 하면서 결국 교묘하게 잘못된 방향으로 빠져들고 만다. 부정할 수 없이 명백한 사실은 이 프로젝트의 규모가 지나치게 크다는 점이다. 그중 가장 높은 128미터짜리 타워는 주변 건물 조직보다 세 배나 높아 확실히 동네를 무척 왜소하게 만들고 왜곡하는 효과가 있으며, 이와 같은 타워들이 들어설수록 앞으로 동네는 더 압도당할 것이다. 이 단지는 허드슨강 강변 전체의 윤곽과 리듬을 돌이킬 수 없게 바꿔버릴 것이다. 이 새로운 타워들은 현재 첼시부터 트라이베카까지 자연스럽게 이어지는 역사적인 중·저층의 스카이라인에 경멸적인 태도를 보이며 끼어들고 있다. 하지만 진정 '맥락적인' 해법이라면 단순히 기존 거리 벽체의 규모를 확장해 15층 정도의 높이로만 지을 것이다. 도시주의적인 관점에서 보면 분명 그런 방향을 취하는 게 옳다.

브루어는 맨해튼 자치구청이 발행한 보고서에서 다소 애석해하면서도 분명하게 진술한다. 그녀는 뉴욕시가 공공시설의 직접적인 자금 지원을 위해 민간 자본을 이용한 개발에 의존하는 걸 받아들이며 "개발업자는 어떤 공익보다도 사익을 우선시한다"고 말한다. 그렇다, 그래서? 아아, 그 어떤 공공단체도 공무원도 이런 사익의 표현에 기대어 공공 수익을 올리는 거래를 거부할 의지는 없어 보인다. 1억 달러로 40번 부두를 보수하고, '최대' 476세대까지 적정가 주택을 공급하고, CB2의 뒷마당으로 더 많은 용적률을 양도하는 것에 대한 규제도 거부하고, 인근 사우스빌리지에 랜드마크를 짓도록 도와주는 이런 결정은 공식적으로 독립된 또 다른 기관의 책임이다. 협상이 막판에 이를수록, 예측 가능한 다양한 수가 펼쳐지고 있다. 대주주인 웨스트브룩 파트너스(아틀라스는 여전히 소수 지분만 갖고 있다)는 얼마 전 공지하기를 주택 시장이 쇠락하고 있어서

이 프로젝트를 '재고하는' 중이며 그들의 '정당한 권리로써' 순전히 상업적인 계획으로 되돌려야 할지도 모른다고 했다.

게다가 『크레인의 뉴욕 비즈니스』는 웨스트브룩이 사실상 이 계획 대상지에 맞는 지분 참여자를 찾고 있다고 보도한다. 이는 주거 용도를 전적으로 내버리겠다는 위협을 암시적으로 강화하는 것이자 이 계획 이면에 놓인 진짜 속셈을 거의 분명하게 보여주는 것이다. 프로젝트 규모를 한껏 키워 승인을 얻고 모든 걸 뒤집은 다음 현금을 갖고 달아나려는 속셈 말이다.

공공과 민간의 화합이라는 꽃목걸이는 구역질 나면서도 흥분에 찬 아이러니의 순간들을 계속 만들어 낸다. 뉴욕시 도시계획 위원회(의장, 칼 와이스브로드)는 9월 19일에 공청회를 열면서 뉴욕시 도시계획국(국장, 칼 와이스브로드)의 답변을 듣는 데 몇 분을 할애했다. 그 답변이란 그들의 8월 회의에서 이 프로젝트에 대해 제기된 질문에 대한 답변이었다. 도시계획국에서 나온 초조해 보이던 한 계획자는 어쩔 수 없이 그녀의 상사가 의장을 맡은 단체에 답해야만 했다. 그 국장이자 의장인 남자는 현재 검토 중인 거래를 조직해온 가장 핵심적인 인물이 아니던가! 그리고 우리가 이런 아이러니에 빠져있는 와중에도, 특히 간과하기 어려운 또 하나의 사실을 발견한다. 배리 딜러의 작은 오락용 섬에 드는 예상 비용이 이제 2억 달러에 달했다고 한다. (토마스 헤더윅의) 그 디자인은 충분히 감각적이지만, 그 돈을 40번 부두에 쓴다면 훨씬 더 나은 소비가 될 것이다. 1억 달러는 부두 보수에, 나머지 1억 달러는 극장을 짓고 나무를 심는 데 쓸 수 있을 테니까. (그리고 그 섬의 오락 프로그램은 구장들을 없애지 않아도 쉽게 수용할 수 있다.) 그리고 딜러는 더글러스 더스트의 불가항력적인 상대가 될 것이다. 더스트는 뭔가 정말 애처로운 억만장자의 화를 억누르지 못한 채 딜러의 계획을 좌절시키려고 조급하게 돈을 써가며 법적 소송을 벌여왔으니 말이다.

나는 이 제안을 이 공원에 대한 직접 투자와 그 공중권의 판매와 사용을 모두 관리하고 조율할 수많은 방법의 하나로서 진지하게 하는 것이다. 또 하나를 제안하자면, 허드슨강 공원 특별지구를 확장해 허드슨 스퀘어(와 분명 어느 시점엔가 변형될 유피에스 부지)까지 포함시키고 그 20만 제곱피트(5,620평)짜리 땅을 훨씬 더 작은 부분들로 과감히 해체해 그 지역에서 계속되는 건설 유행에 일련의 보너스로 지급하는 것이다. 또 다른 제안으로는, 단순히 150만 제곱피트(42,155평)짜리 마천루 하나를 더 위쪽 동네인 허드슨 야드에 지어지고 있는 타워들 사이에 넣는 방법이 있다. 허드슨 야드 지역은 이미 대규모 건설에 넘어간 상태이며, (재비츠 센터를 포함해서) 거대한 지하 구조가 둘레를 치고 있어서 이런 엄청난 규모의 건물이 들어서도 쉽게 시야에서 사라질 수 있을 것이다.

우리의 대표들은 마음을 단단히 먹고 큰 그림을 위해 싸워야 한다. 한 바구니에 너무 많은 계란을 담는 이런 억지스러운 계획이 아닌, 훨씬 더 나은 무엇을 위해 싸워야 한다. 이 프로젝트는 그것이 들어설 땅의 수용력과 성격에 비하자면 정말, 정말 너무도 크다. 그리고 주차 공간을 줄이고, 타워를 약간 축소시키고, 사라질 운명이라는 걸 모두가 아는 대형 상자를 없애고, 용적률을 조금 나눠주고, 좀 더 많은 세대의 적정가 주택을 얻고, 아주 작은 평평한 광장을 추가하는 등 디자인의 주변부만 갉아먹는 방식으로는 거의 실질적인 차이를 만들어 내지 못할 것이다. 공공 공원을 유지 관리하는 데 (또는 빈민에게 주거를 제공하는 데) 공적 자금을 쓸 수 없다면, 공중권(이게 신탁의 일차적 자산이라면)의 교환 가능성이라는 문제를 훨씬 더 창의적이고 섬세하게 규제해야 한다. 웨스트 스트리트♦라는 루비콘강을 건넌 이상, 이 공상적인 재산의 '권리'가 더 폭넓고 적절하게 분배되지 말아야 할 이유는 없다. 실제로 이런 권리를 만들고 전개하는 문제야말로 우리가 공적 공간을 정의하는 데서 가장 핵심적인 문제다. 공중의 공기는 결국 우리 모두의 것이 아닌가!

뉴욕시 도시계획국이나 신탁, 또는 다른 어떤 공적(또는 유사 공적) 단체가 이 도시 영역에 대한 엄격하고 지속 가능하며 아름다운 계획을 수립하는 데 완전히 실패하는 건 그저 직무 유기일 뿐이다. 그들은 진정하고 일반적인 공익을 완전히 거꾸로 정의하면서 자금을 조달하는 방식에 침묵하고 공동체의 필요와 혜택, 권리, 욕망을 모으고 확장하는 진정한 비전을 무시해왔을 뿐만 아니라, '중점(spot)' 계획이라는 사고방식에 젖어 진정으로 거대한 문젯거리가 안방으로 들어오고 있다는 걸 완전히 무시한다. 불가피한 해수면 상승은 거의 확실하게 이 저지대의 장소와 부두, 특별지구, 지하주차장, 조그마한 매장, 그 외 모든 것들을 잠식해버릴 것이다. 우리의 공무원들이 태평하게 차 한 잔을 더 주문할 때, 저 멀리 수평선에서 빙산이 떠내려온다. 이제 항로를 변경할 때다!

아직 그리 늦지 않았다! 도시계획 위원회가 거의 원안 그대로 이 계획을 승인하기로 표결했지만, (지역민의 의견을 듣는 편인) 시의회와 시장이 여전히 개입할 수 있다. 비록 디블라시오 시장은 자신이 아주 중책을 맡았던 이 결과에 반대하지 않을 것 같지만 말이다. 도시계획 위원회는 겨우 표면적이거나 예측 가능한 방식으로만 이 계획을 변경했다. 휴스턴

♦　허드슨강을 따라 이어지는 맨해튼 서쪽 강변도로를 말한다.

스트리트의 '공공' 다리에서와 마찬가지로, 대형 상자 형태의 계획은 이제 사라지고 없다. 개발업자는 공공이 무기한으로 '이용할 수 있는' 1만 제곱피트(281평) 규모의 지하 여가 공간을 제공하는 데에도 동의했다. 좀 더 많은 공개공지가 평면상에 삽입될 예정이다. 하지만 가로망을 다시 연결하도록 프로젝트의 지상 계획을 변경하라는 요구는 없었고, CB2로 용적률 상한을 양도한다는 보장도 제공되지 않았으며, 높이의 축소도 이뤄지지 않은 데다, 40번 부두의 형태와 사용 또는 확장된 동네의 성격 등 프로젝트의 더 큰 맥락에 대한 언급도 전혀 없었다.

하지만 이 거래의 일부로서, 사우스 빌리지 역사지구는 11월 1일 랜드마크 보존 위원회 정기회의에서 의제로 상정되었다. 공청회와 심사 과정을 거쳐 최장 2년까지 지속 가능하도록 지정할 수 있는 건축물을 검토하는 '일정 계획'에 대한 투표가 이뤄진 것이다. 랜드마크 보존 위원회의 전문 직원들은 위원장들에게 아주 유리한 권고를 할 것으로 예상되는 만큼 보존 건축물 지정은 생각보다 적을 가능성이 높다. 적절한 시기를 선택하는 정확한 방식이 정해지지 않은 채로 남아있긴 해도, 이 건을 심리하겠다는 합의는 분명 그리니치빌리지 사적보존협회와 CB2, (현재 가장 많은 카드를 쥐고 있는) 존슨 지방의원 등이 오랫동안 강력한 방어에 나선 결과였다. 그리고 (존슨의 명백한 지원을 받는) 활동적인 사적보존협회장 앤드루 버만은 사우스 빌리지의 랜드마크 지정이 진척되지 못하면 이 프로젝트를 좌초시키는 투쟁에 돌입하겠다고 위협해왔다. 둘 모두에게 응원을 보낸다! 그리고 CB2에 헐값으로 추가 용적률을 넘기는 데 반대하는 이들, 더 많은 공적 공간과 적정가 주택 그리고 합리적인 계획을 옹호하는 모두에게도 응원을 보낸다.

하지만 랜드마크 지정 범위의 결과가 어떻든 간에, 프로젝트와 과정의 핵심에 놓인 근본적인 모순은 말 그대로, 또한 개념적으로도 거대하게 나타난다. 나는 새로운 건물을 자금의 관점이 아닌 건축이나 도시계획의 작품으로서, 단순히 다른 무언가를 위한 협상의 형태적 결과로서만 지지하는 사람을 사실상 만나본 적이 없다. 그 거래의 핵심은 승자와 패자가 있으리라는 불가피성에 있다. 개발업자는 거대한 프로젝트를 짓고 싶어 하고, 분명히 그로 인한 수익을 알 만한 이윤 척도를 활용해 정밀하게 계산했다. 뉴욕시는 철저하게 우리 혜택의 비용을 결정하기 위해 훨씬 더 개념적인 방법에 불가피하게 매달린다. 그런데 오직 부두를 위해서만 1억 달러를 생산하는 게 좋은 거래일까? 1억 달러에 적정가 주택을 더하면? 부두를 보수하고 주택을 짓는 데 더해 사우스 빌리지 역사지구 건을 결정하면? 개발업자가 또 다른 10만 제곱피트(2,810평)를 제공받아 학교를 짓는다면? 훨씬 더 높게 지어 건축면적을 줄인다면?

우리가 지금껏 의무보다는 유도에 입각한 계획 전략을 선택해왔다는 건 공유영역의 부패를 드러내는 비극이자 실로 트럼프주의적인 징표다. 이러한 공모에 따른 상상의 실패와 책임의 실패, 민주주의의 실패는 너무나 전형적이긴 해도 여전히 참담한 결과다. 이제 우리가 공유하는 '도시에 대한 권리'에서 비롯한 비전을 요구할 때다. 계약과 손익계산적인 접근을 넘어 가능한 것을 바라보고 우리의 건축을 단순히 결과가 아닌 열망으로 보는 계획을 요구할 때인 것이다.

거래는 없다!

— *Architect's Newspaper*, October 26, 2016, archpaper.com.

26
사람들 지키기

뉴욕에서 가장 중요한 보존 법안은 1942년에 통과되었다. 현재 우리에게 있는 임대료 규제법이다. 이 법은 전쟁 중에 긴급한 집단 이익에 헌신하던 세입자들의 거주 안정성을 높이고 경제적 노역과 거처 상실로부터 그들을 보호하려는 목적으로 설계되었다. 1947년에 이 규정은 현재의 형태로 제도화되었다. 말 그대로 '보호된' 것은 임대료 수준이었지만, 사실상 보장된 것은 '거주권(tenure)'이었다. 비록 선별 작업이 이뤄지긴 했어도, 우리의 임대료 규제는 계속해서 다양성을 결속하고 인간 주거지의 파괴를 막는 공동체의 보루로 남았다. 이 법은 우리의 '삶'을 랜드마크로 여기며 보존한다.

　　하지만 우리의 건축 랜드마크 법은 그렇지 않다. 심지어 한 지구(地區, district) 전역에서 일어나는 보존이 거의 모두 순전히 형태적인 기준에만, 그리고 삶보다는 기억을 선호하는 기준에만 기대어 이뤄진다. 그로 인한 부작용은 여전히 논쟁거리다. 개발업자와 소유주는 자기 소유의 건물을 철거하거나 변경하지 못하게 하는 법이 '정당한' 보상 없이 자산을 묶어 두는 암묵적인 '취득' 행위라며 분개한다. 다른 이들은 이런 보호 조치가 반대 효과를 낸다고 주장하는데, 그게 젠트리피케이션의 지렛대 역할을 한다는 것이다. 법 자체와 그 법을 확장해 적용하는 위원회는 현재 이런 곳에서 이뤄지는 삶이나 인간 생태의 취약성에 거의 관심이 없다. 실제로 많은 랜드마크가 보존되고 있는 우리 동네에서는 한 무리가 행정 지구의 범위를 확장해 임대료가 규제되는 곳에서 오래 거주해온 수많은 세입자들을 포함시키고 그들의 건물이 철거되지 않도록 보호하자는 주장을 해봤지만 돌아온 건 무관심뿐이었다.

하지만 이 법은 원래 개념상 건축 외적인 부분에 대한 고려가 다소 떨어진다. 뉴욕에서 가장 최근에 랜드마크로 지정된 사례 중 하나는 스톤월 여관(Stonewall Inn)이다. 이 작은 건물은 건축적으로 특별할 게 없지만 성소수자 권리 투쟁의 영웅적 순간인 스톤월 항쟁의 무대가 된 건물이었다. 여기서 랜드마크 보존 위원회는 이 여관에서 매우 중요한 사건들이 일어났기 때문에 이곳을 보호할 가치가 있다고 주장했다. 결국 스톤월 여관은 전쟁터의 지위를 얻었고(사실 그랬다), 그렇게 '위대한' 인간적 사건의 무대로 보호받았다. 그리고 위원회는 이제 그 중요성의 보호막을 보다 일반적인 상징성을 띠는 장면들로 확장할 준비도 되어 있다. 그동안 임대아파트 건물들이 보존되었다. 현존하는 제조업체가 치솟는 임대료의 착취를 당하고 있는 가먼트 지구도 논의 대상으로 예정되어 있는데, 그곳의 중요성에 대한 주장은 이미 건축적인 수준을 한참 넘어선다.

하지만 그러한 비건축적인 의미를 어떻게 측정할 것인가? 확실히 확장적인 의미를 결정하는 한 가지 핵심은 기념되는 대상이 집단적일 때가 많다는 점이다. 스톤월 여관에서 이룬 승리라든가, 트라이앵글 블라우스 공장에서 일어난 비극적인 화재는 집단적인 사람들에 관한 것이었다. 우리는 감동적인 개인들의 집과 그들이 성취를 이룬 장소를 쉽게 보존하며, 그들의 삶과 벌어진 사건의 분위기를 그 당시의 물적 배경 속으로 옮겨놓는다. 그리고 그 원리는 더 큰 문화적 형식과 표현을 끌어안는 방향으로 쉽게 확장된다. 뉴욕은 이미 아름답거나 '역사적'이라고 여겨지는 지구들을 함께 보존하고 있다. 랜드마크 법은 인간이 이룬 비건축적 성취들을 기념하기 위해 그런 성취가 일어나고 심지어는 그 자양분이 되었던 물리적 환경들을 보호한다. 그런 환경이 평범하게 설계되어 있을 때조차도, 어떤 종류의 건물은 이런 시대적 전이를 통해 권리를 소유하게 된다. 가장 우선적으로는 그 자리에 그대로 남아있을 권리를 소유하며, 그 자체가 '인간적' 권리로서 소중히 간직된다. 이렇게 무생물에 인간적 자격을 부여하는 것은 미국 대법원의 시티즌스 유나이티드(*Citizens United*) 판결과 그 결론이 낳은 이상한 결과 중 하나를 상기시키는데, 그것은 법적인 관점에서 봤을 때 '법인(corporation)은 사람'이라는 점이다. 이건 확실히 해로운 변이를 낳는 난잡한 범주 오류인 것처럼 보이지만, 그게 전적으로 낯선 것은 아니다. 예컨대 존귀하다는 것의 표준은 사람과 물건 모두를 향해 널리 느껴지고 심지어 자기본위적이기도 한 존중의 원천이며, 어떤 집단적 실체가 한 개인의 일부 특권들을 가져야 한다는 생각은 그리 이상한 게 아니다.

하지만 보존(preservation)과 보전(conservation)의 미묘한 구분을 생각해보자면(후자는 전자를 가능케 하는 수단으로 이해된다), 여전히 역동적이되 다른 (주로 시장이 가하는) 힘들의 위협을 받는 동네에 랜드마크 지정을 적용하는 문제를 생각할 때는 국립공원이 전쟁터보다 더 좋은 모델이다.

나는 크라쿠프로 여행 갔을 때를 떠올린다. 크라쿠프에서는 유대인 지구가 '보존'되고 있는데, 사실상 유대인이 전혀 없는 곳이지만 유대교 율법에 따라 만든 식당에서 웨이터들이 '유대인'의 풍습을 따라 한다. 이렇게 유대인 지구를 보존하는 건 죄책감을 보상하는 형식인 동시에 특별히 기괴한 방식으로 의미를 벗겨내는 사례이기도 하다. 전통적인 건축 보존에 대한 중성자탄식 접근이라 말할 수 있겠다. 진짜 문제는 보존 법률이 과거를 박제할 수 있느냐의 여부가 아니라, 그 법률이 동네의 삶을 강탈하지 않은 채 진짜 동네를 보호하는 데 도움을 줄 수 있느냐의 여부에 있다.

비록 국립공원의 본래 의도가 문화적·시각적·낭만적 체제의 결합 속에서 표현되었을 수는 있지만, 국립공원은 이런 영역들을 단순한 관람용이 아닌 '생태'로서 확보했다. 우리는 그런 영역들을 이런 복잡성 속에서 공간적 경계를 통해, 적대적이라 여겨지는 활동을 금지함으로써, 그리고 다양한 '보전' 실무를 통해서 지켜낸다. (보전 실무 중에는 소방 활동처럼 '자연적' 과정에 개입하는 형식들도 분명히 있다.) 하지만 공원의 규모 자체 — 그 진정한 넓이 — 가 분명히 제시하는 것은 거기서 보존하는 것 중 많은 게 일상적이며, 공원은 그 속에 자연의 모든 생물을 총체적으로 넣으려는 노아의 방주 같은 열망이 깃든 다양성의 장이라는 사실이다. 그러니까 말하자면 공원은 처음 조성될 때부터 우리의 본능적 탐욕이 필요로 하는 인간적인 보호와는 근본적으로 다르게 개념화된 무엇이다. 현대 인도의 '하층민 보호(reservations)' 정책이 갖는 의미와 의도는 또 다른 주제다. 하지만 사람들도 역시 유기체이며, 도시는 점점 더 우리의 주된 서식지가 되어가고 있다.

뉴욕시에서는 약 33,000채의 건물이 내보이는 외관이 랜드마크로 지정되어 있지만, 실내 공간 중 랜드마크로 지정된 곳은 100곳이 살짝 넘는다. 이러한 명확한 차이는 사적인 활동에 개입하기를 꺼린다는 뜻일 뿐만 아니라 그런 활동의 '현재' 용도를 보존 의제에서 배제하는 데 유용한 수단이 되기도 한다. 하지만 이제 랜드마크의 지정 범위를 예술적 기준을 훨씬 넘어 재고해볼 때이다. 우리는 계획하는 과정에서 현재 용도에 군건한 감각적 역할을 부여해 그걸 우리의 토착적인 도시 생활-형식들을 길러내고 보호할 때 쓰이는 기술적 수단의 일부로 만들어야 한다. 말하자면 너무도 순수하게 건축적인 집착에만 빠질 게 아니라, 그 '내부'의 보존도 살아있게 만들어야 한다는 얘기다.

다시 임대료 규제법으로 되돌아가 보자. 뉴욕은 지구상의 나머지 지역처럼 급격하게 커지는 불평등에 사로잡혀 있다. 불평등은 무엇보다도 주거비용 적정성의 위기로 현실화한다. 뉴욕시 행정부는 공급을 늘리고 기존 부지와 전략을 보존해 기회를 확장하려고 고투하는 중이다. 하지만 너무 많은 면에서 우리의 랜드마크 정책은 이 더 큰 사회적 보존 정책과 모순을 빚는다. 이 두 가지 열망이 서로 조화를 이룰 수 있다고 생각하면 어리석은 걸까? 아아, 물론 현실에서는 그 반대의 일이 벌어지고 있는 것으로 보인다. 뉴욕시는 밀도를 높여 부동산 가치를 높인 다음 그 가치의 낙수효과로 사회적 프로그램을 풍성하게 하겠다는 둔탁한 수단을 전개하고 있다. 동시에 귀중한 건물들은 보호되고 있지만 그 주변에 부가되는 혜택은 더욱더 단순한 특권으로, 잔인한 청소를 하는 젠트리피케이션의 위장막으로 환원되어가는 중이다. 이제 건축 보존을 인간 보존과 연결해야 할 때다. 동네도 역시 사람이다!

— Max Page and Marla R. Miller, eds., *Bending the Future: Fifty Ideas for the Next Fifty Years of Historic Preservation in the United States*, New Haven: University of Massachusetts Press, 2017.

사람들 지키기

다른 곳에서
Elsewhere and Otherwise

27
알 필요가 있을까?

우리는 과다한 정보에 시달리고 있다. 우리는 홍수처럼 넘쳐나는 트윗과 텍스트에 빠져 지낼 뿐만 아니라, 엘리베이터나 비행기에서도 자신의 정보기기와 떨어질 줄 모르는 사람들로 넘쳐난다. 사람들은 끊임없이 메시지를 전송하고 쓸모없는 데이터를 내려받는다. 여보, 지금 게이트에서 멈추고 있어. 여보, 문이 열렸어. 여보, 나 지금 연결다리 건너는 중이야. 그런데 진짜 문제는 이상한 사람들이 너무 많은 정보를 만들어 내고 조작한다는 것이다.

이런 정보는 애초에 '국가'와 그 대리자들이 만들어 내지만 사리를 추구하는 개인과 기업은 그 정보를 유사하게 꾸며 일련의 수상한 가짜 정보를 퍼뜨린다. (기업은 점점 더 인권과 인간적 특징을 인정받는 실체가 되어간다. 미트 롬니가 우리에게 상기시키듯, 법인도 사람이니까!) 이들은 점점 더 우리의 사적인 대화를 사상 최대의 데이터 집합을 습득하는 수단으로 활용한다. 우리의 습관과 취향, 기질에 관한 정보뿐만 아니라, 우리가 어디서 뭘

하는지, 뭘 먹는지, 무슨 말을 하는지, 뭘 구매하는지, 무슨 일을 하는지, 뭘 느끼는지도 실시간으로 추적한다. 한때 우리가 감시 국가의 성장을 두려워했다면, 이제 우리는 정부가 그 빙산의 일각에 불과함을 알고 있다. 정부는 우리가 공항 보안검색대를 통과할 때 포르노그래피에 준하는 사진을 찍지만, 이는 기본적으로 통제 범위를 벗어나 기하급수적으로 성장하는 기업 데이터마이닝을 위한 위장 사업일 뿐이다. 신처럼 추앙받는 스티브 잡스는 우리가 사랑하는 아이폰이 더 완벽한 시장 이익을 위해 우리의 움직임을 은밀히 미행해왔다는 사실이 밝혀지자 수줍게 '웁스'를 외친다. 세상의 쿠키◆는 다 그렇게 부서진다!

　내가 이 글을 쓰고 있는 오늘, 신문에서는 예멘에서 미국인 두 명 ― 안와르 알 아올라키와 사미르 칸 ― 이 '암살'되었다는 소식을 알리고 있는데 그중에서도 사미르 칸은 주로 (비록 혐오적일지라도) 자유로운 의사 표현을 옹호하는 차원에서 다뤄졌다. 신문들은 이 암살이 표적을 정밀 타격해 이뤄졌다고 보도했지만, 드론이 제 임무를 시작하고 끝낸 비밀 기지의 위치에 대해서는 "아라비아반도의 어딘가"라며 조심스러운 태도를 보였다. 암살 로봇은 (우리의 권리 중 가장 '건축적'인) 이동의 자유와 완전한 프라이버시를 모두 보장받지만, 나머지 우리들은 더 큰 선이라는 누군가의 생각을 위해 끝없이 추적 대상이 되어 신상이 발가벗겨지면서 우리의 가장 근본적인 자유를 빼앗기고 있다.

　몇 년 전 나는 비영리단체를 하나 시작하면서 컴퓨터 솜씨가 훌륭한 학생이었던 1급 네티즌 한 명을 고용했다. 그러다 내가 그의 분노의

◆　개인용 컴퓨터의 하드디스크에 저장되는 인터넷 사용자의 신상 파일을 말한다.

대상이 되어버리는 명백한 오이디푸스*적 위기를 겪게 되었고, 이후 그는 갑자기 사라지더니 사실상 나의 단체와 똑같은 이름의 사무소를 차렸다. 이런 입장에서 연이은 비난이 이어졌고, 지난 수년간 우리가 해온 작업에 그늘을 드리우는 프로젝트도 연이어 나왔다. 그의 '사무소'는 원래 이름과 혼동되는 이름을 만들고자 여러 개의 이름으로 증식했으며, 그는 우리의 모든 작업을 뒤쫓으며 협박 편지를 보내고 인터넷에서 신랄한 비난을 퍼뜨렸다. 그는 사설탐정을 고용해 나와 나의 프로젝트를 비방하는 암시를 던져가며 동료들과 친구들을 괴롭혔다. 그리고 지난달에 우리는 위조된 페이스북과 트위터 페이지를 웹에서 지우느라 많은 시간을 할애해야 했다. 정말 애석하게도 나 역시 나만의 자베르 경감**을 고용하게 되었다.

중요한 것은 정보의 힘이 중립적이지 않다는 데 있다. 놀이의 영역을 평준화할 수 있다는 것은 엄청난 왜곡을 할 수도 있다는 뜻이다. 모두가 나처럼 자신을 다룬 위키피디아 페이지에 객관적 정보를 가장하며 올라와 있는 거짓말과 비방의 문제를 다뤄야만 했던 사람은 아니지만, 우리는 모두 왜곡되거나 거짓된 정보가 사회적으로 풍자되는 대가를 치르고 있다. 이런 거짓 정보는 민주주의나 심지어 건전한 학술 실무에서도 자연스러운 견제와 균형을 피해간다. 나는 이런 불평이 살얼음판을 걷는 것처럼 위험하고, 정보의 자유에 대한 요구는 우리가 굳건한 신념의 일

◆　그리스 신화에서 고아로 자라다가 테베의 왕인 친부를 우연히 죽이고 그 왕의 자리를 차지해 친모와 결혼하게 되는 비운의 인물로, 아버지와 아들 또는 스승과 제자 간의 대립을 묘사하는 대명사가 된 말이다.

◆◆　빅토르 위고의 『레미제라블』에서 장 발장과 대립하는 엄정한 원칙주의자 경찰관이다.

부로 받아들이는 무엇임을 안다. 하지만 우리는 "누구에게나 자기만의 언론이 있다면 언론은 자유롭다"는 옛 속담을 기억해야 한다. 그리고 예멘에서든 브루클린에서든 능숙한 비방이 거짓말이나 협박을 아주 기하급수적으로 불릴 수 있을 만큼 권한이 분산된 이 시대는 자유와 책임의 연계를 지키고 고수하며 직시해야만 하는 시대다.

특히 포토샵 시대에 횡행하는 진짜 같은 복제품들은 매우 근본적인 수준의 문제를 제기하는 것으로 보인다. 이런 문제가 인식된 지는 이미 100년도 더 넘었는데, 예컨대 (위고에 따르면) "이것이 저것을 죽이리라"라든가 (벤야민에 따르면) "기술복제 시대의 예술작품"이라든가 하는 여러 가지의 근심스러운 정식화가 있어왔다. 이러한 '진품성' 또는 '아우라'의 상실에 대한 우리의 반응이 텍스트와 이미지가 무한히 변형되며 퍼져나가는 기울어진 운동장에서 애써 악수를 두는 것일 리가 없다. 접속 영역이 기하급수적으로 확장할수록 게시물이나 그림이라는 사실이 단지 존재한다는 이유만으로 권위를 부여받는 고무줄 같은 상대주의가 일어난다. 우리는 정신을 『소비에트대백과사전(Great Soviet Encyclopedia)』처럼 만들고 진실을 도구화하는 위험을 감행하는 중이며, 그럴수록 진실은 무엇으로도 증명받기를 중단한 채 편견이나 특별한 간청 또는 이미지의 공허한 매력에만 이끌리게 될 것이다. 우리의 공적 담론은 지옥같이 무서울 만큼 홀로코스트와 기후변화에 대한 부정론, 오바마 대통령이 미국 태생이 아니라고 주장하는 사람들과 천지창조론자들, 공격적인 무지함과 거짓말, 이해를 거부하는 자유로운 악의와 같은 것들로 뒤덮이고 있다. 그리고 우리 모두 각자의 전용 프레데터 드론이나 청소년 암살범에 둘러싸일 시간이 다가올지도 모른다.

알 필요가 있을까?

우리에게는 답이 없는 게 아니라 듣는 사람이 없는 게 문제다. 이렇게 말하니 유감스럽지만, 정보 시대는 우리로 하여금 관용에 한계가 있다는 것을 인정하라고 점점 더 요구한다. 정보의 정치는 거짓말투성이의 불관용을 장려하면서 주장한다. 인터넷의 거대한 패리티 엔진이 사실 중요한 정보를 가리고 어떤 어리석음과 거짓말도 옹호하는 주장에 점점 더 헌신해온 도구라고, 백과사전의 '형식'을 가정하는 건 필연적으로 사실들을 숨아내는 것이라고, 단순히 증식하기만 하는 알고리즘도 증거력을 갖는다고, 도덕성은 순수하게 사적인 문제라고, 혐오할 자유는 절대적이라고 말이다.

우리 건축가들의 최우선적인 의무는 더 좋은 환경을 만들 수 있다는 생각과 이런 개선을 더욱더 포용적으로 할 수 있다는 생각을 따르는 것이다. 하지만 물리적 환경이 인간적인 것 안에 자리를 잡는다는 걸, 즉 우리는 무엇보다 우리 자신을 먼저 형성해간다는 걸 이해하지 못한다면 우리의 프로젝트를 잘못 이해하는 것이다. 우리의 힘은 우리의 생각에서 나오며, 거기에는 좋은 생각도 나쁜 생각도 있다. 우리는 우리 자신과 그 차이의 세계 모두에 정통해야 한다.

— Lecture, University of Michigan, October, 2011.

28
홀린 힐스의 추억

다른 많은 부모님들이 그런 것처럼 우리 부모님도 더 나은 삶이라는 환상을 충족하러 도시에서 교외로 이사했다. 환상은 역사적으로 생산되며, 우리 부모님을 홀린 힐스로 이끈 환상은 분명 매우 시대적인 성격을 띠고 있었다. 부모님은 당신들만의 공간을 갖고 싶어서 미국적인 영토 확장 기획에 작게나마 참여하셨다. 그곳에 가면 기후가 쾌적할 것이고 자녀는 마당에서, 동네에서, 숲에서, 그 너머의 목초지에서 자유를 누릴 것이었다. 괜찮은 학교가 있을 것이고, 이웃들은 이런 가치를 공유하는 유쾌한 사람들일 것이었다.

그리고 거기에는 농가적인 환상이 있었다. 아마도 토머스 제퍼슨◆과 테오도어 헤르츨,◆◆ 마리 앙투아네트◆◆◆가 동등한 비중으로 영향을 미

◆　Thomas Jefferson (1743~1826). 미국 독립선언서의 기초를 다진 미국 건국의 아버지이자 제3대 대통령으로, 농업적 민주주의의 이상에 따라 버지니아대학교를 설립하고 설계한 건축가로도 유명하다.

쳤을 텐데, 당근과 진달래를 길러 텅 빈 언덕배기 위에 꽃을 피운 곳에 앉아 스스로 땀 흘려 (물론 나의 땀도 있었지만) 기른 샐러드를 먹는 저녁식사 장면을 상상했을 것이다. 부모님은 이런 일에 놀라우리만치 헌신적이었고, 당신들만의 사적인 자연 국가를 만드는 듯 정원 가꾸기에 대부분의 여가시간을 할애하셨다. 내게는 이게 늘 이해가 잘 안 되는 일이었다. 나는 예비 노동력으로서 그 힘든 (가장 끔찍한) 잡초 제거나 (좀 더 선불교적인) 잔디 깎기 작업에 의무적으로 동원되는 걸 두려워했다. 길 건너 철조망 밑으로 들어가 팝킨씨네 농장에서 거름통을 가져오는 일은 그래도 좀 나았지만 말이다. 나의 유년기 중 상당 기간 팝킨씨네 농장은 유제품을 만드는 곳이었다. 하지만 안타깝게도 오래전에 그곳은 전혀 모더니즘적이지도 않은 맥도날드 체인점 같은 저택들에 자리를 내주고 말았다.

전통주의 양식과 작은 창문으로 이뤄진 그런 저택들은 노골적으로 다른 모습이었다. 단지 여러 건축 양식들이 경쟁해서만이 아니라 자연경관을 점유하는 방식도 다양했기 때문이다. 모더니즘이 가졌던 최고의 환상 중 하나 ─ 그리고 확실히 홀린 힐스의 건축을 특징짓는 한 가지 ─ 는 여러 건물 사이에서 공간이 자유롭게 흐르며 내·외부의 구분을 깨뜨리는 구성이었다. 이런 개념과 그걸 실현할 수 있게 해주는 수단은 다양한 기원을 갖고 있었다. 초기 모던 운동과 그 호사스러운 단순성은 빅토리아시대와 에드워드시대의 갑갑하고 숨 막히는 인테리어에 반발하면서

♦♦ Theodor Herzl (1860~1904). 유대계 오스트리아인 기자로서 이스라엘 국가의 이상을 정초한 시온주의자이며, 이스라엘 독립선언서에서 '이스라엘 국가의 정신적 아버지'로 언급되는 인물이다.

♦♦♦ Marie Antoinette (1755~1793). 프랑스혁명 이전 프랑스의 마지막 왕비로, 베르사유 정원의 별장에서 전원적인 생활을 즐겼다.

위계적이고 견고하며 창조적이지 못하고 억압적으로 보이는 실내 형식과 반대되는 성격으로 정초되었다. 당시에는 도시와 전원을 구분하는 아이디어 자체가 — 카를 마르크스 등에 의해 — 의문시되었고 전원의 도시화를 향한 이러한 역사적 추세는 전원도시(garden city) 개념이 산업적인 대도시에 대한 해독제로서, 도시와 전원의 오랜 구분들이 해소되는 새로운 종류의 장소로서 떠오르는 상보적 효과를 낳았다. 이 모든 것의 바탕에는 자연을 종교화하는 낭만주의 운동이 있었다. 이 운동은 18세기 조경 건축 실무의 태동과 함께 엮여있었는데, 그것이 근대성의 진정한 기원이었다.

'자연으로 돌아가기'라는 고상한 미덕 관념은 물론 이러한 자연이라는 '관념(idea)'의 발명에 의존했고, '단순한' 자연생활의 우월성을 주창한 이들 — 루소부터 소로, 윌리엄 모리스, 그리즐리 애덤스, 유나바머까지 — 은 그 위대한 야외와 일체화하기에 적합한 건축과 관련해서는 다소 양분된 입장을 보였다. 마찬가지로 현대건축이 자연과 맺는 관계는 현대건축에서 가장 견고하게 이어지는 수사법 중 하나로서, 수많은 방식으로 다양한 수단을 통해 디자인에 스며들었다. 그중에서도 홀린 힐스의 주택들을 생산한 모더니스트들은 18세기의 또 다른 위대한 창작물인 온실의 전통도 계승하고 있다. 18세기 말로 접어들면서 유리를 대량으로 싸게 제조할 수 있게 되면서 온실이 많이 늘어났는데, 그 정점은 1851년 런던 만국박람회를 위해 조지프 팩스턴이 설계한 거대한 수정궁이었다. 구조적인 면에서는 상대적으로 평범했던 이 온실은 경량의 모듈 골조가 지지하는 유리 벽체를 사용했다는 점에서 홀린 힐스의 주택들과 유사했다. 물론 온실의 진수는 단지 그 투명성에만 있는 게 아니라 안과 밖의 관계를 뒤집고 (정원은 이제 실내로 들어왔다) 기후에 저항하며 큐나 키예프◆에서 열대기후를 만들어 내는 능력에도 있었다.

온실의 발명은 예술과 오락을 목적으로 자연을 길들이려는 기획 속에서 조경 건축과 함께 부상했다. (그전까지 우리는 수천 년간 식량과 섬유와 연료를 목적으로 자연을 길들여왔다.) 내가 학생 때 배운, 이를테면 간략한 조경 건축의 역사에서는 이러한 길들임의 양식이 주로 두 가지로 양분된다. 하나는 영국의 낭만주의와, 다른 하나는 프랑스의 합리주의다. 전자가 거친 황야의 외관을 선호하고 움푹 팬 땅의 담장과 폐허의 재현을 활용한다면, 후자는 기하학과 장식원예학의 견고한 질서를 선호하고 플라톤적 입체와 비슷한 모양으로 나무들을 쳐낸다. (회양목을 원뿔, 구, 정육면체 모양으로 잘라내는 식이다.) 미국적인 공간 조직은 이러한 공간적 외관 사이에 나타나는 때로는 긴장된 변증법에 오랫동안 개입해왔다. 계몽시대의 합리주의적 측면을 옹호한 대표적 인물인 제퍼슨은 확장된 미국 영토를 1마일의 정사각형 격자로 나눴는데, 이는 아마도 의식의 역사에서 가장 천재적으로 성공한 ― 그리고 가시적인 ― 공간 활동이었을 것이다. 이러한 데카르트적 질서화는 단순히 공간에 기율을 부여한 것만이 아니라, 거래하기 좋은 부분들을 늘려놓은 부동산의 지도로서 국가를 이해한 것이었다. 1811년 뉴욕시의 격자망 기초 계획은 분명 이와 같은 정신으로 진행되었고, 도시의 블록과 그에 속한 건물 필지 모두를 견고하게 조직했다. 하지만 뉴욕시의 도시계획은 그 핵심에 놀라운 예외를 남겼다. 지금은 센트럴파크가 들어서 있는 커다란 빈터 말이다.

◆ 큐는 런던 남서쪽에 있는 지역으로 왕립식물원이 유명하며, 키예프는 우크라이나의 수도로 역시 식물원이 있다.

여기서 영웅적 인사인 프레더릭 로 옴스테드를 소개해야겠는데, 그는 캘버트 복스와 함께 센트럴파크를 실현했을 뿐만 아니라 오늘날까지 우리의 의식을 지배하는 인공적 자연에 대한 미국적 패러다임을 정초한 인물이다. 비형식성과 정밀성을 혼합하는 그의 아이디어들은 꽤 직접적으로 댄 카일리에게 전수되는데, 카일리는 홀린 힐스의 조경에 영감을 주었고 많은 경우 그걸 직접 설계했다. 홀린 힐스는 그의 도면에 제시된 내용을 기준으로 전체적인 개발단지가 협동적으로 성장하면서 풍경 속으로 자연스럽게 스며들도록 모든 주택을 계획한 놀라운 작품이다. 이런 평면들의 정밀한 디테일은 지켜진 곳도 그렇지 않은 곳도 있지만, 전반적인 정신이 확실히 두드러지기 때문에 홀린 힐스가 일련의 닫힌 필지들로 읽히기보다는 여러 집들이 하나의 공원 공간 안에 모인 구성으로 읽힌다. 이런 통찰은 옴스테드의 사무소가 19세기 말과 20세기 초에 공원처럼 조화롭게 설계한 수많은 개발단지들에서도 매우 유사하게 느껴진다. 당시 옴스테드의 계획 역시 센트럴파크와 격자체계로 양분된 구조를 재구성해 하나로 통합하는 효과를 냈기 때문이다.

이게 바로 내가 홀린 힐스에 대해 늘 느끼던 가장 놀라운 점이었다. 신의 작은 땅처럼 분할된 개별 필지들의 지적도를 살펴보면 분명 그런 구획이 현대 교외 개발단지의 특징을 갖고 있음을 보게 될 것이다. 현대의 교외 개발단지는 대부분 홀린 힐스처럼 불규칙한 지형과 막다른 골목(cul-de-sac) 그리고 구불구불한 거리로 구성된다. 하지만 내가 자란 홀린 힐스의 실제 현실에서는 필지를 확장하기 어렵게 되어 있었다. 경관이 하나로 이어지는 공간을 선호했기 때문에 땅의 경계선들이 불분명했고, 그러한 단일 경관을 강화하는 공원들은 푸른 수풀이 스며들어 집합성을 강화하고 민감한 지형과 물길의 문제를 해결하며 그 경계 너머에서 느껴지는 이상한 옛 식민지풍 분위기로부터 공동체를 보호하고 있었다. 이러한 순수한 자연 국가의 환상은 자연스럽게 아이들에게 그 흐르는 공간에 접근할 수 있는 특별한 권리를 제공했고, 우리는 그 필지들을 넘나들며 우리의 기본 동선을 형성하는 (가로가 아닌) 뜰을 사용하는 데 길들여졌다. 적어도 우리의 두 발로 걷거나 뛰놀 때는 그랬다. 홀린 힐스는 최소한의 전동 이동수단만 갖춘 이들이 두 발로 다니기에 안성맞춤인 천국이었으며, 어릴 적 야생에서 뛰놀던 우리들은 거기서 특별한 자유를 느꼈다.

자연의 느낌을 강화한 준-공동체적 실험이었던 홀린 힐스는 특히 미국적인 전원도시 운동을 계승한 곳이기도 했다. 미국 전원도시 운동의 가장 고전적인 사례는 뉴저지의 래드번 계획과 뉴딜 시기에 지어진 소수의 그린벨트 타운이다. (여기에는 메릴랜드의 그린벨트도 포함된다.) 홀린 힐스의 수많은 초기 정착민들은 그린벨트에서 이주해온 사람들이었다. 그들은 세계대전 이후의 경제적 번영기에 그린벨트의 임대아파트와 보다 철저하게 집단화된 녹색 공간을 떠나 마당 딸린 집을 찾아왔지만 여전히 진보적 계획의 느낌이 나는 곳에 정착했다. 그리고 모더니즘 건축이 그와 같은 진보 정치의 기획과 동일시되면서 진보적 사상을 지닌 이들에게 매력적으로 비친 것 또한 분명한 사실이다. 홀린 힐스가 적어도 그 초창기에 담아내고 있던 놀라운 리버럴리즘은 확실히 그 건축의 외관에만 기인한 게 아니라 집합적인 것, 즉 자연경관이라는 공유 기반을 공동의 정주가 뜻하는 본질적 정의로서 기념하는 계획의 아이디어에도 기인하고 있었다.

나의 어머니는 세상을 떠나는 날까지 『뉴요커』를 구독하셨고 루이

스 멈퍼드가 쓴 「스카이라인」 칼럼을 읽으며 자라셨다. 멈퍼드는 전원교
외(garden suburb) ― 또는 계획된 공동체라 부르는 게 더 나을지 모르겠
다 ― 개발의 역사에서 빼놓을 수 없는 핵심 인물로서 옴스테드와 에버
니저 하워드, 패트릭 게데스, 클래런스 스타인, 헨리 라이트, 그리고 양차
대전 사이에 대규모로 일어난 광역 계획 개념을 위한 운동과 같은 노선
에 서 있다. 어머니는 당시 지하층으로 이사하려는 퇴행적 욕망을 보였
던 아버지의 뜻을 꺾고 우리 가족을 홀린 힐스로 이끈 확실한 원동력이
되었다. 하지만 두 분 모두 홀린 힐스로 이사할 때 계획의 합리성에 입각
해 혼잡한 걸 거부하는 공동체 개념을 추구했으며 도시 생활이 일으키는
폐소공포증을 거부했다는 것 또한 늘 분명한 사실이었다. 나 역시 이런
생각을 (하나의 생각으로서) 공유하고 있다. 비록 나는 교외의 땅을 밟을 때
면 도시계획가의 공백 공포를 느끼곤 하지만 말이다. 심지어 내가 사랑
하던 유년기의 고향을 찾을 때도 말이다.

　물론 천국에도 약간의 문제는 있기 마련이다. 나는 건축가로서 매
우 세심하게 배치된 집에서 느껴지는 우아함, 특히 그 조마조마한 감동과
그 내부 계획의 효율성, 그리고 그 안에서 보이는 탁 트인 광경들을 정말
이지 아주 좋아한다. 하지만 그런 집들은 ― 그리고 여기서 나는 20세기
중반의 모더니즘을 꼭 언급해야겠다 ― 자연환경과 지나치게 추상적인
관계를 맺는다는 점에서 매우 당대의 유행처럼 보이는데, 이는 아마도
지나치게 시각적인 관점에서만 바라본 해석일 것이다. 사실 지속 가능한
건축에 대한 현대적 인식의 관점에서 보자면 이 집들은 문제가 있다. 단
열이 거의 되어있지 않고, 개방적으로 펼쳐지는 유리를 통과하는 일사량
은 미친 듯이 많으며, 작고 낮은 개폐식 창문들은 맞통풍을 일으키는 효

과가 거의 없다. 그리고 물론 공동체 전체가 쇼핑할 때와 출근할 때, 영화관에 갈 때를 비롯해 거의 모든 일을 할 때 기본적으로 자동차를 타야 한다는 점도 빼놓을 수 없다. 내가 흥미롭게 생각하는 지점은 과거의 홀린힐스에서 갓길 보도가 없었던 데다 보도 설치 계획에도 끈질기게 저항했던 게 일종의 회피 행위였다는 점이다. 전원도시 개념을 더욱 전원적으로 만들려다가 차량과 보행자의 '교통' 분리를 특별히 물신화하며 기피하는 결과를 초래했기 때문이다.

하지만 여전히 그곳은 어디서도 볼 수 없는 교외 지역이다. 아름다운 아이디어들로 가득한 교외.

— Lecture, Modern Then and Now Hollin Hills House and Garden Tour, Hollin Hills, VA, 2012.

29
교외로 돌아가기

저는 교외에서 자랐기 때문에 전문성과 편견을 결합해 이 모임에 임하려고 합니다.° 사실 저는 여러 가지 면에서 교외의 경험이 즐거웠는데, 대개는 제가 자란 교외의 특별한 성격 때문입니다. 저는 나뭇잎이 우거지고 좀 나른한 분위기였던 버지니아주 페어팩스 카운티의 홀린 힐스에서 유년 시절을 보냈는데요, 그곳은 판박이 같은 복층 주택의 유행이 파도치는 가운데 고립된 모더니티의 섬과도 같았습니다. 찰스 굿맨이 설계하고 댄 카일리가 조경 계획을 한 그곳에는 드넓은 커뮤니티 공원과 완충 녹지가 있었는데 거의 허깨비같이 딴 세상 같은 느낌을 자아냈었거든요. 그곳에 살던 많은 지역민에게는 다소 무섭게 느껴지던 곳이었죠. 40년대 말에 시작된 모더니즘은 유리의 솔직한 표현력으로 특별한 종류의 고객을 유치했습니다. 교육받은 자유주의 성향의 고객들이었죠. (물론 당시의

◇ 이 글은 뉴욕현대미술관에서 있었던 전시 콘퍼런스에서 발표되었고, 당시 내용을 요약한 개요서는 플라톤적 대화의 형식을 취했다.

전형적인 자유주의 정부 기관은 중앙정보국이었다는 걸 기억해야겠습니다. 당시 우리 이웃 중에는 첩자가 많았죠.)

이런 미국적 예외주의 — 그리고 포위 — 의 의미가 홀린 힐스란 곳에 정체성을 부여하면서 유대감을 더 깊게 만들었습니다. 그곳에는 이익 공동체와 일종의 품앗이적인 공동생활이 모두 존재했는데요, 이런 게 정확히 공간성에서 도출된 결과라고 말할 수는 없지만 확실히 공간성이 여러 뿌리 중 하나이긴 했습니다. 이렇게 사회적인 면과 정치적인 면, 여가적인 면, 조직적인 면에서 이익을 공유하는 감각은 건축이 표현하는 근대성 개념 — 그리고 그 공동체적인 기품 — 과 연속선상에 있는 것이었죠. 단체로 아기를 돌보기 위한 '돌보미 연락망'과 활기찬 뉴스레터, 수영팀, 단체 소풍, 아마추어 연극, 애들레이 스티븐슨을 지지하는 조직화가 있었습니다. 흑인 차별 정책이 지역에서 당연히 받아들여지던 시대에 정치적으로 고립된 느낌과 지역 협치 기관들도 확실히 무관심했다는 점은 이곳에서 활기찬 별세계의 느낌을 강화하는 계기가 되었습니다. 주변 도로들에 차량이 원활히 다니고 있을 때, 홀린 힐스에 쌓인 눈은 수일이 지나도록 제설되지 않은 채로 남아있었습니다.

물론, 당연한 일이었죠. 초기에는 1950년대까지 잘 지속되던 권리 양도 규제 규약이 있었으니까요. 1950년대에는 한 집이 결국 어느 흑인 신경외과 의사에게 팔렸습니다. 나중에는 그 길 아래쪽에 가수 로버타 플랙이 살았죠. 형태적인 것과 사회적인 것을 결합하는 꿈을 두고 많은 투쟁이 첨예하게 벌어졌습니다. 공용 테니스 코트와 수영장에 더해 스쿼시 코트를 원한 쪽은 그 게임이 엘리트적 분위기를 풍긴다는 이유로 퇴짜를 맞았고요. 갓길 보도는 (새로운) 전선의 환상을 부정한다는 이유로 거절당했죠. 그리고 그 전반적인 건축적 분위기와 어울리는지 보려고 수많은 증축 건물을 심사한 설계 위원회는 늘 조화의 편에만 선 게 아니었습니다. 다른 한편으로 증축 건물들이 넓게 펼쳐지는 패턴 — 그리고 어떤 집들이 거듭 확장되는 패턴 — 은 그 공동체에 말 그대로 또는 개념적으로 투자가 이뤄진다는 신호였으며, 많은 집들이 작게 시작했을 뿐만 아니라 그런 유형이 취급하기가 쉽고 융통성도 있다는 사실을 오롯이 창의적으로 보여준 것이었습니다. 이걸 다른 자립적인 패러다임(우리 세대의 머릿속에 깊이 새겨져 있는 낭만적인 무단 점유 취락 같은 것)에 비할 바는 아니지만, 저는 형태적·사회적·기능적 유연성이라는 아이디어가 교외를 더 유용하게 만드는 유망한 열쇠임을 실감합니다.

하지만 이쯤에서 잠시 멈춰봅시다. 이 발표가 토론 주제로 공표되었기 때문에, 저는 교외와 관련해 우리가 뭔가 돌이킬 수 없는 수준의 실패를 범하고 있다는 입장을 대변코자 합니다. 그래서 제가 사실상 공감할 수밖에 없는 어두운 측면에 대해 간략한 요약을 해보겠습니다.

순수한 악

저는 미국의 교외가 무시무시한 악의 온상일 수 있다는 생각에 늘 두 눈을 부릅뜨고 삽니다. (심지어 불면증에 시달릴 정도죠.) 이런 교외 지역을 둘러보다 보면 제 머릿속 한편에서는 집집마다 지하실이 따로 있고 존베네 램지◆

◆　부모가 실종 신고를 한 후 8시간 만에 콜로라도 볼더의 자택 지하실에서 처참한 모습으로 발견된 소녀. 사망 당시 6살이었으며, 범인은 밝혀지지 않았다.

같은 희생자가 죽어있을지도 모른다는 불길한 생각이 들곤 하죠. 조리대를 보면 영화『위험한 정사』의 스토커가 토끼를 희생시킨 장면이 떠오르고, 그늘진 곳에는 콜럼바인 고등학교의 총기 참사를 기도했던 아이들이 숨어있을 것만 같습니다. 매우 변태적인 배우자 학대가 빈발하고 있을지도 모르고, 덤불 뒤에서는 조지 로메로 감독 영화에 나오는 좀비들이 기다리다가 저녁 해가 떨어지면 나와 쇼핑몰로 이동할 것만 같죠. 분산되어 이리저리 이어지는 교외 공간, 근접 거리에서 편안하게 에워싸는 감각의 부재, 조미료를 뺀 듯 건조한 길거리의 느낌, 타자에 대한 두려움으로 외부인 출입을 제한하는 공동체, 이 모든 게 불길한 기분에 불을 지핍니다. 쿠바 미사일 위기 때도 그랬던 기억이 있습니다. 핵폭탄의 위기에서 자신의 핵가족을 보호하려고 지하 벙커를 파는 이웃을 총살할 것이냐 말 것이냐는 논쟁이 벌어지던 당시, 교외가 마치 홀로코스트의 본거지처럼 느껴졌습니다. 이런 논쟁에도 태연해하던 부모님께 화가 난 저는 마당으로 나가 땅을 파기 시작했죠.

소외의 공장

어머니의 작은 위안제*와 나 홀로 볼링** 사이에서, 교외는 아노미의 배양 접시가 됐습니다. 우리 모두 너무 오랫동안 지연된 드라마『매드 맨』

◆　Mother's Little Helpers. 항불안제인 디아제팜(diazepam)을 일컫는 속어다.
◆◆　Bowling Alone. 미국 공동체의 붕괴를 다룬 사회학자 로버트 퍼트넘이 1995년에 처음 쓴 에세이의 제목으로, '미국의 쇠퇴하는 사회적 자본'이라는 부제를 달고 있다.

이 어서 다시 방영하기를 기다리고 있죠. 이 드라마는 특히 전성기를 구가하던 교외에 대해 숙고할 수 있게 해주는데요. 세련된 광고기획자들과 소외된 아내들은 마티니를 연거푸 들이켜며 끓어오르는 무의미한 고통을 잠재우려고 합니다. 암투가 벌어지고 유혹에 굴복하죠. 돈을 벌어 쓰고, 어린이 야구단과 학부모회에 참여하는 일상화된 행동들이 차곡차곡 무의미한 목록을 만들죠. 교외 거주민들이 확실히 행복해하지 않네요. 오로지 선택된 계층인 남성들만 성취감을 주는 도시를 향해 해방될 뿐이고요. 그런데 이런 것도 환상에 불과할 때가 많습니다. 영원히 사소한 취향을 추구하기로 한 다짐 ― 그리고 광고는 분명 진정한 허영의 궁극적 표현이지요 ― 은 매일 저녁 그리니치빌리지로 가는 표에 서명되고 표명됩니다. 현실도피자들의 불륜이 도심에서 일어나는 경우만 제외하고요. 소크라테스는 명심해야 합니다. 쇼핑몰은 아고라가 아니라는 것을.◆

인종차별과 규제

물론 교외는 백인들의 탈주가 향하는 목적지였고, 심각한 양극화를 일으키는 스프롤(무분별한 도시 확장)과 도시 재개발은 백인들이 만드는 도시 형태를 대표합니다. 세계대전 이후 교외가 급격히 성장할 수 있게 해준 참전 군인에 대한 혜택은 백인에게로 한정되었고, 유색인종 병사에 대한 혜택은 불필요한 지출이라며 금지됐습니다. 교외는 자유와 자율성이라

◆   그리스 시대의 소크라테스는 시장에 나가 철학적인 토론을 즐겼고, 이런 시장에서 광장(아고라)의 의미가 형성되었다.

는 수사법을 기반으로 꽃피우면서 수천만 명이 실제로 그런 걸 경험하고 있다고 생각하게 만들었습니다. 선택된 백인들에게만 자유를 제공한다는 이런 생각은 자기본위적인 방식으로 도시 주거 프로젝트를 감옥처럼 만들어버렸죠. (고대 그리스인들이 노예제를 운영했던 것처럼 말입니다.) 교외와 도시 주거라는 두 모델은 형식적으로 많이 닮았습니다. 둘 다 단일한 용도를 별개로 나눠 계획하는 개념에 기초하니까요. 고립된 땅 안에 거주하고, 독단적일 만큼 절제된 형태 안에 모여서 쇼핑하며, 직장을 멀리까지 다녀야 하거나 집안일만 하는 식이죠. 그리고 그 단일한 인종에 계급적인 배타심이 더해졌습니다. 교외가 소득을 기준으로 한 세심한 계층 구분의 결과였던 것처럼, 도시 재개발의 건축 역시 유색인종의 동네를 따로 떼어 경제적으로 고립시키려는 의도였습니다. 마찬가지로 교외의 '근린' 학교는 사회적 격리를 암시하게 되었고, '슬럼'이라는 특정한 경계를 지정하는 정책은 교육의 질과 자원과 다양성이 매우 떨어지는 학교를 양산하는 역할을 했습니다. 흥미롭게도, '브라운 대 토피카교육위원회' 판결◆ 이후 인종을 분리하던 교외 학교들에 시행된 교정 조치는 철저히 도시적인 방식인 대중교통수단을 도입하는 거였죠. 버스의 형식으로 말입니다.

그래도 이건 다소 진보한 변화였습니다. 인구 혼합을 훨씬 더 늘리기 위해 내부 순환도로를 재활용했을 뿐만 아니라 중산층 자체를 통합하는 점진적 변화를 이뤘으니까요. 결국 미국 중산층이 역사적으로 경험해오던 공간적 관습에 뒤늦게나마 이런 변화가 이뤄졌으니 한 단계 진보한

◆ 1954년에 미국 대법원이 내린 역사적 판결로, 흑인 학생과 백인 학생을 위한 공립학교를 별개로 분리해 설립시키던 주법이 헌법에 위배된다는 판결이었다.

것으로 봐야 합니다. 도심을 떠났던 사람들의 자녀가 다시 도심으로 재진입하는 것 못지않게 말이죠.

확대되는 기반시설

교외에 대한 표준적이고 강력한 비판은 마이런 오필드의 고전적인 저서 『메트로폴리틱스』(1997)에서 효과적으로 제시되었고 다른 저자들은 이를 간단한 명제로 정리했는데요, 그 내용은 밀도가 낮을수록 기반시설을 갖추는 데 드는 비용이 더 커진다는 것입니다. 이 명제는 분명한 사실입니다. 게다가 이 명제는 이런 저밀도의 패턴이 자산을 계속 불리며 안전하게 살아가는 자유로운 소지주들의 제퍼슨적인 환상을 구현한다는 망상의 오류를 보여주는 수많은 근거 중 하나이기도 하죠. 하지만 이런 패턴에서도 공평성과 지속 가능성 모두에 의미 있는 개혁이 일어날 수 있는 장소는 분명히 있습니다. 가장 손쉽게 주장되는 고밀화의 논리는 (적어도 심리학적 의미에서) 사회적인 게 아니라 경제적인 논리일 수 있는데, 말하자면 고밀화를 통해 점점 더 희박해지고 비싸지는 자원들을 더 효율적으로 배치할 수 있다는 거죠. 그게 거리의 사회생활을 꽃피울 거라는 추론은 할 수 있겠지만 이런 논리는 그 거래를 활성화하는 게 아니라 공고하게 굳히는 것입니다.

교외로 돌아가기

자동차라는 창조물

최근에 저는 쇼핑몰의 아버지 빅터 그루엔에 관한 세련된 영화 한 편을 보았습니다. 『그루엔 효과』라는 2009년 영화인데, 이 영화는 교외가 전성기를 누리던 1960년대의 장면들로 가득합니다. 자동차로 꽉 막힌 도로 장면들은 놀랍고 매혹적인 데다 이상하기까지 했습니다. 당대 자동차의 스타일이 바로크적으로 과대 묘사된 게 정말 황홀할 정도였는데, 제가 이 특별한 취향 문화의 한복판에서 자랐다는 걸 믿기 힘들 정도입니다. 하지만 그 모든 매력에도 불구하고, 연료 소비량이 많고 어떤 속도로 달려도 안전하지 못하며 제너럴 모터스에만 좋은 거대한 크기의 자동차들은 문명의 죽음을 예고합니다. 자체적인 유용성을 초과해버린 기술이 지구를 꽉 막히게 만들고 있으니까요.

현대 도시의 역사는 근본적으로 도시에 미칠 영향을 생각지 않고 발명한 이동 기술로 경쟁하는 선두 따라잡기 게임에 입각해 있습니다. 산업 도시는 철도 수요를 중심으로 형태를 구축했고, 철도는 광대한 확장을 주도했지만 지역적으로 심각한 결과를 안겨줬죠. 거대한 벌목과 벌판을 만들었고, 공중으로 매연을 내뿜었으며, 화염과 소음을 냈고, 철도 이면에는 빈민가를 양산했습니다. 자동차에 대해서도 똑같이 말할 수 있습니다. 자동차는 편안한 근접성, 그리고 거리와 그 삶 속에서 펼쳐지는 즐거움과 실용성이라는 '전통적인' 도시적 가치를 절멸하기 위한 또 하나의 이동수단이죠. 자동차 교통체계는 일정한 곳에 흩어져 사는 인구를 효율적으로 실어 나르는 분배 장치이지만, 인구밀도가 높아질수록 그 기능성이 떨어지게 되어있습니다. 이러한 교통체계를 간선도로와 고속도로라는 연속적인 규모로 단계화한다고 해서 그 기능성을 그대로 유지할 수는 없습니다. 그리고 하루 중 출퇴근하는 낮 시간대가 집중되는 왜곡이 일어날수록 본래의 내적 논리와는 반대로 고른 평형 상태를 유지하게 설계된 교통체계일 때만 제 기능을 한다는 걸 보여줄 뿐이죠.

확실히 교외 재정비 전략은 자동차와 그것이 인간과 환경에 가져다주는 비효율성에 대한 심각한 비판적 인식을 담아내야 합니다. 교외를 '대중교통 중심 개발'을 선호하는 쪽으로 재개념화하려는 지속적인 시도는 분명히 옳은 거예요. 실제로 교외의 근원적 동기 중 하나였으나 자동차와 석유회사가 공모한 음모에 희생되었던 전차를 중심으로 교외 개발의 패턴을 다시 짜는 노력이 이뤄지고 있고요. 제너럴 모터스와 스탠더드 오일에 좋은 것은 솔직히 우리에게 좋지 않죠. 하지만 우리는 마치 마법의 탄환처럼 제시되는 그 모든 기술적 해법을 늘 경계해야겠습니다. 고속 철도는 어버니즘이 아닙니다.

숨겨진 보조금

비록 교외가 미국성의 정수, 즉 집단적인 개입주의에 저항하는 책임 있는 개인주의의 요체로 널리 알려져 있긴 하지만 이런 소문은 교외를 떠받치는 엄청난 공적 보조금을 가리는 속임수이자 위장술입니다. 약간 공화당적인 위선의 전형이지요. 여러분이 받는 보조금은 사회주의고 자기네들이 받는 보조금은 그저 자본을 부풀려줄 마중물이라고 생각하는 거니까요. 교외는 미국의 공간을 극적으로 재구성하기 위해 정부가 설계한 수많은 지원금을 받아 만들어진 것입니다. 연방주택국의 저금리 대출, 담보대출 공제 혜택, 상업용지에 대한 감가상각 촉진제도, 도로 건설에 대한 직접 지원금, 하수관과 전기선 등의 기반시설 유지관리에 끝없이 투입되는 현금, 이 모든 게 무분별한 도시 확장 패턴에 불균형적인 이익을 가져다주지요. 소크라테스와 글라우콘◆도 비슷한 말을 했습니다. 그리고 저는 이 프로젝트가 실로 사적 영역의 공공성을 길러내려는 시도라고 이해합니다.

최소한의 녹지로는 안 된다

여기서도 밀도와 협동은 지속 가능한 도시 형태의 필수 요건입니다. 분배와 이동과 소비의 패턴으로 봤을 때 교외는 모든 녹지에 모욕을 주는 형태죠. 얼마나 내건성 조경이 되어있든 간에 그 모든 잔디를 위장하면서 말입니다. 자동차는 진정 그 문제의 원흉이자, 교외적인 습관을 가능케 하는 조건이에요. 자동차는 더 이상 좋을 게 없는 기술입니다. 단지 오존층을 고갈시키고 암을 유도하는 석유화학 시스템의 일부여서만이 아니라, 거의 70억 인구가 사는 지구상에서 더 이상 지속 가능하지 않은 공간적 습속을 지배하는 기술이기 때문이죠. 압축성과 편의성이 친환경 어버니즘의 정수라면, 자동차와 교외는 그 적입니다.

◆　플라톤의 형으로, 플라톤의 『국가』에서 소크라테스의 주된 대화 상대자로 등장한다.

병마에 시달리는 곪은 늪

세계대전 이후에 일어난 교외의 기하급수적 성장은 정확히 텔레비전 시스템의 부상과 관련이 있습니다. 실제로 교외는 그 거주 인구를 문화적이고 도시 형태학적인 화상처럼 모자이크화한 일련의 결합된 단자들을 통해 의미를 만들어 내는 시스템이죠. 한편으로는 늘 정지된 상태를 향하는 의미를 만들고, 다른 한편으로는 가공식품을 대량 비축하는 쇼핑몰 나들이로 일련의 소비를 유도하는 시스템을 가동시켜 집안의 소파에서 수동적으로 생활하는 게 미국 경제의 번영을 가져온다는 의미를 만드는 겁니다.

　　미국인이 기괴하리만치 심한 비만으로 고통받는 것은 미국 문화에 일반화된 목적의식의 상실이 낳은 결과이자 지적이고 사회적 효용이 있는 인간적 성취의 형식들을 끔찍이도 경멸하는 태도의 산물입니다. 게다가 교외의 텔레비전-자동차-소비 장치가 주입하는 나태한 스타일의 산물이기도 하죠. (이런 장치는 점점 더 미국의 존재 이유가 되어가고 있습니다.) 우리는 우리의 몸에서 소외되고 있어요. 우리 몸은 헛된 일로 엄청난 수익을 올려주는 봉사 행위인 다이어트와 헬스, 성형수술, 패션, 라이프 스타일 산업 등을 통해서만 치료되는 증상이 되고 있죠. 걷기가 오락의 일종으로 축소되고, 텔레비전(과 기하급수적으로 성장하는 그 인터넷 친족)이 정보 획득을 위한 절대적인 필수품으로 격상되고, 교외 생활의 고립이 만연할수록 우리는 우리의 몸에서 극적으로 소외되었고 삶은 더욱더 가상 세계로 이동했습니다. 우리는 우리를 연쇄적인 미디어의 망 속으로 점점 더 깊숙이 빠져들게 하는 시스템에 사로잡힌 포로입니다. 그 어느 때보다 더 각자의 몸과 이웃의 마음에서 소외된 채로 말이죠. 여기에 의문을 제기할 분이 계신가요?

교외는 도시가 아니다

마지막으로 독주를 파는 선술집에서 만난 저의 오랜 술친구 소크라테스의 얘기를 해보겠습니다. 저는 교외가 도시의 일종이 아니라고 주장했습니다. 아무리 퇴락한다 한들, 도시와는 반대되는 주제일 뿐이죠. 인접성에 기초한 통계적 사건을 바탕으로 교외가 도시의 한 변이일 뿐이라고 주장하거나, 거꾸로 의존적이지 않다고 여겨지는 간선도로 주변 도시(edge city)의 관계들을 통해 교외가 자율적 영역이 되었다고 주장할 수도 있겠지요. 하지만 그런 주장들은 도시의 특수성에 대한 공간적, 정치적, 사회적, 그리고 기타 질적인 묘사들을 무시하는 겁니다. 저는 "꿈을 바꾸세요, 도시를 바꾸세요(Change the dream, change the city)"라는 열망어린 슬로건을 따뜻한 마음으로 지지하지만, 소크라테스와 같은 관념론자라면 이 말이 좋은 도시의 환상을, 도시성의 이론을 상정한다고 말하겠죠. 저는 도시가 우연성과 마찰 모두로 가득한 공간 속에서 몸들이 만나게 해주는 특별한 도관이라고 봅니다. 도시의 형태와 밀도, 이동 방식, 공공 영역에 관한 이론들은 모두 이런 일차적 동기에서 파생된 것이고요. 그리고 교외가 몸을 소외시키는 단자적인 사생활로 숨어들며 절멸시키는 게 바로 이것이죠. 이게 바로 그 배제된 기획◆에 참여하는 이들이 다뤄야만 하는 거예요.

　그 잔디 밑에 억눌려있는 게 바로 갓길 보도입니다!

◆　이 글이 발표된 뉴욕 현대미술관의 전시 콘퍼런스 주제는 "배제된: 아메리칸 드림의 새집 짓기(Foreclosed: Rehousing the American Dream)"였다. foreclose는 정신분석 용어로 '폐제'로 번역되기도 한다.

결론

이제 무질서 단속은 그만하면 됐습니다! 우리는 오늘 잘못된 일단의 공간적 패턴과 관습의 고통에 한탄하려고 모인 게 아니라, 사회성과 지속가능성 그리고 정치경제학의 새로운 논리를 통한 해법을 찾고자 모였습니다. 아주 중요하고 획기적인 연구가 이뤄졌고, 우리는 점점 더 잘못된 패턴을 개혁하기 위한 제안들을 잘 준비하고 있습니다. 2010년 인구조사 데이터도 현재의 교외 성장 패턴이 내부 순환도로와 외부 순환도로에 초점을 두고 있음을 보여줍니다. 그 사이에는 보다 느리게 발달하는 '성숙한' 교외가 교외의 고전적 장소로 자리 잡고 있네요. 그 이유는 비교적 분명하고 몇 가지 면에서 고무적입니다. 첫 번째 순환도로가 활력을 회복하는 이유는 (대개 오래된 용지의 평가절하로 인해) 혼합이 잘된 빈곤층 인구에게 더 친숙해서일 뿐만 아니라 재도약하는 도시들과 대중교통수단이 가까이 있어서이기도 한 듯합니다.

그 반대편에서는 준-교외지역에 속한 외부 순환도로가 경이적인 속도로 성장했는데, 지난 10년간 무려 25퍼센트가 넘게 성장했습니다. 그 이유는 주변부의 주택 가격이 더 싸다는 개발경제학 논리에 있을 뿐만 아니라, 여전히 도시 생활을 좋아하지 않는 많은 이들에게 바람직한 고전적인 저밀도의 초기 교외가 다시 주목받고 있어서인 듯도 합니다. 또한 "살 수 있는 집이 나타날 때까지 운전하라(drive until you qualify)"는 말이 있듯이 저렴한 주택 '비용'이 출퇴근 시간에도 크게 반영되는 것으로 보이는데, 교외는 이런 악마의 거래를 관습적으로 요구해왔죠. 상기한 비판적 관점에서 볼 때, 이런 교외의 성장은 분명 혼합된 원인의 결과이

교외로 돌아가기

며 최대 규모를 제외하고는 형태학적인 제안마다 다양한 반응이 나타나는 상황입니다. 아무리 부드럽게 자극하거나 설득하는 형식을 사용한다 한들, 분산 개발에 드는 더 큰 공적 비용을 회수하려고 성장 범위를 절대적으로 제한하거나 세제를 다양화하는 효과를 거둘 가능성은 적지요.

여기서 제가 이 프로젝트에 관여하는 분들에게 정말 말씀드리고 싶은 건 이겁니다. 여러분의 제안을 건축으로만 한정하지 마십시오. 교외를 만들어 낸 힘은 좋은 삶에 대한 강력한 환상을 포함하고 있었지만, 이 거대한 문화적·공간적 변화를 실질적으로 가능케 한 다양한 범위의 재정·법률·사회 기관들이 없었다면 그런 삶이 거의 이뤄지지 못했을 겁니다. 우리는 이제 우리의 취락 패턴을 유사한 규모에서 재고할 필요가 있습니다. 우리가 실제로 누구의 꿈을 진척시키는 건지를 분명히 하면서요. 말하자면 저작은 싸구려 상자에서는 멀리 벗어나 생각해보자는 것이지요.

— Barry Bergdoll and Reinhold Martin, eds., *MoMA: Foreclosed: Rehousing the American Dream*, New York: Museum of Modern Art, 2012.

30
자본주의 없는 건축

작년에 주코티 공원으로 밀려든 월 스트리트 점령 운동은 자본주의 없는 건축, 말하자면 자본주의 안에 있음에도 불구하고 그 시스템의 바깥에 설 가능성에 대한 상상을 시도했다. 그런 가능성은 어려운 것으로 판명되었다. 공평성에 기초해 세운 그 반자본주의 운동가들의 작은 도시는 전방위적으로 진짜 도시를 꾸미고 특별자유무역 지대의 의미를 뒤집어 상업성을 뺀 연설을 위한 무대를 마련했지만, 결국 싸늘해지면서 경찰이 들이닥쳤다. 이 공동체는 얼마나 단명했든지 간에 잊히지 않는 역사가 되었고 그 메시지를 전달하는 데 성공했다. 그 메시지란 시스템을 공격하기 위해 어떤 방식을 선택하느냐는 그 시스템을 이해하는 방식에 따라 달라진다는 것이다. 점령 운동은 자본주의 시스템을 명확하면서도 산만하게 이해했다. 하지만 운동의 슬로건이 "우리는 99퍼센트다"로 진화할수록 자본에 대한 비판이 구체화되었고, 그 투쟁은 정량화되어 무엇보다 정치적 어감이 느껴지는 '분배'의 의미로 고정되었다.

모든 건축은 분배한다. 매스와 공간, 재료, 특권, 접근성, 의미, 피난처, 권리 등을 말이다. 건축과 자본의 불가피한 연계는 건축을 매혹하는 핵심 요인 중 하나이며, 건축이 그리도 효율적이고 풍부하게 읽힐 수 있는 이유 중 하나이기도 하다. 주코티 공원의 사방에서 허세에 찬 건축을 읽을 수 있다는 것 — 그리고 월 스트리트의 특권을 보장해 주는 상상 가능한 모든 경찰 기술은 여전히 공격받지 않았다는 것 — 은 건축이 자기 역할을 완벽히 수행하고 있음을 보여주는 수많은 사례 중 극히 일부분에 지나지 않는다. 건축은 대부분 자본의 불공평성을 투명하게 드러내는 조력자일 뿐이다. 심지어 가장 강단 있는 건축 혁명가들도 재료를 상징적 의미와 교환하는 환전 행위 이상을 하는 경우가 거의 없다.

　　그래서 무엇을 해야 하는가? 건축이 자본주의 없이 살 수 있는가? 이 질문에 대해 몇 가지 접근이 가능할 수 있겠다.

1. 건축을 단순히 경제적 토대 위에 놓인 자기본위적인 상부구조로 바라보는 구시대의 속악한 관점은 실천적인 걸 전혀 만들어 내지 못한다. 권력자의 선택 능력은 우리의 발명 능력을 앞질러가고, 우리는 발명에 매료된 채 승차권을 구매한다. 건축 형태는 위험해지는 힘을 잃어버렸으며, 오로지 건축의 부재(또는 건축의 폭력적 파괴)만이 누군가를 위협한다. 이런 교훈은 국가를 위해 싸우거나 비국가를 위해 싸우는 다양한 투사들(예컨대 길 건너에 있는 그라운드 제로의 타자에 응답했던 점령 운동가들)의 관심을 끌지 못한다. 하지만 여전히 질문은 이것이다. 누구를 냉대할 것인가? 건축을 판단하는 전문가들은 정확히 그 적이 아니지만, 그가 난잡한 관계를 갖는다면 적이 될 수도 있다. 특히 그가

규모의 숭고함에 매료될 때라면 말이다. 단지 우리가 어떤 취향 문화를 이해하거나 해체할 수 있다는 이유만으로 그걸 승인해야만 하는 것은 아니다. 악의 기호체계는 『건축 그래픽 표준 지침서(*Architectural Graphic Standards*)』에 나오는 기호체계와 다르며, 그 껍데기 속에서 중력에 대한 저항의 중심 속성을 구현한다.

2. 아니면 점령 운동은 실제로 그 운동의 강력한 기세를 밀고 내려가 — 부동산 잉여가치가 지정된 '공공' 공간에 있는 주둔지를 차릴 게 아니라 — 증권회사의 트레이딩 룸을 점유할 수도 있을 것이다. 왜 시장이 만든 경직된 생산 관계들이 이 도시에 그리도 생생히 각인되는 것에 대해서는 묵인하는가? 재분배를 요구할 용기가 없는 진보 정치는 이 시대에 의미가 없다. 이 시대가 후기자본 시대건 글로벌 자본 시대건 베인 캐피탈의 시대건 간에, 자본의 역사적 형성 과정을 아무리 분석해도 그 서술문은 그저 편의적인 결과에 지나지 않는다. 모든 경제는 분배의 엔진이며, 우리는 그 엔진의 도덕적 적합성을 전유(appropriation)와 공유(sharing)의 윤리를 통해 심사한다. 파크 애비뉴 임대아파트나 아스펜 분양아파트에서 잘못된 건 처마의 반곡 쇠시리나 징두리 벽판 따위가 아니다. 문제는 공간과 편의와 특권을 구현하고 재현하는 방식이 전보다 더 불공평해졌다는 점이다. 이 문제는 명백하지만, 그것에 대해 뭘 해야 하는지는 상대적으로 불분명하다. 이런 문제에 대해 엥겔스가 고전적인 저서 『주거 문제(*The Housing Question*)』(1872)에서 제시한 설명에 따르면, 그 해법은 도시의 황폐한 주변부에 초라한 노동자 주거단지를 지어 주는 빈약한 보상이 아니라 센트럴파크 웨스

트의 잉여 공간에 주거를 마련하는 매우 경제적인 해법이어야 한다.

3. 우리는 그저 소비에 대한 탐닉을 거부하고 자본의 비육한 거위가 되길 그만둔 채 욕심을 버리고 지속 가능하면서 간디적인 금욕을 행하는 길을 시험해볼 수도 있다. 사실 기하급수적으로 증가해온 미국인들의 비만은 우리 모두를 집체만한 건축으로 만들어버릴 듯이 위협적이다. 우리는 분명 예전에 이런 길을 걸어왔지만, 아미시 교파와 무정부주의자와 아시람 거주자처럼(다소) 그 길의 바깥을 선택하는 이들에게는 그런 금욕적인 대안이 효과를 발휘한다. 이런 장소주의(localism)가 다국적 기업들이 함께 채택하는 '원하는 대로 하세요(have it your way)'라는 신조에 응수할 수 있다면 생각해볼 가치가 있다. 우리의 '계몽'을 통해 현대적으로 다시 태어나는 정치는 어떤 자연 상태에 그 기원을 둔다. 그게 야비한 자연이든 천국 같은 자연이든 간에, 모든 계몽이 출발하는 기원에는 자본주의 이전의 원시 헛간(primitive hut)이 있다. 젬퍼나 로지에의 표상, 또는 유럽이 식민지를 확장하던 대항해시대 탐험가들의 용감한 스케치북에 기록된 그 표상이 역사주의와 선형성이 지배하던 시대의 일부로서 보편적으로 등장한 건 우연이 아니었다. 그것은 누군가의 앞선 결론을 추적할 때 필연적으로 만나게 되는 기원이었던 셈이다. 20세기의 '최소실존' 담론이 현대적인 원시 헛간이었던 것처럼, 그러한 표상은 계속해서 반복되는 현재 진행형이다. 그것이 암시하는 분배적이고 구축적인 단순성은 최초의 기원과 절대적인 영도(zero degree)를 모두 확립한다. 숲으로 돌아가기라고나 할까?

4. 우리에겐 영원한 저항의 매개체로서 끊임없이 법과 교섭하거나 그에 반발하는 비공식성(informality)의 본질을 제대로 살펴보는 길도 있겠다. 최근의 사상은 도시 영역 안의 비공식적 작업들이 단지 낙수효과의 혜택을 슬쩍하면서 대안적인 공간 기법에 골몰하는 비주류의 '예외 상태'만을 뜻하는 게 아님을 보여줬다. 오히려 아나냐 로이 같은 학자들의 주장에 따르면 인도나 브라질 같은 곳에서는 비공식성이 모든 수준에서 실천되는 '숙어'로서, 법해석학과 법망 빠져나가기, 수동성, 폭력을 활용해 건설과 권리 모두의 풍경을 연속적으로 재구성하는 계획의 형식이다. 이러한 공간적 관리 가능성(spatial tractability)이라는 개념은 계속되는 논쟁의 주제이지만, 한편으로 권리를 박탈당한 자들에게 유리한 상황을 조성한다. 바로 이 개념을 통해 그들의 욕망과 권리를 각인하기 위한 전략적 틈새를 계속해서 찾아낼 수 있고, 주변부에서 도심으로 빼앗기는 필요들을 점점 더 많은 수준에서 찾아 모델화할 수 있기 때문이다. 다른 한편으로 그러한 작업 영역은 기본적으로 불안정성을 내포하기 때문에 권력층이 잉여 가치를 주입하고 싶은 영토를 (교활한 율법주의나 전면적인 원주민 축출을 통해) 횡탈할 때 그러한 '창조적 파괴'를 종식시킬 전망을 제공하지 못한다.

5. 우리는 우리 권리를 위한 또 하나의 공식이자 오늘날 가능한 최선의 축인 '도시에 대한 권리'를 주장한다. 이게 일단 부동산보다 우리의 접근과 집회에 대한 요구를 앞세우라는 것을 뜻한다면, 우리는 관리 가능성의 핵심에 해당하는 '점유'의 공간을 찾게 된다. 이게 다른 생활방식과 다른 관계, 다른 도시, 다른 환상에 대한 우리의 꿈에 응하

자본주의 없는 건축

는 방향으로 자본이 변신하는 걸 뜻한다면, 우리는 그 자본의 전망을 가로막고 압도함으로써 역사의 엔진을 재가동하고 그 운동에 전적으로 참여할 수 있어야 할 것이다. 유토피아는 늘 그 짧은 수명 안에서 시대적 의미를 갖는다. 하나가 아닌 여러 개의 꿈에서 많은 걸 배울 수가 있다.

6. 도시 안에서 동질화하고 조우하고 존재하는 반란의 양식이 있는가? 생활 방식으로서의 근대성과 도시는 모두 서로 얽혀서 분절되는 현상으로 출현했으며, 도시는 우리가 사랑하고 소비하고 인식할 수 있는 지각 장치의 다양성을 중심으로 그 체계망을 구축해왔다. 우리는 과시적이지만 목적 없는 태도로 대로를 돌아다니는 산보자들이었다. 쇼핑객은 우리의 사적인 구금에서 해방되어 볼거리와 무방비 상태의 타자와 섞인다. 운전자의 눈앞에는 급격히 늘어지는 공간이 빠르게 연속적으로 지나간다. 영화제작자는 존재하면서도 한 번도 존재한 적이 없는 공간들을 만들고 우리의 지각은 그걸 재조합해 받아들인다. 방랑객은 쾌활하고도 신중하게 거리를 두면서 우연적인 진정성을, 무의식의 도표를, 거의 어떤 우연도 없는 공간을 경험하려고 최선을 다한다. 취한다. 납치당한다. 소나기에 젖는다. 자본주의 도시를 그것의 타자로 전환해 뒤집는 지각 장치, 말하자면 진정한 우회(*détournement*) 전략은 존재하는가? 시선을 떼지 말고 계속해서 이방인들과 부딪히며 무작위적인 사건들을 무대화하자. 성공은 늘 순간적일 테지만 (시도는 그 결과다) 실패는 늘 오롯이 명백하다. 도시를 가로지르는 모든 경로가 맥도날드로 우리를 인도한다면, 그 장치는 불량품이다.

7. 좋다. 이제 우리는 '실재적으로' 우리의 공상가들을 기념한다. 이 범주를 정의하는 기준은 그것이 우리에게 경고하는 바의 '현존하는 불가능성'이다. 물론 그 불가능성의 조건에 대해 비판적일 필요가 있고, 그 한계의 필연성에 대해서도 분명히 할 필요가 있다. 우리의 몸을 포함하지 않는 비전은 비-건축(not-architecture)으로서 제외된다. 우리는 우리 자신의 실존하는 몸(corporeal) 구성을 방어함으로써 자본의 큰 계획과 싸운다. 확실히 주거와 고급의류를 교환 가능한 개념으로 만들려는 음모가 있기 때문에, 우리는 권력자가 예술지상주의적인 브로마이드와 유명인으로 우리를 물들이고 우리의 머릿속에 다이아몬드를 박아 우리 자신을 감추는 위장술을 펼치지 않게 조심해야 한다. 또한 우리 쪽에 있는 (마치 우리가 살아가는 방식이 그저 우연에 불과하다는 듯 백포도주 몇 번 홀짝이며 내뱉는) 음울하고 가부장적인 이론들에 굴복해서도 안 되며, 인습을 타파하려는 모든 시도가 단지 부르주아의 또 다른 억압 전략일 뿐이라고 가정해서도 안 된다. 원한다면 그걸 '부정(negation)'이라 불러도 좋다. 우리는 어떤 위험 앞에서는 아이러니나 냉소주의의 다리를 가로질러야 한다. 누가 즐겁지 않은 혁명을 원하는가? 왜 아키그램(Archigram)을 희생시켜 아키줌(Archizoom)을 과대평가하는가? 왜 웃음보다 침묵을 선호하는가? 결정적인 한방은 죽음을 제외하고 일어나기 어렵지만, 천 번의 농담은 기회를 마련한다.

8. 우리는 그 과시적인 창조적 파괴가 실제로는 얼마나 창조적이지 못한지를 증명하기 위해 그것의 모순을 기다린다. 그 시스템이 그것의 모든 주체를 유혹했다가 내버리고 우리 모두를 주택 대출 상환의 노

예로 만들어 모든 집을 손실의 늪에 빠뜨린다면, 모두가 더 높은 곳으로 박차고 올라와 '빌어먹을'이라고 외칠 것이다. 마르크스는 바로 이런 종류의 시스템 붕괴를 꿈꿨다. 자본주의적 생산 관계가 사라지면 건설에는 무슨 일이 일어나는가? 그걸 알아내자! 기숙사 방 안에서의 사회주의? 간이침실? 공작연맹? 근린? 타운? 도시? 국가? 지구? 그 답을 찾아내려면 자유주의의 전유물이 거의 아닌 다음의 딜레마를 늘 마주해야 한다. 국가는 얼마나 큰 정부여야 충분한가? 나는 다음만큼은 알고 있다. 하나의 복지국가가 하나의 전쟁국가를 이긴다.

9. 우리는 우리의 몸이 사라진 공산주의로 진입하고, 우리의 모든 능력을 다운로드받아 실리콘이나 그보다 더 발전될 차세대의 물질에 투여한다. 그러고는 순수한 정신이 되어, 부동산이라는 물질성 자체를 패배시킨다. 음, 아마도 이건 너무 멀리 나갔다. 정신적인 건축은 그냥 은유일 뿐이니까. 그냥 그렇다고 해두자.

— Peggy Deamer, ed., *Architecture and Capitalism: 1845 to Present*, New York: Routledge, 2013.

31
비공식적 공식성

비공식 취락은 현실에서 존재하지 않는다. 리마와 카이로, 뭄바이 등지에서 광대한 '미계획' 영토를 실제로 볼 수 없거나 분명하게 볼 수 없다는 얘기가 아니다. 그보다는 그런 곳들이 그 바탕이 되는 도시나 사회와 연속적인 관계를 이룬다는 얘기다. 그 원인으로는 두 가지를 꼽을 수 있다. 하나는 '공식' 문화가 자체적인 개발단지 안에 다양한 비공식 수단을 전개한다는 점인데, 아나냐 로이에 따르면 인도의 거의 모든 공식 도시계획 체제가 근본적으로 비공식적인 전략의 결과라고 한다. 또 하나의 원인은 비공식 취락에 사는 그 누구도 공식적인 일상을 완전히 벗어나 살 수 없다는 데에 있다. 그들의 삶은 광범위하게 다양한 경제적 전략과 관계를 혼합해 여러 잡종을 만들어 낸다. 한 주민이 낮에는 공식 부문에서 일하다가 비공식 부문의 주거로 되돌아가서 양자를 결합한 영역에서 상업 활동을 하고 비공식적인 부업을 또 할 수가 있다. 이러한 다공성(多孔性, porosity)을 특징짓는 또 한 가지는 소위 말하는 비공식 취락이 다양한 개선 계획에 따른 연속적인 변형을 보여준다는 점이다. 그중에는 '상부'에서 하향식으로 이뤄지는 계획도 있고, '하부'에서 자발적으로 일어나는 계획도 있다.

비공식 취락에 공감을 표하는 이들은 그러한 계획의 자발성과 사회적 인맥의 복잡성, 주민들이 보여주는 경제적이고 건축적인 임시 조치의 역량, 지속 가능한 특징을 지닌 과감한 절약, 경제적으로 괜찮은 수익을 올리는 주민들의 능력 등을 이러한 취락의 매력으로 꼽는다. 비공식성(infor-mality)이라는 개념은 (로이와 재니스 펄만, 아세프 바야트, 제임스 홀스턴 등의 연구에서) 강력한 논쟁의 주제이며, 이런 논쟁은 비공식성의 규제 방식과 법적 지위 그리고 사회적 의미를 브라질이나 이집트 또는 인도에 있는 대규모 취락의 환경과 관습 속에서 파악하려고 노력한다. 하지만 '비공식(informal)' 공동체들의 기능적이고 건축적인 특성은 계속되는 논쟁에도 불구하고 개념적으로 더 투명한 편이며, 일반적인 건설을 위한 투기 — 그리고 영감 — 의 잠재적 원천이 되기도 한다.

물론 로이와 같은 학자들의 지적에 따르면 이런 취락의 물리적 특질을 그 사회적·정치적·경제적 복잡성, 특히 그 주민들이 프롤레타리아가 되어 신자유주의의 일상과 자본의 세계화에 휘말리는 방식에 대한 논쟁과 떼어놓고 생각하는 건 매우 위험하다. 특히 위험한 것은 이런 비공식 취락을 '미화'(로이가 목가적 향수의 일종으로 제시하는 것)하거나 '근대' 도시 담론을 형성한 합리성 신화와의 관계를 통해 판단하려는 충동이다. 이런 관점들은 다양한 선의의 '개선' 노력으로 이어져왔지만, 그런 개선은 일시적일 뿐인 데다 그 취락의 형식과 삶을 결정하는 복잡한 비건축적 요인들을 무시하며 소유지를 지배하는 일상과 친목과 교류를 그대로 답습한다. 말하자면 일차원적으로 빈민의 '기업가정신'을 찬미함으로써 사실상 그들의 어깨 위에 생존의 부담을 떠 없는 것이다.

그럼에도 불구하고 비공식성이 환영적인 동시에 유용한 조건이라고 주장하는 게 개념 면에서나 활동 면에서나 유리하다고 말하는 논거들이 있다. 확실히 '무단 점유 취락(squatter settlement)'은 카라치부터 자카르타, 리우에 이르는 현지에서 쉽게 볼 수 있는 현상이다. 무단 점유 취락에서는 빈곤과 최소한으로 지어진 주거, 기반시설과 기타 설비의 큰 결함, 높은 비율의 무급 경제 활동, 사회적 계층의 고착화, 공식 소유권과 보유권이 매우 혼합된 구조가 결합해서 나타난다. 이런 곳을 슬럼이라고 부를 수 있을지 몰라도, 무단 점유 취락은 브루클린이나 디트로이트, 로스앤젤레스의 사우스 센트럴 지역의 가난한 동네에 나타나는 전형적인 패턴과 정반대의 패턴을 보여준다. 전형적인 패턴에서는 시장에서 생산된 주택 물건들이 점차 노후화하다가 어느 결정적 순간에 이르게 되면 빈민의 주거에 악순환이 일어난다. 반면에 비공식적인 패턴은 아무것도 없던 상태에서 더욱 합리화된 환경으로 변해간다. 영웅주의를 손재주를 활용한 전진적인 치유 운동과 결합하는 게 더 '자연스러워' 보이며, 우리가 비공식성에 두는 가치는 바로 그 창조적 저항을 통해 현대 도시를 뒷받침하는 가정들을 의문시하고 비공식적인 것에 대한 인위적 구분(비공식적인 것을 모더니티를 이루지 못해 좌절하고도 심지어 그에 대한 불가능한 열망을 품는 무능한 타자성으로 격하하는 편견)을 무너뜨릴 수 있는 잠재력에 있다.

건축적인 관점에서 이러한 관계는 분명 모더니즘 자체가 물리적 작용과 사회적 작용을 끊임없이 융합한다는 사실로 인해 복잡해지며, 비공식적 형태들은 오랫동안 모더니즘 자체의 많은 열망과 공명해왔다. 멀리

비공식적 공식성

서 보면 프리즘처럼 모여 있는 리우 위쪽 산비탈의 주거 군락은 그곳의 지중해적 이상을 환기하는 동시에 그런 이상에 반대하는 이들에게는 이런 취락의 회화적이고 '비합리적인' 질서를 환기한다. 그것은 쇠퇴하는 모더니즘의 도식적인 합리성에 대한 상쾌한 해독제로서, 형태적 다양성과 구불구불한 길, 중세적 기하학, 그리고 '건축가 없는 건축'의 해방적 분위기를 결합한다. 실제로 이건 고전주의적인 명령조로 공간을 생산하는 건축 직종이 모더니티의 해방적 열망을 복원하는 데 공모하는 꿈의 중대한 일부였다.

　사용자가 만들어 내는 비공식 취락의 저항적 실천이라는 개념은 근린(neighborhood)의 개념, 즉 근대적 계획의 정량적 도식을 (근린 '주구'를 통해) 더 미묘하고 정성적인 관점으로 전치하는 개념과 그 가치를 재조명하는 흐름과도 같은 맥락에 있다. 장소와 문화를 흡수하는 탄력적인 신축성을 지닌 근린 개념은 규모와 생태와 공동체를 편견 없이 아우르는 포괄적 서술어로 보인다. 이러한 분석은 제인 제이콥스가 전형적으로 보여줬는데, 그녀는 근대 도시 '안에서' 공식적인 것과 비공식적인 것이 서로 협력한다고 보면서 사람과 용도와 형식을 다양한 맥락 속에서 생동감 있게 혼합하는 전략을 중요하게 여겼다. 그리고 도시성의 영혼을 두고 그녀가 벌인 투쟁은 로버트 모지스로 대표되던 일차원적이고 권위적인 도시계획(질감이 없는 거친 도시 재개발의 건축)을 물리치고 지역적인 다양성과 사회적·공간적 자본의 축적을 통해서만 일어날 수 있는 근린성과 협동에 기초한 비공식적 양식을 내세웠다.

　비공식 공동체를 수십 년간 관찰해온 이들은 그게 도시의 미래에 대한 더 큰 질문을 일으키는 일단의 실천과 가능성을 제공하기 때문에 고통과 매력을 동시에 느껴왔다. 그건 단지 이런 취락이 기하급수적으로 성장해 말 그대로 전 세계 어버니즘의 미래로 자리매김해서만은 아니다. 그보다 더 중요한 건 너무도 많은 사람들이 비공식 취락을 자기조직화와 자연스러운 도시국가를 향한 거의 유토피아적인 지평으로 인식해왔다 는 점이다. 현재 주요한 인식의 축은 앙리 르페브르가 처음으로 구체화 하고 나중에 데이비드 하비와 돈 미첼 등이 채택한 주장인 '도시에 대한 권리'에 뿌리를 두고 있다. 더 구체적으로 말해 이 권리는 도시에 대한 접 근과 사용만이 아니라 그것을 '생산'하는 권리까지 포함하는 것으로서, 일단의 자립적이고 자율적인 목수들이 비공식 어버니즘을 만들고 변형 할 수 있는 권리라고 해석할 수 있다.

하지만 단지 서양적 관습만 지배한 게 아니라 전 세계의 비공식 도 시를 줄곧 대체하는 모델이자 절멸의 매개체가 되고 있는 역사적인 성장 패러다임이요 형식인 근대 도시의 발달 속에서 그러한 비공식성의 교훈 이 고취될 수 있을까? 나는 모더니즘 이데올로기를 통째로 거부하고 싶 지는 않다. 실제로 비공식적 공간에 남아있는 어떤 모더니즘 설계의 이 상들을 뒤늦은 시점에 돌아보며 '경멸조로' 해석하는 태도에는 뭔가 짜 증나는 구석이 있다. 햇빛과 맑은 공기, 초록의 자연, 개인적 공간, 위생설 비와 기타 시금석과도 같은 기본 어휘들을 자유와 자율성과 차이에 적대 적인 요소로 읽어버리는 생각 말이다. 이러한 오해에 지나지 않는 이원 론적 세계 사이에 교류가 일어날 가능성이 있을까?

나의 학생 시절을 돌아보면 우리는 무단 점유 취락과 비공식 어버 니즘 그리고 '자립' 주거에 깊이 매료되어 있었다. 당시 매사추세츠공과 대학교에는 일단의 진지한 연구자들이 있었는데, 그들은 활동가와 연구

비공식적 공식성

자와 디자이너의 역할을 매개하면서 60년대의 고전적인 양다리 걸치기에 관여했다. 특히 남미의 비공식성은 우리 대학교에서 교육받던 생산 방식과 씨름하던 건축가와 도시계획가에게 하나의 시금석과도 같았다. 점점 더 메말라가는 공식 연구와 사회적 목적의 감각 사이에 일어나던 투쟁은 단지 당대가 만들어 낸 하나의 산물에 불과한 게 아니었다. 그러한 투쟁은 미국 건축학교 대부분의 이데올로기적 핵심을 형성한 지글거리는 모더니즘 기획의 한 범주로 남았다. '하우징(housing)'과 '권익 보호(advocacy)'는 우리의 반항에 핵심적인 틀을 제공했으며, 우리는 19세기에 일어난 주거 개혁 운동의 유산을 물려받은 이들이었다. 우리는 세계의 집을 제공하겠다는 모더니즘 기획의 하부 이데올로기였던 19세기 주거 개혁 운동의 모순을 풀어 내려고 했다.

도시적이거나 건축적인 범주로서 '하우징' 개념은 대중 수용(mass housing)을 함축하고 있었고, 이 개념은 다시 주체성의 특별한 형식을 파악해 전면화한 조건을 제시했다. 그렇게 제시되는 주체들은 특별한 종류의 권리와 특별한 형식적 요건들을 보유하며 하나의 분명한 공동체적 이미지를 상상하는 이들로 이해되었다. 이렇게 정식화된 이상적 주체는 신비한 도시 프롤레타리아였고, 그런 주체의 권리를 기술하기 위해 등장한 건축 논쟁은 획일성과 경제와 양식에 관한 개념들을 혼합했다. 평등의 혁명적 벡터는 (건축 분야에서) 즉물적이고도 시각적인 일치를 향한 정확하고 고집스러운 척도로, 끝없는 획일적 주거를 잇달아 복제하는 전략으로 옮겨갔다. 그 과정에서 '최소한(minimum)'에 대한 질문이 끈질기게 제기되었는데, 이 주제는 주택난과 근검절약의 윤리에 관한 작화(作話)에서 나온 것이었다. 이렇게 만들어진 이야기 주제는 노동계급의 정의로운 연대를 제안하려는 의도도 있었지만 부르주아적 자선의 관점에서 생산된 것이기도 했다. 이 주제는 주거를 산업적인 과정으로 생산할 수 있다는 관념으로 포장되었고, 오늘날까지 최소실존 — 더 이상 줄일 수 없는 크기의 주거 — 개념에 대한 논쟁이 이어지고 있다.

19세기에 이뤄졌던 정식화에서도 우리가 했던 정식화에서도 '하우징' 개념을 하나의 범주로 — 그리고 비공식적인 것이라는 더 넓은 개념으로 — 정의하는 건 바로 결핍의 문제, 즉 재산의 재분배와 경제에 관한 문제다. 재분배에 대해 기술한 고전적 저서는 프리드리히 엥겔스의 『주거 문제』(1872)인데, 이 책은 주택난이 주택 공급의 결핍 때문이 아니라 공평성의 결핍 때문에 일어난다고 주장한다. 이런 상황은 오늘날에도 지속되고 있는데, 부동산이 불공평하게 분배되고 자원의 소비와 폐기물의 생산도 불균등하게 이뤄지고 있기 때문이다. 여기서 따져봐야 할 두 번째 문제는 기술적인 것과 윤리적인 것을 연결하는 '작은 것이 아름답다'는 접근에 관한 것이다. 이러한 접근은 데이터를 새롭게 조합해 우리의 도덕적이고 환경적인 공유 영역으로 되돌아간다. 이런 의미에서 최소실존 개념은 일찍이 전 세계 자원의 유한성을 직시하며 지속 가능성의 의미를 선취했던 표현이라고 볼 수 있다.

내가 주거의 의미로 '하우징'을 문제 삼기 시작했을 때부터 이 개념은 이미 부정적인 기미로 깊숙이 굴절되어 있었다. 하우징은 빈민과 실업자 그리고 유색인종을 위한 것이었다. 그것이 구현한 것은 사회적 격리, 새로운 형식의 게토, 감옥, 비생산적이고 범죄적인 장소, 그리고 사회적으로 소외된 인구가 시스템 안의 어떤 것도 구매할 수 없다는 실패의 상징이었다. 이 거대하고 억압적이며 못생긴 건축에 맞서는 비공식적 취락 또는 무단 점유 취락이라는 개념은 상쾌한 대안으로 보였다. 진보적인 건축(그리고 그 내용을 제공하는 정치)의 한 가지 핵심 가치는 사용자 제어 개념, 즉 '적정' 기술과 보편적인 '유연성' 개념을 통해 물리적인 환경을 더욱더 개인화하고 관리하기 쉽게 만든다는 개념이었다. 이 개념은 자유와 정의를 비영구성과 이동성 그리고 연성이라는 개념과 연합시키는 다양한 형식을 채택했는데, 민주적인 선택보다는 소비자의 관점에서 이해될 때가 많았다. 부동산의 전망이 의문시되던 분위기에서 일상에서 찾아낸 재료와 기성품을 활용하는 방식을 찬미하는 환경주의가 성장하면서 단명성(ephemerality)이라는 개념에 낭만적 특질이 따라붙었다. 이건 분명히 서양 세계의 건축 담론이 제3세계에서 일어나는 정의를 향한 투쟁의 분위기를 사칭하며 기능주의적 미니멀리즘의 기본 요인들을 확장하기 위한 하나의 방법이었다. 이런 관점에는 어떤 부러워하는 ― 심지어는 식민지적인 ― 요소가 있었지만, 그럼에도 그것은 진정한 연대의 표현이었고 결핍과 무분별한 도시 성장의 문제는 국지적이지 않고 전 지구적이라는 인식을 드러낸 것이었다.

'서양' 건축계의 반응은 이런 개념을 자국에도 적용했고 개발도상국 취락의 개축 작업을 겨냥한 합리화 체계에도 적용했다. 대안적 실천으로서 이런 기풍이 현실화하면서 몇 가지의 방향이 생겼는데, 문자적으로도 재현적으로도 드러나는 거주 문화와 전문성의 수준에 따라 비공식성의 규모가 다양화되었다. 버려진 건물에 대해 마치 공식화된 것처럼 꽤 광범위한 무단 점유가 일어나고 방치된 건물을 세입자들이 접수하던 때가 있었고, 나는 70년대 초 런던에서 잠깐 이런 경험을 즐겼다. 이런 무단 점유자들은 확실히 엥겔스의 추종자들이었으며, 런던의 얼스 코트나 뉴욕의 로워 이스트사이드의 '불법 점유자'들에게는 빈 건물을 점유하는 게 생존과 시스템의 교정 그리고 선전을 위한 전략이기도 했다. 개발도 상국의 무단 점유자들처럼 이들도 당국과 대결하면서 재산권의 문제와 물, 전력, 하수와 같은 설비 공급의 문제에 모두 초점을 두었다.

이런 전술을 물려받은 월 스트리트 점령 운동은 (주택담보대출 붕괴를 통해 확연해진) 주거 불평등의 문제뿐만 아니라 그와 관련한 공적 공간, 즉 공동체의 공식 체계를 구성하는 문제를 제기한다. 주거 (그리고 도시) 개념 을 자유 개념과 중첩시키기 위해 반드시 이해해야 하는 핵심은 공과 사 의 개념이 늘 상호적으로 생산된다는 점 — 그리고 양자를 구분할 때는 공간 소유권을 중심으로 그 권리와 책임을 분류한다는 점 — 이다. 부동 산의 본질을 직시하지 않고서 비공식 주거에 접근할 수는 없다. 비공식 주거에 접근하는 고전적인 출발점은 공공용지를 사적으로 전유하는 것 이지만, 비공식적인 게 점차 '합리화'됨에 따라 이런 모델은 점점 더 줄어 들고 있는 형편이다. 또한 이 모델은 페루의 경제학자 에르난도 데 소토 가 가장 대표적으로 옹호하는 방식, 즉 개인이 안정적으로 보유할 수 있 는 모종의 권리 형식을 설정하는 운동과도 반대되는 것이다. 아마도 공공 용지의 사적 전유보다 훨씬 더 중요한 건 그 관계를 공식화하고 사회적 장 소 구성의 특수성을 설정하는 공공 기반시설망과의 깊은 연관성을 확보하 는 일일 것이다.

다사다난했던 60년대 미국의 경험을 이러한 제3세계의 실천들을 수용하기 위한 모델로 활용한 다른 주요 벡터는 또 하나의 선택형 무단 점유 양식인 대안 커뮤니티들의 공동생활이었다. 이런 공동체들은 많은 경우 상대적으로 단순한 피난처들을 직접 시공했는데, 그중에서도 가장 기억할 만한 사례는 드롭 시티(Drop City)다. 드롭 시티는 소비를 최소화하는 생활양식의 예시였을 뿐만 아니라, 공식 체계를 경멸적으로 거부하면서 재료를 최소화하고 재사용해 건축을 생산하는 경제성의 예시이기도 했다. 이러한 검약한 기풍은 서양의 제3세계 관찰자들이 받아들인 비공식적 분위기의 주된 기풍이 되었다.

드롭 시티는 소위 '좀(zome)'이라 불리는 것이 시각적 흥미를 불러일으키는 것으로 유명했는데, 좀은 스티브 베어의 지도하에 재활용한 차체들을 조립해 버크민스터 풀러의 측지선 돔◆처럼 구성한 구조물을 말한다. 소위 '버키 돔(bucky dome)'이라 불리는 측지선 돔은 그 간명한 기하학과 모듈 체계 그리고 그 풍부한 보편성과 경제성의 함축으로 인해 당시 거의 신비로운 존경의 대상이 되고 있었다. 버려진 자동차 — 포디즘 경제의 잔해와 군산복합체의 상징 — 들을 활용해 만든 좀은 기업 제품에 정치적 풍모를 더함으로써 무기를 평화의 도구로 만든 듯한 느낌을 전해 줬다. 확실히 당시의 많은 계획 공동체에는 마리 앙투아네트처럼 인위적으로 꾸민 전원에서 생활하는 느낌이 있었는데, 이런 느낌은 바로 그러한 계획성의 '정도'에 비례해 커졌다. 사실 이런 대안 공동체에 살았던 거주자들은 대부분 다른 대안도 갖고 있었다. 하지만 도시에 대한 권리는 반드시 우리의 예술적 욕망에 따라 그 형태를 조성할 뿐만 아니라 '공허한' 창조적 행위 속에서 영감을 찾을 수 없는 따분함을 거부할 수도 있는 권리를 포함해야 한다.

◆ 미국의 건축가이자 시스템이론가, 발명가, 미래주의자였던 리처드 버크민스터 풀러(Richard Buckminster Fuller, 1895~1983)가 1948~9년에 대중화한 개념으로, 임의의 두 점을 최단거리로 잇는 곡선들로 이뤄진 돔을 말한다.

이러한 공동생활 양식을 따라 그와 관련된 유목주의(nomadism) 문화가 떠올랐다. 유목주의는 일시성을 자발적으로 선택하는 생활양식인데, 일시성은 한편으로 난민과 경제적 사정으로 거처를 잃은 사람들이 야영지와 무단 점유 취락으로 몰려드는 흐름의 특징인 동시에 다른 한편으로는 미국 '공식' 경제의 (미등록자를 포함한) 참여자들에게 강제되는 이동성이 현저하게 늘어날 때의 특징이기도 하다. 중산층 유목민과 코뮌주의자 들은 정치와 예술 사이의 어딘가 ─ 소위 말하는 생활양식의 반역적 영토 ─ 에서 이런 논쟁적 입장을 취하면서, 심한 제약을 받는 빈민의 즉흥성에 따른 사회적 삶의 특질을 흡수하는 동시에 그 결과인 취락의 강압적 성격과 비참한 상황에 대한 비판을 제시하고자 했다. 이러한 모색은 즉각적인 사용자 필요를 반영하게끔 변형될 수 있는 '반응적' 환경을 만들 필요성에 대한 더욱 일반적인 느낌과 들어맞을 뿐만 아니라 우리 삶의 배치에 일어나는 가속적인 변형, 특히 주거 수요 증대의 주요 원인인 핵가족의 감소를 포함하는 더욱 일반적인 인구학적 추세와도 들어맞았다. 당시의 아이러니 중 하나는 우리 부모님이 사셨던 교외에 횡행하는 맞춤화와 증축이라는 비공식 관습들이 나중이 되어서야 이러한 자유의 어휘집 속에 흡수되었다는 점이다.

대량 주거 공급과 정부 책임이라는 모더니즘적 관념에 대한 호소가 쇠퇴하던 시기에, 기반시설은 건축이 공적인 목적을 이룰 공식적인 장소로서 주거를 대신했다. 이러한 변화가 일어난 이유는 기반시설의 개념, 즉 공공 영역의 한계와 의무를 모두 정의하는 준가시적이면서도 암시적으로 보편적인 지원체계라는 개념에 명시적인 정치적 중립성이 따라붙었기 때문이다. 이런 노선은 비공식 취락을 개선하기 위한 이원적 접근

비공식적 공식성

으로 재생산되는데, 한편으로는 '제자리 개선'의 일부로서 기본적인 지자체 서비스들을 제공하고 다른 한편으로는 슬럼 거주자들에게 급수 밸브로 사적인 환경 제어를 할 수 있는 권리를 제공하는 식이다. 많은 이들이 권리 제공을 의문시하며 그것이 빈민을 약탈적인 자본 기관과 더 종속적인 관계를 맺도록 이끌 뿐이라고 주장하지만, 이런 비판도 환경 제어가 개인적 자유의 상징이자 수단으로서 중대한 요소임을 부정하지는 않는다. 그것이 개인의 미래와 사적 환경의 미래를 관리하는 행위이자, 권력이 작동하는 억압적인 조작, 불평등과 선택의 여지가 없는 막다른 길에서 해방을 가져다준다는 점에서 말이다.

　나의 학생 시절 경계를 넘나드는 비공식성이라는 생각을 구체화한 한 가지 핵심 사례는 네덜란드 건축가 존 하브라컨의 '주거대(support)' 개념이었다. 이 이론은 개인적인 선택, 건조 환경에 지속되는 관행과 전통, 엄청난 범위의 문제와 공명하는 규모에서 개입할 필요성 간의 관계에 대해 확실히 어떤 양가적인 특성을 띠고 있었다. 하브라컨은 평범하면서도 잠재적으로 연성을 갖춘 거대구조 속에서 주거를 기반시설로 재구성함으로써 사실상 일종의 다락방 도시(loft city)를 구축하는 시스템을 제안했다. 이 시스템은 일련의 수직적인 틀 안에 개인들이 연속으로 거주하고, 개인들은 선진 환경에서 사용되는 새로운 종류의 산업 자원을 각자의 필요에 맞게 공간에 결합할 수 있는 시스템이었다.

　한 번도 실제로 설득력 있게 묘사된 적은 없었지만, 이 주거대 구조들은 모더니즘의 환상이었던 동시성과 확장성뿐만 아니라 보다 영원한 건설 양식에서 나타나는 '거대구조'적 특질, 이탈리아 구릉 도시의 연속적인 형태, 이슬람의 메디나, 그리고 단위적이지만 연속적인 다른 구조들의 감각까지 담아내려고 시도했다. 그렇게 멀리서 리우의 사면에 위치한 빈민가를 낭만적으로 바라보면서 동일하게 이상화된 집단적 도시 형태를 불러내는 건 낯선 이방인의 시선이었다. 하지만 그렇다고 이런 독해를 치명적이고 어긋난 것으로만 보는 도덕적 시선은 실수를 범하는 것이다. 이러한 건조 환경에는 복잡성과 변이, 전경, 지형에 대한 국지적 반응성, 합벽, 확장 가능성, 그리고 지극히 상황적이고 개인적인 구성이라는 가치들이 담겨있으며, 이런 가치는 착취와 결핍, 불결함, 서비스 부족, 그리고 거대한 골칫거리인 탈출 불가능성이라는 조건에서 이뤄지는 생산을 배척하기 때문이다.

하브라컨의 주거대 구상은 선진국의 상황에서 더 긍정적으로 여겨진 걸 전파하는 수단으로서 무단 점유 취락의 현실 조건을 유용하게 뒤집었다. 하브라컨은 기본적으로 정착과 거주가 이뤄진 후에야 기반시설을 제공해 무단 점유 취락을 개선하던 전형적인 해법 대신 거주가 이뤄지기 전에 기반시설을 제공하자는 제안을 하고 있었다. 하지만 이 제안은 획일성의 패러다임과 매우 대규모로 이뤄지는 당국의 중재, 그리고 그것이 비판하고자 한 모더니즘 대량 주거의 복제 가능성에 대한 기준을 해결하지 못했다. 또한 장소를 바꾸는 능력보다 제자리에서의 탄력성을 상대적으로 높이는 데에도 실패했다. 하지만 그럼에도 집단적인 것과 개인적인 것 사이에 모호성이 있는 유용한 장소를 개방하게 되었고, 대량 제조의 효율성을 사용자 주도(DIY) 및 자립의 기풍과 융합하려는 하브라컨의 솔직한 시도는 고무적이었다.

하브라컨은 자신의 동료 터너의 견실한 도움을 받았는데, 터너는 자율적인 시스템보다 타율적인 — '타자가 결정하는' — 시스템의 헤게

모니를 거칠게 비난하면서도 그런 접근에 필연적으로 내포된 모호성을 인식했다. 그러니까 그가 옹호한 '자유' 또한 하나의 제약이었던 것이다. 터너가 기술한 바에 따르면, "자립은 비록 협소한 사용자 직접 제작의 의미로 국한되거나 심지어 집단 구성으로 국한되긴 하지만 실제로 개인적인 시간과 에너지에 대한 과도한 수요를 만들고 가족의 이동성을 줄임으로써 자율성을 줄일 수가 있다." 터너가 '제3의 길'을 추구하면서 주장하기를(비록 전적으로 설득력 있는 주장만은 아니지만), 정부는 "나쁘게 또는 비경제적으로 시행하고 있는 일"을 그만둬야 한다. 그 대신 "집을 짓고 관리하며 정부가 행사할 권리가 있는 일에 집중하고, 지역 공동체와 주민들이 스스로를 위해 제공할 수 없는 자원들에 대한 공평한 접근을 보장"해야 한다는 것이다. 그의 요점은 가구들이 주거 정책의 결정을 제어해야 한다는 것이었다. 즉 "성공적인 주거 공급 과정이 존재하려면 지역적이고 개인적인 제어가 필수적이다." 그리고 그는 그러한 지역망들의 필연적인 우연성을 구체화했는데, 그 목록에는 경제적인 땅값, 지역 공급업체들을 통해 풍부하게 이용할 수 있는 도구와 재료, 손쉽게 얻게 되는 지역 이점과 지역 기반의 공급 및 조직화 시스템이 포함된다. 그는 다음과 같이 요약했다. "거주자들이 주된 결정을 제어할 때와 자택의 설계나 시공 또는 관리에 스스로 자유롭게 기여할 때, 그 과정과 생산된 환경 모두가 개인과 사회적 복지에 자극을 줬다."

비공식성의 발명적 특성을 모더니즘 도시에 적용할 때는 일차적으로 비공식성을 대규모로 설계한다는 개념적 모순이 남는다. 이런 모순은 늘 취락의 디자인 자체가 아니라 그 상황과 관련이 될 것이며, 보조금(또는 지원금)과 자유 모두의 본질에 대한 영원한 논쟁을 끌어들이게 될 것이다. 이런 논쟁의 선두에는 이런 해법이 다뤄지고 일어나는 기준이 되는 공공의 구성이 존재한다. 하지만 비공식 도시의 진수이자 불가능성은 종종 혼란스럽고 끊임없는 생성의 상태 속에서 그것이 진정 변증법적이라는 데에 있다. 우리는 비공식 도시가 권한을 부여받고 해방되며 창조적일 가능성을 높이 사지만 — 그리고 그 즉흥성과 희생하고 서로 돕는 정신이 비공식 도시의 지속 가능성과 탄력성에 매우 중요하다고 보지만 — 이런 장소에도 엄청난 억압의 가능성이 있음을 잊지 말아야 한다. '이런 곳이 수억 명을 꼼짝없이 억압할 가능성' 말이다.

— Ilka Ruby and Andreas Ruby, eds., *The Economy of Sustainable Construction*, 2013.

비공식적 공식성

32
라피 세갈의 시련

2012년 초에 국립 이스라엘 도서관은 예루살렘에 들어설 신축 건물의 설계 공모계획을 발표했다. 대지가 이스라엘 국회와 대법원, 이스라엘 박물관 근처에 위치한 특별한 중요성을 띤 곳이었기 때문에 이 프로젝트는 국가적으로 엄청난 특권을 누렸다. 공모전은 국립도서관 건설 회사와 야드 하나디브(로스차일드 가문과 국립도서관 제1기부자가 기금을 투자해 통제하는 재단)의 후원을 받았다.

　로스차일드 가문은 이스라엘 건축 공모전을 후원해온 다소 파란만장한 이력을 갖고 있는데, 이론적으로 결과를 통제할 수 없는 과정들에 참여하는 부유하고 강력한 기관으로서는 그게 놀라운 얘기가 아니다. (상당한 로스차일드 자금을 지원받은) 이스라엘 국회 설계 공모전에서는 심사위원단의 평범한 구성과 시각적으로도 평범한 당선작들을 둘러싸고 논쟁이 일었다. 1980년대에 야드 하나디브가 새로운 대법원 건물의 설계 공모전에 후원자로 관여하게 되었을 때, 재단 측은 심사 과정에서 칼자루를 쥐지 못할까 봐 경계했는데 그러다 비난을 받자 국회 사무를 방해하지 않을 정도의 예산 범위에서 설계하라는 결의를 했다. 온라인 비즈니스 잡지 『글로브(*Globes*)』에 글을 기고하면서 건축가 야니브 파르도의 대법원 공모전 연구를 원용한 메이라브 모란은 (파르도를 인용하면서) 야드 하나디브가 "겉으로는 공정한 척하면서 자기 이익을 채우는 식의 게임"을 진행하며 자기방어를 시도했다고 설명했다. 이 재단은 "프로젝트의 모든 단계를 통제하면서 계획과 실행 단계에서 전권을 행사하고 모든 단체를 만족시킬 뿐만 아니라 (……) 마치 공적 행위가 적절한 것처럼 보이게 만들고" 싶어 했다. 그러한 조작 행위는 심사위원단을 속임수로 섞어 맞추고 공모전 규정에 재단이 '예외적 상황'에서 심사위원상을 취소할 수 있다는 조항을 추가하는 형태의 시도로 나타났다. 이는 자격증이 있는 건축가들이 익명으로 입찰한 뒤 일단의 전문가들이 심사하는 과정을 요하는 국가 규정과 노골적으로 상충하는 것이었다. 하지만 이 경우에는 다행히도 심사위원단이 고품질의 건물을 완성한 아다 카르미-멜라메데를 우승자로 선정하는 데 합의할 수 있었다.

국립도서관의 설계 공모전 요강은 발표되자마자 거의 즉시 권력과 조작으로 인한 유사한 문제들에 휩싸이게 되었다. 유사한 많은 공모전들과 같은 방식으로 이 공모전도 두 단계로 진행되었다. 예선에서 이스라엘 건축가들을 일반 공모한 뒤 (그 결과 81개의 작품이 접수되었다) 본선에서는 출품작들을 더 상세하게 발전시켜 12개의 작품을 추려낸 것이다. 하지만 후원자들은 거기에 더해 국제적으로 유명한 설계사무소 네 곳과 이스라엘의 주요 업체 네 곳을 초청해 본선에 바로 진출시키기로 결정했다. 그런 무임승차가 전적으로 흔치 않은 일은 아니지만, 이 도서관과 함께 야드 하나디브가 '공개' 경쟁 방식이라는 아이디어를 위장적인 제스처로 전환했다 하더라도 본선까지 오른 작품 중 2/3는 예선 심사를 건너뛴 것이어서 나머지 참가자들의 당선 가능성을 훨씬 더 줄여놓았다. 거의 즉시 폭풍 같은 비난이 일었고 많은 이스라엘 건축가들은 이 공모전의 철회를 요청하는 안에 서명했다. 이러한 저항을 시작하는 데 도움을 준 건축가 아라드 샤론은 『하레츠(*Haaretz*)』에서 이렇게 말했다. "이 공모전의 조건은 건축 부문에 치명타를 날린다. 이건 (……) 거대한 모욕이다."

하지만 공모전은 그대로 진행되었다. 8개의 '유명 건축회사'와 경쟁할 수 있는 네 명의 이스라엘 건축가를 선정했는데, 그들 모두가 건축 분야에서 유명한 국제 인사 세 명(비평가 루이스 페르난데스-갈리아노, 건축가 라파엘 모네오와 크레이그 디커스)과 이스라엘 건축가 두 명(앞서 예루살렘시 소속 엔지니어였던 개비 슈워츠와 건설주택부에서 예루살렘지구를 계획하는 엘리노어 코미사르-바르자치), 로스차일드 가문의 두 위원, 그리고 도서관의 두 대표로만 구성된 심사위원단에 프로젝트를 제출했다. 그런데 그때 놀라운 일이 일어났다. 2012년 9월에 매우 재능 있는 젊은 이스라엘 건축가였던 라피 세갈이 심사위원단의 열렬한 선택을 받게 된 것이다. 심사위원단은 세갈의 우아하고 미묘하며 대지 특정적인 계획을 "겸손하지만 독창적이고도 독특하다"고 묘사했다. 그런데 정말로 그랬다. 도발적인 비례의 대지 위에서 일련의 안뜰 주위에 구성한 세갈의 건물은 기후를 지극히 잘 고려한 복잡한 프로그램을 매우 기능적으로 전개하면서 그것을 근엄하고도 인상적인 구축술로 우아하게 표현해냈다.

그러고서 공격이 시작되었다. 처음에는 예루살렘 지방자치체 계획·건설 위원회의 변호사인 야이르 가베이가 세갈을 공격했는데, 국립

도서관 이사회가 "입찰 결과를 취소하고 이스라엘에 사는 시온주의 건축가 중에서 국립도서관을 계획할 만한 사람을 뽑는 과정을 새로 시작"한다고 약속하지 않으면 신축 허가를 무산시키겠다고 으름장을 놓은 것이었다. 세갈을 향한 가베이의 이러한 시비는 10년 전 세갈이 에얄 와이즈먼과 함께 쓴 중요한 저서인 『민간의 점령: 이스라엘 건축의 정치(*A Civilian Occupation: The Politics of Israeli Architecture*)』(2003)와 관련이 있었다. 당시 이 책은 이스라엘의 점령지 정책이 갖는 공간적 특징을 간명하게 탐구했는데, 이에 대해 가베이는 조금의 양심도 없이 과장된 좌절감을 표현하면서 국무총리와 예루살렘 시장과 언론에 편지를 보냈다. 편지의 요지는 이 책이 "민주적인 수단으로 자기 길을 개척하지 못해 좌절된 자들이 파고드는 정신이상의 깊이를 반영"한다는 것이었을 뿐만 아니라, "전 세계적으로 이스라엘에 공공연히 침을 뱉는" 그 어떤 건축가도 공적 기금의 혜택을 받아선 안 된다는 것이었다.

    이건 시작에 불과했다. 이어서 세갈에 대한 비난이 웹상에 떠돌기 시작했는데, 그가 예전에 하버드대학교에서 가르칠 때 동료가 했던 중국 프로젝트의 설계를 표절했다는 비난이었다. 확실히 두 사람의 작업은 모두 경사 지붕이 가운데 빈 공간을 에워싸는 동일한 모티프를 공유하고 있었지만, 이건 중국과 이탈리아를 비롯해 전 세계 곳곳에서 천 년 이상의 역사를 자랑하는 중정 건물의 절반에 나타나는 모티프였다. (세갈은 심사위원단 앞에서 발표할 때 이탈리아의 중정 건물을 영감의 원천으로 언급했다.) 세갈은 예전 작업에서도 이와 같은 모티프를 사용했었다. 규모와 용도, 재료, 표현의 측면에서 그의 도서관은 그의 동료 교수 작품이라는 매우 아름다운 중국 건물과 완전히 달랐던 데다 정작 그 동료 교수는 아무런 반발도 제기하지 않았다. 사실 이렇게 광범위하게 보급된 (많은 프로젝트에 흔히 영감의 원천이 되는) 전통 형식을 추상적으로 암시하는 설계는 예루살렘의 계획 자체와도 특별히 상통하는 부분이었다.

하지만 하버드 디자인 대학원도 신뢰할 수 없는 곳일 수 있으며, 하버드에서 도시계획과 부동산을 가르치는 동료 교수 왕빙이 벌인 세갈에 대한 다음 공격은 도서관 측이 절차를 곧잘 변경하게 만드는 구실로 작동했다. 그녀가 제기한 주장은 세갈이 자신의 예전 작품을 침해했을 뿐만 아니라 그 도서관의 설계에도 자신과 세갈이 동등하게 기여했다는 더 심각한 주장이었다. 이 '동등한 파트너'로서의 지적재산권에 대한 그녀의 공격적인 주장을 발주자측은 신속하게 — 조금의 거리낌도 없이 — 받아들였고, 심사위원단이 최초의 결정을 내린 지 단 3개월 만에 당선작 취소를 결정했다. 이렇게 상황이 뒤집히자 건축계에서는 항의의 목소리가 터져 나왔다. 아마도 그중 가장 인상적이었던 건 이스라엘 건축가 협회의 반응이었는데, 협회 측은 세갈을 후원하며 또 한 번 상황을 뒤집었다. 즉 협회는 세갈과 와이즈먼이 쓴『민간의 점령』을 2002년 베를린에서 열린 국제 건축가 연맹 회의에서 열릴 이스라엘 전시의 토대로 활용한다는 계약을 맺었던 것이다. 그럼에도 결국 생산된 작업은 협회 측의 정치적 이익과 반대되는 것으로 인식되면서 억압되었을 뿐이다. 하지만 이 도서관 일과 관련해 이스라엘 건축가 협회는 세갈의 복권을 공식적으로 요구했고 어떤 새로운 선정 과정에도 참여하지 말자고 건축계에 요청했다.

관련된 모든 문제를 합리적으로 해결하고자 한 세갈은 그가 겪은 명백한 부당대우와 가장 협소한 (그리고 가장 허위적인) 율법주의로 후퇴하는 후원자 측의 태도에 맞서고 당선자 지위를 회복시켜 계약을 체결하라고 요구하기 위해 법정으로 갈 수밖에 없었다. 나는 그 주장과 반론 들을 자세히 살펴보는 중이며, 세갈과도 얘기해보고 왕빙과도 (그리고 도서관 측과 몇몇 심사위원들과도) 서신을 교환했다. 또한 후원자와 법정에 제출된 법률 서류들도 읽어 보았다. 분명한 것은 왕빙이 자금과 사무공간을 내주며 이 프로젝트를 후원했다는 사실, 그리고 그녀의 직원 중 한 명이자 세갈의 이스라엘 친구로서 최종 도서 생산을 위해 각고의 노력을 해온 것으로 보이는 요나탄 코헨이 왕빙의 사무실로 자리를 옮겨 같은 작업을 했지만 보수는 더 낮게 받았다는 사실이다. 또한 왕빙은 다른 사무 설비를 다양하게 공급하면서 컴퓨터 렌더링 프리랜서도 고용했다. 마지막으로 왕빙은 이 공모전이 오로지 이스라엘 건축가들에게만 열려 있으며, 사실상 거짓으로 그녀의 기부금을 확보하고 있음을 그녀에게 공지하지 못했다고 주장한다.

왕빙이 주장하는 핵심은 그녀가 네 명의 공동 저자 중 한 명으로서 동등한 권리를 누릴 수 있다고 세갈이 약속했다는 것이다. 네 명의 작가는 그녀와 세갈, 코헨, 그리고 마탄 메이어인데, 메이어는 상당한 보조 역할을 한 젊은 이스라엘 건축가로서 코헨과 함께 이 프로젝트에 대한 모든 권리를 포기하는 각서에 서명했다. 한편 코헨은 도서관 측에 편지를 쓰면서 이렇게 진술했다. "이 계획에 참여한 모든 사람들에게 완벽하게 분명한 사실은 이게 세갈의 작품이라는 겁니다. 그는 이 프로젝트의 대표 건축가로서 소규모부터 대규모까지 계획의 모든 부분을 책임진 최고 결정자입니다. 세갈은 매우 분명한 일단의 스케치를 통해 이 계획의 초기 개념을 제시한 장본인이었고, 계획에 관한 모든 결정은 그 스케치들에 기초해서 이뤄졌습니다." 확실히 왕빙의 회사인 하이퍼비나 디자인 그룹은 결과물을 다룬 초기 언론보도 자료에서 적절히 언급되지 않았다. 비록 그 웹사이트에서는 하이퍼비나를 이 프로젝트의 건축가로, 세갈을 협력자로 언급하고 있어서 공평성에 대한 왕빙의 주장을 다소 훼손하는 측면이 있지만 말이다. 하지만 자신의 기여를 인정받는 문제를 넘어 왕빙은 그녀가 이 디자인을 만들어 내는 과정에서 단지 도움만 준 게 아니라 중요한 개인적 역할까지 했다고 주장한다. 이에 맞서 세갈이 계속 주장하는 바는 자신이 이 계획의 저자이고 (또한 왕빙의 관여분에 관한 계약 문서에 따르면 자신이 궁극적인 저작권자임이 확실히 드러나고), 이스라엘 면허 요건은 공적 인식의 문제로서 왕빙에게도 분명히 고지되었으며, 자신은 늘 모든 팀원의 기여를 인정할 준비가 되어있었다는 것이다.

　라피 세갈은 내 친구이며, 나는 그가 이 계획의 지적이고 창조적인 저자임을 조금도 의심하지 않는다. 그가 법정에 제출한 서류에는 이 프로젝트를 힘들여 발전시켰음을 보여주는 다량의 도면이 있다. 왕빙의 변론취지서에도 명시되어있지만, 그녀가 주장하는 설계 참여는 거의 미미해서 무시해도 될 수준이다. 게다가 나는 그녀의 주장을 뒷받침할 만한 어떤 그래픽이나 기타 증거도 보지 못했다. 그녀가 출품에 힘을 보탠 건 분명하지만, 그에 못지않게 그게 프로젝트를 실제로 '설계'하는 식의 기여가 아니었다는 점도 분명하다. 이건 하버드 디자인 대학원 건축학과장이자 저명한 건축가인 프레스턴 스콧 코헨도 공유하는 생각이다. 야드 하나디브 의장에게 보내는 편지에서 그는 이렇게 썼다. "왕빙 씨는 지금까지 저희 건축학과에서 건축을 가르쳐본 적이 한 번도 없습니다. 그리고 제가 아는 한 그분은 실무 디자이너도 아닙니다. 왕빙 씨의 전문분야는 도시계획과 부동산 개발입니다." 이어서 코헨은 세갈의 당선작에 대해 이렇게 설명한다.

> 공모전 당선작은 그가 이전까지 해온 작업의 흔적을 분명히 담아내는 만큼
> 그가 이 설계를 지휘한 저자임을 보여줍니다. 당선작은 도시적 맥락에 대한
> 그의 감수성도 아주 잘 보여주는데, 대지와 더 큰 역사적 맥락, 단순한 기하
> 학적 패턴의 활용, 기울어진 면과 '잘라내는' 전략, 추상화되고 절제된 외장,
> 그리고 그의 작업에서 반복적으로 나타나는 몇 가지 다른 건축 요소들을 들
> 여다보면 그렇습니다.
>
> 게다가 이렇게 복잡한 프로젝트를 기획하고 해결하려면 수년간의 현장
> 설계 실무 경험이 필요합니다. 요컨대 왕빙 씨가 공동 책임설계자 중 한 명
> 으로서 협력하는 역할을 개인적으로 수행했다는 뜻으로 주장했을 저작권
> 은 확실히 근거가 없습니다.

또한 코헨은 이런 유형의 공모전에 참여해본 적이 있는 사람이라면 너무
도 잘 아는 사실을 설명한다. 공모전은 헛간을 세울 때나 즉흥적인 공연
을 할 때와 아주 비슷한 기분으로 늘 뭔가 필사적이고 협력적이며 밤늦
게까지 열정을 불태우는 작업이란 사실 말이다. 하나의 팀이 협동 정신
으로 모여 높은 기대와 낮은 당선 가능성에도 불구하고 목표를 이루고자
총력전을 펼친다. 저마다 가용한 일정, 특수한 능력과 자원에 따라 오고
가는 사람들이 통상적으로는 불가능한 마감시한을 맞추는 데 일조하고
자 최선을 다한다. 거의 모든 건축 작업이 협력적으로 이뤄지므로, 그런
작업에 참여하는 모든 이들의 공적을 인정하는 건 확실히 늘 옳다. 그런
기여를 세갈이 적절히 인정하지 못한 게 있다면 그건 분명 시정되어야

한다. 하지만 왕빙이 이 프로젝트에 행정적이고 재정적인 기여를 한 게 분명하다고 해서 그녀의 저작권을 인정할 것인가에 대한 답은 명확하다. 저작권은 프로젝트의 주도자이자 팀의 조직자요, 디자인의 바탕이 되는 감성 ─ 그리고 손맛 ─ 의 명백한 소유자인 세갈의 것이다.

　　이 공모전의 후원자들이 왕빙의 주장을 인정한 건 세갈의 정치성을 이유로 그를 제거할 방법을 찾기 위해서였을까 아니면 왕빙의 법적 조치에 겁먹어서였을까? 말하기 어려운 문제이지만, 세갈이 왕빙과 법적 합의에 도달할 수 없을 테니 설계 의뢰를 철회해야 한다는 그들의 꼼꼼하고 고집스러운 주장은 단지 솔직하지 못한 게 아니라 악의적이다. 세갈과 법정에 제출된 서류에 따르면, 그는 왕빙과 오랜 협상을 하는 동안 그녀의 기여를 적절히 인정하고 후한 재정적 합의를 하겠다고 했으며 이번 공모전 프로젝트에서 그가 분명히 밝히지 못한 게 있다면 사과한다는 뜻을 전했다. 하지만 왕빙은 그 오랜 협상 기간 내내 그 뜻을 수락하지 않은 것으로 보인다. (그녀의 변호사가 법정에 제출한 서류에 따르면 그녀는 세갈의 합의 제안을 단칼에 거절했다.) 그리고 그녀는 이 모든 문제에 관해 서로 간의 우호적인 해법을 찾기보다 공든 탑 무너뜨리기를 선호한 듯하다. 왕빙은 세갈과의 좋았던 관계를 기억하고, 상처받은 자존심을 내세우기보다는 모욕감을 용서하며 합의에 도달해 프로젝트를 정상화시키는 게 좋겠다. 법에 기대는 건 그 정도로 충분하다. 어이없는 결론이 날 때도 너무나 많은 법이니까.

　　후원자들이 세갈에게서 당선자 자격을 박탈하는 과정은 최악의 신념 속에서 행해진 것이었다. 그들은 "세갈의 설계안은 내재적인 결함이 발견되어 자격이 박탈되었다"는 주장을 진통제처럼 내놓았지만, 이건 단 몇 주 전만 해도 최고의 설계안으로 칭송받았던 안이 어떻게 시공될지

궁금해 하는 대중적 관심을 무시할 뿐만 아니라 왕빙이 세갈을 비난하는 조잡한 이유의 핵심도 건드리지 못하는 주장이다. 당선자 발표와 철회 사이의 그 짧은 시간에 제대로 된 조사가 이뤄졌을 리가 없다. 나는 건축가와 설계안을 직접 선택하며 그 과정에서 엄청나게 강력한 힘을 발휘했던 후원자가 중간에서 분란을 잠재우고 프로젝트를 정상화할 합의에 도달할 수 없었다는 사실이 믿겨지지 않는다. 마찬가지로 후원자들이 공모전 절차의 창조적인 성격을 그렇게나 모를 수 있는지에 대해서도 도대체 믿겨지지가 않는다.

온화한 품성의 소유자인 세갈은 이 일로 깊은 상처를 받았고 굴욕을 느꼈으며 일생일대의 기회를 잃어버렸다. 아아, 사법부의 시계는 지나치게 천천히 돌아가고 그의 사건에 대한 심리는 5월에나 열릴 것이다. 이러한 지체되는 시간의 틈 속에서 후원자들은 또 한 번의 '공모전'을 급조해 이미 공고해놓은 상태다. 새로운 공모전은 첫 번째 공모전과는 아주 다르게 통제력을 높인 구조로, 법정에서 결론이 나기 전에 돌이킬 수 없는 '지상의 사실'을 구축하려는 의도를 분명히 드러낸다.

새로운 공모전이 요청하는 건 디자인이 아니라 (세계의 은하수에서 총총히 빛나는 스타 건축가의 작업을 함께할 만한) 경륜 있는 이스라엘 회사들의 자격심사용 이력서다. 그들은 상당한 예산이 투입된 대형 공공시설을 최근에 지어 본 적이 있음을 증명해야 할 뿐만 아니라 이스라엘 건축가들도 최소한으로 고용해야 한다. 심사위원단은 로스차일드 가문의 핵심인사와 야드 하나디브 의장, 코미사르-바르자치와 (결탁했다는 사실이 놀랍고도 실망스러운) 페르난데스-갈리아노로 압축되었다. 그리고 분명히 말해 둬야 할 것은 이번 절차에서도 이스라엘 인구의 특정 부문 — 아마도 도서관을 이용하는 독자층에 속할 인구 부문 — 은 평소와 같이 배제되어 참여가 불가했다는 점이다.

이 이야기의 많은 아이러니 중에는 세갈을 강력히 지지했던 심사위원 중 한 명인 크레이그 디커스가 중동의 주요 도서관인 이집트 알렉산드리아 도서관 설계 공모전에서 우승해 젊은 나이에 세계적인 유명인사가 되었다는 사실도 있다. (디커스는 최근 『뉴욕 리뷰 오브 북스』와 『뉴요커』에서 두각을 나타내는 건축사무소 스뇌헤타의 건축가다.) 새롭게 구성된 절차는 디자인보다 자격요건에 치중하고 심사위원단에 눈에 띄는 실무자도 없어 아무리 생각해도 공모전이란 말로 부르는 게 정당하지 않으며, 이런 절차는 결국 젊거나 비주류인 디자이너들의 참가를 막게 될 것이다. 실제로 그 후원자들은 모든 건축 공모전에서 춤추기 마련인 창조적 희망을 계산적인 취지로 깨뜨려버렸다. 기존 양식들을 통과해 정상에 오르려는 쉬운 길을 가지 않는 상상이 예기치 않게 재기발랄한 디자인을 출현시키리라는 희망을 깨뜨린 것이다.

이스라엘에서 건축 글쓰기를 오래 해온 대표 작가인 에스더 잔드버그는 세갈에게 일어난 일을 두고 '표적 암살'이라고 불렀다. 나는 양심 있는 건축가들이 이 기괴한 절차에 참가해 라피 세갈의 불운에서 이득을 취하지 말 것을 강력히 촉구한다. 특히 나는 첫 번째 공모전에서 정정당당하게 싸워서 졌던 건축가들이 건축과 정의를 모두 모욕하는 이 사건에 대해 용감하게 목소리를 높여주길 바란다.

— *Nation*, May 13, 2013, thenation.com.

33
크리에 ♥ 슈페어

빈의 쪽방촌에 살면서 위대한 예술가를 꿈꿨던 아돌프 히틀러는 엽서 그림을 그리며 적당한 수입을 벌었다. 이 중 가장 전설적인 그림은 호프부르크 뒤편의 작은 광장인 미하엘 광장의 투시도였다. 이곳은 건축가이자 '장식은 범죄다'란 말로 유명한 논객 아돌프 로스의 가장 유명한 프로젝트가 위치한 본고장인데, 1911년에 지어져 현재 로스하우스란 이름으로 널리 불리고 있는 이 건물은 초기 모더니즘의 독창적인 기념비다. 저층부의 상가를 이루는 형태와 느낌, 재료는 고전적 풍미를 자아내지만, 단순한 형태의 창문을 내고 엄격하게 흰색으로 마감한 상층부는 처음부터 논쟁을 불러일으켰고 당대인들로부터 하수구처럼 보인다며 희화화된 것으로 유명하다. 유례없는 전통주의자였던 히틀러는 그걸 혐오한 나머지 자신의 엽서 그림에서 그 우아한 작은 건물 대신 그 이전에 있던 건물을 그려 넣었다. 이러한 그의 적개심은 건물주가 맞춤 양복을 재단하던 유대인이었다는 사실 때문에 더 커진 것일 수도 있다.

물론 히틀러는 훗날 훨씬 더 폭넓은 범위의 절멸을 향한 향락을 즐기게 된다. 유럽 전역의 대도시와 소도시가 박살났다. 그중에서도 그의 인종 청소 프로그램은 추하고 퇴폐적인 유대인과 슬라브인을 더 우아한 북유럽인의 형질로 대체하겠다는 미화적인 기획으로 이해되었다. 그러한 나치 '철학'에서는 이렇게 미적인 것과 윤리적인 것이 보편적으로 공모했으며, 광신적으로 체제를 연출하는 기법에 대해 많은 글이 쓰였다. 제복과 의식을 물신화하고, 무자비하게 장식을 쓰고, 집단 파괴 도구의 매끈한 형식에 주의를 집중하고, 바그너의 '독일성(German-ness)'을 칭송하며 격한 정념이 타오르는 민족의 오페라로서 추종하고, 제3제국의 일상에 스며든 경찰국가의 그 모든 역겨운 신화 창조가 〈신들의 황혼〉◆의 최고조에 달하듯 대량학살로 이어진다는 식으로 말이다.

하지만 히틀러가 집착한 주된 예술은 무엇보다도 건축이었다. 나는 수년간 오스트리아의 빈 예술대학에서 가르치는 양가적인 경험을 했는데, 이 학교는 오랫동안 히틀러가 입학하고 싶어 했으나 두 번이나 그의 입학지원서를 거부한 곳이다. 기억을 상실한 저 이상한 도시를 거닐 때면 내 마음 속에는 늘 그런 생각이 든다. 당시 이 학교가 히틀러의 입학을 받아줬더라면 세계는 그저 권력에 굶주린 또 한 명의 평범한 건축가를 배출하는 정도의 고통만 겪었을 텐데. 또 하나의 안타까운 사실은 예술대학 입학을 거부당한 히틀러가 아방가르드의 해방적인 불복종에 그토록 악담을 퍼붓는 동시에 그 분노를 최악의 학술 가치를 지속적으로 모방하려는 갈망으로 변모시켰다는 점이다. 정확한 역사적 형식을 고집하

◆　리하르트 바그너의 《니벨룽의 반지》 중 제3부 악장극이다.

고 무가치한 것을 배제하며 권위를 숭상하는 갈망으로 말이다.

권력을 공고하게 다진 히틀러는 자신의 욕망을 핵심적으로 구현하는 젊은 건축가 한 명을 발견했고, 그 둘 사이에 이상한 전이♦가 일어나면서 발전한 상호의존 관계는 무엇보다 전쟁을 어느 정도 연장하면서 결국 수백만 명의 목숨을 앗아갔다. 알버트 슈페어는 단지 히틀러가 되고 싶어 했던 야심 차고 도덕관념 없이 훈련된 이류 건축가였다. 슈페어는 기술적 역량과 아첨을 절묘하게 결합하면서 점점 더 나치 체제의 중심인물이 되어갔고, 실내장식가에서 군수장관 자리에까지 올랐다. 그는 히틀러의 스케치를 건축 형태로 거침없이 번역했고, 그 독재자가 가장 찬미한 복원 프로젝트와 거대한 기념비적 건물, 베를린과 린츠를 비롯한 여러 도시의 재설계를 주관하면서 앞으로 천 년 동안 이어질 살인적인 허세의 무대 배경을 마련하려 했다. 그래서 이런 환상에는 히틀러가 연결되었다. 지하 벙커에서 자신의 개한테 청산가리를 먹이고 제 머리에 총을 쏴 죽기 전에 히틀러가 한 마지막 행동 중 하나는 위층으로 올라가 자신의 오스트리아 고향 마을을 슈페어가 환상적으로 재건해둔 건축 모형을 촉촉한 눈으로 응시하는 일이었다고 한다.

우리 중 누가 슈페어에게, 또한 그가 감행한 악마와의 거래에 매료되지 않겠는가? 비록 지금은 지타 세레니를 비롯한 여러 역사가들이 슈페어의 구원적인 위선을 무시하게 되었지만, 슈페어적인 서사는 마치 베르너 폰 브라운♦♦의 서사처럼 나치 시대의 중요한 윤리적 수수께끼로 남

♦ 정신분석 용어로, 내담자가 자신의 무의식에 내재한 욕망의 대상을 분석가로 치환하는 걸 말한다.

♦♦ Wernher Von Braun(1912~1977). 독일의 로켓 연구가였으나 패전 후 미국으로 건너가 미

크리에 ♥ 슈페어

아있다. 문제는 '우리와 비슷해 보이는 사람들'이 어떻게 대량학살 범죄자가 될 수 있느냐이다. 어처구니없는 착각에 빠진 대답은 악 그 자체를 정의한다. 물론 슈페어와 폰 브라운은 모두 실제로 대량학살에 동참하지 않고 그저 현장에 있었으므로 자신들의 특수한 기술적·예술적 역량은 인정받을 가치가 있다고, 그런 역량은 대중의 맹렬한 비난이 없는 다른 상황에 적용되었을 수도 있는 것이라고 주장함으로써 각자의 영역에서 재활하는 데 성공했다. 결국 폰 브라운은 우리를 달나라로 인도했다. 슈페어는 뉘른베르크 전당대회에 탐조등이 비추는 열주랑을 사용해 할리우드를 능가했다. 한편 히틀러는 저 나름대로 고속도로를 건설했다.

현재까지 계속되고 있는 슈페어를 위한 건축적 변론은 이중적인 축에서 이뤄지고 있다. 전통주의로 분류되는 슈페어의 취향은 (자신의 아이디어를 능숙하게 스케치할 수 있고 확실히 저작권을 공유할 자격이 있는 히틀러의 취향과 유사하지만) 그에 못지않게 루스벨트와 무솔리니 그리고 스탈린과도 어울리는 취향이었다는 주장이 상당히 많다. 말하자면 19세기 권력의 공식 외관이었던 '고전주의'의 다양한 유형 간에 나타나는 양식적 유사성은 어쨌든 슈페어의 작업이 나치에만 특수한 의미를 가졌던 게 아니라는 것이다. 이는 물론 랑그(사회적 언어체계)와 파롤(개인적 발화)을 구분하는 핵심이며, 오로지 이런 표현 영역 '안에서' 어떤 구분도 하지 않거나 형식과 기능 간의 모든 통합적 관계를 고려하길 거부하는 조건에서만 변명거리가 된다. 슈페어를 옹호하는 더 기괴한 변론은 그가 단순히 모더니즘의 반고전적 기풍이라는 결점의 소유자가 아니라 실제로 훌륭한 건축가

국항공우주국에서 일했고, 아폴로 계획 등의 우주개발 계획에서 중요한 역할을 했다.

였을 뿐이라고 주장한다.

　실제로 이런 주장을 기꺼이 열렬하게 하는 사람은 지구상에서 레온 크리에 단 한 명뿐인데, 1985년에 출판된 그의 『알버트 슈페어의 건축 1932~1942』는 반제 회의◆가 있었던 1942년까지의 작업까지만 다루고 있으며 책에 실린 친숙한 공공건축 유형이 아닌 건물들에서 슈페어가 디자이너로서 어떤 역할을 했는지는 살펴보지 않았다. 이 책은 2013년에 대량으로 재판되었는데, 그러면서 크리에가 순진하게 두둔한 슈페어의 작업을 방어하고자 로버트 스턴의 서문을 추가했다. 크리에의 주장은 영화 『프로듀서스(*The Producers*)』에서 케네스 마스가 연기한 나치 극작가의 수준을 뛰어넘는다. 그런 주장은 영혼이 스민 반모더니스트로서 오랜 시간 쌓아온 크리에의 명성에 기초한 것인데, '전통적' 건축 형식과 문화를 대표하며 기계의 소외에 반대하는 그의 수사법은 때때로 윌리엄 모리스와 독일공작연맹 그리고 크로포트킨의 매력적인 풍미를 자아낸다. 그의 간명한 스케치는 양식적으로 볼 때 히틀러의 스케치와 그리 멀리 떨어져 있지 않으며, 완벽하게 무해하고 매력적이기까지 한 '전통적'이고 손수 재단한 작은 건물을 주장하는 것 역시 그러하다. 그리고 비극이 소극(笑劇)으로 재탄생하는 아이러니를 말해보자면, 크리에는 오랫동안 영국 찰스 왕세자의 궁정 건축가였고 찰스 왕세자를 위해 잉글랜드의 작은 옛 도시인 파운드베리에 관한 작업을 계속하고 있다.

　하지만 슈페어를 왜 '건축 인재'로서 변호하는 걸까? 이건 사실 정

◆　1942년 베를린 교외의 반제(Wannsee)에서 당시 독일 고위 관료와 국가보안부 지도자들이 모여 '유대인 문제에 대한 최종 해결책'으로서 대량학살을 기획하고 협력을 다짐한 회의를 말한다.

신분석의 문제이지만, 크리에는 자신이 진정 숭배하는 것으로 보이는 슈페어를 통해 상상적인 적에 맞선 전투를 이어가고자 한다. 크리에는 자신이 생각하기에 이 전투에 특별히 짜증을 낼 (하지만 이미 오래전에 사라져 버린) 모더니즘 결사대를 적으로 삼는다. '고전주의'를 환유적으로 방어하기 위해 더 지독한 고전주의자를 활용키로 한 크리에는 제 생각에 분명 심오하게 영민하고 '위험한' 일종의 진부한 대담성을 과시한다! 이건 그저 유아적인 싸움일 뿐이다. 나치를 다루는 학술 연구와 대중적인 작업은 엘리 비젤부터 쿠엔틴 타란티노까지 엄청나게 많은 사람들이 시도해왔음을 감안해보면, 나치를 더 이상 금지된 영역처럼 문제시할 이유가 전혀 없다. 하지만 더 구체적으로 물어야 할 질문은 슈페어의 건축 작품에 실제로 형식적인 장점이 있는가의 여부다. 크리에의 암묵적 도전을 받아들여 볼까. 18만 명의 돌격대원 대신 18만 명의 코카인 중독자가 가득한 베를린의 국민대회당과 총리청 건물을 히틀러 대신 제이미 다이먼◆을 위한 사무실로 상상해보면서, 나는 내 앞에 놓인 저 두툼한 연구서로 눈을 돌린다.

　이 책을 다시 읽어 보니 지루한 동시에 소름이 돋는 걸 느낀다. 단지 이 책이 괴물의 작품을 고급스럽게 취급해서가 아니다. 연구 자체가 불량하기 짝이 없고 인간적으로나 상상적으로나 죽음의 악취를 풍긴다. 슈페어의 디자인은 획일적으로 생기가 없고 건조하며, 불꽃 튀는 독창성도 느껴지지 않는다. 심지어는 기존의 관용적인 수법을 그대로 답습하기까지 한다. 비례는 단조로운 데다 종종 압축적이며, 우아함이나 강약 조절

◆　Jamie Dimon (1956~). 미국의 실업가이자 J. P. 모건 그룹의 회장이다.

도 없다. 장식은 토착적이지 않으며, 그저 응용된 장식일 뿐이다. (슈페어는 진부한 트리글리프와 메토프 장식을 대신할 만한 특별히 나치적인 장식체계를 찾는 연구를 하고 있다고 주장했다.) 재료는 대리석과 번지르르한 장식을 듬뿍 바른 파크 애비뉴의 이류 임대아파트 로비처럼 음산한 인상을 준다. 평면도나 단면도, 입면도에도 섬세한 배려가 없다. (정말 길게 이어지는 계단을 좋아하는 사람을 배려한 게 아니라면 말이다.) 대칭은 교조적이다. 작품 속의 리듬은 한결같이 군사적이고, 당김음 같은 변화도 우아한 음률도 없으며, 단지 반복되기만 할 뿐 결코 복잡성을 띠지 않는다. 크리에가 그리도 치켜세우는 '웅장함'은 그저 웅대한 과장일 뿐이다.

크리에는 형식과 내용, 언어와 말 사이의 관계를 깊이 이해하지 못하고 있음을 어디서나 드러내며, 그가 실제로 작품을 읽어 내는 방식은 흥분어린 설명을 간략하게 덧붙이는 수준에 지나지 않는다. 슈페어에 대한 그의 주장은 늘 상대적이며, 결코 그 장점을 놓고 작품을 분석하는 법이 없다. 그는 슈페어의 과대망상적인 ― 세계 제8대 불가사의가 되려 하는 ― 국민대회당을 위선적으로 비판하는 이들을 비난하는데, 그 이유는 존 핸콕 빌딩이 훨씬 높지만 그 섬뜩한 초대형 돔은 그만큼 폭이 넓기 때문이라고 한다! 이건 크리에의 주장을 보여주는 일각의 전형적 사례일 뿐이다. 그의 주장은 유의미한 차이도 없이 구분하고, 웅대한 과장의 범주 속에서 무기력하게 분류하며, 슈페어에게 아무런 실익을 가져다주지도 못한다. 그가 아무리 그 괴물 같은 돔에서 젖무덤 같은 '모성적' 측면을 환기시킨다 할지라도 말이다. (크리에는 젠더의 생산에도 전적인 무관심을 드러낸다. 저 코끼리 젖꼭지가 의미하는 여성의 최대 소명은 지배 인종을 위한 번식 기계라는 나치의 관점을 용케 둘러대면서 말이다.)

크리에는 명목상 윤리적인 건축가가 최악의 건물을 만들어왔다고 주장함으로써 슈페어를 변호하는 한편, 열망어린 연상을 통해 슈페어 건축의 질을 확립하려는 노력도 끊임없이 한다. 즉 그는 이 연구가 프리드리히 길리, 카를 프리드리히 싱켈, 오토 바그너, 칼 아스플룬드, 폴 크렛, 존 러셀 포프를 포함한 위대한 계보를 잇는다는 주장으로 계속해서 되돌아간다. (그중에는 슈페어가 인터뷰 중 직접 언급한 주장도 있다.) 이 말은 단지 그 위대한 디자이너들을 비방하려는 뜻이 아니라, 진정 무능력한 크리에의 눈이나 그의 현실적인 의제를 드러내려는 것이다. 그의 의제는 소위 말하는 모든 '고전주의'를 완전히 미분화된 범주로 융합시켜 슈페어를 변호하고, 대량학살이 진정한 매개체가 되었던 한 '예술가'에게 끌린 자신의 매혹을 회고적으로 정당화하는 것이다. 이러한 계보의 연결이 말이 되려면 오토(또는 리하르트) 바그너를 존경하는 것만으로 충분하지 않다. 뭔가를 학습해야 한다. 히틀러 자신도 발견했듯이, 열망은 재능이 아니다. 그리고 우리는 상대적으로 더 큰 영향을 준 일을 통해 역사 속 인물을 기억한다. 하이드리히◆가 바이올린을 얼마나 아름답게 연주했는지를 누가 신경 쓰겠는가.

'학습'은 크리에의 분석에서 거의 완전히 빠져있다. 이 책은 총체적인 장치를 제공하지만, 크리에는 학자가 아니다. 그가 기대는 주된 정보원은 슈페어와 그의 조수들이며, 그의 인용문들을 보건대 그의 고매한 — 하지만 어리석기 짝이 없는 — 허세에 비해 사실상 진지한 이론적·역사적 연구를 하지 않은 것으로 보인다. 흔치않게 '외부' 출처를 활용하

◆ Reinhard Heydrich(1904~1942). 작곡가이자 오페라 가수였던 독일 민족주의자 아버지 밑에서 자라났고, 훗날 나치의 고위 장교가 되어 유대인 대량학살 계획을 주도했다.

는 한 부분에서는 한나 아렌트의 서술을 인용하는데, 그녀가 중시한 공적 공간의 초월성을 그녀의 진의와는 반대로 거짓된 동질화의 반란 행위 ― 한 명의 유대인을 몰아내고 나치를 변호하는 행위! ― 로 패씸하게 인용하고야 만다. 가끔은 사려 깊은 재치를 섬광처럼 내비칠 때가 있긴 하지만 가장 고매하고 자기만족적인 형식을 취하는 크리에의 논리는 그가 자신의 적에게 적용하는 바보 같은 삼단논법으로 요약되며, 그런 논법으로 어떤 비판이든 처리할 수 있다고 생각한다. 히틀러는 고전 건축을 사랑했고, 히틀러는 폭군이었으니, 고전 건축은 폭군적이라는 삼단논법이 일사천리로 진행된다! 실제로 누가 이런 말을 믿는가?

내가 편파적으로 보는 걸까? 크리에가 정말 이런 궤변을 늘어놓는다고? 그의 책에 나오는 전형적인 주장 몇 개를 따오면 다음과 같다.

뉘른베르크 법정에서 고전 건축은 슈페어보다 더 무거운 형을 암묵적으로 선고받았다.

그랬나? 확실히 슈페어는 뉘른베르크에서 가벼운 꾸지람만 받았지만, '고전' 건축가라는 그의 지위는 오히려 그를 구원해준 요인이었으며 피고석에 앉은 다른 살인자들보다 더 정중한 품위를 인정받게 해준 증거였다. 뉘른베르크 법정은 건축에 대해 할 말이 없었다. 독일을 '탈나치화'하는 노력 속에서 체제의 상징들이 부분적으로 ― 그리고 이해할 만하게 ― 파괴되었다. 비록 독일 공군 사령부(이 건물은 실제로 현대적인 건물로 보였다)와 뉘른베르크 법정 증인석, 그리고 다수의 가짜 파흐베르크 주택과 같은 많은 상징이 오늘날까지 살아남아 있긴 하지만 말이다. 하지만 고전주의에 대한 전쟁이 있었다면, 베를린 구 미술관이 어떻게 살아남았겠는가? 산수시 궁은? 라인강 강변의 성채들은? 왜 저 성당들은 복원되었는가?

세계대전 이후 독일 건축계를 논하던 한 영향력 있는 비평가는 청취자들에게 '파시즘'의 상징적 유산, 특히 슈페어가 설계한 가로등으로부터 베를린을 해방시키자는 고상한 도덕적 의무를 설파하고자 단호한 라디오 캠페인을 전개했다.

그렇다면 그 우아한 만자(卍字) 무늬도 함께 복원해보자. 결국 그것도 고대 힌두 사람들이 사용했던 무늬이니까. 그 흠잡을 데 없는 기하학에 불길한 의미를 주입하는 건 정말 미친 일이잖은가! 아마도 나치가 베를린을 지배하던 마지막 나날에 벌어진 파괴의 향연에서 그 가로등 기둥에 매달았던 시체 중 몇몇을 매달아놓는다면 그 의미가 분명해질 법하다. 목매달아 죽은 자와 저주받은 것을 확실히 구분할 수 있을 테니.

요즘 건축가들이 핵발전소를 짓는 것보다 고전적인 기둥을 쓰는 걸 윤리적으로 더 부끄러워하는 건 놀라운 일이 아니다.

정말? 대체 어떤 건축가들이 그러는가? 크리에가 설계할 최초의 이오니아식 원자로가 기다려진다. 하지만 크리에가 말할 때면 어디서나 그런 근거 없는 과장과 맥락 없는 비유를 통한 주장이 현실적인 증거를 대신한다. 흥미로운 것은 한때 나치를 추종한 필립 존슨이 속죄의 일환으로 이스라엘에 다소 준수한 원자로를 지었는데 그게 일종의 하이브리드 양식이라는 점이다. 격납 용기가 조각적인 모더니즘을 보여주고, 부속 구조물을 위한 중정 주위의 아케이드는 고전 건축을 연상시키기 때문이다.

고급 산업 기술을 향한 타오르는 열정과 더불어 총통◆은 모든 아름다운 것들을 간직해두었다.

정말 사랑스러운 유대인의 촛대로구나! 저 베스 마이어슨◆◆은 내가 가장 좋아하는 미스 서브웨이◆◆◆다!

모든 고전 건축에 내재하는 전체주의적 본성을 벗겨내려는 피상적 시도는 이런 건물과 양식을 만들어 내는 기제와 동기를 가리기만 했을 뿐이다.

여기에는 표피적인 허수아비가 있다. 대체 누가 파르테논이 전체주의적이라고 주장한단 말인가? 끝없이 반복되는 이 진술은 사실 그 이면에 놓인 크리에의 절대주의적 주장, 즉 모든 모더니즘이 전체주의적이라는 주장에 대한 눈가림이다.

고전적인 기념비들이 범죄 목적을 정당화하는 데 재사용된다고 해도, 그것

◆　Fuhrer. 나치 독일의 총통이었던 히틀러를 가리키는 칭호다.
◆◆　Bess Myerson (1924~2014). 1945년에 유대인으로서는 전무후무하게 미스 아메리카가 된 미국의 모델이자 탤런트, 정치인이다.
◆◆◆　1941년부터 1976년까지 뉴욕 지하철역 포스터에 실린 뉴욕시민 여성들을 일컫는다. 뉴욕 지하철 광고회사가 기획한 프로그램으로, 프로그램을 운영하는 동안 약 200명의 여성이 선정되었다.

들은 여전히 오염되지 않은 채 남는다.

죄의식은 연상에서 올 수 있고, 의미는 대상 속에 내재할 수 있다. 문제는 용도의 부담이 너무 커서 의미가 영원히 용도로 묘사될 수밖에 없는 것들로 무얼 할 것인가에 있다. 아우슈비츠에 민족적인(*völkisch*)◆ 옛 수용소 문루가 남아있는 이유는 그게 오염되지 않아서가 아니라 지구상에서 가장 불쾌한 건물이기 때문이다.

슈페어의 건축은 기념비적이고 거대하며, 웅장하고 숭고할 뿐만 아니라, 인상적이고 포용적이며, 모성적이고 강건하다. (……) 슈페어의 작품이 기념비적이라고 비난하는 건 비행기가 공기역학적이라고 비난하는 것만큼이나 터무니없다.

그렇다면 가스실이 효율적이라고 비난하는 건 어떤가?

오늘날까지 많은 사람들이 유대인 절멸수용소의 이미지보다 슈페어의 디자인이 주는 이미지에 더 불편해한다.

어느 행성 얘기인가?

마지막으로 이 책 자체에 대해 얘기하자. 이 책은 위풍당당한 치수

◆ völkisch라는 독일어는 영어의 folk와 통하는 말이지만 '민속적'이라는 뜻 외에 독일 민족주의와 결부된 말이기도 하다.

로 우아하게 흑백 인쇄되었다. 단 두 개의 이미지만 빼고 말이다. 히틀러의 총리청 건물은 세피아 색조의 사진이고, 손수 칠한 듯한 파란 하늘과 실현되지 못한 마르츠펠트(16만 명의 관객이 군사훈련을 관람하던 곳)의 입면도가 함께 실렸다. 자칫 단조로웠을 뻔한 이 이미지에 연속적인 배경을 이루는 나치 현수막은 생생한 붉은색으로 표현되었다. 이 특권적인 채도는 우리에게 어떻게 다가올까? 그로 인한 상징이 어떤 메시지를 주는 것처럼 보일 것이다.

대단한 건축은 대단한 건축주가 만들어 낸다는 말을 종종 하곤 한다. 슈페어의 건축주가 히틀러인 건 우연이 아니다.

— *Nation*, June 10, 2013, thenation.com.

크리에 ♥ 슈페어

34
도시 밀림 속의 혈투

오늘날 여러 학문 분야에서 일어나는 자리 옮기기는 그 속도를 맞추기가 쉽지 않다. 건축과 도시계획(city planning), 도시설계(urban design), 조경건축(landscape architecture), 지속 가능성, 전산설계, 기타 분야의 경계가 미친 듯이 변화하고 있기 때문인데, 그로 인한 한 가지 결과는 끝없는 혼종화가 일어나는 것이다. 친환경 어버니즘(green urbanism)은 랜드스케이프 어버니즘(Landscape Urbanism)을 낳고, 랜드스케이프 어버니즘은 생태 어버니즘(ecological urbanism)을 낳고, 생태 어버니즘은 다시 농업 어버니즘(agrarian urbanism)을 낳는다. 이 모든 '-이즘(-ism)'은 저마다 올바른 균형 속에서 목적을 이룬다고 주장한다. 디자인의 확장된 영역에 대해 할 수 있는 가중치 매기기와 경계 짓기에 관한 이런 논의는 계속해서 창조성이 흐르게 하면서도 여전히 고정된 세 영역인 건물과 도시와 조경이 있다는 허구를 유지하지만, 그 세 영역은 끊임없이 각각의 진로를 교섭해야만 하는 상황이다.

이로 인해 몇 가지 결과가 일어난다. 첫 번째는 개별 학문의 이론적 자율성이 여전히 근본적으로는 침해되지 않았다는 점이다. 두 번째는 수요가 많은 초학문적 실천의 새로운 형식들이 견고한 지식인 관료제의 방해를 받는다는 점이다. 그리고 마지막 결과는 텃세 싸움의 기회가 유용하게 증폭된다는 점이다. 뉴 어버니스트들은 얼마 전 안드레 듀아니와 에밀리 탤런이 편집한 『랜드스케이프 어버니즘과 그 불만(*Landscape Urbanism and Its Discontents*)』(2013)의 형식으로 작은 논쟁을 벌였는데, 이 책은 거친 비난을 줄이기 위해 공격적이지 않은 혼합적 논의를 선별해 실었다.

하지만 왜인가? 그리고 왜 지금인가? 편집자들은 서문에서 이 책이 15년 전에 출판되었어야 한다며 애석한 책임을 토로한다. 맞는 말이다. 이 프로젝트에는 마치 오래전에 죽은 말에게 채찍질하는 느낌이 스며있다. 그들의 비판은 이미 고전적인 얘기인데, 랜드스케이프 어버니즘이 근대건축국제회의(CIAM)와 그것의 반도시적 원리들을 다른 수단을 통해 연장할 뿐이라는 것이다. 따라서 이 선집은 뉴 어버니즘 대 모더니즘이라는, 그들이 애용하는 진부한 수사법을 또 다시 반복하는 완전히 불필요한 시도로 귀결된다. 이러한 장광설이 고집스럽게 초점을 맞추는 대상은 그들이 보기에 하버드 디자인 대학원에서 어버니즘을 주도하고 있는 강력하고 괘씸한 도당이자 단지 그걸 이해하지 못하는 무기력한 엘리트이기도 하다. 이렇게 이상하게 물신화된 적대감이 수년간 듀아니의 밥줄을 좀먹어 왔다. 대체 이게 뭔가? 그쯤 해두자!

'지식인의 배반'이라는 — 학계의 저 지식인들은 제정신이 아니며 진정한 가치가 없는 유행과 타협하고 있다는 — 상투어법이 책 전반에 반복적으로 나타난다. 유치한 분노에 찬 제임스 하워드 쿤슬러는 하버드가 '현상 유지' 세력의 보루라는 놀라운 결론에 도달한다! 탤런은 랜드스케이프 어버니스트들이 세계를 지배하는 기획과 주거가 불가능한 이상한 도시를 위한 얄팍한 디자인 술책으로 후기구조주의와 마르크스주의, 생태주의 담론들을 거꾸로 왜곡한다며 한탄한다. 학계의 지식인들이 그들만의 언어로 말하는 습관에 빠져있다는 건 뉴 어버니스트들이 개발업자의 언어를 채택하는 것만큼이나 거의 놀라울 게 없는 얘기다. 그들의 책은 실제로 그런 기본적인 사항에 대한 강경한 푸념으로 가득하며, 현실적인 '랜드스케이프 어버니즘' 프로젝트에 대한 실질적인 응답이라곤 결국 그런 푸념밖에 남지 않는다. 듀아니는 특히 하이라인 프로젝트를 비난하는데, 그는 이 프로젝트를 그렇게 '디자인'하지 말고 홈 디포에서 구한 애디론댁 의자들을 활용하는 게 더 나았을 거라고 — 또한 더 저렴한 해법이었을 거라고 — 생각한다.

실질적으로 내세우는 주장이 없기 때문에, 이 책에서는 영화『오즈의 마법사』의 섭외 과정에 등장할 허수아비보다 더 많은 허수아비가 발견된다. 가장 많이 언급되는 대상은 하버드 디자인 대학원의 교수 찰스 월드하임과 조경건축가 제임스 코너, 고(故) 이안 맥하그, 프레더릭 로 옴스테드, 펜실베이니아대학교, 그리고 뭔가(정확히 뭐라더라?)를 홍보하는 다양한 동조자들이다. 그중에서도 그들의 심기를 건드리는 토대는 분명『랜드스케이프 어버니즘 독본(*The Landscape Urbanism Reader*)』(2006)에서 월드하임이 한 진술이다. 그 책에서 그는 이렇게 진술했다. "랜드스케이프 어버니즘은 현재 진행 중인 학문의 재조정 과정, 말하자면 현대 어버니즘의 기본적인 필수 요소로서 조경이 건축을 대체하는 과정을 묘사한다." 이건 강경한 진술일 뿐이며, "문제는 환경이야, 바보야"란 말을 달리 표현한 것에 불과하다. 하지만 뉴 어버니스트들은 그 미끼에 걸려든다. 이제 혈투를 벌일 준비가 되었다!

그들은 자기들이 진정한 평형 조건을 찾았다고 주장하면서 수년간 전장을 준비해오고 있었다. 뉴 어버니스트들은 세 가지 영역에서 자기들이 우선시하는 지혜를 방어한다. 첫째는 보편적으로 신망을 잃은 르코르뷔지에식 모델보다 거리와 광장으로 이뤄진 '전통적' 도시를 선호하는 것이다. 둘째는 지속 가능성에 대한 인식에 특별히 접근해야 한다는 주장이다. 그리고 셋째는 대중영합주의를 모방하면서 '아방가르드'적 실천을 조롱하는 것이다. 이 중에 흥미롭거나 특별히 논쟁적인 주장은 아무것도 없다. 양심 (또는 의식) 있는 디자이너라면 그 누구도 보행자를 위한 거리를 구축한 도시라는 개념을 거부하지 않고 지속 가능한 ─ 심지어는 공평한 ─ 환경에 대해 적어도 립 서비스는 할 줄 안다. 그 외의 주장은 그저 의뭉스러울 뿐이다.

하지만 현재 도시 설계와 관련해 뭔가 흥미로운 생각이 진행 중인데, 그것은 해수면 상승과 기후변화, 공기와 땅과 물의 대량 오염, 지구의 제한된 수용력에 대한 대중의 의식을 어떻게 폭넓게 재조정할 것인가라는 문제에 따른 것이다. 이 분야에 종사하는 사실상의 모든 이가 그렇듯이, 랜드스케이프 어버니스트와 뉴 어버니스트도 그런 문제를 인식하고 직시하는 프로젝트를 생산해왔다. 상투적인 문구들을 놓고 벌어지는 전쟁은 시간 낭비다. 뉴 어버니스트들은 규준이 되는 '전이단면(transect)'이라는 무기력한 개념을 계속 얘기한다. 패트릭 게디스에게서 유래한 이 개념은 촌락에서 도시로 점진적으로 변화하는 지형 조건을 일컫는데, 그

도시 밀림 속의 혈부

들은 이 개념에 창조설의 뉘앙스를 곁들인다.

하지만 '더 도시적이거나 덜 도시적인' 단면의 전이는 도시를 논할 수 있는 많은 기준 축 가운데 하나일 뿐이며, 이러한 이상주의적 구조에 대한 이야기는 이미 많은 필자들이 철저하게 펼쳐낸 바 있다. 뉴 어버니즘 모델의 중요한 결점 중 하나는 그러한 그림 같은 생각이 현장에서는 비선형적으로 나타날 뿐만 아니라 그 자체의 문제적 범주인 특별지구 (special district), 즉 가지런하게 기울어지는 경사면에서 예외가 되는 지점들로 인해 와해된다는 점이다. 그 누구보다도 랜드스케이프 어버니스트들은 이 보편적인 예외 구역의 중요성에 흥미를 느끼는데, '전통적인' 공원과 더불어 조차장, 산업지대, 변방 도시의 불결한 구역, 그리고 역사적 질서에 쉽게 동화되지 않는 도시의 다른 부분들이 그런 예외 구역에 속한다. 이런 영역이 건조 환경의 거대한 비중을 차지하고 있음을 인식할 때 디자인은 진정 긴급한 문제에 봉착하게 된다.

뉴 어버니즘 회의에 참가했던 많은 유력 인사들이 이 책에 기고했는데 전체적인 입장은 분명히 양분된다. 한쪽에서는 부끄러운 줄 모르고 공격적이지만, 반대쪽에서는 회유적인 입장을 보이며 심지어 오래전에 상정된 적과의 끝장 혈투에 소환된 것에 겸연쩍어하기까지 한다. 말하자면 많은 기고자들이 이 책의 허세로부터 살그머니 도망치려고 한다. 듀아니는 뉴욕의 하이라인과 프레시킬스 공원 그리고 토론토의 다운스뷰 공원이 허식으로 여겨지길 바라겠지만, 그의 동료들은 그에게 납득을 표하지 않는다. 댄 솔로몬은 지혜롭게도 그런 프로젝트가 칭찬할 만한 장소일 뿐만 아니라 어버니즘이 아닌 공원일 뿐이라고 여긴다. 마찬가지로 제이슨 브로디 역시 일단의 진화하는 조경 실천이 담론에 중요한 기여를 하고 있으며 그 모든 실천이 기하급수적으로 늘고 있는 전 지구적 위기 감을 도시 만들기에 주입하려는 노력과 맞물려있음을 이해한다.

요즘 학계와 실무 현장에 희망적인 부분이 있다면, 그것은 디자인에 생태 분석이 긴급하다는 분위기를 불어넣고 미시기후부터 광역적인 차원에 이르는 여러 영토와 현상을 새롭게 묘사하는 재현과 의미의 형식들을 창조적으로 개척하고 있는 조경 건축의 역량에 있다. 맥하그가 결국 지나치게 인류 중심적인 기획으로 오판했을 수는 있지만, 그가 만드는 지도들은 생태적으로 강력한 통찰을 전해준다. 제임스 코너 팀은 데이터스케이프와 랜드스케이프의 간극을 메우는 아름다운 작업을 함으로써 새로운 형식의 분석과 새로운 접근의 계획과 건설이 갖는 효용을 결정적으로 확인시켜줬다. 우리 모두가 예술의 어머니이길 원하는데, 왜 그저 화목하게 지내지 못할까?

— *Architectural Record*, August 2013.

35
실용적인 도면

제임스 와인스는 (감히 경건하게 기술해보자면) 섬뜩하리만치 정밀한 도면을 그린다. 그의 머릿속에서 이미 거의 완전한 형태를 구축한 듯한 상상이 튀어나와 지면에 선을 그려 넣기까지는 그야말로 순식간이고, 그 과정에서 일종의 초자연적인 번역처럼 자동적인 도면이 그려진다. 우리 건축가들은 스케치를 물신처럼 숭배하는데, 지면에서 가장 먼저 보이는 이미지는 물질적 형태의 결함을 개념의 순수성으로 대신할 만큼 아주 개념적으로 간략하게 그려야 한다고 생각하기 때문이다. 건축계의 많은 대가들은 끼적거린 낙서를 제도공한테 건네주는 게 일반적이며, 에너지 넘치는 모호한 스케치와 정밀한 시공 사이의 간극은 진정한 발명의 영역이된다.

와인스가 아주 자유자재로 ─ 또한 동시에 ─ 투시도와 치수, 재료, 배경, 분위기, 디테일을 묘사하는 데 능숙하기 때문에, 그의 도면은 권위를 획득하고 축척을 쉽게 바꿀 수 있으며 실제로 더 원초적으로 정밀한

337

재현 형식으로서 시공에 쓰일 준비가 되어있다. 아마도 그는 초기에 '순수' 예술가로서 활동한 이력 때문에 전형적인 '건축' 범주에 포함되기가 더 어려울 것이고, 그의 미술 같은 기법 역시 시공하기 위한 도면이 아니라 건축의 의미를 전환하기 위한 도면을 그리는 솔직한 사변가의 부류에 그를 위치시킨다. 즉 그는 피라네시와 불레, 체르니코프, 페리스, 우즈, 웹과 같이 건설의 본질에서 벗어나 중요한 권위를 얻은 부류에 속한다. 이런 작업은 현실의 급박한 용도와 동떨어진 방향을 추구한다기보다, 결코 즉물적이지 않은 방식으로 점유된 장소가 폭넓은 범위와 협소한 범위의 환상에 모두 열려있길 요구한다. 이러한 이중적 한계의 철폐는 특정성과 개방성을 모두 확립하는데, 말하자면 형태적 특수성에 주목하는 동시에 거주할 수 없는 곳에 거주한다는 의미를 자유롭게 열어젖히는 것이다.

이러한 순수한 표현의 이중적 원천(조각과 '공상적인' 드로잉)에 발판을 둔 건축가는 중력과 기후, 차원, 그리고 '프로그램'의 잦은 일상성이 지배하는 세계에서 자신의 비전을 어떻게 구체화하는가. 와인스의 작업이 상징에서 실제의 영역으로 우아하게 점진적 궤도를 그리며 진화해온 건 아마도 그의 형성기에 일어난 우연이자 기적일 것이다. 어쩌면 와인스가 특별한 범주로 느껴지는 이유는 그가 너무 멀리 나아갔기 때문이라고 말할 수도 있으리라. 또는 그가 자기 세대의 다른 이들과 함께 미술을 '확장된 영역'으로 다뤄왔지만, 마이클 하이저나 로버트 스미스슨, 앨리스 에이콕과 같은 '환경' 미술가들의 작업에서 명목적으로만 남아있던 범주를 가로지르는 선택을 했다고도 말할 수 있겠다. 그런 미술가들은 늘 고집스럽게 건축에 근접하되 건축에 부응하지는 않는 공간을 만들어왔다. 실제로 소위 대지 미술(조경 건축과는 매우 다른 일단의 실천)이라 불리는 거의 모든 작품은 순수하게 좁은 의미로만 시각적 환경에 투입되는 게 특징이다.

와인스의 스튜디오 사이트(SITE)가 '환경 속의 조각(sculpture in the environment)'이란 뜻의 약자임을 기억하는 게 좋겠다. 이런 예술적 의미에 기초를 둠으로써 와인스의 작업은 특정한 근원을 부여받는다. 일종의 원초적 발생을 반복하는 사이트의 작업은 조각의 계보를 잇고 용도의 의미보다 관찰의 의미를 전면에 내세우게 된다. 〈유령 주차장(Ghost Parking Lot)〉이나 〈하이웨이 86〉과 같은 초기 프로젝트 ― '쓸모없는' 정물을 추상화하고 디테일을 억제한 아스팔트 도막이나 백색 페인트로 마감한 일상적 오브제들의 집합 ― 들은 여전히 예술적 표현에 중점을 둔 조각의 영역에 있다고 말할 수 있겠다. 물론 와인스의 작업이 동시대 미술의 '환경적' 실천에서 벗어나 결정적으로 변화하는 첫 번째 계기는 사회적인 것을 아이러니하게 빗대며 솔직한 재현 가능성을 실천하는 일종의 경관 팝 아트였다. 다음 단계는 베스트 프로덕츠 컴퍼니(BEST Products Company)가 의뢰한 일련의 프로젝트인데, 이건 사이트의 이력에서 진정한 매개적 역할을 한 놀라운 사건이었다. 이 프로젝트에서 사이트는 미술과 건축을 효과적으로 접목하면서 섬세한 포스트모던 스타일로 장식된 헛간의 형태를 만들어 의미를 전치시켰다. 건물의 '쓸모 있는' 부분, 즉 할인매장을 수용하는 복제 가능한 대형 상자는 단순한 기하학적 외관으로 추상화했다. 그 주위에는 겉면과 내용을 겸하는 두터운 표현 영역을 두었는데, 얇은 조적 벽체를 두텁게 배치함으로써 자율적인 확장이 가능하게 만들었다.

이런 연구는 초기에 구축의 실패를 재현하다가 후기에 온실과 테라리엄♦으로 발전하면서 또 한 번의 뒤집기를 실천했다. 사이트의 작업은 이제 '조각 속의 환경(environments in the sculpture)', 즉 아이츠(EITS)로 변형되었고 이건 결정적 변화였다. 당시 수많은 예술에 나타나던 '환경적' 벡터가 그저 세력을 강화하는 중심축이자 더 기념비적인 화폭의 근거였다면 사이트가 중요하게 의식한 또 다른 벡터는 건물에 대한 인식에 일어나던 결정적 변화였다. 그것은 건물을 더 이상 대상이 아니라 행위주체로 인식하는 움직임이었다. 이번에도 와인스는 작업을 더 풍부하게 하는 참여의 방식으로 독보적인 관점을 확보했다. 건축은 행위적인 것을 주입한 조각이며, 베스트 프로덕츠 컴퍼니 건물들의 진수는 (이미지와 출입구를 구성한) 사이트의 개입이 전체적인 건축과 아주 분명하게 맞아떨어졌다는 사실이다. 장식보다는 극화를 통해 건축의 역할을 손색없이 수행한 것이다.

'친환경' 건축에 대해서는 한 쌍의 양면적 비판이 존재한다. 하나는 환경적 성능에 대해 단순히 통계적으로 접근한다는 비판이고, 다른 하나는 장식을 넘어서지 못하는 패션(현실의 기능적 무관심을 감추기 위한 식재 장식)에 대한 비판이다. 와인스는 건축적인 것의 개념적 기초가 되는 행동과 표현의 변증법을 이해할 때 '새로운' 반응적 건축이 출현할 수밖에 없다는 걸 이해한다. 일련의 형식과 그에 따른 관습을 정의하는 생산적·공생적·생태적 관계들의 체계로서 지형 경관에 뿌리를 두는 자연은 (지구 전체를 들먹일 것도 없이) 그 고유의 의도를 갖는다. 와인스와 사이트가 발명한 건축은 이런 과정이 어떻게 (주권적이지 않은 행위 주체로서) 우리의 자

♦ 　토양과 함께 식물을 기를 수 있게 만든 밀봉 가능한 유리 용기를 말한다.

체적인 필요를 수용하고 자연적인 것과 건축적인 것 사이의 분할(양자 간의 개념적·즉물적 변화구간)을 재교섭할 수 있는지를 탐구하는 지속적인 실험과 같다. 이런 주제는 확실히 향후 건설에서 중심을 이루게 될 것이다.

다양한 이유로 인해 나는 제임스 와인스에게서 루이스 설리번을 떠올린다. 그처럼 설리번도 자연 형태에서 도출한 '장식'과 놀랍게도 명료하게 유동하는 선의 체계로 수려하고도 완벽하게 정교한 건물을 만들어냈기 때문이다. 장식은 범죄라거나 자연적 형태의 건축이 되돌아온다거나 하던 지난 세기의 논쟁들이 사실 설리번에게서 이미 예견되었다고 말한다면 아마도 지나친 얘기일 것이다. 하지만 그의 건물에는 종합을 향한 열망이 상당하다. 이와 맥을 같이 하는 또 하나의 범주는 르코르뷔지에가 언급한 것으로 유명한 건축의 세 가지 필수요소인 햇빛(*soleil*), 공간(*espace*), 초목(*verdure*)이다. 지극히 간명하게 요약된 이 원초적 진언은 불가피한 구축과 도덕의 무게를 갖는다고 이해되는 표현과 구성의 우선순위와 쌍을 이루고 있었다. 그리고 여기에 모더니즘의 상징적인 실패가 있다. 이제 우리는 이에 대한 처리법을 더 잘 알고 있다. 자연을 볼거리가 아닌 기반 물질로 다루는 법을 말이다.

건물이 자연을 수용할 수 있는 방법을 논하면서 그토록 많은 시간과 에너지를 들여왔다는 건 우리가 건축의 도구적 역할을 이해하고자 진정 고군분투해왔을 뿐만 아니라 외관의 의미에 대해서는 영원히 협소한 논쟁을 해왔음을 드러내는 증상이다. 이는 우리로 하여금 다시 도면에 주목하게 한다. 모더니즘이 자연을 일련의 거리 공식들로 묘사해 과학적으로 번역하려는 노력의 일종이었다면, 그에 대한 반응은 건물을 유기체로 보려는 노력을 공격할 게 아니라 건물이 실제로 베푸는 친절을 이해하기 위해 정량적 기준만을 제외한 모든 걸 배제하는 일종의 건축적 심리를 공격해야 한다. 역사 속의 결정적 단절 ─ 그리고 여기서 우린 다시 와인스 자신의 형성기로 돌아간다 ─ 은 변질된 고전적 형태로 어리석게 회귀하는 순간이 아니라 건축에서 기술을 적절히 재구성하며 반란을 일으키는 순간에 일어났다. 한편으로는 버크민스터 풀러의 돔과 재활용된 산업 폐품의 기술을, 다른 한편으로는 수천 년의 경험 속에서 '건축가 없이' 건물을 개발해온 기술을 활용하는 순간에 그러한 단절이 일어난 것이다. 거기에 끼어든 환상은 '소박한' 사회의 미덕이 우월하다는 환상이 아니라, 지역성과 가용성의 리듬 속에서 장소의 목소리를 실제로 듣는 데 기초한 건설 실무의 환상이었다.

그런 배려의 개념은 실무 건축가가 도입하는 광범위한 관찰 기법에 고유한 근거를 두고 있다. 그리고 와인스는 분명 관찰의 수단으로서, 성장과 형태, 기후와 빛의 역동적인 상호작용을 이해하는 수단으로서, 건축의 골격과 거주자의 영역 ─ 와인스가 생물학적으로 다양한 인구를 최대한 포함하고자 확대하는 부분 ─ 사이를 잇는 형태학적 수단으로서 도면을 그린다. 그의 도면은 지능적인 욕망의 방향으로 그의 손이 실험적으로 이끌리는 일종의 향성적인 기록이다. 와인스의 도면은 종종 완성된 모습으로 보이지만, 이건 사변적 완성의 한 형식으로 봐야 한다. 그의 방법은 원초적인 것에서 시작해 세련된 것에서 정점을 찍는 순차적인 에세이 속이 아니라, 살을 잘 입혀서 눈에 보이거나 진단되거나 수정되거나 폐기되거나 승인될 수 있는 일단의 순차적인 명제들 속에 있다.

하나의 구성물로서 자연은 인류의 발명품과 매우 유사하다. 오늘날 자연적인 것의 가치를 인증하고 싶어 하는 많은 사람들은 매개변수를 활용한 디자인의 자동화를 자연적인 과정과 연관시키려고 노력하고, 멘델처럼 엄격한 자세로 자기들이 하는 일에 유전학을 주입한다. 그보다 진정한 자연주의자인 제임스 와인스는 현장에서 직접 (때로는 자기 마음을) 관찰하는 걸 선호하며, DNA 염기서열기 대신 스케치북을 선호한다. 여기에는 비유의 정당화가 더 진정한 자연적 과정의 진리를 대신해버릴 위험한 영역이 있다. 와인스가 자기 작품을 위한 배경이자 그 속의 거주자인 '자연'에 헌신하는 건 연약한 자만심을 초월해 진정한 조화를 찾기 위해서다. 서로 스며드는 자연과 건축의 선을 추적하는 그의 도면은 건물을 반드시 변화시킬 수밖에 없는 상호성 개념의 아름다운 증언이다.

와인스는 그렇게 자연에 '이끌려 그린다.'

— Unpublished, September, 2013.

36
독방 감금을 없애자!

건축가들은 태곳적부터 어디서 선을 그을 것이냐는 질문에 시달려왔고, 그 선택은 늘 미적으로만 이뤄지지 않았다. 건물은 쓰임새가 있을뿐더러 특별한 활동을 가능케 하는 틀이기 때문에, 단순히 생각해보더라도 건물에는 불가피하게 윤리적 측면이 관련된다. 그러한 연관성은 분명할 수도 불분명할 수도 있다. 바우하우스 졸업생들은 아우슈비츠 집단수용소의 평면을 설계했고, 누군가는 루비안카 교도소의 입면 장식 작업을 놓고 고민에 잠겼다. 이런 작업은 의심의 여지없이 옳지 않다. 내가 지금껏 참가한 시위 중 최초의 명백한 건축 시위가 표적으로 삼은 대상도 그랬다. 당시 그 시위는 건축가의 레지스탕스(The Architect's Resistance)라 불리는 집단이 조직한 시위였다. 우리는 당시 인종분리정책이 지배하던 요하네스버그에 마천루를 설계 중인 스키드모어, 오윙스 앤 메릴(SOM) 본사 앞에서 행진하면서, 본사의 상층부 어딘가에서 제도사가 흑인과 백인의 방을 따로 설계하고 있음을 알리는 유인물을 배포했다.

때로는 그런 주장이 약해질 때도 있다. 어떤 프로젝트에서 멸종위기에 있는 경재를 특정해서 쓰라고 하는 의뢰인을 만난다면? 알루미늄처럼 내재에너지 수준이 높은 재료를 사용하는 것은 어떠한가? 젠트리피케이션의 주범을 위해 일한다든가, 건설 노동력이 잔인하게 착취당하거나 위험한 조건에서 일할 수밖에 없게 만드는 나라에 건물을 설계하는 건 어떠한가? 건물은 정치로 가득하기 때문에, 이상적인 건축가라면 늘 자신이 설계하는 게 윤리적으로 어떤 함의를 갖는지를 고려해야 할 것이다. 물론 그 척도는 다양할 수 있다. 낙태 시술 병원이나 핵발전소 또는 심지어 이슬람 사원을 설계하는 데에도 이의를 제기하는 사람이 있을 수 있다.

미국에서는 건축의 윤리적 문제에 관해 '건축가/디자이너/계획가의 사회적 책임연대(ADPSR)'◆라는 집단이 상당한 리더십을 발휘하고 있다. 2004년부터 이 집단의 활동은 감옥 설계에 초점을 맞춰오면서, 그런 작업에는 일절 참여하지 않겠다는 서약을 공표했다. (나도 오래전에 거기에 서명했다.) 그런 프로젝트를 거부하는 데는 많은 이유가 있다. 미국에서 급성장하고 있는 '감옥-산업 복합체'의 부패한 열정과 사치가 역겹고, 미친 수준의 감금 비율과 가혹한 처형 관습에 반대하기 때문이고, 소수자 수감 비율이 지나치게 불균형적으로 높기 때문이다. 감금과 기율의 공간을 설계하는 일은 대부분의 건축가가 생각하는 자신의 직업적 소명, 말하자면 편안하고 인간적이며 심지어 해방적이기까지 한 환경을 창조한다는 소명과도 반대되는 것이다.

◆　　Architects/Designers/Planners for Social Responsibility

사회적 책임연대는 현재 감옥에서 일어나는 최악의 관습인 처형과 고문 그리고 독방 감금에 집중해오는 중이며, (등록된 건축사의 약 75퍼센트를 대변하는) 미국건축가협회(AIA)가 자체 윤리규정을 수정해 그런 야만적 현장의 설계에 대한 참여 배제를 명시하게끔 설득하는 운동을 벌이고 있다. 이 새로운 청원에는 1천 명 이상이 서명했고, 미국건축가협회 샌프란시스코 지부는 이 운동에 대한 집단적 지원을 표결한 최초의 지부가 되었다. 독방 구속의 철폐는 가장 급진적인 개정안이지만 윤리규정에 제안된 상태이며, 윤리규정은 이미 무급 인턴을 보호하고 '공익적인 설계'와 '환경에 대한 의무'를 장려하고 있다.

사회적 책임연대는 라파엘 스페리 대표의 열정적인 리더십 속에서 "사형, 고문, 그리고 잔인하거나 비인간적이거나 모멸적인 처우가 이뤄질 공간의 설계를 금지"하도록 미국건축가협회에 요청해왔으며, "회원들은 자신의 모든 직능적 노력을 다해 인권을 지지해야 한다"고 명시하는 기존 윤리규정 내의 문구를 언급한다. 특히 연대 측은 수감자들을 보편적으로 독방에 감금하는 개념으로 만들어진 처형실과 최고보안 교도소(supermax prison)의 설계를 명시적으로 거부하는 입장이다.

솔리테리 워치(Solitary Watch)에 따르면, "적어도 8만 명의 수감자들이 고립된 형식으로 감금되어 있고 그중 2만 5천 명은 최고보안 교도소에 수감되어 있다." 미국에서 수감자들이 독방에서 보내는 평균 시간은 5년이며, 내셔널 퍼블릭 라디오와 기타 정보원에 따르면 수십 년간 수천 명이 그렇게 고립된 상태로 수감되어왔다. 이러한 처벌 형식이 낳는 파괴적 효과는 오랜 시간에 걸쳐 널리 알려져 왔다. 유엔의 고문 특별 조사위원은 독방 감금이 "잔인하고 비인격적이며 모멸적"이라고 묘사했고,

이런 형식을 청소년이나 정신질환자에게 적용해선 안 되며 어떤 상황에서도 영구적인 심리적 피해가 일어나지 않도록 15일을 초과해 적용하지 말 것을 촉구했다. 7월에 『사이언티픽 아메리칸(*Scientific American*)』은 (『뉴욕 타임스』를 비롯한 다른 주류 매체와 더불어) 이런 관행을 중단할 것을 요청한 사설을 발표하면서 다음과 같은 대법원판결을 인용한다.

> 상당수의 수감자들이 짧은 시간이라도 독방에 감금되고 나면 반쯤 얼이 나가 각성시키기가 거의 불가능한 상태에 빠졌다. 폭력적으로 정신이상을 보인 경우도, 자살을 감행한 경우도 있다. 하지만 그 시련을 더 잘 감내한 이들은 일반적으로 교도가 되지 않았으며, 대부분 이후 지역사회에 봉사하기에 충분한 정신적 활동을 회복하지 못했다.

이 판결은 1890년에 이뤄졌으며, 사설의 결론은 이러하다. "독방 감금은 잔인할 뿐만 아니라 역효과를 초래한다. 미국은 예전의 지혜를 되살려 이러한 관행을 극적으로 제한해야 한다."

　최고보안 교도소는 정확히 영혼을 죽이도록 설계된 곳이다. 그 건축은 방부제 같고 황량한데다 삼엄한 철통 방어가 이뤄지며 고지식하게 못생겼다. 그 주변부에는 어떠한 생명도 없으며 그 대신 자갈밭과 감시탑과 철조망만 있다. ('구멍'이나 '상자'로 일컬어지는) 독방은 전형적으로 2평 내외이며, 수감자들은 하루 23시간 동안 독방에 감금되고 나머지 한 시간은 독방의 거의 두 배 크기인 '마당'에서 홀로 시간을 보내며 샤워는 아마도 일주일에 세 번 할 것이다. 사람과 접촉할 때는 사실상 늘 빗장이나 그물망 또는 수갑이 채워진 상태로 중개되며, 많은 감방에 창이 없고 수감자는 간수의 장갑 긴 손이 음식을 밀어 넣는 문틈으로만 바깥 세계를 엿볼 수 있다. 간수가 밀어 넣는 음식은 으깨고 압착해서 만든 역겨운 덩어리일 때가 많다. 감방은 대부분 일부러 무색으로 마감되고 (모든 차이를 최소화하려고 하는 환경에서는 어떠한 '미적' 요소도 부적절한 특권으로 여겨진다) 침상이든 뭐든 모두 노출콘크리트로 지어진다. 유일한 가구라곤 프라이버시 보장이 안 되게 배치된 스테인리스스틸 변기-세면대 세트뿐이다. 조명은 절대 꺼지지 않는다.

미셸 푸코와 어빙 고프먼, 데이비드 로스먼, 샤론 샬레브를 비롯한 수많은 관찰자들이 감금시설의 역사를 논하면서 감금시설의 목적이 어떻게 변해왔고 그것의 집행 방식이 사회적으로나 물리적으로 어떻게 조직되어 왔는지를 얘기해왔다. 샬레브의 간명한 분류에 따르면, 감금의 목적 ― 그리고 독방 감금의 용도 ― 은 19세기 초부터 진화해왔다. 도덕 개혁과 영혼의 구원에 초점을 맞추던 것이 세계대전 이후에는 스키너◆적인 행동 수정(behavior modification)에 대한 강조로 대체되었다가 오늘날에는 다시 '위험 관리' 방식으로 대체되었다. 최고보안 교도소는 재활 개념을 거의 완전히 버리고 과도하게 잔인한 편리성으로 대체해버린 사례를 대표한다.

이러한 역사는 건축에서 많이 기술된 바 있다. 공화국 초기에는 필라델피아의 감옥과 뉴욕주 오번의 감옥 사이에서 교도 철학 논쟁이 일어났다. '분리 체계'를 적용한 필라델피아 감옥의 수감자들은 지속적인 독방 감금 상태에 있었던 데 반해, '침묵 체계'를 적용한 오번 감옥의 수감

◆ 미국의 행동주의 심리학자 버러스 프레더릭 스키너(Burrhus Frederic Skinner, 1904~1990)를 말한다.

독방 감금을 없애자!

자들은 홀로 잤지만 식사와 노동, 기분전환을 할 때는 다른 수감자들과 침묵 속에서 어울렸다. 양쪽 모두 당파성이 강했는데, 샬레브는 1854년에 침묵 체계를 비판한 어느 분리 체계 주창자의 말을 다음처럼 인용한다. "침묵의 집회 체계는 (……) 진정한 개선을 향한 위대한 발걸음이지만, 가해자의 교정뿐만 아니라 도덕 개혁 면에서도 실패한다. 왜냐면 수감자는 다른 수감자와의 소통이 금지되더라도 여전히 그들에게 둘러싸여 있으며 '눈을 찡긋하기, 손가락 움직이기, 재채기나 기침만으로도 원하는 바를 전달하기엔 충분'하기 때문이다."

이러한 많은 건축적·사회적 논쟁에 맴도는 개념은 제레미 벤담의 파놉티콘이다. 벤담이 1791년에 제안한 개념인 파놉티콘은 자기 모습을 감춘 중심의 관찰자를 감방이 방사형으로 에워싸는 구조로 되어있다. 푸코가 "잔인하고 독창적인 새장"이라 부른 이 개념의 가장 두드러진 특징은 기율이 보이지 않게 부과된다는 데 있다. 심지어 모든 걸 보는 중앙의 간수가 자리를 비워도 늘 감시되고 있다는 느낌은 여전히 주입되어 수감자들이 스스로 불안을 느끼게 된다. 이러한 설계는 실질적으로도 은유적으로도 오랜 생명을 이어왔다. (많은 감옥이 이 모델을 기준으로 지어졌다.) 이 말은 점점 우리 모두가 몸담게 되는 감시 사회를 묘사하는 합성어가 되었으며, 벤담의 순수한 감시 구조는 카메라와 도청장치, 검색 알고리즘의 보편적 네트워크로 대체되었다. 최고보안 교도소는 고도로 기술화된 최고의 파놉티콘이다. 수감자들은 감방을 떠나 운동이나 샤워를 하러 갈 때 연속적인 전자출입문 개폐 시스템을 통과하며, 또 다른 사람을 결코 볼 수 없지만 늘 시스템의 불가피한 응시 하에 놓이게 된다.

왜 우리가 그런 소외적인 수단으로 그 엄청나게 많은 사람을 수감하는가의 문제는 늘 불편하고 당혹스럽다. 그 모든 논거는 물론 기율을 부과하는 데 있으며, 1980년대 레이건 체제하에서 시작된 감옥 — 재활의 이상을 거의 완전히 버리고 교정을 통한 '처벌적 전회'에 기초하게 된 감옥 — 건설의 유행이 기퍼♦와 아버지 부시, 빌 클린턴이 남긴 추한 유산이자 윌리 호튼♦♦도 예외가 아니었던 순수하고 단순한 인종주의 기획 중 하나라는 명백한 결론을 포함한다.

로익 바캉이 기결수의 재활에서 감옥의 재활로 변했다고 묘사한 이러한 감옥의 급증은 세계대전 이후의 공공주택 프로젝트와도 이상한 디스토피아적 유사성을 보여준다. 그것은 의심스러운 계층과 인종의 사람들을 고립시키고 그들에게 질서의 습관을 고취시키기 위한 거대한 기획이다. 실제로 지난 수십 년간의 그 수많은 감옥 건설 프로그램은 평범한 공공주택 건설보다 훨씬 더 대규모로 이뤄졌다. 마찬가지로 감옥의 건설과 행정을 현재의 무장된 미국-멕시코 간 국경처럼 대량으로 사영화한 것은 미국 정부가 호전적인 해외 모험의 규모를 줄임에 따라 근간이 불안정해지는 사설 계약업체를 위한 도착적인 '평화 배당금'으로 볼 수 있다.

♦ 미국 미식축구 선수였던 조지 깁(1895~1920)의 별명이자, 1940년 영화 〈너트 로킨(Knute Rockne)〉에서 그를 연기한 레이건의 별명이기도 하다. 깁은 죽기 전 병상에서 "그저 기퍼를 위해 한번 이겨 달라(Win just one for the Gipper)"고 말한 적이 있는데, 이 말을 레이건이 정치적으로 활용했고 아버지 부시도 대선에 출마할 때 같은 말을 사용했다.

♦♦ 살인죄로 종신형을 선고받은 아프리카계 미국인으로 매사추세츠의 감옥에서 복역하던 중 1986년에 수감자 휴가 프로그램으로 외출했다가 돌아오지 않았고, 1987년에 메릴랜드에서 범죄를 저질러 다시 체포되었다. 1988년 미국 대선에서 공화당의 부시 후보 측은 윌리 호튼 사건을 활용해 매사추세츠 주지사였던 민주당 듀카키스 후보를 향한 네거티브 광고를 만들었으며, 부시는 대통령에 당선되었다.

독방 감금을 없애자!

최근 관타나모와 캘리포니아 시스템 전역에서 수만 명이 동시에 단식 투쟁을 벌인 건 우연이 아니다. 지역마다 감금 방식이 다를지라도, 이런 곳들은 모두 미국식의 강압적인 법 적용과 타자에 대한 보편화된 전쟁 상태를 대변한다. 의심의 여지없이 이 모든 곳에서 질적으로 동일하게 경험되는 독방 감금은 통제와 식민화 그리고 처벌과 생산에 관한 개념들을 혼합한다. 관타나모는 최고보안 교도소를 모델로 삼았다. 이러한 생산은 영혼에 관한 것이든 어떤 특정 행동에 관한 것이든 간에 그 정보의 생산과 억제, 징벌, 교정을 포함한다. 하지만 그 매개체는 늘 기율과 타락이다. 모든 사례에서, 생산되는 결과는 사실상 수감자에 대한 잔인함과 간수의 편의밖에 없음이 드러났다. 그리고 관타나모에서든 뉴욕주 북부에서든 그 결과는 궁극적으로 실패다. 최고보안 교도소는 재범과 분노, 광기, 자살의 공장이다. 제임스 리지웨이와 진 카셀라는 독방 수감자 자살률이 일반 수감자 자살률의 다섯 배라는 증거를 인용했다.

독방 감금이 고문의 형식이라는 데에는 폭넓은 합의가 이뤄져 있는 상황이지만, 그에 관한 논쟁은 마치 고문을 그저 멀리서 묘사하기라도 할 수 있을 것처럼 '향상된 심문'에 초점을 맞추는 동일한 위선을 반영한다. 독방 감금의 경우에는 '행정 격리', '징계성 구금', '보안 수용', '제한된 수용' 등의 전문 용어를 동원한다. 이렇게 재명명해 책임을 회피하는 수법은 전문가가 자유롭게 참여할 수 있는 재량권을 제공한다. 잘 알려져 있다시피 미국적인 고문 방식을 설계하는 과정에 심리학자가 공모한다는 사실은 수치스럽고, 독방 감금 때문에 감옥 설계를 거부하는 건축가들과 유사한 전문가적인 반발을 불러왔다. 한편 그런 과정에 참여하는 심리학자들이 내세우는 변명거리는 '영구적인' 피해에 대한 선을 어디에 그어야 하느냐는 질문이며, 그러면서 자기들은 위험을 감시하려고 했을 뿐이지 위험을 가하려고 한 게 아니라고 항변한다.

감옥 설계에 관여하는 건축가들의 흥미는 이타적으로 보이지 않을 것이다. 전문적인 감옥 설계자들을 위한 어느 표준 지침서의 뒤표지에는 다음처럼 기운 넘치는 명령이 쓰여 있다. "이제 여러분은 교정시설 건설과 리노베이션의 붐을 활용할 때 필요한 지혜를 얻을 수 있습니다!" CNN 머니 부문의 한 헤드라인은 훨씬 더 간명하다. "미국 전체의 2백만 수감자와 그들의 보호자는 사업 기회로 가득한 370억 달러 경제 규모의 최대 전속 시장이다." 하지만 '붐' 정도로는 그걸 거의 묘사하지 못한다. 록펠러 약물금지법에 이끌린 위축된 심리, 다양한 삼진아웃제, 그리고 우리의 정치적 조직체를 오염시켜온 빈민·소수자·미등록자·부양가족에 대한 일반의 분노가 커질수록, 감옥 건설은 기하급수적으로 늘어왔다. 주립 교도소와 연방 교도소의 수는 1990년에서 2005년 사이에 43퍼센트만큼 늘어났고, 붐의 최고점에서는 보름마다 새로운 감옥이 개관한다. 그리고 지난 수십 년간 미국의 투옥률은 전 세계 최고인 400퍼센트로 늘었다. 지구상 인구의 5퍼센트가 사는 미국에는 지구상 수감자의 25퍼센트가 살며, 현재 미국은 감옥으로든 어떤 처벌 감시의 형식으로든 7백만 인구를 '통제'한다. 이 부문의 고용은 자동차 산업의 고용과 경쟁 관계에 있다.

미국의 대표적인 감옥 전문 설계사무소는 "디자인으로 인간적 경험을 향상시켜라"라는 좌우명을 웹사이트에 내걸고 있는 디엘알 그룹(DLR Group)이다. 이 그룹은 감옥 설계 분야에서만 35억 달러 가치의 작업을 하면서 (당시에는 '로키산맥의 앨커트래즈'로 불린) 최초의 연방 최고보안 교도소인 콜로라도의 플로렌스 행정최고보안시설을 설계했다. 1994년에 개

관한 플로렌스 교도소는 1986년의 애리조나 특별관리 유닛에서 시작해 1989년 캘리포니아의 악명 높은 펠리컨만 주립교도소에서 세련된 발전을 이뤘다고 볼 수 있는 교도소 진화 과정의 정점이었다. '정의'를 위한 설계를 한다고 주장하는 일군의 건축사무소들이 있으며, 그중 다수는 그들의 이런 설계 작업을 다른 건물 유형과 학교, 병원, 군사시설 등의 목록 안에 넣어놓는다. 150건의 프로젝트와 20만 개 이상의 침상을 설계했다고 주장하는 키첼 기업은 "교도소도 친환경적일 수 있다"고 명랑하게 선언한다. 이 분야에서 강력한 존재감을 발휘하는 다른 설계사무소들로는 애링턴 왓킨스, 케이엠디, 그리고 관타나모 해군기지 내의 감옥을 설계한 것으로 악명 높은 셍켈슐츠가 있다.

샬레브 등의 연구에 따르면, 건축가들이 교도소 건축에 대한 의뢰인의 요구가 수감자 대부분에게 미칠 인간적 영향에 대해 고민하기보다는 그들의 요구를 더 면밀하게 들어 주면서 자기들의 전문가적 책임을 외면해버리는 현상이 분명하게 나타나고 있다. 샬레브는 한 건축가와 인터뷰한 내용을 인용하면서, 결국 그 건축가의 일차적 책임은 교도소 직원들의 안전과 편리를 보장하는 것이고 다른 모든 건 부차적으로 취급된다고 말한다. 이런 식의 사업적 계약이 사회적 계약을 단순히 대체하는 경우가 점점 많아지고 있으며, 이런 현상은 교도소의 건설과 관리를 점점 더 사영화하는 방향으로도 나타나고 있다. 그러한 사영화는 커렉션스 코퍼레이션 오브 아메리카(코어시빅), 지이오 그룹(예전의 와켄헛), 커뮤니티 에듀케이션 센터, 코넬 컴퍼니, 매니지먼트 앤 트레이닝 코퍼레이션 등의 입맛대로 이뤄지고 있다. 그리고 큰돈의 흐름은 단지 설계와 관리에서만 발생하는 게 아니라 급식 서비스(아라마크는 교도소와 대학교 급식 업계의 대기업이다)와 물류 그리고 공급에서도 발생한다.

의사들이 국가가 승인한 살인 행위를 실제로 해야 하는 압박을 받을 때 히포크라테스 선서의 명령을 따르듯이, 건축가들도 죽음의 방을 설계해달라는 요구를 받을 때 저항을 해야 한다. 하지만 오늘날에는 수많은 건축가들이 우리가 성스럽게 여기는 모든 계율을 어기고 살아있는 죽음의 공간을 설계하는 데 참여하고 있다. 건축가가 그려서는 안 될 선을 그리고 있는 것이다.

— *Nation*, September 16, 2013, thenation.com.

37
대통령과 도서관

> 공동체는 창조하고, 쟁취하고, 정원처럼 관리해야 합니다.
>
> —버락 오바마, 『내 아버지로부터의 꿈』

대통령 도서관은 현재 국기에 대한 맹세처럼 공적인 의례와 기념의 의미를 갖는 우리의 국가적 보물의 일부로 자연스럽게 받아들여지고 있지만, 따지고 보면 국기에 대한 맹세만큼이나 역사가 그리 오래되지 않았다. 미국 최초의 대통령 도서관은 뉴욕 하이드파크에 있는 프랭클린 D. 루스벨트 대통령 도서관이다. 루스벨트 대통령 자신의 스케치에 기초해 지어진 이 도서관은 1941년에 개관했는데, 당시는 미국 의회가 국기에 대한 맹세를 채택하기 1년 전이며◆ 워싱턴 D.C.에 링컨과 제퍼슨의 기념관이 지어진 지 그리 오래되지도 않았을 때다.

　루스벨트 도서관은 지금까지 이어지고 있는 일련의 선례를 정초했다. 첫째는 대통령 자신이 사실상 자기 기념관의 저자라는 점이다. 둘째

◆　국기에 대한 맹세는 19세기 말부터 미국의 모든 공립학교에서 암송되었고 이후 네 차례 문구가 변경되었다. 기존 경례법은 나치의 방식과 유사했으나, 1942년부터 오른손을 가슴에 얹는 방식으로 경례법이 바뀌었다.

는 민간 자금으로 지은 프로젝트를 국가 기록원이 관리하는 체계로 전환한다는 점이다. 셋째는 모든 대통령의 도서관이 하나씩 있다는 점이다. 넷째는 대통령이 도서관의 장서와 자료를 초기에 기획한다는 점이다. 마지막으로는 도서관의 위치가 완전히 자유재량으로 정해진다는 점이다. 그래서 정작 미국의 수도에는 대통령 도서관이 없다.

13개의 대통령 도서관(후버는 자신의 후임이었던 루스벨트의 도서관을 부러워한 나머지 순서를 깨고 1962년에 자기 도서관을 세웠다)은 대통령의 본적지와 유년 시절 집, 선조들의 주택, 그리고 (공항과 문화센터, 기타 공공시설은 말할 것도 없고) 휴가지를 포함해 대통령을 기리는 모든 걸 모아놓은 기념관의 일부였다. 특별하게 평가되는 대통령들(워싱턴, 제퍼슨, 링컨, 루스벨트, 아이젠하워)에 대해서는 같은 경내에 전용 기념관이 마련된다. 하지만 대통령 도서관은 금세 행정상의 관습이 되어버렸고, 지금까지 모든 도서관은 하나의 기본 공식 위에서 확장해왔다. 주된 구성요소인 기록물 보관소는 그동안 기하급수적으로 규모가 증가해왔는데, 1,124평 규모의 루스벨트 도서관은 1,700만 건의 문서를 보관했지만 클린턴 도서관에서는 4,272평 규모의 '미래로 가는 다리'에 7,600만 건의 문서를 보관하기에 이르렀다. 이러한 대규모의 기록물 보관소는 이제 셀 수 없이 많은 테라바이트 규모의 디지털 데이터도 취급하고 있다.

또한 이런 구성에는 처음부터 박물관이 포함되어 있었다. 박물관은 초기에 기념품과 대통령이 소장했던 물건을 간소하게 모아 전시하는 수준이었지만(카터의 박물관에는 페르시아 왕의 불운한 선물인 카펫에 조지 워싱턴의 초상화가 수 놓여 있다), 이제는 캘리포니아의 레이건 도서관에서처럼 불용 처리된 대통령 전용기만큼 큰 장신구들을 전시하는 규모로 성장했다.

또 하나의 주된 특징은 대통령 집무실을 약간 줄어든 치수로 복제할 때가 많다는 점이다. '모든' 대통령 박물관이 그런 식으로 복제되었는데, 단 둘만은 예외다. 닉슨 박물관은 백악관의 링컨 휴게실♦을 복제한 것이고, 존 F. 케네디 박물관은 대통령 집무실의 가구를 보여주지만 방을 꾸며놓진 않았다. 아마도 이중 가장 인상적인 사례는 린든 B. 존슨 도서관일 것이다. 존슨 도서관은 텍사스대학교 오스틴캠퍼스의 새로운 본거지에 맞추려고 규모를 7/8로 축소하는 디즈니적인 복제를 했는데, 그럼에도 불구하고 방 높이를 맞추기 위해서는 지붕 일부를 잘라내야만 했다. 존슨은 퇴임한 이후 이러한 복제품 속에서 일하곤 했다. 규모가 줄어든 만큼 자신의 신체 치수는 확실히 커 보였을 것이다. 대통령 집무실 또한 비공식적으로 수없이 많은 복제가 이뤄졌는데, 탬파의 백만장자인 톰과 준 심슨 부부의 주택에도 복제되었고 샌프란시스코 디지털 스타트업인 깃허브의 로비에도 복제되었다. 여기서 보게 되는 건 껍질만 남은 공허한 기표다.

존슨 도서관은 대체로 평범한 필지에서 건축적으로 가장 눈에 띄는 곳으로서, 최초로 대학 캠퍼스에 자리를 잡고 그 프로그램의 일부로 행정대학원을 포함시켜 시설의 범위와 방침을 확장했다. 이는 시설의 목적을 확장하는 중요한 전기였을 뿐만 아니라, 동부 대학들이 고위 공직자 교육의 주도권을 쥐고 있던 것에 크게 분개한 존슨의 응답이기도 했다. 이런 패턴은 부시와 빌 클린턴, 지미 카터, 제럴드 포드 대통령에게서도 반복되었다. (닉슨과 레이건은 자신의 도서관을 수용할 대학을 찾다가 퇴짜를 맞았

♦ 백악관 2층 동쪽 구석의 링컨 침실 옆에 위치한 휴게실로, 빅토리아 양식으로 구성되어 있다.

다.) 존슨은 텍사스대학교에 마련된 자기 이름의 행정대학원을 '따라' 케네디의 이름을 딴 하버드대학교 행정대학원이 이 모든 학계 권력의 어머니라는 사실에 좌절감을 느꼈을지 모른다. 그리고 활력 넘치는 여러 전임 대통령들 또한 각자의 이름을 딴 도서관을 거점으로 활용해 인도주의적이고 정치적인 활동을 지속해왔는데, 가장 눈에 띄는 사례는 계속해서 강력한 진취성을 보여주고 있는 클린턴 도서관과 카터 도서관이다.

이렇게 대통령 도서관을 단순히 학업을 돕는 장소나 임기 내 성취를 평가하는 ― 또는 변명하는 ― 박물관으로서가 아니라 '선한 일'을 하기 위한 장소로 활용한다는 아이디어는 특히 한창 나이인 56세에 퇴임하게 될 버락 오바마의 도서관에 적합해 보인다. 그는 분명 다양한 수단을 통해 공평과 정의와 평화를 위한 일을 계속하면서 공공에 봉사해온 자신의 삶을 이어나갈 것이다. 하지만 그의 도서관을 지을 부지를 물색하는 심사과정은 또 다른 봉사의 문제를 제기한다. 하나의 시설을 짓는 일 자체가 사회적이고 환경적인 변화의 기폭제가 될 수 있을까? 실제로 오바마 대통령은 자신이 공동체 조직가로 일했던 곳으로 돌아가 그가 대통령으로서 가졌던 구심점을 재현할 자본과 건설, 에너지, 그리고 목적을 융합할 기회가 있다. 그는 그 시설의 성격을 자신만의 감성적 결에 맞게 더 변화시켜 대통령 도서관 자체의 교조적인 침체를 떨쳐내야 할 것이다. 조지 W. 부시 도서관에 (이라크 침공?) 의사결정을 내리는 상황을 꾸며놓거나 닉슨 도서관에 골다 메이어와 안와르 사다트◆의 실물 크기 동상을 배치하는 디즈니화라면 소름이 끼친다.

◆ 1973년 닉슨 재직 시절 일어난 제4차 아랍-이스라엘 분쟁에서 메이어는 이스라엘의 총리였고 사다트는 아랍 연합군을 대표하는 이집트의 대통령이었다.

도서관 입지에 대한 오바마의 선택지는 호놀룰루와 시카고의 몇몇 부지로 좁혀진 것으로 보인다. 확실히 선호되는 부지는 시카고다. 단순히 오바마 일가가 퇴임 후에 살게 될 도시라서가 아니라, 오바마가 처음으로 공공 봉사에 깊이 기여한 곳이자 자신의 정치적 임무를 시작하고 진척시키기 위해 돌아간 곳이기 때문이다. 게다가 시카고의 선택지로 알려진 동네들은 (여섯 군데가 이런저런 목록에 올라왔는데) 모두 시설의 활력과 투자를 불어넣기에 좋은 곳일지도 모른다. 비록 이러한 몇몇 가능성에 대한 주장들이 매력적으로 들리긴 하지만, 내 생각에는 단연코 시카고의 사우스사이드 지역에 있는 우들론이 가장 좋은 선택지로 보인다. 그리고 그곳의 63번가에 있는 몇몇 대형 유휴부지들은 그야말로 최상의 조건을 제공할 것이다.

우들론은 부드럽게 말하자면 골치 아픈 역사를 겪은 곳이다. 이곳은 원래 전원적인 동네였는데 1889년에 (인접한 하이드파크 동네와 함께) 시카고에 병합되었다. 그로부터 얼마 안 가서 잭슨 공원이 들어설 예정이었던 곳에 1893년 만국박람회가 열리게 되면서 건설 붐이 일었고 인구 2만 명이 증가했다. 대중교통과 크고 아름다운 녹지 공간도 들어섰다. 처음부터 우들론의 중심 상가는 63번가였고, 이 동네는 녹음이 우거진 부르주아 주거구역으로 발전했다. 대중적인 경마장이 1905년 시카고시의 도박 금지 조치로 인해 폐쇄하면서 이곳은 더 상류적인 주거지가 되었다. 많은 주민들이 인근 시카고대학교의 교직원이었지만, 우들론 서부지역에는 중산층 아프리카계 미국인 주택 소유주들이 사는 초기 공동체가 있었다.

하지만 흑인들은 1928년에 지역 지주들이 시행한 토지 사용 제한 조약으로 인해 대부분 쫓겨났다. 이 조약은 계속 지속하다가 1940년의 대법원판결로 뒤집히게 되었지만, 그 이후에도 수년간 암묵적인 효과를 남겼다. 불경기가 시작되지 이 동네는 '기울어지기' 시작했다. 주거가 점점 노후화하고 전쟁 이후에는 구획 분할이 가속화되었다. 1930년에 인구의 13퍼센트를 차지하던 아프리카계 미국인이 2000년에는 95퍼센트에 달했다. 1950년과 1960년 사이에 86퍼센트가 백인이었다가 86퍼센트가 흑인인 동네로 바뀌었다. 1960년에 총주민수는 최대 81,000명까지 늘었지만 1990년에는 27,000명으로 급감했고, 오늘날에는 약 25,000명 수준에서 맴돌고 있다. 1970년대 중반에는 빈집이 늘었고, 상인들은 다른 동네로 옮겨갔다. 또한 지역 공동체의 여러 집단이 지지하던 계획이 잘못되면서, 코티지 그로브 애비뉴의 동쪽에 건설되던 '엘' 트레인이 철거되었다.

격리와 빈곤과 적대가 늘면서 갱단 문화가 활개를 쳤고, 블랙스톤 레인저스 갱단과 이스트사이드 디사이플즈 갱단 간에 텃세를 다투는 폭력적인 패싸움이 일었다. 아울러 시카고대학교는 대규모의 도시재개발 계획을 통해 하이드파크 동네를 공세적으로 '방어'하며 재건하는 중이었고, 그 위험의 망령을 남쪽으로 확장하려는 악마적인 속셈을 내비쳤다. 하지만 지역 공동체도 조직력이 있었다. 전설적인 솔 앨린스키와 산업지역재단(Industrial Areas Foundation)의 도움을 받은 우들론 기구(The Woodlawn Organization)는 시카고대학교의 침입에 저항하고자 1960년에 형성되었다. 시카고대학교는 원래 67번가의 '자연적' 경계로까지 영토적 특권을 확장하려던 의도였지만, 재개발을 계획하는 과정에서 대학교 측의 야심이 경제적으로나 조직적으로나 통제 가능한 범위를 상당히 초과한다는 걸 깨달았다.

아서 브레이지어 목사의 역동적인 리더십 하에 우들론 기구는 동네에서 전위대의 역할을 맡았을 뿐만 아니라 공동체 권한 강화와 시민권을 옹호하는 전국적인 목소리의 대표주자가 되었다. 우들론 기구가 시카고 대학교와 동등한 행위주체로서 힘과 유명세를 얻을수록 양측 간의 긴장은 점점 더 약해졌으며, 대학 측은 61번가 밑으로 끼어들지 않고 60번가와 61번가 사이로 길게 이어지는 남쪽 캠퍼스 부지를 완충지대로 유지하겠다는 정책을 약속했다. 그 완충지대의 일부는 결국 공동체에 임대가 되었다. 신뢰가 개선되었고, 협동 ― 심지어는 동맹 ― 의 정신이 예전의 간섭주의를 대체하기 시작했다.

우들론 기구는 설립 이후 첫 10년간 대립적 자세에서 협력적 자세로 옮겨갔는데 그로 인한 결과는 겨우 혼합적이었다는 정도로만 묘사할 수 있다. 교육 개혁, 연방정부의 빈곤퇴치와 시범도시 프로그램, 그 외 정부 구상과 자기 조직화된 구상에 대한 참여가 처음에는 좋은 시삭을 보였지만, 결국 데일리 시카고시장의 조직적인 정치력과 제도권의 텃세 및 유연성 부족 때문에 잔인한 좌절을 경험했다. 심금을 울리는 독창적인 책 『흑인 권력/백인 통제(*Black Power/White Control*)』(1973)에서 존 홀 피시가 주장하는 바에 따르면 우들론 기구는 희망이 꺾인 상황에서도 놀라운 회복력을 보여주면서 의식을 확립하고 지역을 통제하는 데 중요한 역할을 했을 뿐만 아니라, 운명을 수동적으로 받아들이기보다 공동체 개념을 꾸준히 살림으로써 그것이 훨씬 더 악화되지 않게 방지했다. 이러한 영리함과 담대함에도 불구하고, 우들론은 1967년과 1971년 사이에 인구의 거의 절반이 줄어들었고 『시카고 데일리 뉴스』는 이를 가리켜 '우들론 습격'이라고 불렀다. 수천 건의 화재가 일어났고, 빈집은 더 빨리 증가했으며, 존슨 시대의 진보적인 절박함은 닉슨 대통령과 영원한 데일리 시장의 부패로 대체되었나. 그 결과 엄청난 투자 회수와 빈집 증가가 일어났고, 그로 인한 황량한 디트로이트적 풍경은 여전히 지배적이다. 간극이 생긴 블록들, 매장이 없는 상가, 파괴된 빈 필지들.

하지만 천천히 더 나은 방향으로의 변화가 이뤄지고 있다. 우들론은 역량이 충분한 곳이다. 우들론 기구는 계속해서 서비스 조직으로 활동하고 있으며, 주거를 개축하고 사회복지 서비스를 제공하는 데 상당한 역할을 수행했다. 시카고대학교는 남쪽 캠퍼스의 개발을 재개했고, 시장 요율 주거의 일정량은 사라졌으며, 아파트는 재개발이 이뤄지고 있다. 특히 우들론 기구의 초기 성공 사례였던 버려진 주거 프로젝트는 훨씬 더 나은 주거로 대체되고 있으며, 마을과 대학 간의 적대는 상당히 약화되었다. 이러한 계기는 실제로 동네와 대학에 모두 혜택이 돌아가도록 양측 간의 균열을 해소하는 진정한 기회를 제공한다. 대립적인 입장은 결국 양측 모두에게 좋지 않으며, 혼합적인 구성 속에 오바마 도서관을 지으면 커다란 상승효과를 견인하는 인상적인 기회를 제공할 뿐만 아니라 일관된 프로그램으로 공간적인 상호 부조를 제공하고 모두가 믿을 수 있는 ─ 그리고 공유할 수 있는 ─ 변화를 촉진하게 될 것이다.

하지만 그런 변화가 일어나려면 기존 선례와는 다른 방식으로 도서관을 개념화해야 한다. 첫째, 이 도서관은 최초로 진정 '도시적인' 주재 센터(presidential center)여야 한다.◆ 앞선 사례들은 캠퍼스의 일부였거나, 공원 같은 환경에 고립되거나, 마을 조직에 얽혀 들어가지 못했다. 리틀

◆ 현재 오바마 대통령 도서관은 '오바마 대통령 센터(Obama Presidential Center)'라는 이름으로 불리고 있다.

록에서 상당한 강변 젠트리피케이션을 부추겼던 클린턴 도서관만 예외로 하자면, 그 외의 어떤 도서관도 그런 강력한 시설이 촉진할 수 있는 방식으로 공동체의 변화를 촉진시키지 않았다. 오바마 센터는 진정한 지역 일꾼이 되어 주변 동네를 위해 일상생활의 진정한 개선에 기여할 기회가 있다. 그러려면 공격적이거나 냉담하지 않고 응원을 보내는 물리적·사회적 건축이 필요해질 것이다. 그렇게 할 때 진정 모범적인 환경을 지을 기회가 생긴다.

이런 목표를 이루려면, 이 도서관은 기록물 보관소와 박물관 이상으로 범위를 확장해 진정 살아 있는 장소가 되어야 한다. 중동의 평화나 아프리카의 말라리아 같은 세계적 현안뿐만 아니라 도서관이 자리 잡은 곳에 필요한 것까지 직시하는 행동주의의 형식들을 포용하는 곳이어야 한다. 물론 그러려면 먼저 공동체의 열망을 파악하기 위한 협동과 권한 부여의 체계를 갖추고 그걸 지역 자산을 활용할 도구로 발전시킬 구조를 확립해야 한다. 이런 지역 자산에는 시카고대학교도 물론 포함시켜야 한다. 세계적으로 유명하고 부유한 이 대학교는 버락과 미셸 오바마 부부가 오랫동안 교류한 기관으로서 지척에 있다. 이런 상황에 대통령이 제공할 수 있는 도구는 확실한 약속이다. 우들론이 진정한 혜택을 얻을 것이고, 이 계획이 배타적인 젠트리피케이션을 향한 계기가 되지 않을 것이며, 우들론에서는 사람과 용도의 혼합을 포용하며 더 세심하게 개선할 것이라는, 또한 소득 및 기술 분배의 최하부에 위치한 이들을 위한 보호와 포용 그리고 기회가 존재할 거라는 확약 말이다.

그러한 혼합은 어떤 '프로그램들' 속에서 가능할까? 대통령 도서관의 핵심인 학술 용도의 기록물 보관 기능은 상대적으로 이용 빈도가 낮을지라도 이 프로젝트를 상징하는 중심 기능이다. 이런 프로그램은 가장 중요한 의미를 갖는 부지를 차지해야 하며, 나는 엘리스와 우들론 사이의 63번가 블록들을 강력히 추천한다. 이곳에 건물이 들어선다면 우들론의 중심가를 되살릴 수 있는 기폭제 역할을 하게 될 것이다. 1층에 상가와 커뮤니티 공간을 창조적으로 배치하는 작업은 결국 이 건물을 설계하는 건축가에게 흥미로운 도전이 될 수 있다. 그리고 여기에도 분명 박물관이 하나 있으니 또 다른 가능성이 생긴다. 워싱턴 공원에 있는 기존 뒤사블레 박물관과 맺게 될 직접적인 관계가 바로 그것이다. 뒤사블레 박물관은 미국에서 가장 오래된 아프리카계 미국인 역사박물관이다. 오바마 박물관을 뒤사블레와 정렬하여 배치하면 특별한 의미를 전해 주는 보다 집합적인 성취를 기념할 수 있을 것이다. 또한 너무 많은 대통령 박물관의 특징이 되어버린 진부한 내용과 달리 고양된 느낌을 일으키게 될 것이다.

하지만 그 동네를 정말로 다시 젊게 만들려면, 오바마 센터는 추가적인 활동을 광범위하게 생산하고 지원해야 한다. 데이비드 액슬로드◆는 이미 시카고대학교의 정치학 연구소장이며(게다가 람 이매뉴얼이 시카고시장이다!), 시카고대학교에는 행정대학원도 있다. 하지만 시카고에는 행정을 가르치는 고등학교나 공동체 조직화를 가르치는 학교가 없다. 오바마 센터 주변에 이런 학교들을 배치할 수 있을 것이고, 아마도 오바마의 더 큰 인도주의적 노력에 필요한 시설과 더불어 다양한 지역 조직들의 육성 시설과 거점 시설을 수용할 수도 있을 것이다. 우들론 한복판에서 이런 시설들을 포함하는 캠퍼스, 시카고대학교의 자율형 공립고등학교(charter

---

◆　오바마 대선 캠페인의 주요 전략가로 가장 잘 알려진 정치 컨설턴트 겸 분석가로, 2009년 부터 2011년까지 오바마 대통령의 수석 자문 위원이었다.

school), 그리고 다른 동네 학교들과의 연계는 63번가의 재탄생을 알리는 신호가 되어 우들론 전역에 그 에너지를 퍼뜨리게 될 것이다. 또한 대학교와 급성장하는 경제부문에서 접할 수 있는 생체의학과 컴퓨터공학, 그 외 기술직군 교육을 동네 주민들에게 제공하는 전문 센터로서 우들론 기술대학을 이 단지에 추가해 운영할 수도 있을 것이다.

거기서 그칠 이유가 있을까? 오바마 센터가 가져올 진취적인 물결은 사우스사이드 지역에 가장 필요한 시설 중 하나를 짓게 될지도 모른다. 그 시설은 바로 1급 트라우마 센터다. 이 시설의 논리적인 위치는 대부분 대학병원단지의 중심이곤 하지만, 오바마 센터는 우들론의 한복판에 논리적으로 필연적인 시설을 포용할 수 있을 것이다. 그곳은 영부인이 가장 헌신해왔던 일선의 건강 문제를 다루는 데 도움을 주는 영양 및 예방의학을 위한 센터다. 논리적으로 보면, 이런 시설에는 육체적 훈련과 재활을 위한 일련의 장소가 수반되어야 하고 대학교와 주변 지역사회 간에 이미 존재하는 광범위한 자원을 공유하는 시스템도 필요하다. 마지막으로, 우들론에서 활용할 수 있는 엄청난 넓이의 유휴 공간은 시카고 전역에서 번창하기 시작한 도시 농업과 공동체 정원을 대규모로 체계적으로 도입할 수 있는 기회를 제공한다.

이런 시설을 오바마 센터가 조율할 거라고 기대할 수도 있겠지만, 광범위한 목표를 관리하려면 이러한 열정적인 개입을 더욱 큰 규모의 계획과 조화롭게 운용해야 한다. 현재 63번가를 저밀도의 주거 회랑지대로 구성하는 시도는 잘못된 것이다. 오바마 센터는 더 야심 차고 협력적이며 합리적인 계획의 촉매제가 되어야 한다. 무엇보다 가장 중요한 것은 동네 전체의 주거 밀도를 재확립하는 걸 계획의 최고 목표로 삼아야 한다는 점이다. 도시 형태학적 관점에서 보면 기존의 조건, 즉 저층의 기존 상황에서 실마리를 취해 단독주택과 공동주택을 세심하게 혼합한 형태를 추가해야 한다. 오바마 센터의 건설을 촉진하고 간극이 벌어진 블록들을 메우고 연속적인 녹지 공간을 만들기 위해서는, 상대적으로 적은 수의 집들을 아주 인접한 장소로만 옮기는 게 유용할 것이다. 물론 어떤 주민도 이런 활동으로 인해 동네에서 쫓겨나는 일은 없어야 한다.

오바마가 전임 대통령으로서 맞이하게 될 과제는 과거 조직가로서의 경력으로 되돌아가는 일일 것이다. 지난 20년간 그가 풍부하게 습득해온 통치 기술과 능력을 보강한 채 말이다. 이 스릴 넘치는 과제는 우들론이 계층과 인종, 역사, 욕망의 모범적인 혼합체가 되어 모든 도시에 시범 사례로 전해질 수 있도록 돕는 일일 것이다. 이는 (대통령 센터를 위한 계획이 해일처럼 몰고 올 예상 가능한 결실을 비롯해) 공공주택, 집세 할인 주택, 대학 기숙사, 주택담보대출금리 공제 시장 주택 등에 대한 지원금을 집행하는 과정이 명확한 공평성의 모델을 고수해야 하며 단순히 시장(市場)이나 지방자치단체의 무관심한 변덕이나 편견에 맡겨선 안 된다는 뜻이리라. 분명히 이 과정은 역동적이지만, 정말로 중요한 건 여기서 기술한 프로그램 요소들이 난데없이 튀어나온 수요가 아니라는 점이다. 그 모든 요소들은 수십 년간 우들론의 골치를 썩이게 한 주거, 학교, 의료, 구직, 훈련, 환경적 정의, 도시적 연결성을 위한 투쟁의 대상들을 반영하고 있다. 사면초가에 몰린 이 공동체를 재건하고 안심시키는 길은 오로지 담대한 희망을 구체적인 충족의 행위로 바꿔 가는 것뿐이다.

— *Nation*, October 28, 2013, thenation.com.

38
비평의 척도

비평은 건축과 마찬가지로 늘 이론이라 불리는 무언가의 어깨 위에 서 있다. 그러면서도 우리 모두는 더 이상 이론은 없고 혁명도 없다는 사실을 당연하게 받아들인다. 하지만 우리에게 가용한 이론은 너무나도 많으며, 우리 비평가들은 친밀감과 실용성을 기준으로 그 이론들을 걸러낸다. 비평은 개념적 동맹의 필요에 일깨워지기도 하고 시달리기도 한다. 그리고 내가 정신분석적이거나 철학적인 비평의 신비감이나 최근 유행하는 사이버네틱스적 생물학주의의 자기생산적 환상을 나의 글쓰기에 통합하는 일에 개인적으로 불복한다면, 그건 그런 분야들을 적절히 설명할 수 있는 기초적인 이해가 부족해서도 아니고 과시적 쇼핑에 대한 특별한 경멸을 표하기 위해서도 아니다. 그보다 내가 여기서 살펴보고 싶은 건 건축 비평을 인문학의 여과물이나 문예평론, 예술학, 유비를 기본으로 한 도그마와 전술의 집체에 머무르지 않도록 강화하고 나만의 특별한 관심 사안에서 중요한 판단의 근거라 생각되는 추가적인 정보원을 찾는 길이다. 다른 접근들을 거부하겠다는 얘기가 아니다. 비평은 다양한 방식으로 이뤄질 필요가 있다. 하지만 강경한 비평 분야에도 자기비평이 필요하며 비평을 비평하는 일은 우리의 의무에 속한다.

나는 비평을 서비스 직능으로 이해한다. (그리고 비평은 이론과 분리하는 게 다소 유익하다.) 물론 내가 뜨거운 진리 한 잔을 타주는 건축 바리스타라고 생각하진 않는다. 그보다 나는 점점 더 정량적이고 도덕적인 관점을 취하고 있으며, 여기서 비평은 실천적이어야만 한다. 지구가 맞닥뜨리는 주된 문제는 분배 — 자원과 이권의 공모와 할당 — 의 문제이고, 건축은 늘 지도를 그릴 뿐만 아니라 서비스하는 능력으로 매력을 얻는다. 건축의 매력 — 심지어 감동을 일으키는 능력 — 은 무시할 수 있는 것도 아니고, 흥미롭지 않은 것도 아니며, 중요성이 덜한 것도 아니다. 하지만 비평은 건축 자체의 절박한 본질적 상황을 파악해야 한다. 도시적 수준에서 미세한 건축적 수준에 이르는 다양한 영역에서 많은 비평이 요구되며, 그 모든 걸 하나로 통합한 장을 찾는 노력은 설령 그게 은유일지라도 생산적으로 보이지 않는다. 특히 이론적 마인드의 건축가들과 다른 곳에서 자극을 얻는 건축가들 사이에서 급변하는 취향을 감안한다면 말이다. 하지만 우리 세대 — 그리고 그 이후 세대 — 의 너무도 많은 실무자들은 이론적인 것을 형식주의로 향하는 왕도로 이해해왔다. 당시에는 형식주의가 불복종을 표현하는 태도('모더니즘은 죽었다' 또는 '모더니즘이여 길이 번영하라')로 널리 인식되었지만, 결국 그것이야말로 탐욕스러운 세계적 문화 기계의 입맛에 가장 들어맞는 종류의 건축으로 밝혀졌을 뿐이다. 나는 차세대의 탐미주의자로서 뒤틀린 타원이나 변형적 입면의 힘에 도취될 순 있어도, '순수한' 형태 — 즉 감각적 쾌감을 넘어선 어떤 기준에도 응답할 수 없는 형태 — 로서의 건축에는 상대적으로 별 감흥을 받지 못한다. 천 송이의 꽃이 만발하던 시대는 결코 그것의 유용성보다 오래 살아남지 못했지만, 그럼에도 카타르나 상하이 푸둥 또는 뉴욕 57번가의 우스꽝스럽고 탐욕스러우며 크기만 따지는 스카이라인을 바라볼 때면 나는 차마 탄식을 억누르기가 어렵다. 도대체 무슨 승리를 거둔 것일까? 저 뒤틀린 남근 형상과 분열된 조각들, 그리고 의미화를 의미하는 것 외에는 특별히 아무것도 의미하지 않는 구멍 난 기표들로 정말 뭘 만들려는 것일까?

그런데 그게 끝이 아니다. 여기서 나는 재벌과 건설노조를 본다. 건설노동자 집단수용소는 그저 껍데기에 불과한 남아시아인 노예들로 가득하다. 여성 운전자도 없고, 보행자도 없다. 불평등 지수가 너무도 뚜렷하다. 한 도시에 1억 달러짜리 아파트들이 비어있는데 노숙자는 5만 명이다. 스타벅스가 지나치게 많고, 빈민가는 끝없이 이어진다. 우리 세대의 위인들은 돈을 위해 자신을 속이면서 마치 자기들이 진보적인 정치를 하는 양 행세한다. 그야말로 진정 신자유주의의 건축이다. 시장이 건축을 주도하고, 건축은 거기에 조금의 저항도 하지 않는다. 내 말을 오해하지 마시라. 우리가 전 세계 자산과 특권의 분배를 비평하는 데 개입하려면, 아름다운 것에 대한 접근은 실로 인간의 생존에 없어서는 안 될 판매용 물건 사이에서 계산되어야 한다. 하지만 건축과 어버니즘에 대해 제기되어야 할 질문은 바로 그게 누구의 이익에 복무하는가, 특히 얼마나 특정한 이권이 상품의 시의적 개념을 형성하는가이다. 확실히 경제적 아수라장을 향해가고 있는 지구에는 '정치적인' 비평이 긴급히 요구된다. 물론 내가 정치적 비평의 표준 모델로 인식될 때가 많았던 자기본위적인 분석 방식을 거부한다 할지라도 말이다. 형태는 형태의 행위적 차원에 준할 뿐이며,♦ 우리는 스탈린 동지나 안나 윈투어,♦♦ 찰스 왕세자, 또는 지나친 권력을 쥔 다른 어떤 권위자의 입맛에도 희생되실 원하시 않는다.

여기에는 많은 질문이 뒤따른다. 그중 하나는 건축의 범위에 속하는 게 정확히 무엇인가와 관련된 질문인데, 이에 대해서는 폭넓은 관점과 협소한 관점 모두에서 적절한 논거를 제시할 수 있다. 학계에도 몸을 담고 있는 비평가들은 교수들이 그동안 환경적 담론의 철인이 되기 위해 끝장 토론을 벌여온 방식을 잘 알고 있다. 특히 요즘에는 그 헤게모니 싸움이 도시적 담론을 놓고 벌어지고 있다는 것도. 랜드스케이프 어버니즘, 생태적 어버니즘, 도시설계, 도시계획, 친환경 어버니즘, 뉴 어버니즘, 전술적 어버니즘, 사용자 주도 어버니즘, 비공식 어버니즘 등등의 바보 같은 혼란은 도시의 기초적 환상을 부여잡고 고삐를 채우려 하지만 쓸모없고 무기력할 뿐이며, 실제적인 긴급성에서 멀어지는 기분전환에 불과하다. '환경' 담론의 주도권을 (분배하기보다는) 땅따먹기 하려고 노력하는 이러한 게임은 허세이며, 환경에 대한 방어가 이제는 '모든' 설계 분야에 스며들어야 한다는 사실을 회피하는 하나의 방편일 뿐이다. 우리가 할 일은 그런 치졸하기 짝이 없는 지위의 질문들에 판결을 내리는 게 아니라 세상을 구하는 데 손을 보태는 것이다. 이런 의미에서 자율성(autonomy)의 문제를 던지는 것은 필수 불가결하면서도 완전히 잘못된 믿음에 근거하고 있다. 그 양자의 차이를 구분하는 것은 전적으로 '행위 주체성(agency)'과의 연계 여부다.

♦ '형태는 기능을 따른다'와 같이 형태를 다른 가치에 종속된 것으로 정의하는 방식을 의식한 말이다.

♦♦ Anna Wintour (1949~). 『보그』 미국판 편집장을 맡고 있는 영국 태생의 패션 저널리스트다.

효과가 아닌 절차에 집중하는 경향의 함정

환경에 대한 의식이 폭넓게 부상하면서 이미 비평은 대중의 기대를 받는 개념적인 질료로 영원히 변경되기에 이르렀다. 미국에서는 이제 건물이 리드(LEED)◆ 인증 등급 — 실버, 골드, 플래티넘 — 을 증명하는 명판으로 장식되고 있다. 이러한 등급은 호텔이나 레스토랑에 매겨지는 별점과 유사하다. (비록 그게 최종 결산에 직접적으로 미치는 영향은 덜하지만 말이다.) 두 사례의 공통된 의미는 명목적 권위를 지닌 전문 비평가가 일단의 공모된 기준에 따라 건물을 '평가' — 또는 리뷰 — 하고 거기에 등급을 매겼다는 점이다. 나는 이게 진정 비평이라고 믿는다. 그리고 그 명목적인 객관성이 그 건물에 어떤 인상적인 강점을 부여한다. (비록 그게 건물을 신비화하는 겉치레라 하더라도 말이다.) 그런 점수가 실제로 얼마나 믿을 만한지 또는 유용한지와는 무관하게, 건물을 '수행적인 차원에서' 판단해야 한다는 생각은 비평의 관점에서 매우 중요하다. 우리는 건물의 저자로서 권위를 갖게 되고, 건물은 우리를 대신하는 행위 주체의 역할을 한다.

　나는 건물의 정량적 차원에 대해 진정으로 공감하고 있지만(이에 대해서는 뒤에서 더 얘기하겠다), 리드의 문제는 그 기준이 다른 무엇과 교환 가능하다는 데 있다. 이를 보여주는 분명한 사례는 거대한 바닥판과 여닫을 수도 없는 창문, 벨기에에 전력을 제공하고도 남을 내재에너지를 품은 거대한 사무소 건물이 터무니없이 왜곡된 고득점을 하는 경우다. 이런 건물들은 (마치 오염물 거래 체제와 같이) 점수의 총합으로 평가한다는 허

◆　건물의 친환경 등급을 매기는 척도 중 하나인 'Leadership in Energy and Environmental Design(에너지와 환경 설계 분야 리더십)'의 준말이다.

울 속에서 근본적으로 부정한 관행이 지속될 수 있도록 다소 독특하게 왜곡된 척도 — 예컨대 지하철역과 얼마나 가까운가 — 를 통해 높은 등급을 받는다. 탄소배출권 거래제처럼 리드도 '누구를 위한' 지속 가능성인가를 결코 묻지 않는다. 나의 요점은 자기본위적으로 '매개변수를 활용하는(parametric)' 방식의 비평이 종종 분석이 아닌 회피의 형식이 된다는 것이다. 설령 그 논의가 핵심 가치를 중심으로 이뤄진다 하더라도 말이다. 그리고 더 큰 위험은 비평가들까지 사회적 가치를 다른 평가 형식들로 쉽게 치환하면서 건축에 대해 진실로 말하기를 멈출 때 일어난다.

지난 수십 년간을 돌아보면, 특히 학교를 중심으로 건축 논의의 초점이 효과(effect)의 문제에서 절차(procedure)에 관한 담론으로 대체되어 왔다는 징후가 파악된다. 다시 되돌려야 할 것은 바로 이런 경향인데, 이러한 절차 중심적 경향에는 세 가지 기원이 있다. 첫 번째의 영향 요인은 기능주의의 유산이다. 기능주의는 여전히 우리 모더니티의 모국어로 남아 있으며 계속해서 건축적인 오브제와 활동의 본질을 지탱하고 있는 언어다. 건물은 저마다 목적을 갖기 때문에 예술적인 것 — 또는 무관심적인 것 — 을 초월하며, 형태를 대신하는 이러한 목적성은 근절할 수가 없다. 우리가 그걸 조각이나 과자나 무용이 아닌 건축이라 부르는 이유도 바로 그러한 목적성 때문이다. 건축이 열어젖히는 확장된 하늘의 변화무쌍함에 대한 흥미로운 연구가 많이 있지만, 건축의 효용이라는 핵심적 의미는 건축 그 자체를 포기하지 않는 한 버릴 수가 없다. 이는 곧 형태와 기능을 맞추는 작업은 늘 건축의 핵심으로 남을 테지만 생성적인 전략과 결과가 현실적으로 이루는 관계는 비평의 영토를 구성해야 한다는 뜻이다.

절차를 중시하는 정서의 두 번째 기원은 초현실주의의 유산이다. 초현실주의는 무작위적인 것을 자유와 반항에 연결시킴으로써 교조적인 정설에서 기법을 해방시키고자 했다. 건축은 경제적 이해관계와 얽혀 있을 뿐만 아니라 사회적 삶과 의제를 설정하는 데 관여하는 만큼 결코 정치적이지 '않은' 게 아니다. 모더니즘 건축은 용감하게 — 비록 주로 헛된 시도이긴 했지만 — 그 고유의 전복성이라는 꿈에, 세계적 변화의 지렛대가 될 만한 자체적인 능력에 매달렸다. 이런 게 바로 그것의 뿌리다. 정치적인 것의 이러한 버전은 많은 면에서 그저 건축의 역사적 잔해, 즉 방의 배치가 영혼의 관계를 재구조화한다는 개념을 다시 쓰는 것에 불과하다. 이런 관계에 대한 우리의 이해는 상당히 바뀌었고 특히 (대표적으로 푸코의 작업과 연관된) 생명정치적인(biopolitical) 전회를 겪으면서 공간 권력의 전개와 그것에 대한 이해, 그리고 신체의 변이와 인구의 공간적 구성에 초점을 맞추게 되었지만, 정확한 효과는 여전히 유동적이고 결정 불가능한 상태로 남아 있다. 그렇지만 사물의 변화에 주목하는 것만으로는 비평으로서 충분하지 않다. 우리의 임무는 변화의 '방향'에 영향을 주는 것이다. 우리는 그저 제넨테크(Genentech)가 우리를 재설계하고 상품화할 수 있게 내버려둘 것인가? 우리는 우리 자신의 프라이버시와 자기 제어를 위한 투쟁을 포기할 것인가? 우리는 건축을 하나의 도구로 평가 절하하고 말 것인가?

우연적이고 우발적인 것을 무표정하게 노골적으로 기념하는 초현실주의는 우리를 특정한 역사의 종말로 이끌어온 관념론과 교조적 목적론에 대한 (비록 닳고는 있지만) 강력한 비판을 계속해서 제공하고 있다. 초현실주의적 실천은 고정성이란 개념에 늘 과감히 맞서며 참여적인 방식으로 안정성을 무너뜨리는 동시에 내용을 거부한다. 이 까다로운 영역은 방어적인 동시에 위험성도 있다. 의미가 계속해서 해체될 가능성이 있다면, 건축과 어버니즘이 측정할 수 있는 여러 방식으로 인간적 필요를 증진시키며 진정한 사회적 실천이 될 수 있게 하는 승인의 형식들이 파괴될 위험이 있다. 요점은 다음과 같다. 우리는 (더 나은 단어를 찾지 못하겠는데) 진보를 측정할 수 있는 기준마저 경멸할 수는 없다. 그리고 숨쉬기와 먹기, 자기, 모이기, 꾸준히 건강하기, 편안하기, 심지어 행복하기를 포함하는 범주를 신비화하지는 말자.

마지막으로 절차적 전회는 건축 영역 자체에서 끌어 낸 근거보다 더 엄격한 근거를 갖고 있다고 여겨지는 권위적이고 총체적인 서술 및 분석 체계를 오랫동안 흡수해온 움직임의 결과였다. 이는 확실히 자기생산(autopoesis) 개념과 가장 가깝게 동일시되는 생물학주의의 가장 열렬한 지지자들에게 해당하는 얘기다. 이 개념을 사회 분야로 옮겨온 대표주자 중 한 명인 니클라스 루만은 이런 조건에서 "법칙의 규범성이 절차의 수행성으로 대체된다"고 기술한다. 이런 조건은 일반적인 정당화의 역사적 궤적과 신성한 권위에서 비롯한 법칙의 계승을 분명히 파악하지만, 그러한 절차적인 것 '속에서' 일종의 자기정당화를 제시하는 것으로도 보인다. 이 개념의 건축적인 옹호자들은 바로 그러한 자기정당화의 빗장을 걸어 잠가 건축에서 정치를 배제해온 것으로 보이는데, 그런 입장을 취하는 게 바로 파트릭 슈마허다. 자기 이론의 대부분을 루만에게 빚지고 있는 슈마허의 건축적 비전은 불가항력적인 신자유주의 시장의 지혜를 구현하는 데서 사회적 의미를 찾는다.

매개변수 디자인 대 알고리즘 디자인

여기서 문제는 권력의지에 대한 복종에 있으며 이는 특히 건축과 어버니 즘의 연속적 성격을, 규모와 구성의 변화에 따른 영역의 명백한 변화를 이해하기 어려워지는 문제로 비화한다. 확실히 우리는 알베르티를 따라 이 두 현상이 기본적으로 동일한 본체와 실천의 크고 작은 사례들일 뿐 이라는 역사적인 — 그리고 변함없는 — 개념의 구속을 받는다. 이 문제 는 양자의 수렴이 시도되는 지점들에서 일어나며, 이 영토는 사회적인 것과 정치적인 것의 영역이다. 일반적으로 마르크스주의적인 관점에 기 초한 방대하고 설득력 있는 도시 연구 작업 — 르페브르, 숑바르 드 로브, 레이먼드 윌리엄스, 마누엘 카스텔, 데이비드 하비, 존 스미스 (심지어 멈퍼드 와 제이콥스) 등의 작업 — 은 이 주제를 다루기 위한 튼튼한 개념적·정량적 도구들을 정식화했다. 이런 작가들은 도시의 시각성을 사회적 관계의 맥락 속에서, 자극 일으키기보다는 지도 만들기의 문제로 접근한다. 그리고 사 회적인 것을 이해하는 핵심은 개인보다 집단을 우선시하는 것이고, 공간적 관계를 (보다 순수하게 건축적인 이론이 가정하는 것처럼) 기본적으로 주어진 것 으로 여기기보다 공간의 방향에 따라 분석을 달리하는 것이다.

초현실주의적 실천은 실제로 이런 현상들 사이에서 이상하게 유용 한 매개체를 형성한다. 일단 이런 실천은 (상황주의자와 케빈 린치처럼 서로 다른 분위기의 작업 속에 생생히 녹아있는) 심리지리학 개념의 원류에 서 있고, 공간을 이해하기 위한 기초로서 무의식 — 따라서 정신분석 — 을 효과 적으로 작동시킨다. 뒤샹과 드보르가 잠재적인 금기에 지나치게 매혹된 상태에서 그 금기를 파헤치는 데 '자기들의' 절차가 일조할 거라 생각했을지 몰라도, 어쨌든 그들은 개별 주체들의 영역이 갖는 가변적 치수를 이해하기 위해 마르크스주의가 집중하는 집단의 공간적 관계와 어울릴 만한 영역을 제시했다. 게다가 무작위적 병치의 '비합리적' 결과들에 민감한 그들은 확실히 도시의 작동 양상을 사회적이고도 공간적인 방식으로 총체적으로 묘사하면서 핵심적인 맥락을 열어젖힌다. 규칙과 우연을 결합하는 '우아한 시체(*exquisite corpse*)'라는 개념은 분명 우리가 어버니즘의 발명적 엔진을 대하는 것처럼 좋은 비유이자 모델이다.

초현실주의에 없는 건 그 성과를 진단하기 위한 망상 이상의 기제, 즉 결과와 효과에 대한 심도 있는 정성적 또는 정량적 매개변수들의 체계다. 이것은 오늘날 많은 건축가들이 (비록 비평가는 소수만 그렇지만) 깊이 몰입하고 있는 하나의 비판적이고 개념적인 대화로 우리를 이끈다. 매개변수 디자인은 창작 과정의 최전선에서 수행적 기준들을 인증하는 집합을 도입하고자 하는 자동화된 방법으로서 건물부터 도시에 이르는 모든 규모에 적용될 수 있다고 널리 알려져 왔다. 여기서 남겨진 질문은 유혹적인 자기지시적 의미로 가득한 아름다운 형태를 생산하는 능력을 확실히 보여준 이 방법론이 설계 과정 전반에 그 의도를 전달함으로써 예전의 비판적 방법론에 걸었던 기대에 '부응하는' 성과를 낼 수 있느냐의 여부다.

매개변수 디자인과 알고리즘 디자인을 구분하는 게 중요한데, 나는 이 용어들을 다소 교환 가능한 방식으로 쓰고 있다. 전산에서는 상대적으로 열등생이었던 나는 1970년 닉 네그로폰테 교수의 수업에서 포트란으로 프로그램을 짜보다가 원초적인 막막함을 견디지 못해 중도 하차한 바 있다. 그렇게 기술이 성숙하길 기다리면서 여전히 나는 연필로 도면을 그렸다. 이런 내가 독자에게 전해줄 수 있는 건 두 디자인 방식의 핵심

비평의 척도

적인 차이에 대한 인상뿐이다. 두 방식 모두 형태 자체보다 형태를 생성하는 논리적 구조 속에서 디자인이 이뤄지지만, 매개변수 디자인은 빠르게 또는 종종 자동으로 입력값을 바꿔 다른 설계안들을 시험해볼 수 있는 촉매제 역할을 주로 하는 것으로 보인다. 반면에 알고리즘 디자인은 진정 재귀적이며, 일련의 유전적 '선택 기준들', 즉 그 작업에 통합되는 부정적·실증적 욕망들의 표현으로부터 발전하는 '더 좋은' 성공적 설계안들의 생산을 목표로 한다. 이런 기준과 그 결과 사이의 관계는 시스템 설계자들과 그들만의 비평적 실천 형식의 '인증'을 받아야 한다. 하지만 그러한 연결 관계는 대개 알 수 없는 전산 영역에서 일어나며, 연쇄적인 논거는 프로그래머가 아니라면 실제로 추적할 수가 없다. 그렇지만 알고리즘 디자인의 중요성은 그것이 설계자가 예측할 수 없었던 결과를 생산하도록 명시적으로 개념화된다는 데에 있다. 그리고 정치적 측면에서 보면 이런 방식은 (크리스토퍼 알렉산더 식의) '최적' 디자인 개념을 '안정적' 개념으로 대체함으로써 기존에 수용된 관료제적 기풍을 전복할 수 있는 잠재력을 지닌 것으로 보인다.

도시와 건물 규모의 자기생산 개념

매개변수주의(parametricism)는 몇몇 중요한 방식으로 그것의 권위에 대한 질문을 제기한다. 일단 그 담론은 대부분 생명과학에서 빌려온 것으로서, 그 방법과 의미를 자연화하고자 노력한다. 매개변수주의의 야심 찬 자기 해명에는 인공지능과 인공생활에 대한 오랜 대화가 스며있다. 이런 논의는 단순한 은유를 넘어 건축의 창작을 존재의 생성 자체와 동일시하는 19세기의 생기론(vitalism)으로까지 확장한다. 건물을 유기체로, 자기조직적이고 자기생성적인 시스템으로 모델링하는 것은 의심의 여지없이 생명(life) 형식과 생활(living) 형식 간의 경계를 흐리고자 하는 것이다. 이건 매우 수상한 영역이며, 건축적 자기생산에 대한 많은 논의와 그 자체가 고려하는 범위의 위험한 야심 속에서 우생학적 함축을 짚어 낸 사람은 내가 처음이 아니다.

크리스틴 보이어는 이 문제에 대해 그녀답게 명철한 글을 썼다.

자기생산 체계의 (……) 모델은 생물학적 형태와 도시 형태 모두를 논하는 새로운 방식들을 제공하며 위험에 처한 인구나 도시로의 이동과 도시 내부 간 이동의 흐름을 관리하는 새로운 조직적인 방식들을 제시한다. 하지만 그런 관리 체계는 개인이나 지역의 세부사항들을 그 맥락에서 벗겨내고, 저마다의 특징들을 데이터은행 안에 함께 융합하며, 통계를 통해 차이들을 하나의 균질한 패턴으로 조작한다. 건축에서 이런 체계는 '몰개성적 도시(Generic City)'라 불리는 환각적인 정상성에 대한 연구로 이어져왔다. 하지만 이런 정상성의 표준은 무엇이며, 이런 표준에 부응하지 못한다는 것은 개인이나 도시에 어떤 의미를 갖는가? '몰개성적 도시' 속 마천루에 자리 잡은 자택에서 그 모든 현대성의 장식들을 과시하며 개발할 여유가 있는 자들과 개발에서 소외된 낙후지역에 남겨진 자들 사이에 새로운 종류의 불평등을 형성하는 것인가?

건축에 제기되는 더 폭넓은 질문은 이런 것이다. 사회적인 것을 '어떻게'

포용하고 개선하며 이해할 것인가? 단순히 도시만이 아니라 생명 자체까지 생산하는 단일한 사이버네틱스적 조직 체계를 여전히 갈망하는 이런 종류의 기술적 꿈에 맞서 어떻게 대비할 것인가? 이 압도적인 탈인간주의적 복잡성의 해일로부터 어떻게 한발 물러나 불가항력적인 창발 모델에 맞선 행위주체로서 인간적이고 지구적인 필요를 고양할 것인가? 여기서 경제학자 아마르티아 센의 정식화를 떠올려보는 게 유용한데, 그는 인간과 사회의 발전을 '역량(capacity)' 구축이라는 매우 색다른 방식을 통해 파악한다. 센은 단순히 특정한 힘과 실천을 옹호하는 게 아니라(확실히 사회적 다윈주의의 어떤 달콤한 형식을 옹호하는 것도 아니다), 그런 것들을 얻기 위해 확장하는 공간을 옹호한다. 이건 정치적으로 단순한 권리의 목록을 뛰어넘어 권리를 '갖기' 위한 더욱 근본적인 권리를 지향하는 걸 의미한다. 이런 주장은 앙리 르페브르가 '도시에 대한 권리'라는 말로써 주장하는 바와도 정확히 일치하는데, 이 말은 아직 개념화되지 않았을 수 있는 욕망들의 결과로서 도시를 상상하고 지향하는 기초가 될 어떤 상상적 공간의 개념을 상정한다. 이것은 혁명적인 정식화이며, 단순히 완전히 상호교환적인 의미들로 우왕좌왕하는 대안들의 변덕스러운 변화를 요구하는 게 아니라 상호적인 방어 속에서 인간적 가능성의 진보를 요구하는 것이다. 우리는 이론적으로든 실천적으로든 표현되는 그러한 폭넓은 사회 복지의 문제에서 후퇴해 손쉽게 신자유주의를 포용하는 태도와 맞서 싸워야 한다. 사회 복지의 문제는 존재와 의미를 잇는 건축적 사슬이 걷잡을 수 없이 사유화하면서 불거지기 때문이다.

매개변수주의의 기준들은 기능적 결과의 생산을 포괄할 때가 많다. 비록 내게 친숙한 많은 작업에서는 그보다 새로운 표현 형식들을 생산하고, 새로움을 성취하고, 세련된 형상적 어휘를 추구하고, 설계와 제작의 과정을 생략하는 걸 실무적으로 더 중시하는 듯하지만, 내가 보기에 전면적으로 추진될 만큼 진정 중요한 최우선의 고려사항은 일조와 환기, 조망, 프라이버시, 동선, 그 외 (대규모 도시 구조물 단지의 경우) 건축의 성공을 위한 근본적이고도 측정 가능한 매개변수들의 문제에 건축적·도시적으로 예리하고 다채롭게 응답할 수 있는 가능성이다. 구조적으로 매우 효율적인 독특한 형태의 연속체를 만들어 이런 가능성을 성취할 수도 있다는 점은 점점 더 자원이 희박해져가는 세계에서 하나의 보너스일 뿐이다.

마지막으로 (지속적으로 자체 생산물로부터 스스로를 갱신하는 시스템의) 폐쇄회로 개념은 진정 지속 가능한 건축과 어버니즘을 창조하는 데에도 울림을 준다. 나는 건축 매개변수주의와 자기생산의 대표적인 옹호자들이 이 특정한 자율적 형식에 큰 관심이 있다고 느끼지 않지만, 그것의 계산법은 건설의 미래에 결정적으로 중요하며 건축 실무에 전산을 융합함으로써 예상되는 가장 유망한 측면 중의 하나다. 도시는 단지 하나의 결과로서만 중요한 게 아니라, 민주적 조직화를 늘리는 결정적 요인이자 신자유주의의 포식에 맞서 집단적 저항을 가장 잘 조직할 수 있고 자기생산의 은유에도 가장 잘 맞서며 개작할 수 있는 장소로서도 중요하다.

의심의 여지없이 이런 기술은 이미 엄청난 인식의 변화를 가져왔다. 건설정보모델링(BIM)과 지리정보시스템(GIS)을 동시에 중첩하는 방식은 광범위하게 적용되어왔지만, 그게 건물에 대한 우리의 인식 방식을 얼마나 깊이 변화시켰는지에 대해서는 거의 평가된 바가 없다. 재현과 과정에 대한 중요성을 넘어, 우리가 생동감과 반응성을 갖춘 새로운 형식으로 건축과 도시를 만들어 내는 첨단의 시대에 접어들었음이 분명하다. 하지만 이런 형식은 그저 너무 많은 걸 인식하는 ─ 또는 그런 척하는 ─ 환경에서 (소위 말하는 '스마트 도시'에 대한 기업화된 논의가 종종 그리하듯) 자유와 주체성이 실질적으로 위협받는 문제와 떼어놓고 생각할 수가 없다.

스마트 도시와 건물이라는 아이디어에는 ─ 아울러 스마트 기술을 통제하는 억만장자들이 자주 쓰는 표현으로 정보가 단지 중립적이고 '무료'라는 생각이 점증하는 데에는 ─ 불길한 무언가가 깊이 도사리고 있다. 그리고 우리는 그런 접근을 위해 정말 너무도 역동적이고 복잡하며 정치적인 데다 역사적인 시스템들을 '최적화'하겠다는 완벽한 지식을 가장한 모든 이데올로기를 의심해보는 게 옳다. 하지만 나는 여전히 기계로 가능해진 디자인이 진보적인 환경 변화를 가져올 잠재력에 매료되어 있다. 왜냐면 그런 프로젝트가 바로 건축 ─ 그리고 지구 ─ 의 미래에 중심을 이루기 때문이며, 지표면이 호흡하고 재생산하는 순환 패턴이 점점 더 우리의 모든 건설 실무의 모델이 될 것이 틀림없기 때문이다. 지구는 주로 폐쇄되어 있는 시스템이다. 나는 이 말이 결국 기능주의적 의제를 되살리는 것처럼 들릴 수 있음을 알고 있으며, 어떤 면에서는 실제로 그렇기도 하다. 하지만 나는 건축이 늘 예술적인 실천이기도 하다고 믿으면서도 우리의 임무가 건축의 작업적 측면과 그 형태 사이에서 근본적으로 지표적인 관계들의 집합을 찾는 일이라는 생각을 (비평의 한 방식으로서) 거부한다. 사실 작업적인 정당성을 판별하는 시금석은 매개변수와 알고리즘을 이용한 근본적으로 '초현실주의'적인 약속이 호소력을 갖는 지점에 있다. 이를 달성하는 방법은 한없이 많으며, 그중 다수는 멋진 결과를 만들어 낼 것이다. 이 얘기가 무한한 원숭이들이 무한한 타자기 앞에

앉으면 결국『햄릿』과 같은 작품을 타이핑할 수 있다는 얘기◆를 떠올리게 할지도 모르겠다. 하지만 이 새로운 설계 방법들은『햄릿』이 '아닌' 수많은 인공물을 만들 능력이 있단 점에서 더 흥미로운 잠재성을 지니고 있다. 비평의 임무는 횡설수설하는 말의 산더미 속에서 그러한 '비(非)-『햄릿』에 해당하는 가치 있는 작품을 걸러내는 일이자, 완벽한 척하는 인식과 실천의 폭압적 형식인 최적화와 특이성의 환상에 저항하는 일이다.

수단과 목적: 비평의 정량적 기초

이는 다시 우리를 비평의 정량적 기초라는 개념으로 되돌아가게 한다. 나는 그런 활동의 초점이 절차 인증의 영역에서 바람직한 효과의 영역으로 옮겨가야 한다고 주장해왔다. 하지만 이걸 어떻게 권위적으로 분절할 것인가? 지난 몇 십 년간 대학 설계 스튜디오에 있어 본 사람이라면 누구나 학생들이 자기 프로젝트를 발표할 때 사용하는 설명 방식이 슬그머니 변화해왔다는 걸 알아챘을 것이다. 이런 변화는 분명 비평적 언어와 전략에 일어난 더 큰 경향을 반영하는 것이다. 내가 이미 언급했듯이, 효과의 담론을 절차의 담론이 꾸준히 대체해오면서 결과에 대한 판단 범위가 약화되고 결과는 단순히 자기본위적으로 정당화되기에 이른다. 이런 정당화는 리하르트 바그너의 책상과 오토 바그너의 책상을 무분별하게 연관 짓는 선으로 재현된다. 더 말해 뭣하겠는가! 나는 미니멀리즘을 향한

◆　'무한 원숭이 정리(Infinite Monkey Theorem)'라고 불리는 이 정리는 무한히 많은 경우의 수를 가정하고 있는 만큼 실제 확률은 거의 무한소로 낮다.

점근선적인 궤도 속에서 의미를 마초적으로 제거함으로써 텅 빈 건축적 기표만을 남겨버린 것이 부분적으로 이러한 신경쇠약적인 어리석음을 낳았다고 생각한다. 이러한 의미의 영도(degree zero)는 컴퓨터를 활용한 매개변수주의와 동일시되는 거친 표현주의까지 자극했고 그 결과에 승리의 환호를 보내고 있다. 하지만 이런 입장은 오브제에서 행위예술로 이행해온 미술 실천의 일반적 변화의 결과로 보이기도 한다. 여기서 인상적인 건 미술이 연극의 효과를 내고 있다는 점인데, 우리는 렘브란트의 작업과 동일한 개념적 틀 속에서 마리나 아브라모비치의 작업을 수용하도록 권고받고 있다. 두 작업은 모두 미술관이 허용하는 지붕 아래 공간뿐만 아니라 동일한 대중을 찾는 현상이다. 그러한 지나친 짝짓기 행위들이 비평의 토대 자체를 위협한다!

이 문제는 단순히 어떤 인공물의 의미가 그걸 생산하는 기법으로 전치되는 걸 뜻하지 않는다. 그보다는 의미와 기법의 관계를 개념적으로 재조정함으로써, 개념 미술이 '사물'을 생산하는 기표들의 불완전한 연쇄에서 그 최초의 개념적 특질을 선호하며 척도를 왜곡하려 하는 방식과 동일한 기능을 수행하는 것이다. 절차에 대한 집착은 종종 에두름의 형식일 수 있다. 오브제의 수행성에서 벗어나 예술가의 수행성으로 초점을 이동시키는 형식 말이다. 이런 형식은 다른 예술 분야에서도 모종의 반향을 낼 수 있지만 ― 그리고 그게 우리의 스타 건축가 숭배를 억제하지 않은 것도 분명하지만 ― 현실적인 건축의 영역과 도시적인 것의 영역에서는 결코 충분할 수 없다. 다른 사람들이 내부에 살고 있는 만큼 작품의 수용은 늘 내재적인 범주일 수밖에 없기 때문이다.

나의 회의감은 비평의 범주로서 의도(intention) 개념을 통째로 적대시하는 입장과는 사뭇 다르다. 우리 모두는 의도론의 오류와 저자의 죽음, 그리고 예술적 동기의 증명 가치를 일반석으로 해체하는 입상에 길들여져 왔다. 하지만 건축은 실제로 그와 '다르다.' 건축적인 의도는 프로그램의 개념 속에 있으며, 프로그램 없이 짓는 건 더 이상 건축이 아니다. 물론 건축이 수행하는 특수한 성격 ― 예컨대 비를 막아주는 피난처나 순환 동선의 관리 등 ― 을 횡탈하는 조각은 적어도 부분적으로 건축이 되지만 말이다. 이런 식으로 학문적 경계를 판단하기가 점점 더 쓸모없어져 가는 '확장된 영역'을 구성할 수 있다는 개념이 현재 통용되고 있다. 나는 최근에 시카고 미술연구소 학교(School of the Art Institute of Chicago)의 카탈로그를 보았는데 수십 가지로 세세하게 나뉜 학위들이 눈에 띄었다. 뉴욕의 뉴 스쿨에서는 도시 학위가 하나의 인증 자격요건이 되어 구별하기 힘든 수많은 프로그램으로 옮겨갔다. 하지만 단순한 학문 분야의 증폭은 건축이 구현하는 효과와 건축 비평의 주된 장소가 되는 효과의 종류를 거의 따져보지 않는다. 사회 영역에서는 이런 효과들의 올바른 분류를 옹호하는 교정 요인이 늘 있다. 그리고 그런 효과들 ― 열적 거동, 에너지 효율, 이동의 편이, 쾌적성, 혼합 등 ― 은 많은 경우 측정이 가능하고 적잖은 중요성을 띠며, 다양한 방식으로 교정될 수 있다. 더 어려운 문제는 그런 효과가 아름다움이나 즐거움 또는 정의로움과 같이 보다 불분명한 범주들과 왕래할 때 발생한다.

달리 말해 내가 모색하는 비평은 단순히 셀 수 없고 표현적인 것과 평화롭게 지내는 게 아니라 그런 것과 대화를 나누며 공진화하는 탈기능주의적이고 정량적인 비평이다. 즉 나는 건물(그리고 어버니즘 또는 조경)을 예술의 범주로 끌어올리는 모든 질적 보충 요인을 뒷받침할 측정 가능한

비평의 척도

요소들이 무엇이며 그런 요소를 우리가 건축에서 찾을 수 있는지를 묻고 있다. 나는 환희의 특질을 고립시키는 — 또는 개별화하는 — 뭔가 영원한 정식을 그대로 보존하면서 우리에게 자유로운 범위의 욕망과 다양한 취향 문화의 공모 효과를 위한 어떤 자율성(또는 마르크스적 정식에서는 준-자율성)의 영역이 있다고 주장하고 싶지만, 그와 동시에 건축이 독특한 이유는 그것의 미학을 순수하게 양적이거나 질적인 문제로 또는 형태와 기능이라는 그 오래된 접근선적 결합으로 환원할 수도 없다고 믿는다. 프로그램과 표현은 서로 분리할 수 없으며, 건물은 동기를 갖는다. 질 들뢰즈는 "그 누구도 여태껏 내생적으로(endogenously) 걸어 보지 못했다"고 말한다. 하지만 햇병아리에겐 실로 길을 건널 이유가 있었다! 이 말은 단순한 목적이 건축을 정의한다는 뜻이 아니다. (목적은 늘 변화하는 상태에 있다고 이해되어야 한다.) 그보다는 목적이 없이는 건축이 존재하지 않으며 이런 목적을 특정하고 측정할 수 있을 때가 매우 많다는 얘기다.

이 문제는 특히 요즘 전산적 매개변수주의가 제공하는 효용의 범위를 둘러싼 논쟁과 관련이 있다. 전산적 매개변수주의는 실로 눈에 띄게 유신론적이고 의례적이며 아우라적인 데다 숭고한 냄새를 풍기는 일단의 표준들을 만들 위험이 있다. 코드화와 형언 불가능성 사이를 오가는 이런 경향은 분명 지난 몇 십 년간 자동화가 이뤄지던 시점을 전후로 이뤄졌던 논의, 즉 절차적인 것이 건축적 가치의 결정 요인으로서 뿐만 아니라 발명의 방식으로서도 얼마나 권위가 있고 유용한지에 대한 논의를 확장해서 되풀이한다. 이는 기능주의가 열망하던 방식과 마찬가지로 형식적인 것과 사회적인 것 사이의 와해를 주장하는 것이다. 그러한 방법론적 접근으로의 퇴거(60년대의 그 모든 설계방법론 학파를 기억하는 사람이 있나?)는 기능주의를 향한 일종의 종반전일 뿐만 아니라 건축의 현실적 유용성에 대한 어떤 절망을 재현한다. 그러나저러나 나는 월터 네치의 잊혀진 '장 이론(field theory)'이 현대의 탈기능주의적이고 형식주의적인 자동화된 설계 접근법의 원류에 서 있다고 말하고 싶다. 매개변수주의의 주창자들은 모더니즘의 공간 개념을 장(場)이라는 개념으로 대체하고 외관상 신체를 척출하며, 스플라인 곡선으로 척추(spine)를 굴복시키는 방향으로 이 흐름을 옮겨놓는다. 이처럼 절차적인 방식은 신체를 장소로서 '전면화하는' 현대의 미니멀하고 제스처적이며 순수하게 행위적인 예술 '실천들'의 영향을 강하게 받았지만, 기법과의 연계는 여전히 추상적으로 남아있다. 초현실주의적 유산이 다시 강력하게 나타나는 정서적 자동화가 존재하는데, 특히 무의식이 바글대는 원천에 바로 — 그리고 기계적으로 — 접근할 수 있는 기법을 발견했다고 여기는 게 그러하다. 이제 컴퓨터가 우리를 대신해 도면을 그릴 뿐만 아니라 꿈까지 대신 꿔준다는 뜻인가?

나는 전산적 매개변수주의 — 그리고 그것의 디지털 스크립트 — 가 무엇보다 초현실주의적 절차를 합리화하는 수단이라고 주장했다. 사실상 그것이야말로 유구한 건축 기법 일반과 구분되는 특징이며, 유구한 기법이라 한들 매개변수를 이용하지 않는 이상 늘 아무것도 아니다. 사실 지구상에서 이론적으로 매개변수주의에 가장 충실한 실천은 뉴 어버니스트들의 실천이다. 그들의 코드화 작업은 놀랄 만큼 질서정연하고, 총체적이며, 고향과 전통을 향한 그들 자신의 욕망을 다양하게 생산하는 데에도 성공한다. 우리가 연필로 설계하든 프로그램으로 설계하든, 제약을 인식하지 않으면 어떤 건축도 있을 수 없다. (아니면 제약 없이 건축할 날을 오랫동안 기다리든가.) 제약은 일반적으로 중력과 현생 인류의 모든 부모가 외치는 "똑바로 일어서, 바보야!"라는 명령과 함께 시작한다. 이런 의미에서 매개변수 전산은 종류의 차이보다 정도의 차이를 제공하고, 여전히 주로 특출하게 정교한 형상 어휘와 문법을 매우 고속으로 생산한다. 하지만 결국 가장 중요한 것은 그것이 사이버네틱스적인 어리석은 결과를 낳지 않는지 따져볼 필요가 있고 취향과 실용성에 맞는 결과인지도 다양하게 시험해볼 필요가 있다는 점이다. 뜻하지 않게 직설적이거나 원치 않은 재현 결과, 즉 뼈와 살로 구성된 모든 것에서 나오는 우발적인 기형 같은 게 있으면 제거하는 작업도 포함해서 말이다.

매개변수적 자율성의 오류

알고리즘으로 돌리는 프로그램들 자체의 매개변수 안에 형태적 결과들이 미리 처방되고 라이노 같은 프로그램과 그래스호퍼 같은 플러그인이 작업의 진정한 두뇌 — 그리고 취향 — 역할을 한다는 주장이 얼마간 이뤄져 왔다. 이는 절차적인 것보다 앞서 이뤄지는 판단에 대한 문제를 제기하는데, 매개변수 디자인에 투입된 요인들이 형태적 결과의 결정 범위를 보장한다는 점에서 그러하다. 원숭이들이 마야 프로그램으로 설계를 하면 종종 아주 비슷한 작업을 생산하게 되는 이유가 있으며, 실제로 서로 다른 프로젝트의 차이를 구분할 수 없다는 빈번한 불만이 나타내는 건 사실의 실패이기보다 감식안의 실패에 더 가깝다. 언어는 실로 그 자체의 작시법을 만들어 낸다. 모든 음절이 받침 없이 끝나는 일본어가 긴 형식의 시와 어울리지 않는 이유가 있는 것이다. 프로그래밍 언어는 분명 훨씬 더 민감한 사례다. 그것은 영겁의 진화에 따른 산물이나 영향과 정서가 미묘하게 축적된 결과가 아니라, 결과의 비전을 목표로 한 소집단의 발명가들이 단기간에 생산한 창작물이다. 70년대 이후 무엇보다 항공과 선박, 자동차 설계에 주로 활용되어온 프로그램인 카티아(CATIA)는 복합 곡률을 '재현'하는 문제에 대한 해법이었지 문제의 근원에 대한 해법이 아니었다. 실제로 자하 하디드의 프로젝트에서 이뤄진 자동화는 이점과 결함 모두를 분명히 안고 있었다. 많은 작품이 컴퓨터가 없이는 지어질 수 없었는데, 파일을 옮기다 보면 손실이 일어날 위험이 있다. 이건 단순히 자하 하디드가 직접 작업을 했느냐 하지 않았느냐의 문제가 아니다. 요즘에는 스튜디오 같은 환경에서 거장이 손수 만든 생산물을 분간해내는 데 몰두하는 아마추어 감식가들의 영역이 크게 형성되어 있다.

그런 의미에서 비평의 척도가 훨씬 더 예리하게 요청된다. 알고리즘에 제약을 걸어 특별히 악의적인 표현이 건축의 형태적 속성에 끼어들지 않도록 막는다면, 특히 중요해지는 것은 효과다. 이는 의도의 개념에 다시 주목하게 하고, 더 이상 그걸 오류가 있거나 무용한 것으로 치부하지 못하게 만든다. 도구는 늘 여러 의도를 매개하지만(이게 의도의 오류를 일으키는 원인이다), 기능적 효과 — 햇빛 차단, 화장실의 근접성, 전선 홈의 직선 배치, 철근의 최소 사용 등 — 의 예측 가능성을 건축에 주입하려 함으로써 매개변수주의는 다시 기능주의의 주장을 효과적으로 되풀이한다. 순수 효과의 어휘에 형식주의를 불어넣으면서, 건물 형태에 관한 다양한 선택지를 단일한 생성적 복합단지로 와해시키면서 말이다. 그게 뭔가 잘못되었다는 얘기가 아니다! 경향적인 것은 실천이기보다 주장이며, 실천은 절차적 권위를 결과에 동화시키는 것이다. 나는 건축에서 그런 목적이 일반적으로 어떤 수단도 정당화한다고 분명히 믿는다. 그게 강아지들을 죽이거나 인턴을 과도하게 착취하는 수단이 아니라면 말이다. 나를 걱정스럽게 하는 건 보다 사치스럽고 억압적인 주장들이다.

예를 들어 파트릭 슈마허는 2008년에 쓴 「매개변수주의 선언 (Parametricist Manifesto)」에서 공표하기를, 새로운 "매개변수 패러다임"을 지향하는 자들이 "공유하는 개념"이 "건축을 위한 튼튼하고 새로운 헤게모니적 패러다임으로 구체화하고" 있다고 했다. 슈마허는 자신의 두 권짜리 연구서인 『건축의 자기생산(*The Autopoesis of Architecture*)』(2011)에서 이를 아주 긴 — 심지어 놀라운 — 분량으로 정교하게 논한다. 이 저서는 모든 걸 흡수하려는 투지만만한 노력이 존경스러울 정도이지만, 어떤 총체화의 체계와도 내통할 수 있는 동일한 위험에 빠지고 만다. 영웅적인 이 서사에는 회의주의가 빠져있기 때문이다. 헤게모니적 패러다임들은 위협적인 무기에 손을 뻗게 하는 가장 뚜렷한 자극에 속하기 때문에 우리는 그런 자극에 발 빠르게 대응할 필요가 있다. 내 얘기가 분명하게 들리지 않았을까봐 부연하건대, 나는 매개변수의 분절과 가치 설정을 통해 기능하는 절차가 그 효과의 질문을 배제한 채 권위를 가질 거라 생각하지 않는다. 하지만 그 결과의 증거가 없는 절차를 모두 기각하는 것도 아니다. 당신이 해탈의 경지에 이르기 위해 어떤 버스를 타든 나는 개의치 않는다. 그리고 방법과 결과를 매개하는 일단의 유연한 피드백 회로를 설정할 필요를 부정하지도 않는다.

하지만 총체성에 대해서는 조심하는 게 옳으며, 매개변수주의는 (건축이 도를 넘은 아주 오랜 역사에서 또 한 번의 정점을 이룬) 총체적 디자인(total design)이라 불리던 것의 새로운 이름으로 보인다. 비록 강조점과 방법론은 다르다 할지라도 말이다. 두 경향 모두 총체적인 지배력을 추구하며, 건축적 자기생산주의는 세포(cell)를 사람(person)과 구분하지도 못한 채 무한성이라는 기이하게 폐쇄된 개념을 옹호한다. 이는 그들이 결국 어떤 것도 생산할 수 있다는 자만심으로 모든 걸 포괄하는 통일장의 특성을 선포한다는 점에서도 그렇고, 어떤 것도 고려할 수 있다는 훨씬 더 총체적인 주장에서도 그러하다. 이런 것은 위험하다. 사회적인 것과 정치적인 것을 방법론적인 종합 설비체계로 대놓고 횡탈하면서 그것이 근본적으로 과학적인 절차라고 주장함으로써, 벌레가 든 깡통이 열리기 시작한다. 건축이 파편적이고 이른바 비위계적인 사회 분야에서 자기 영역을 방어한다는 개념은 분명 어떤 은둔형 영웅주의를 내포하지만, 상대적 자율성에서 절대적 자율성으로 이동하는 것은 늘 문제적이며 신자유주의만의 특별한 '역사의 종말' 냄새를 풍긴다. 다시 한 번 내 입장을 분명히 하겠다. 나는 매개변수 스크립팅을 통해 작업하는 많은 학생과 실무자가 진정 독창적이고 매혹적으로 아름다운 이미지들을 생산해왔다고 생각한다. 그렇지만 나는 이런 방법론이 경제나 환경적 성과, 무주택 상태, 실사용자의 제어, 또는 '현재 다른 수단으로 더 쉽게 달성할 수 없는' 건축의 다른 어떤 비시각적 특징에 확연하게 측정 가능한 효과를 준 사례를 알고 있지 못하다.

자기생산 개념은 자기충족(self-containment) 개념을 제시하지만(그게 바렐라와 마투라나에게서 따온 것이든 루만에게서 따온 것이든), 사실 이 개념은 전적으로 자기충족적이지 않다. 확실히 이 개념은 건축을 하나의 소통 체계로 정의함으로써 건축 실천의 자율성을 옹호할 때 매우 유용한 개념 ─ 혼합에 대항하는 일종의 관념론적 칸막이 ─ 이지만, 동시에 그것은 그 자체를 하나의 '상대 값'으로, 즉 학문 내부와 학문 사이에서 일어나는 다양한 관계와 영향의 연쇄 속에 위치하는 특이점(또는 연속적인 특이점)으로 발명하기도 한다. 이런 개념이 건축을 사회적인 것으로 개방하는 유용한 수단이 될 수도 있지만, 그건 또한 이런 관계들의 변화가 더 큰 학문 분야 속에서 다른 특이점들과 관계 맺도록 건축적인 것의 변화를 일으킨다는 뜻이기도 하다. 오늘의 건축이 반드시 내일의 건축이 되는 게 아니며, 자기생산의 비유도 마찬가지다. (자기생산 시스템은 자체적으로 '관련이 있다'고 여겨지는 조건들과 관계하며 지속해서 변화한다는 개념이 핵심이다.) 우리가 모든 것이 아닌 일부 자극들에만 반응한다는 걸 감안해보면, 문제는 무엇이 관련이 '있는지'를 결정하는 일이다. 이런 기준은 전적으로 탄력적일 리가 없다.

자율적이든 그렇지 않든 간에 매개변수 디자인은 여전히 동기를 자극하기 위한 스크립팅의 전산 결과가 만들어 낸 여러 대안 중에서 설계자가 적절한 안을 선택하게 할 뿐만 아니라 입력된 매개변수 값들 또한 선택해서 가중치를 조절하게 만든다. 이건 오히려 그 기법으로 처리할 수도 있을 예술성 — 심지어는 비공식성 — 의 여력을 강화하는 동시에, 매개변수주의자들과 그들의 문제 있는 보편주의적 주장이 드러내는 고압적인 신비감의 토대를 약화시킨다. 결국 당신의 매개변수가 내게는 악몽일 수 있기 때문에, 이 중요한 문제를 논리적으로 연구하는 — 하지만 소홀한 취급을 받는 듯한 — 분야는 바로 매개변수들의 원천을 제공하고 그런 전문가 시스템과 (이런 작업의 궁극적인 수혜자거나 희생자일) 아마추어들의 세계가 맺는 관계를 다루는 분야다. 이 분야가 건축의 '사용자'들을 포용하는 수준으로까지 확장되면(꼭 그래야만 한다), 사용자의 직접적인 피드백이 배제되지 않는 이상 학문적 자율성에 대한 주장들은 약화되기 마련이다.

비평과 그 척도

그래서 우리는 다시 비평의 임무와 그 척도에 관한 문제로 되돌아온다. 건축비평가들이 현장에 너무 늦게 와서 억만 달러짜리 말뚝 따위에 쓸모 없는 칭찬이나 비난을 할 때가 많고 그들의 의견은 조금의 영향도 미치지 않을 거란 얘기는 이미 진부한 상식이 되었다. 나는 비평의 기능이나 개념을 사소하게 치부하려는 게 아니다. 비평도 건축처럼 그 효과를 통해 판단되어야 한다는 얘기를 하려는 것이다. 우리의 선언이 문화의 일반 조건과 도시 그리고 토론 용어들을 개선하는 데 유용한 결과를 줄 수는 있지만, 우리의 임무는 바로 건물의 사회적·형식적 매개변수들이 가하는 자극을 숙고하는 데 일조하는 일이다. 우리는 노골적으로 매개변수적인 실천을 바라보면서 생산의 매개변수가 거주의 매개변수에 가로막히는 방식을 관찰하고, 그런 변수들의 상대적 중요성과 상호작용이 낳는 결과들을 평가하며, 그것이 보여주는 그래픽이 오브제 이상으로 매력적이지 못할뿐더러 떠벌려진 매개변수들이 사실 오브제 안에 이미 '내재된' 것임을 분명히 밝혀낼 만큼 예리해야 한다.

　아이러니하게도 내가 실제로 접해온 컴퓨터 기반 건축에 대한 대화는 '효과' 개념에 꽤 많은 관심을 할애한다. 하지만 그런 대화의 바탕이 되는 개념은 내가 말하고자 하는 개념과 사뭇 달라 보인다. 마야에 익숙한 세대한테는 그 의미가 할리우드 전문용어인 '특수 효과(special effects)'라는 개념과 일치한다. 즉 그들이 추구하고 있는 효과는 사회적이거나 정치적이거나 기능적인 효과라기보다 감각적이거나 예술적이거나 재현적인 효과다. 이 말은 미적 효과가 사회적이거나 환경적인 결과를 낳을 수 없다는 얘기가 아니다. 그보다는 이런 결과가 거의 변함없이 간접적이고 부차적인 효과라는 얘기다. 그리고 나는 분명 형태로의 화려한 회귀가 화석화된 모더니즘에 맞선 반항의 비판적 스타일이었고, 과거에 형태를 아주 고분고분한 개념으로 여기던 억압적인 순응과 통제의 시스템에 맞선 것이었음을 부정할 생각이 없다.

하지만 여기서 우리에게 친숙한 해석의 간극이 열린다. 나는 아직 현 세대 — 사실은 이런 형태로의 회귀를 분명 포함하는 포스트모던 실천을 해온 몇 세대 — 가 그 간극을 메우려고 노력해온 방식에 만족하지 않는다. 음울하고 보편화되며 기계화된 건축에 대한 올바른 응수가 광범위한 예술적 굴복, 무엇이든 좋다는 정신, 그리고 오브제의 개별성에 대한 찬미였다는 생각은 당시에 의미를 가졌지만, 세인이 만든 이러한 형태 실험을 그 다양한 화신들을 통해 급속히 채택하는 것은 놀라울 따름이다. 왜 가장 활기 넘치는 형태 실험은 모두 다양한 전제 정치 — 페르시아 만부터 시작해서 중국의 신흥도시들, 그리고 '-스탄'으로 끝나는 중앙아시아 국가의 수도들까지 — 의 후원 하에 일어나는 것처럼 보일까? 이게 형태 실험 자체보다 사실상 그것의 주변적 효과를 위한 광고라는 건 논박할 수 없는 고통스러운 사실이다. 억척스러운 건축이 그렇게나 쉽게 용인된다는 건 아이러니다. (하지만 우연은 아니다.) 여기서 우리는 잠시 형태가 형태 자체로서 갖는 효능에 대해 생각해봐야 한다. 우리의 의제가 그리도 쉽게 채택된다면, 분명 그 무기력함에 대한 책임의 일부는 적어도 우리에게 있다.

하지만 우리가 비평의 기초로서 찾고 있는 게 사회적 효과라면, 우리는 그걸 (미숙한 분배적 공평성을 넘어) 어디서 찾아야 할까? 확실히 순수하게 통계적인 의미로 이미 추방당한 공리주의적인 형태여선 안 될 것이다. 나는 시민으로서 우리의 의무가 재화를 근본적으로 공정하게 할당하게 만드는 일이라는 입장에 크게 공감하지만, 그건 정확히 건축가의 의무가 놓이는 지점이 아니다. 확실히 측정 가능한 혜택이 존재하는 경우는 우리가 기술 혁신을 통해 주거의 접근성과 비용 적정성을 개선할 수단을 설계할 수 있을 때다. 하지만 불공평한 분배의 논리를 옹호하는 쪽과 공격하는 쪽 사이에 가느다란 선이 있을 수 있다. 우리는 모두가 집을 갖길 원하지만, '최소실존' 개념의 블록들로 이뤄져 최소한의 안전만 보장받는 격리된 감옥 속에 살길 원하진 않는다. 우리는 기대를 줄이지 않고 높여주는 프로젝트에 참여하고 싶어 한다. 이는 물질적 매개변수를 관찰하는 게 아무리 중요하다 한들 '전적으로' 물질적 기대에만 기초한 비평은 완전히 생산적이지 못함을 의미한다.

앞으로 나아가는 길은 진짜 이해관계가 걸린 상황에 우리의 비판적 시선을 집중하는 것이다. 앞으로 가능한 비평의 한 가지 방향을 언급해 보겠다. 최근 다시 전문가들의 관심과 검토를 받게 된 '비공식성'에 대한 매혹은 아직 덜 퍼져있는 ─ 하지만 잠재적으로는 더 해방적이고 적절한 ─ 상태이지만, 이런 관심은 실제로 도시 조건의 대부분을 이해하고자 노력한다. 비록 도시 거주자들의 절반 이상이 근근하게 삶을 꾸려가는 곳을 파악할 뿐이지만 말이다. 그리고 이것도 아직 대표적인 비평 주제로는 거의 인식되지 않고 있는데, 아마도 그게 건축의 담론적 자율성이라는 문제를 너무 직접적으로 부정하기 때문일 것이다. 이런 영역을 (일반적으로 공식적인 것의 과잉을 짊어진) 열병이나 (빈민가를 왜 쳐다보냐는) 경멸의 벽으로 분할할수록 우리는 우리의 영역을 왜곡하게 된다. 하지만 우리 고유의 공식적인 분석 스타일에 비공식적인 것이 주는 함의에 대해서는 잠시 생각해볼만한 가치가 있다. 비록 그 주제가 개념적으로 문제가 있고 많은 최고의 학생들이 이제 그 범주를 단순히 너무 불분명하다며 거부할 정도라 하더라도, 핵심적인 특질을 무시하기에는 그 주제가 너무도 중요하다.

이 중에서도 가장 중심이 되는 건 비공식성의 진정한 낭만이자 약속인 '사용자'의 통제권이다. 이러한 요소 때문에 건축의 생산 방식들이 맺는 관계를 탐구하고 사용자와 거주자가 누리는 자유와 자기실현의 본질을 탐구하려는 사람들은 오랫동안 비공식성을 아주 매력적인 개념으로 인식해왔다. 하지만 여기서 즉각 질문이 떠오른다. 무엇을 통제한단 말인가? 남미와 아시아의 빈민가와 무단 점유 취락이 복잡한 시각적 매력으로 우리의 눈을 도취시키긴 하지만 ― 리우의 언덕 사면에 어질러진 누추한 집들의 프리즘 같은 이미지를 보라 ― 그만큼 참여의 이상은 에누리해서 바라볼 필요가 있다. 나는 학창시절 존 터너◆의 고결한 수사법(그리고 현장의 진짜 작업)뿐만 아니라 궁극적으로 비결정적인 존 하브라컨의 사변과 고도로 매개변수적인 그의 '주거대 구조(support structures)'에 잔뜩 몰두해있었다. 이와 같은 실험의 바탕에 놓인 개념은 제3세계 빈민가 주민들이 '즐겼다'고 가정된 자율성 ― 쓰레기로 집을 짓고 거리 한복

◆ John Francis Charlewood Turner (1927~). 1957년부터 1965년까지 페루의 무단 점유 취락에서 빈민가 주거 문제를 다룬 경험을 바탕으로 수많은 글을 쓴 영국 건축가다. 『통제되지 않은 도시 취락: 문제와 정책(Uncontrolled Urban Settlement: Problems and Policies)』(1966), 『집 지을 자유: 거주자의 주거 과정 통제(Freedom to Build, Dweller Control of the Housing Process)』(1972), 『민중이 짓는 주거: 건축 환경의 자율성을 향하여(Housing by People: Towards Autonomy in Building Environment)』(1976) 등의 저서가 있다. 1988년에 대안적 노벨상이라 불리는 바른생활상(The Right Livelihood Award)을 수상했다.

판에 하수를 흘려보낼 권리 — 을 보다 합리화된 유연성과 통제권의 형식으로 번역해 선진 경제국에서 세대수를 늘리고 줄이는 식의 시도와 어울리게 만드는 것이었다. 우리 중 최고의 건축가들은 또 다시 우리 환경에 더 큰 유연성을 적용하려는 작업을 하고 있지만, 문제는 그러한 번역과정에서 소실되는 부분이다. 대개는 그 과정에서 정치가 소실된다.

그렇다면 비평의 임무는 단순히 그러한 정치적인 것을 인식하는 게 아니라, 그 어느 때보다 확장하고 있는 쾌적성과 욕망의 권리를 비롯해 진보적인 사회적 가치를 이해하고 통합할 수단을 건축 실천에 융합하고자 노력하는 것이다. 건축 비평의 매력 중 하나는 많은 부분을 질적인 것과 양적인 것을 매개하는 데 할애해야 한다는 점이며, 우리는 에너지 사용량과 생산량의 총합이 영을 이루는 넷제로(net-zero) 에너지 개념이나 대중의 적정 주거 문제를 춤추는 형태와 매혹적인 마감보다 열등하거나 보조적인 지위로 격하시켜선 안 된다. 비평은 가장 광범위한 예술적 자기표현과 인간적 가능성의 개념들을 옹호하는 동시에 실존하는 사람들을 위한 진정한 결과를 확장하고 정제하고 획득하기 위해 열렬한 주장을 마지않는 역할을 해야 한다. 선한 것과 정의로운 것, 공정한 것을 향한 지칠 줄 모르는 주장이어야 하는 것이다.

— Louise Noelle and Sara Topelson de Grinberg, eds.,
Critical Juncture: Joseph Rykwert Royal Gold Metal and CICA Symposium,
Mexico City: Docomo, 2014.

39
건축가가 알아야 할 250가지

1. 맨발 아래 시원한 대리석의 느낌

2. 6개월간 낯선 사람 다섯 명과 작은 방에서 사는 법

3. 동일한 낯선 사람들과 1주일간 구명보트에서 표류하는 법

4. 불화가 폭발하는 임계값

5. 도시에서 큰소리를 외치면 어디까지 들리는가

6. 속삭임은 어디까지 들리는가

7. 하트셉수트의 사원에 대해 말할 수 있는 모든 것('모더니즘'을 선취한 사례로 이해하려 하지 말라.)

8. 뉴욕시에서 집세 지원을 받는 사람의 수

9. 당신이 사는 마을에서 집세 지원을 받는 사람의 수(부자도 포함해서)

10. 진달래꽃이 피는 계절은 언제인가

11. 유리의 단열 성능

12. 유리의 생산과 용도에 대한 역사

34. 제인 제이콥스에 관한 모든 것

35. 풍수에 관한 어떤 것

36. 바스투 실파(Vastu Shilpa)에 관한 어떤 것

37. 기초 인체공학

38. 색상환

39. 의뢰인이 원하는 것

40. 의뢰인이 스스로 원한다고 생각하는 것

41. 의뢰인에게 필요한 것

42. 의뢰인이 지불할 여유가 되는 것

43. 지구가 공급할 여유가 되는 것

44. 모더니티에 대한 이론적 기초, 그리고 그것의 당파와 굴곡에 관한
    상당량의 지식

45. 포스트포디즘이 건물의 생산방식에 대해 의미하는 것

46. 또 다른 언어

47. 벽돌이 정말로 원하는 것

48. 윈체스터 성당과 자전거 보관소의 차이

49. 파테푸르 시크리에서는 무엇이 잘못되었는가

50. 프루이트-아이고에서는 무엇이 잘못되었는가

51. 타코마 다리에서는 무엇이 잘못되었는가

52. CCTV 카메라는 어디에 있는가

53. 미스가 독일을 떠난 진짜 이유

54. 차탈회위크에서 사람들은 어떻게 살았는가

◆　다공질의 탄산석회 침전물을 말한다.

◆◆　건축가 르코르뷔지에가 제안한 차양 장치로, 창문의 입면에 수직·수평으로 덧대는 차벽
　　의 구조를 말한다.

◆◆◆　남아프리카공화국 요하네스버그의 흑인 거주 구역을 말한다.

119. 격리되지 않은 탄소는 어디에 쌓이는가

120. 소방법

121. 내진규정

122. 보건규정

123. 예술과 철학 전반에 걸쳐있는 낭만주의자들

124. 면밀하게 듣는 법

125. 단일한 매체로만 작업하는 건 아주 위험하다는 것. 재현 방법을 바꾸면 자기가 틀에 박혀있는지도 몰랐던 정체된 상태가 깨질 것이다.

126. '우아한 시체(exquisite corpse)'라는 개념

127. 가위, 바위, 보

128. 맛좋은 보르도 와인

129. 맛좋은 맥주

130. 미로에서 탈출하는 법

131. 쿼티(QWERTY) 자판

132. 두려움

133. 프라하, 페스, 상하이, 요하네스버그, 교토, 리우, 멕시코시티, 솔로, 베나레스, 방콕, 레닌그라드, 이스파한에서 당신의 길 찾기

134. 인턴들과 분별 있게 행동하는 적절한 방법

135. 마야, 레빗, 카티아, 뭐든지 간에.

136. 큰 기계들의 역사. 날아다닐 수 있는 기계도 포함해서.

137. 생태 발자국(ecological footprint) 값을 계산하는 법

138. 걸어서 갈 수 있는 세 군데의 점심 맛집

139. 인간 삶의 가치

건축가가 알아야 할 250가지

— Neil Spiller and Nic Clear, eds., *Educating Architects: How Tomorrow's Practitioners Will Learn Today*, London: Thames & Hudson, 2014.

건축가가 알아야 할 250가지

40
중국 공장의 애물단지◆

나는 2013년 1월의 어느 날 지극히 유독한 날씨에 베이징에 있었다. 뿌연 공기를 헤집고 귀가해 잠자리에 들 수밖에 없었던 나는 거칠게 숨을 쉬면서 항생제와 해독약을 꿀떡꿀떡 삼켰다. 기상과 지세가 이러한 악몽을 키우는 데 일조했다 하더라도, 지역 공장과 발전소의 굴뚝, 제4차 순환도로를 빽빽이 채우는 자동차들의 기하급수적인 증가가 미세먼지 배출의 주된 원인이라는 걸 모르는 사람 ― 심지어 정권 인사들 ― 은 없었을 것이다. 이건 인류가 만든 악몽이었고, 전 지구적 재앙인 기후변화의 증상이자 수억 명을 빈곤에서 탈출시키며 새로운 거처를 오염시켜온 저돌적인 개발의 부산물이었다.

중국에는 뭔가 저돌적 변혁이 낳은 인위 개변적 악몽의 역사와 같은 게 있다. 일제의 침략, 국공내전, 대약진 정책, 문화혁명으로 이어져 온

◆ Bull in China's Shop이라는 원제는 '도자기(china) 상점 속의 무뢰한'을 뜻하는 'Bull in a china shop'이란 표현을 빗댄 것이지만, 이 글은 말 그대로 중국의 문제를 논하고 있다.

중국 역사는 대규모의 죽음과 왜곡된 변화를 확산시켰다. 현대 중국은 변화의 강도로 보나, 간접적인 모더니티의 온상으로서 역할하고 있는 것으로 보나, 그 이상하리만치 강력하면서도 상징적으로 잡탕스러운 변화를 통해 나아가고 있는 것으로 보나 마음을 사로잡는 관심거리다. 중국에 대해 생각한다는 건 '그건 얼마나 중국적이냐'는 논쟁, 말하자면 '중국적 성격의 사회주의'나 보다 최근의 '1국가 2체제'와 같은 정식화로 상징되는 오랜 격변의 역사에 빠져드는 것이다. 확실히 이런 혼종화의 유전공학은 꽤 당연한 수준의 기형적 결과들을 생산해왔다.

어버니스트가 보기에 중국은 역사상 가장 압도적인 기회의 땅이다. 몇 십 년 동안 이 나라는 대부분이 촌락이던 곳에서 (작년 중반 들어) 대부분이 도시적인 곳으로 변화했고, '선진' 세계의 수준을 향해 번개처럼 빠른 속도로 내달리고 있다. 중국 정부는 다음 10년 동안 2억 5천만 명을 촌락에서 도시로 이주시키겠다는 의도를 발표했다. 중국은 10년마다 미국 전체 주택 물건에 맞먹는 물량을 건설하고 있으며, 농장에서 도시로 향하는 엄청난 인구의 이동은 역사상 최대의 집단 이주로 기록되고 있다. 아무런 통계나 집어 봐도 놀랍다. 건설에 사용되는 시멘트 물량과 크레인의 숫자는 지구 전체 물량의 절반에 육박한다. 순 온실가스 배출량은 세계 제1위다. 다른 어떤 나라보다도 도로 위에 더 많은 자동차가 달린다. 중국 도시들의 '불법' 체류 인구는 미국 전체 인구만큼이나 많다. 역사가 투키디데스에게 펠로폰네소스 전쟁이 그랬듯이, 이 주제도 불가항력적이다. 그야말로 역사상 가장 규모가 크고 형언할 수 없이 압도적인 주제이기 때문이다.

하지만 이 주제를 다루기란 쉽지 않다. 기적인 동시에 재앙인 중국의 도시화와 '서구적' 형식과 풍습의 보편적 주입은 확실히 또 한 번의 문화혁명과 같다. 적어도 첫 번째 문화혁명만큼이나 폭넓고 왜곡된 영향을 낳고 있기 때문이다. 비록 야만적인 치명성은 그때보다 덜할지라도 말이다. 그리고 당시에 주도면밀함과 히스테리가 이상하게 공모했던 것처럼, 이번의 문화혁명도 이방인의 응시라는 문제를 떠올리게 하며 이러한 '현대화'를 설명하거나 합리화하는 동시에 진부한 식민화의 범주는 피하려고 하는 비평 산업이 (중국 안팎에서) 부상해왔다. 예를 들어 중국은 (뉘앙스에 따라) 용도 전환과 모방, 복제, 짝퉁, 또는 '중국화(sinicization)' 제품들로 넘쳐난다. 거리에는 모조품인 운동화와 패션상품, 전기제품을 파는 상점이 즐비하며, 그런 상품은 원 제품도 중국에서 생산된다. 아르마니(Armani)는 마지막 철자를 바꾸는 단순명료한 조치를 통해 Armany로 전환되는 식이다.

중국 전역에서 건축의 풍경은 디즈니적인 혼성모방으로 가득하다. 백악관과 베르사유궁전, 에펠탑, 베네치아의 운하, 크라이슬러 빌딩을 따라 한 모조 건물이 가득하고, 중동에서보다 장식적인 '스타 건축'이 더 많음은 말할 것도 없다. 아마도 이 중에서 그러한 볼거리의 취향을 자랑하는 가장 전설적인 사례는 상하이를 에워싸는 아홉 개의 신도시일 것이다. 이들 신도시는 각각 20만 명의 사람들을 수용하며, 네덜란드나 독일, 이탈리아, 기타 유럽 도시의 '완비된' 버전으로 계획되었다. 가장 유명한 건 '템스 타운'인데, 여기서는 붉은 기둥의 우체통과 공중전화, 맥줏집, 영국 경찰관 스타일의 보안인력을 볼 수 있다. 특히 그 초자연적으로 복제된 작은 교회는 브리스톨의 클리프턴 다운에 있는 크라이스트처치를 정확히 모델로 한 것으로, 여기서 수많은 순백의 신부와 모닝코트를 입은 신랑이 사진을 찍는다. 또한 라임 레지스에 있는 복합적인 사례들을 차용한 피시 앤 칩스 매장도 있다. 어느 날 쇼핑몰로 가득한 도심을 둘러보다 보면 나라 전체의 감성을 꼭 홈쇼핑 채널에서 사들인 것처럼 보인다. 지금 주문하시면 두 배로 드릴게요!

이게 중국에서 처음 벌어지는 일이란 얘기는 아니다. 중국은 미국을 왜곡해서 비추는 거울이다. 식민 권력이 자리를 꿰찬 역사가 있는 곳에서는 문화 변용에 따른 지배가 상투적인 장사 수단의 일부였으며, 저항과 상호작용의 특수한 형식들은 오늘날까지 영향을 미치고 있다. 역사적으로 중국은 그곳의 외국인들을 상업 분야로, 그들의 착취를 일련의 해안 입지로 제한하는 시도를 하면서 얼마간 성공을 거뒀다. 비록 내륙으로 (종종 아편 무역과 관련해 생겨난) 마수가 뻗어 양쯔강을 따라 흘러들어가긴 했지만 말이다. 소위 말하는 조계지는 대양을 건너온 포식자들이 마치 디즈니랜드의 원형처럼 일련의 군집을 이루는 비상한 도시 형태를 취했고, 고립국처럼 인접하여 집결한 독일인, 프랑스인, 일본인, 미국인 등의 자치 영토에 식민지의 테마파크가 들어서는 결과를 낳았다. 각각의 조계지는 그 나라의 특정적인 건축과 복장, 요리, 기타 공공 및 문화 시설로 장식되었다. 이런 형태는 근원적으로 중국인(그리고 개들!)을 몰아냈지만, 이화양행(자딘 매디슨)을 비롯한 당시 대기업들의 기호가 약물 거래에서 부동산 착취로 변해가면서 자산을 확보할 현금이 있는 원주민들은 다시 이곳에 포함되기 시작했다.

20여 년 전에 내가 중국 도시를 처음 방문하게 된 계기는 상하이의 한 건축학교를 찾았을 때였다. 거기서 나는 상하이시의 조계지 건축과 도시계획을 접했을 뿐만 아니라 급속히 사라져가던 혁명 이전의 전통적 도시 조직과 소련의 영향을 받은 도시계획, 마오쩌둥 시대 건물의 흔적

중국 공장의 애물단지

까지 보게 되었다. 그리고 아마도 가장 매력적이었던 것은 소위 이농(里弄, lilong) 주택이라 불리는 특별히 혼종적인 건축이었다. 19세기 말부터 제2차 세계대전 때까지 번성했던 이 건축 유형은 전형적인 서구식 연립 주택에 중국 전통 주거 건축의 일부 특징들을 결합한 것으로, 변화된 느낌의 중정을 포함하고 있는 경우가 많다. 이 단지들은 오리엔탈리즘부터 튜더 양식을 따라 한 스타일과 모데른 스타일에 이르기까지 상상할 수 있는 모든 양식으로 지어졌으며, 이렇게 풍부하고 유연한 표현이 이농 주택의 매력을 높여준다. 하지만 내게 가장 매력적이었던 건 그 단지들의 공동체적 성격이었다. 단지들이 중심가와 인접한 고립국처럼 지어졌지만, 내부 조직망은 자동차를 배제하고 동네의 관계성을 키우기 위한 물리적 기반을 정의하고 있었기 때문이다. 게다가 이런 단지에는 주거만 있는 게 아니라 다양한 매장과 공방, 기타 상업 시설까지 있었다. 자율성을 효과적으로 표현하는 이농 주택 단지는 노동자들이 공장 주변에 모여 살던 마오쩌둥 시대의 '생산 유닛'들과 유사할 뿐만 아니라 오늘날 매우 다양한 기초를 바탕으로 크게 대중화된 빗장 공동체(gated community)와도 유사하다.

이런 단지들은 현재 중국에서 지배적인 건물 양식과 엄청난 관련이 있는데, 이런 양식은 차라리 건너뛰었더라면 더 나았을 발전 단계 속에 고착되어 있을 뿐만 아니라 전 세계적으로 근린 구조에 대해 생각해보기에 더욱 일반적인 중요성을 갖는다고도 보인다. 이농 주택과 그보다 더 익명적인 호동(胡同, 골목길) 단지는 혼합 용도의 모델에만 그치지 않는다. (호동 단지는 베이징에서 대부분 사라진 좁은 골목길을 통해 연결된 중정 주택 단지이지만, 그 잔여물은 현재 질 높은 젠트리피케이션을 통해 재활되고 있다.) 이런 단지들은 소외시키지 않는 밀도의 잠재력으로도 풍부하다. 일반적으로 중국의 어버니즘은 세계대전 이후 거대한 패러다임이었던 '공원 속의 타워'와 그 패러다임의 사악한 동반자인 고속도로와 자동차가 필수인 교외에 심각하게 사로잡혀 있다. 이는 부분적으로 마오쩌둥이 보인 도시에 대한 경멸 때문에 도시적인 의식과 실천이 심각하게 지체된 데 따른 것일 수 있다. (결국 그러한 의식과 실천은 80년대 덩샤오핑의 경제 개조를 계기로 1949년에 중단되었던 지점에서부터 다시 시작되었다.) 슈퍼블록과 자동차, 지나치게 기능주의적인 지역지구제, 그리고 지나치게 엄격한 사고방식은 이제 그간 너무 오래 억압되어온 탐욕이 얼어붙은 장식으로 중첩되기에 이르렀다. 사고와 표현의 강제된 균질성에서 부분적으로 해방된 아이러니와 범속성이 나란히 춤을 춘다. 아이웨이웨이는 템스 타운의 이면에 놓인 재치 있고도 분노어린 실천이다.

중국은 마오쩌둥 어록 때부터 아주 먼 길을 걸어왔는데, 그 사이에 지역적이고 세속적인 우상을 파괴하면서 수많은 사람들이 몇 십 년 만에 빈곤을 탈출한 것은 진정 놀라운 일이다. 게다가 현재 일어나고 있는 급진적 변화는 욕망의 성격 자체를 재구성할 만큼 심신과 그 방종한 의지에 미치는 효과가 적잖이 철저하다. 솔직히 털어놓자면, 요즘 내가 운영하는 건축사무소의 작업 대부분이 중국에 있으며 그 경험은 설레는 동시에 놀라운 것이기도 했다. 권위적인 행정과 무분별한 취향 문화, 저임금 노동, 현금 뭉치, 그리고 황야의 서부와 제국적인 장식, 호기심, 잔인함, 부패, 신중함, 미친 소비 사이에서 요동치는 시민 사회의 융합은 자기 정체성을 찾기 위해 실로 풍부한 재료를 넣은 찌개요리와도 같다. 우리의 작은 스튜디오가 시도 중인 협상은 파우스트적인 협상보다야 좀 못한 것

414

이지만, 그럼에도 우리는 여전히 여러 모순과 부딪히며 길을 찾고 있다. 세밀한 구분을 하려고 시도는 하지만, 뉴욕에서 래리 실버스타인을 위해 일할 때나 중국의 서안이나 우한에 있는 공산당 분권 지부를 위해 일할 때의 차이를 판단할 윤리적 균형점은 그리 분명하게 특정하기 어렵다.

실천을 위한 질문은 어디서 추진력을 내고, 어디서 강점을 획득하며, 어디서 지렛대를 찾을 것인가이다. 이 문제에 개입하는 출발점은 단지 상상력과 의지가 담긴 많은 작품이 사소한 틈새를 메울 수 있게 하는 기회를 장황하게 만들고 광대한 기획을 하는 게 아니다. 그보다 더 중요한 건 중국이 환경적 행동에 관한 좋은 담론을 많이 생산하고 있으며 그 모든 화력발전과 고속도로 정체, 오염된 토양에도 불구하고 자전거도로와 새로운 지하철 및 철도 노선의 놀라운 주행거리가 존재할 뿐만 아니라, 실제 신도시들은 현존하는 중국의 도시 성장을 지배하는 거대도시의 확산과 씨름하려고 시도하고 있단 점이다. 중국의 소위 유령 도시(ghost city)들에 대한 언론 취재가 많이 있었는데, 이런 도시들은 (생산 과잉이나 카지노 자본주의 또는 단순한 비정상성을 반영할 뿐만 아니라) 주로 나쁜 타이밍과 부패, 잘못된 입지 선정과 같은 도시계획의 일상적인 역량 부족을 기념비적으로 드러내는 사례다.

따라서 우리는 아름다운 건물을 설계해 그 지속 가능성의 수준을 끌어올리고 안전하고 기분 좋은 건물을 만들어 적절한 의무를 수행하고자 한다. 가장 설레는 순간은 도시와 도시 지구를 처음부터 설계할 때인데, 그야말로 우리로선 다른 어디서도 얻기 힘든 꿈의 기회이자 '매주' 1백만 명의 거주자가 증가하며 도시화하고 있는 지구에 반드시 필요한 프로젝트이기 때문이다. (물론 그 모든 위험도 감수해야 하지만 말이다.) 여전히 풀리지 않는 수수께끼는 어떻게 해야 단순히 더 나긋나긋한 식민주의적인 계획을 제시하는 결과를 피할 수 있는가, 차이의 정당성을 역사적으로 소거하는 결과를 어떻게 피할 것인가, 지역적인 것의 진정하고 시의적인 형식들을 어떻게 찾을 것인가, 그리고 중국 경제가 세계적 신자유주의의 협약 속에 완전히 사로잡혀 있지 않은 척하는 헛수고를 어떻게 피할 것인가의 문제다. 여기서 어려운 과제는 현실적인 의미들의 신비를 벗겨내는 일이다. 나는 물리적 결정론자가 아니지만, 근린 환경의 가능성을 강화하고 다양한 규모에서 사람들의 모임과 만남을 장려하며 다양한 공공의 필요를 인식할 뿐만 아니라 형식적으로나 실무적으로나 지구를 존중하며 치유하는 도시들이 사실상 정의로 향하는 다리를 잇고 있다고 믿는다. 게다가 나는 살아있는 문화들의 대화를 통해 지역의 생물 기후적 세부사항들을 열렬하고 또렷하게 인식할 때 차이의 세계가 강화되며, 오래된 상투어를 '당신'에게도 바로 팔아먹으려고 하는 인간적인 얼굴을 한 자본주의는 예술적 특이성과 반대되는 주장이라고, 또한 오늘날 도시에 크게 만연한 배척과 기만과 균질성과 싸우는 것이야말로 건강한 도시적 실천을 위해 점점 더 중요해져가는 보완책이라고도 믿는다.

현재 우리는 세계 도시의 형식에 '거대한 융합(great convergence)'이 일어나는 진통을 겪고 있음이 분명하다. 마오쩌둥이 고결한 시골에 빨대를 꽂는 퇴락한 기생적 형식으로 폄하한 도시적인 것의 가치가 경멸에서 공상으로 뒤집혀온 역사의 산물인 중국 도시들은 거대한 성장과 여러 경쟁 모델이 주도하는 ─ 교외의 빗장 공동체부터 르코르뷔지에식의 고립된 타워의 숲, 도심마다 연이어 맨해튼을 따라 하는 허세, 스타 건축과 그 수많은 모조품을 모아놓은 놀랍도록 보편적인 동물원적 구성에 이르

중국 공장의 애물단지

는 ─ 도시 형태를 모색하고 있다. 하지만 중국은 그 개념적 원천들의 규모와 야심과 범위 덕분에 확실히 자동차가 도로 위를 달리는 곳이며, 진정한 장소를 만들 공간적 힘의 한계를 묻는 장소다.

건축과 도시계획이 공적·사적 생활의 구성을 주도한다고 여기는 건 설계자의 자만이다. 주된 사실은 물론 그와 정반대다. 도시와 건물은 단지 질서와 욕망을 입체적으로 기록하는 게 아니라 행복과 편의, 쾌적성, 그리고 그것들이 다양하게 변형되는 이면을 이끌어 내는 역량을 보유한다. 그럼에도 특히 흥미로워 보이는 사실은 중국에서 설계 분야는 아주 자유롭고 건축에서 형태적 표현에 대한 속박이 거의 없다는 점이다. 물론 모더니즘과 전통, 문제적인 모티프에 대한 친숙한 논쟁이 분명 존재하며(상하이의 한 마천루는 거대한 원형 개구부가 너무 일본적이라고 판단되어 수정되었고, 결국 병따개와 비슷한 기묘한 모양의 건물이 되었다), 역사적 조직의 보존에 대한 논쟁은 점점 더 많아지고 있다. 그럼에도 체제에 저항하면 중형을 받을 수 있는 곳에서 건축과 시각예술에 대해서는 특별한 자유가 주어지는 것으로 보이는데, 건축적 표현의 현실적 한계와 효용을 영리하게 인지하고 있는 것이리라.

문화(culture)에는 늘 약간의 제식(cult)이 존재한다 ─ 나는 앤디 워홀이 그린 마오 주석의 초상화들을 생각하고 있다. 그리고 덩샤오핑이 정초한 '1국가 2체제'의 시대는 정치적 선전과 상업적 광고를 뒤죽박죽으로 섞는 열정을 요했고 중국인들은 아주 오랫동안 체계적으로 세뇌 받은 메시지를 근거로 행동하는 데 능숙한 훈련을 받아왔다. (미덕의 수단으로서 소비가 생산을 대체하면서) 부자가 되는 건 영광스러운 일이라는 메시지 말이다! 중국이 미국의 비대한 거울로 보인다면, 그건 실제로 그렇기 때문이다. 자본과 통제의 뒤섞음은 확실히 중국에서 더 약한 편이지만, 과잉을 생산하는 중국의 능력은 미국 못지않게 거대하며 창조성의 파괴성 수준 또한 마찬가지다. 거친 서부를 개척하는 경제가 환경과 인간을 파괴하고, 물밑에서 끊임없는 속임수를 쓰고, 그 모든 행위를 엄청난 규모로 해온 역사가 그렇다는 얘기다.

다른 한편으로 수억 명이 빈곤에서 벗어났다는 점은 틀림없는 기적이다. 거대한 민간 기반시설이 설치되었다. 건강과 문맹률, 이동수단, 그 외 명백하고 정당한 인간 발달의 측면들이 극적으로 개선되었다. 그리고 중국 인민들은 놀랍도록 끈질기게 소통과 표현에 대한 국가의 비난을 피해왔다. 내게 가장 인상적으로 다가왔던 건 그들이 엄청난 속도로 일상적인 미국 생활의 많은 특질에 접근하고 있다는 점이다. 충동적인 구매와 소비, 핵가족화, 너무 많은 이동, 공적 영역과 사적 영역이 경쟁하는 특성을 포함해서 말이다. 그런데 문제는 미국인의 모든 소비 수준에 수렴하기란 불가능하다는 점이다. 지구의 수용능력은 제한적이며, 우리 모두가 미국과 같은 속도로 소비한다면 지구는 현재 인구의 1/3만 먹여 살릴 수 있을 것이다.

중국인들은 확실히 많은 선진국들이 걱정스럽게 중국에 화살을 돌리는 문제와 그 수사법을 모두 잘 알고 있다. 비록 중국인의 1인당 온실가스 배출량은 미국인의 그것보다 훨씬 적지만, 총인구의 배출량은 중국이 더 많다. (대부분의 배출은 도시에서 이뤄진다.) 서양의 관찰자들은 종종 중국이 특별한 부담을 져야 한다는 고전적인 오리엔탈리즘적 가정을 피력하는데, 그 이유로 아시아적 방종과 무책임, 불결함에 대한 관용을 암시하는 비평이 많다. 그런데 아이러니한 것은 중국도 다른 나라들처럼 행

중국 공장의 애물단지

동할 수밖에 없는 시점에 와있지만, 전 지구적으로 퇴락하는 역사의 타이밍을 맞추기가 어렵다는 점이다. 중국과 기타 개발경제국들이 각자의 역사를 통과해 왔듯이, 산업혁명의 폭발적 양식들이 인내할 수 없는 수준에 도달했음을 현재 우리 모두는 너무도 잘 의식하고 있다. 결국 중국으로서 가능한 유일한 선택은 지속 가능한 실천을 시행하는 방향으로 세계를 이끌겠다는 선도적 자세를 취하는 것이다.

중국에서 인기 있는 텔레비전 프로그램 중 하나는 『슈퍼걸』이다. 『아메리칸 아이돌』 유형의 이 경쟁 프로그램에서는 시청자가 문자메시지로 투표해서 승자를 결정한다. 미국적인 성격을 결합한 민주주의인 셈이다. 누군가에겐 그런 승자 선출의 경험이 체제 안에 어떤 동요를 일으키는지가 궁금할 것이다. 열망에는 브랜드와 스폰서가 뒤따르고, 역사의 끝에서는 코카콜라와 공산당 사이의 선이 흐려진다. 내가 중국을 방문했을 때를 생각해보면, 좋은 사람들에게 좋은 서비스와 조언을 제공하고 싶으면서도 현명한 식민주의자 행세를 하며 뭔가 더 우월한 제안을 하는 듯한 입장이 꺼려지는 긴장 관계가 늘 있다. 결국에는 종종 다음과 같은 친숙한 조언의 수사법으로 마무리하곤 한다. 우리가 했던 것처럼 말아먹지는 말라. 저 고속도로와 교외와 관련해서는 속도를 늦춰보라. 자전거 타는 당신들의 일상으로 돌아가라. 저 모든 석탄 태우기를 멈춰라. 얼마나 믿을 만한 자의 말이건 간에, 이건 좋은 조언이다.

— *Nation*, February 4, 2014, thenation.com.

41
민간 물체들

가자지구의 폭격은 범죄였는가? 도시의 폭격은 수많은 민간인을 죽이고 (1977년 제네바 협약의 언어로 말하자면) 병원, 이슬람사원, 박물관 등의 '민간 물체들(civilian objects)'을 파괴한다. 그리고 제네바 협약은 민간인과 민간 물체 모두를 보호하려고 할 뿐만 아니라, 정도가 '지나칠' 경우 그런 공격을 '범죄화'하려고도 한다. 이건 전시법(jus in bello) — 전쟁 중의 '정의로운' 행위 — 에 관한 논쟁을 성문화하는 최후의 노력일 뿐인데, 아우구스티누스와 아퀴나스, 그로티우스가 제시한 용어로 여전히 표현되는 이 질문은 민간적인 것들로 이뤄지는 무고함 — 여성과 아이들, 수감자, 부상자, 노인, 그리고 그들이 길하게 여기는 건축들 — 의 범주를 변호한다. 이러한 주장들은 얼마나 정의롭든 간에 전쟁은 악행을 수반한다는 개념의 맥락 속에서 이뤄진다. 인류 역사 이래 이어져 온 이 유구한 질문은 윤리적으로 나쁜 악행이 이뤄질 수 있는 한계점, 지나친 폭력의 최소 기준에 대해 제기된다. 이 질문은 과잉조치 금지를 위한 '비례성(proportionality)'

이라는 커다란 난제와 더불어 그에 관한 사소한 악의 문제를 묻게 하는데, 여기에는 법적 규준과 정정당당한 승부, 민간인 사망과 민간 물체 파괴를 비롯한 부수적 피해의 문제가 포함된다. 1977년 협약은 무엇보다도 제2차 세계대전 때 경쟁하듯이 이뤄진 폭격의 문제를 해결하는 동시에 '지역' 공격과 '정밀' (또는 '외과적') 공격의 범주적 차이를 정교하게 판별하려는 의도였다. 지역 공격은 별명이 폭격기(Bomber)였던 아서 해리스 경과 커티스 르메이(그리고 나중에는 에드워드 텔러, 허만 칸, 또한 서로가 확신하며 파괴했던 그 모든 잔인한 냉전 독트린) 등이 옹호한 형태로, 무차별적인 학살과 집단 절멸을 통해 적의 사기를 꺾는 데 노골적으로 전념한다. 반면에 정밀 공격은 전투를 지원하는 산업 및 교통 시설을 비롯한 군사적인 표적만 공격한다고 주장한다.

하지만 실제로 그런 범주들은 불분명하고 비례성 원칙은 특히 유동적이어서 한눈으로 판별한 값을 실제 탄도로 전환하는 경제학적 범주가 되고 만다. 전쟁의 부수적 피해를 과학적으로 수사하고 있는 현대의 가장 긴요한 분석가는 에얄 와이즈먼으로, 그는 점점 확장하고 있는 이 분야의 기념비적 저작인 『포렌시스(*Forensis*)』(2014)의 편집자이기도 하다. 그는 『가능한 모든 악의 최소한(*The Least of All Possible Evils*)』(2011)이라는 저서에서 "비례성 원칙에는 어떤 규모도, 공식도, 수치적인 최소 한계도 없다"고 쓴다. 이렇게 계산이 불가한 상황에서, 판단의 경계는 특정한 사건의 관점에서 논의되는 경향이 있다. 가장 상징적인 사례는 거의 전 세계적으로 정의롭다고 여겨진 전쟁에서 승리한 연합군의 표적이었던 드레스덴과 히로시마다. 드레스덴의 폭격은 범죄였을까? 이를 여전히 문제시하는 사람들은 표적의 '정당성'과 그에 상당하는 부수적 피해의 범위와 가치에 따라 답을 내린다. 폭격으로 4만 명의 민간인이 일거에 사망했다. 전쟁을 하루나 일주일 더 단축하려고 그린 무고한 희생자를 양산할 가치가 있었는가?

드레스덴 폭격 논의의 윤리는 두 개념 사이의 어딘가에 위치한다. 한쪽에는 집단적 죄라는 개념(여성들이 히틀러 청소년단을 낳았으니 모든 독일인은 '자발적인 처형 집행자'란 식의 개념)이 있고, 반대쪽에는 도시 한복판에 군사 생산 기지와 민간 자산이 입지해 주변 경계가 복잡한 상황에서 군사적인 표적과 섞여 있던 '일정한 수'의 무고한 사람들에 대한 희생을 용인하기에 충분한 군사적 목표가 설정되었다는 개념이 있다. 이와 동일한 주장들이 히로시마와 나가사키에 투하된 원자폭탄 공격을 정당화하기 위한 목적으로도 전개되었는데, 두 지역 모두 파괴되는 순간 (소련에 겁을 주는 건 말할 것도 없고) 미국인들이 피비린내 나는 침공을 하게 될 이른바 '군사적이고 산업적인' 부지였다. 드레스덴에 대한 문제는 특히 프레더릭 테일러 같은 '수정주의' 역사가들이 걸고넘어졌다. 그들은 그 도시의 크고 작은 공장들이 카메라와 도자기, 담배 제조에서 업종을 변경해 탄환과 퓨즈, 어뢰, 폭격조준기를 생산한 만큼 경제적으로 무고하다는 주장은 틀렸고 드레스덴이 역사상 특히 독살스럽게 나치를 옹호해온 도시이며, 그곳의 조차장이 나치의 전쟁 노력에 결정적으로 기여한 데다, '그렇게' 많은 난민이 있지는 않았다고 반박했다. 물론 그 모든 주장들은 일부 보복적인 정의 개념에 맞춰 비례성을 벗어날 수 있는 한도를 끌어올린다. 지구 전체를 멸망시킬 수도 있는 원자폭탄은 비례성의 오류를 드러내는 반증이다.

건축이 중요한 이유는 우리가 말할 수 없는 것에 대해 간접적으로 말할 수 있게 해주기 때문이다. 토막 난 건물은 토막 난 신체를 대신한다.

그리고 (흔히 볼 수 있는 건축 담론의 주된 바탕인) 심미성에 치우친 판단은 가장 어려운 도덕적 영역인 육체에 대한 폭력으로부터 손쉽게 후퇴하며 활용할 수 있는 많은 기성 범주들을 보유하고 있다. 제2차 세계대전 때 '폭격기' 해리스는 점점 더 지역 폭격과 완벽한 불바람의 성배를 만드는 데 깊이 집착하게 되었다. 그러면서 그는 독일의 그림 같은 중세 도심과 황량한 목골 주택이 바로 그가 절실히 소망한 방화에 적격인 불쏘시개임을 깨달았다. 역사는 그렇게 불붙이기 가장 좋은 소재를 만나게 되었고 민간인들이나 예술적 보고의 안전한 쉼터가 아닌 방화 기술, 말하자면 적의 사기를 깨뜨리기 위한 불을 붙이고 아마도 도시에서 가장 먼 외곽에 있는 산업시설로까지 불을 퍼뜨리는 기술을 돕는 부속물로 재고되었다. 그리고 여기에는 모든 독일인이 범죄자라는 생각, 사실상 그 어떤 민간인도 없다는 생각이 곁들여있었다.

이렇게 범죄적인 제조업에 가담한 '나쁜' 사람들의 도시라 윤리적인 폭격을 받아도 싸다는 식으로 드레스덴을 범죄 도시로 '인증'하는 생각은 일상적인 도시 조직 전체에 로켓 제조 공장과 발사대가 배치된 가자지구가 나치 같은 하마스적 가치로 아주 촘촘히 오염되었다는 식의 변론과 소름 끼칠 정도로 닮았다. 네타냐후 이스라엘 총리는 그의 야비하고 표리부동한 책임 전가 화법을 통해 모든 죽음을 하마스 측에서 자초한 불법 행위의 단순한 결과로 간주하려 하고, 그렇게 우리는 숫자 게임으로 직행한다. '다른 누군가'가 무기를 배치하거나 인근(학교, 병원, 아파트, 상점, 해변)에 파묻었기 때문에 수백 명의 민간인들이 학살되었다는 주장은 그저 살인에 스스로 면죄부를 씌우는 것일 뿐이다. '우리는 모든 민간인의 희생을 애석하게 생각한다', '우리는 그들에게 경고했다', '하

지만 그건 그들의 잘못이다.'

와이즈먼은 2002년 이스라엘의 한 비상한 모임에서 이스라엘 방위군(IDF)의 '국제법부(International Law Department)' 책임자인 대니얼 라이스너와 일단의 동료들이 만나 한 명의 '투사'를 제거하기 위해 얼마나 많은 무고한 희생자가 (하나의 특정 시나리오 속에서) 정당하게 죽어도 될지를 결정할 '도덕의 수학'에 대한 합의문을 작성했다고 밝힌다. 놀랍게도 합의에 이른 무고한 희생자의 비율은 3.14 — 파이(π)! — 라는 상수였다. 유엔 발표에 따르면 2014년 7월 가자전쟁(Operation Protective Edge)에서 사망한 팔레스타인인이 2,104명이고 그중 1,462명이 민간인이었다. 이 계산에 따르면 가자지구의 대량학살은 3.27이라는 비율을 보여주는데, 범죄가 아님을 정당화하려고 설정한 한도에 매우 근접한 값이다. 물론 이스라엘 방위군 측은 부수적 피해를 줄이기 위해 더 높은 비율의 테러리스트를 겨냥했다고 주장한다. 이건 미친 짓이다. 와이즈먼은 이렇게 쓴다. "이런 식의 국가 폭력은 다양한 유형의 파괴 수단에 공리적인 가치를 매기는 죽음의 경제에 참여한다. 그러한 가치는 그런 파괴 수단이 어떤 손상을 가하고 어떤 해악을 의도적으로 막는지, 그리고 더 잔인한 수단을 제한하는 데 도움이 될 수 있는가와 관련해서도 매겨진다."

과학수사 분석에서 건축은 공소와 변론 과정 모두를 위한 목격자의 역할을 한다. 드레스덴의 경우, 그 도시가 진정한 군사적 표적이었는가의 여부와는 상관없이 공소 사건에서 건축이 맡는 보조적인 책임이 있다. 그 도시가 건축적으로 놀라운 곳이라는 사실이 그것이다. 독일의 역사가 요르크 프리드리히는 폭격 작전의 전말을 다룬 역작 『포화(*The Fire*)』를 2002년 독일에서 출판했는데, 많은 부분에서 잃어버린 건축과 도시의 보

민간 물체들

고를 기록하고 있는 이 책은 지역 폭격이 (책이든 건물이든) 이러한 민간 물체에 담긴 기억의 제거를 목적으로 한 "문화학살(culturecide)"이었다고 주장한다. 이런 행위의 효과는 부분적으로 무고한 죽음 — 아마도 사람들보다 훨씬 더 무고한, 유럽 전역에서 사랑받는 이 "엘베강 위의 피렌체"라 불리는 도시의 무고한 아름다움 — 을, 또한 고딕도 바로크도 한 번도 히틀러를 지지한 적이 없다는 뿌리깊은 암시를 손쉽게 대신하는 것이다. 그리고 여기에는 암묵적인 뒷이야기들이 있는데, 코벤트리 공습부터 쾰른 공습까지 이어진 소위 "베데커" 공습◆(이런 공습을 양쪽에서는 문화적인 보복이라고 선전했다), 독일을 전쟁을 일으킬 수 없는 전원 국가로 만들려고 한 모겐소 계획◆◆(괴벨스는 이를 이용해 독일 문제에 대한 연합군의 최종 해결책에 대한 두려움을 자극했다), 예술적으로 중요한 가치를 인정해 교토를 핵공격 대상에서 제외한 미국의 결정 등이 그것이다.

따라서 건축은 표적의 가치를 살리거나 없앨 때, 그리고 다양한 투쟁 당사자들의 문화적 신임을 확립하는 데에도 활용된다. 심미적인 분노는 이슬람국가나 탈레반이 일부 역사적인 무덤이나 사원 또는 조각을 파괴할 때, 또는 이라크인들이 미국의 침공 이후에 자기 나라의 국립박물관을 약탈할 때 표출된다. 나는 그 거대한 알레포 성채가 파괴되었을 때 충격을 받았고 사랑받는 물질문화의 한 조각이 파괴되면서 아이들이 죽어가고 있는 것을 한탄하며 죄책감을 느꼈다. 나 자신이 느낀 비례성의

◆　베데커는 세계 여행 안내서를 출판한 독일의 출판사 이름이다. 제2차 세계대전 당시 독일은 영국의 폭격에 대한 보복 공습으로 『베데커 영국 여행안내서』(1937)에서 3성급으로 평가된 공공시설들을 폭격했다.

◆◆　미국의 재무장관 헨리 모겐소가 1944년에 입안한 계획을 말한다.

감각은 어디에 있었을까? 여기서는 양편 모두에게 책임이 있는데, 반란의 투사들이 그 성채 안으로 숨어들면서 아사드가 이끄는 군대의 공격을 받았기 때문이다. 하지만 (문명에 대한) 이 잔학한 행위에 대한 죄책감(아랍인들은 '과거에' 이런 감각을 느꼈지만 오늘날에는 그걸 보호하는 데 실패했다)이 분명하게 구분되지 않는다는 것은 책임의 분산을 가능케 함으로써, 언론이 전하는 (그리고 좋은 반란군과 나쁜 반란군을 분류하려는 현 행정부의 노력이 불을 지피는) 혼란한 서사를 인정하고 — 이는 그 지역에서 야만이 문화의 일반적 특징임을 암시한다 — 우리 자신의 문명화 사업(*mission civilisatrice*)과 십자군 전쟁을 인가하고야 만다.

아이러니하게도 가자지구의 문제는 (폭격하는 쪽의 관점에서 보면 이점일 수 있겠지만) 그곳이 거의 전적으로 문화적 가치가 없는 장소로 묘사된다는 점이다. 이런 주장은 이중으로 굴절된다. 가자지구 거주민들의 끔찍한 역경에 공감하는 이들에게는 그곳이 불결하고 감금된 곳이라는 전제를 깐 주장이 공습에 대한 혐오감을 키울 뿐이다. 공습이 일어나면 상황이 얼마나 더 악화되겠는가? 한편 드론과 탱크와 F-16 전투기를 조종하는 이들에게는 가자지구가 균질하게 불리한 조건을 갖고 있다는 생각이 그 영토의 가치를 균등화할 — 표적 집단을 보편화할 — 뿐만 아니라, 하마스가 늘 민간인 뒤에 숨어 지내는 이유가 그들을 공공 공간에서 노출시킬 기반시설이 식별되지 않는 가자지구의 결함 때문이라는 추론을 뒷받침하게 된다.

공격 범위에서 식별된 특별히 건축적인 조치 한 가지는 이스라엘 폭탄으로 '고층' 건물 세 채를 파괴해 눈길을 끈 것이었다. 언론은 이에 매혹되었지만, 그 건물들의 양가적 담론을 향한 내막을 어떻게 다뤄야 할지에 대해서는 확신하지 못했다. 한편으로 고층 건물은 '고가'의 표적과 융합하고 (이스라엘 선전원들이 가자시의 비정부기구/저널리스트 집단이 자주 찾는 한 '고급' 레스토랑의 칼로리가 적힌 메뉴판을 나눠주면서 그들이 굶주린다는 주장을 조롱하려던 시도와 마찬가지로) 가자지구 거주민들을 사회적 계층 사다리를 오르려는 야심가로 취급하게 만드는 문화 변용을 효과적으로 일으킨다. 반면에 항공기의 습격을 받은 고층 건물의 붕괴는 '이슬람 테러리스트'의 습격에 따른 뉴욕 고층 건물의 붕괴를 떠올리게 할 뿐만 아니라 어쩔 수 없이 알카에다와 하마스, 헤즈볼라, 이슬람국가, 보코하람, 탈레반 등이 일반적인 무슬림들과 한패라는 고집스러운 주장을 연상시킨다. 이로써 그들은 서구 문명과 그것을 상징하는 랜드마크를 파괴하는 악의 무리로 날조된다. 그러한 파괴는 고층 건물에 응수해 힘을 과시하는 부적절한 문화적 열망의 산물, 말하자면 그저 특별히 사진발을 잘 받는 재앙이었을 뿐이었다.

따라서 이러한 예술적 분노의 분위기는 드레스덴이나 파더보른에서 죽은 자들의 희생성을 강화하는 데 활용될 뿐만 아니라 그들의 인간성이 그들이 가진 문화의 창조성을 통해 풍부해졌다는 주장으로 현실화한다. 독일인들에게 반복되는 질문은 그렇게 '문명화된' 사람들이 어떻게 그런 악행을 저지를 수 있었느냐는 것이다. 일본의 사당과 도시 조직에 대한 파괴 수준은 어쨌거나 드레스덴에 비할 바가 아닌데, 일본인들은 전쟁 내내 인간보다 못한 악마로 취급되었기 때문이다. 지역 폭격의 윤리를 철저하게 해명한 『죽은 도시들 사이에서(*Among the Dead Cities*)』(2006)를 집필한 앤서니 그레일링은 이 책에서 일본을 향한 서양의 인종주의적 태도를 이루는 네 가지 요소가 일본 도시를 사실상 무차별적으로 파괴할 수 있게 만들었다고 주장한다. 그 네 가지 요소란 진주만에 대한 '배반' 행위, 전쟁 포로에 대한 잔혹성, 전투 행위의 흉악성, 그리고 가미가제 공격이라는 '이상한 동양적 광신주의'다. 이러한 인종주의적 시선은 서양이 이슬람을 일반화된 타자로 구성할 때도 정확히 재현된다. 9/11은 진주만을, 이슬람국가의 포로 참수와 살육은 바탄의 죽음 행군◆을 대신하고, 시리아에서 일어나는 미친 전투들은 (이란-이라크 전쟁 때 소년병들이 지뢰 제거 작업을 맡게 한 인간적 책임은 두말할 것도 없고) 광신적인 공격과 삶에 대한 경멸을 위해 명성을 불태우며, 해당 지역 일대와 전 세계에서 일상적으로 일어나는 자살 폭탄 테러는 천황(현재 맥락에서는 무함마드라고 읽는다)을 숭배하는 일본군 조종사들의 자살 공격 열풍과 짝을 이룬다. 그런 사람들에 대한 해법은 그저 그들을 비하한 다음 파괴하는 것뿐이다. 베트남에서 불타던 초가집과 무차별 포격지대는 이제 이라크에서 재현된다.

그렇게 우리는 폭격하고 또 폭격한다. 가자는 도쿄나 함부르크를 대신하는 수준 이하의 '헐벗은 도시'로 취급된다. 하마스는 포위된 인구의 분노를 먹고 성장하며, 모든 인구가 로켓과 헌장과 참수에, 그리고 나머지 극악한 테러의 백과사전에 공모한다고 간주된다. 그 장소 자체는 보존할 만한 가치가 있는 건축을 한 조각도 식별할 수 없을 만큼 절망적인 곳으로 여겨진다. 무가치한 건조 환경의 한 조각으로서, 겨우 피난처와 일상생활을 위한 최소한의 생필품만 제공하고 어떤 '예술'의 보충도 이뤄지지 않는 곳. 여기서 폭격자의 계산은 보존주의자의 계산을 충족시

◆　1942년 일본군이 필리핀 바탄반도를 경유하며 미국과 필리핀의 전쟁 포로를 강제 행군시킨 것을 말하며, 당시 총길이 100킬로미터 내외에 달한 행군 길에서 수많은 사망자가 발생했다.

킨다. 가자지구에는 꼭 남겨둬야 할 건물이, 자체적인 장점으로 인해 보호할 가치가 있는 건물이, 눈에 띄는 건축 작품이 없다는 계산 말이다. 이런 추론은 이 평범한 장소에 사는 사람들에게도 전달되고, 사람들은 열망하는 능력을 상실한다. 문명화된 환경을 지을 수 없는 그들은 그렇게 처분해도 되는 부류로 특정되었다.

전쟁 이후에 나는 한 친구에게서 이메일 한 통을 받았는데, 일전에 어디서 몇 번 본 적이 있는 비슷한 줄거리의 내용이었다. 이메일은 노벨상 수상자 목록을 담고 있었는데 수상자 중 무슬림은 7명, 유대인은 129명이었으며, 반유대주의자이지만 유대인들의 의학적 발견에 편승하는 이슬람 율법학자들의 위선에 대한 진부한 문구도 포함되어 있었다. 이러한 자부심과 경멸의 결합이 '비례성'이라는 개념의 핵심에 놓여있는 것이다. 노벨상 수상자 목록, 1천 명의 팔레스타인 수감자들을 샬릿 병장과 맞바꾸는 교환, 이스라엘인 6명의 죽음에 대한 가자 민간인 1,400명의 학살이라는 '편중된' 조치는 우리의 풍요로운 삶을 기준으로 저들의 '헐벗은 삶'을 저울질하는 도덕의 계산법을 세우고, 살인할 권리를 확립한다. 유대인들에게 특히 친숙할 이런 논거는 부수적 죗값의 계산법이라는 악의적인 결과를 낳을 수밖에 없다. 우리는 사막을 꽃피웠고, 세계적인 소프트웨어 산업을 만들어 냈으며, 노벨상도 탔는데 대체 너네는 뭘 했냐고 묻는 것 말이다.

— *Nation*, November 17, 2014, thenation.com.

42
선명한 빛

르코르뷔지에는 건축을 "빛 속에 모아놓은 매스들의 숙련되고 정확하며 장엄한 유희"라고 묘사한다. 라우레타 빈치아렐리는 그 누구와 비할 데 없는 광휘의 형이상학자요, 빛과 조명의 화신이었다. 그녀의 놀라운 작업에서 빛은 단순히 형태만이 아니라 물질적인 힘을 드러내는 뚜렷한 요소가 된다. 조율하는 공간을 비스듬하게 가로지르는 예리하고 선명한 광선을 보여주든 아니면 형태를 식별 가능하고 특별하며 정확하게 표현하는 힘을 보여주든, 그녀의 작업은 계시의 힘을 발산한다.

　　독특한 기법 ─ 종이 위에서 페인트 덩어리의 물성과 불투명성이 믿을 수 없이 가벼운 존재를 사로잡는 끈질긴 정확성으로 세심하게 몇 겹을 채색하는 기법 ─ 을 바탕으로 그녀가 발명하고 재현하는 건축은 진정 가중치를 매기고 측정할 수 있는 여러 층위의 색상과 상상을 겹쳐 '지은' 것이라고 말할 수 있다. 그녀의 작업은 순수하면서도 기묘한 건축이자 희석된 공간적 특이점이다. 그 형태들을 단순하다고 묘사하는 건 정확한 동시에 사실을 오도하는 측면이 있다. 빈치아렐리 일생의 프로젝트는 뉘앙스, 즉 태양에너지의 진동이 확립한 그늘과 그림자, 유령 같은 색, 반사와 굴절, 표면과 공백의 어휘 목록에서 일어나는 상호작용의 무한성에 끼어드는 미묘함을 환기시키는 일이었다.

그녀의 상상력 넘치는 작업은 늘 뭔가를 재현하지만, 그녀의 건물 묘사는 희석되어있고 '순수하게' 이뤄지며 그 너머의 풍경에 대한 엄격한 묘사로까지 나아가는 경우는 가끔일 뿐이다. 사람들이나 기타 오브제들의 이미지가 그녀의 작업과 무관하다는 말이 아니다. (물론 그런 이미지들을 배제함으로써 관찰자는 결코 관음증자가 아님을 확증 받지만 말이다.) 그보다는 건축 그 자체가 주체적인 임무를 취하는데, 말하자면 그것이 기념하는 종류의 지각적 개입을 위한 가설적 배경이자 가장 고상하고 뿌리깊이 건축적인 경험의 본거지로서 역할을 하는 것이다. 작품은 심오하게 축조적이며, 구조의 중량감과 밀도로 가득하다. 또한 상인방식 구조와 아치, 개구부와 벽체, 인장력과 압축력 등 플라톤적인 시공 목록의 요소 하나하나를 포착한다.

회화들 또한 늘 추상을 향해 움직이면서 명료하고 고집스러운 규모의 감각을 통해 신체의 현장감을 유지한다. 창문의 배치, 발밑 표면의 무늬, 멀리 보이는 산맥과 평원, 부재들의 다양한 크기가 이루는 위계감, 계단의 챌판 — 이 모든 게 건축의 내밀성에 대한, 이 장소들 속에 우리 자신이 자리하고 있다는 완전하고도 불가피한 시의성에 대한 개념을 확립하는 동시에 그 형언할 수 없는 고요한 반사광과 함께 희미하게 빛난다. 심지어는 그녀의 초기 작업조차도 장소의 수단이자 척도로 기능하는 전형적인 축조술의 현장감을 뛰어넘기 위해 애쓴다.

나는 최근에 너무 빨리 세상을 떠난 또 한 명의 위대한 예술가인 나스린 모하메디의 작업을 알게 되었는데, 그녀의 작업이 라우레타의 작업과 비슷하단 사실에 충격을 받았다. 모하메디의 작업을 두고 한 비평가는 "말레비치와 아그네스 마틴의 결합"이라고 묘사했지만, 비교는 결코 진정한 명답이 아니다. 영향의 불안◆과 동시적 발명의 기적을 누가 진정으로 추적할 수 있겠는가. 이런 식의 쌍둥이 만들기에는 솔 르윗을 추가할 수도, 심지어는 자신의 9H 심 연필을 칼같이 써서 납작하게 표현한 공간을 적층하던 초창기의 존 헤이덕을 추가할 수도 있겠다. 모하메디의 작업이 놀라운 것은 범주를 탈피했다는 점인데, 엄밀히 말하면 건축의 범주가 아니라 (빈치아렐리의 작품처럼) 뿌리깊이 공간적인 일종의 재현적 추상이었기 때문이다. 하지만 그 드로잉들은 일견 고상하고 미니멀해 보일지언정 실제로는 풍부한 구상으로 가득하다. 모하메디는 충실하고 잘 조율된 일기작가이자 관찰자였으며, 베틀 위에 정렬한 실, 해변의 가는 물길, 바다를 가르는 파도, 노출된 투시도를 삽입한 — 그것의 정렬이 설명하는 건축을 벗겨낸 — 구성의 영감은 믿을 수 없을 만큼 풍부하다.

모하메디와 빈치아렐리는 무한성에 사로잡혀서 개념화할 수 없는 걸 보이게 만들었다. 그러한 소실점의 아이디어는 우주의 탄생을, 말하자면 그 가시성 속에서 개념화되지만 규정하기 어렵고 궁극적으로는 시간으로서만 파악할 수 있는 시야 너머의 가속화를 포착한다. 밤낮의 리듬, 즉 모든 그림마다 정확히 기록되는 태양 궤적 변화의 규칙성은 건축의

◆ anxiety of influence. 문학비평가 해럴드 블룸이 사용한 용어로, 선대의 위대한 예술가가 남긴 영향을 벗어나 자신만의 독창성을 확립하고 싶어 하는 후대 예술가의 불안을 일컫는다. 이 개념에 따르면 선대와 후대 예술가의 관계는 아버지에 대한 아들의 오이디푸스 콤플렉스와 같아서, 후대 예술가가 선대의 예술 작품을 일부러 오독하는 경향을 낳는다.

선명한 빛

4번째 차원을 추가하면서 우리를 또 다른 방식으로 상징한다. 일견 고요해보이고 뿌리깊이 명상적인 특성에도 불구하고, 이 장소들은 가장 군더더기 없이 축소된 시간과 움직임으로 채워진다. 시간에 대한 시대 초월적 표현, 시간을 산산조각 내는 시간의 고요한 과잉으로 말이다. 작품은 고요하면서도 믿을 수 없을 만큼 생동감이 넘쳐 초자연적으로 느껴지며, 매우 풍부하게 미묘하고 암시적이어서 어떤 각도에서 바라봐도 신선한 감정과 신선한 지각이 들 뿐만 아니라 건축이 철학과 경험으로서 의미를 찾는 방식에 대한 신선한 공경이 느껴진다.

빈치아렐리와 모하메디는 모두 빛을 향한 궤적을 따랐는데, 거리가 멀수록 약해지는 밀도뿐만 아니라 광휘의 관점에서도 빛을 이해했다. 하지만 모하메디가 자신의 광학을 순수한 선의 구성으로 탈색하는 작업을 했다면, 빈치아렐리의 작업은 점증하는 색의 포화를 향해 나아갔다. 여기서 그 둘의 친화성은 요제프 알버스와 마크 로스코의 친화성과 매우 닮았으며, 그녀가 그들과 나눈 대화는 색의 상호작용과 정확한 색조의 특수사항, 그리고 이미지 포착의 틀이라는 개념에서 가장 근본적으로 건축술적인 개념인 에워싸기를 모두 포함했다.

빈치아렐리가 예술가로서 쌓아온 이력 속에는 정화(purification)라고 불릴 만한 것을 향한 명백하고도 거의 의례적인 움직임이 있는데, 이런 점은 우리의 가장 기발한 공간 탐험가이자 자체적인 이미지와 연속을 이루는 건축의 탁월한 대가인 레비우스 우즈에게서도 발견되는 것이다. 빈치아렐리의 작업은 가면 갈수록 더욱더 정제되고 밀도가 높아지다가 결국 건물의 재현을 제쳐둔 채 항아리 속 번개 같은 공간을 포착하려는 보다 마술적인 시도를 선호하게 되었다. 여기서도 추상 개념은 세심하게 적용해야 하지만, 그녀가 본질을 추구한 것만은 분명하다. 이런 의제는 단순히 예술적이거나 철학적인 게 아니었다. 확실히 중요한 것은 우즈와 빈치아렐리 모두 70년대에 자기 연구를 심화하기 시작했고, 당시는 많은 방향에서 급진적인 건축 탐구가 이뤄지던 시기였다는 점이다. 빈치아렐리의 탐구는 건축 이론의 역사를 통틀어 내려오다가 19세기 초 카트르메르 드퀸시와 로지에, 비올레르뒥의 작업에서 분명한 정점을 찍은 바 있는 인식론적 구성물인 '유형(type)'에 대한 탐문에서부터 시작했다. 건축 유형의 의미에 대한 질문들은 특히 빈치아렐리가 학문적 경력을 쌓은 이탈리아에서 살아있었다.

　　지식사회학의 관점에서 유형은 분명 모더니즘 건축이 막다른 길에 이르러 근본을 상실하고 사회적 목적에서나 세계의 어리석은 장식주의와 특권에 대한 반응으로서나 자체적인 의미의 근원을 빼앗기게 되었다는 광범위한 느낌과 같은 시대적 맥락을 갖고 있었다. 모더니즘이 대항하던 특권은 산업 문화와 식민주의, 그리고 그것들에 대한 세계 전쟁 속의 신격화 속에 구현되는 억압과 해방의 두 얼굴이 만드는 세계의 특권이었는데 말이다. 하지만 근대성을 생산한 '오랜' 19세기의 운동은 제2차 세계대전 이후 사회적이고도 물리적인 절멸 기술 속에서 모아진 자금을 통해 가속화된 형태로 되풀이되었다. 그 이후의 바로크적 소비 양식들은 식민주의적으로 완연히 뻗어나가면서 빅토리아시대풍을 연상시키는 더럽게 사치스러운 허세의 귀환이라는 악담을 듣게 되었다.

　　빈치아렐리가 그토록 전념했던 건축의 재발명은 그것의 본질을 되살리기 위해 일차적인 구성요소들을 분석하는 작업을 포함했다. 유형 개념은 진화론 이전의 기원(origin) 개념을 구현한다고 말할 수도 있겠는데,

말하자면 출발점이 갖는 권위에 형태의 구성요소로서 특권을 부여한 관념론적 구성물이라 볼 수 있는 것이다. 당시 이탈리아 건축 사상에서는 '합리주의' 기조 속에서 결국 건축의 부흥을 위한 전근대적 원천을 찾는 동시에 건축 외적인 의미들은 제거하려는 명백한 시도가 있었다. 확실히 이런 시도는 근대성 고유의 자기 발명이라는 관점을 재활용하는 경우가 많았지만, 건축을 다시 역사화하고 인식론적 단절을 메우려는 열성적인 노력 속에서 여러 갈래의 시도로 분기되었다.

건축과 문화의 역사에 깊이 몰두한 빈치아렐리는 유형 개념으로 몇 가지 중요한 방향을 취했다. 첫 번째는 건축의 요소 개념, 중력을 거스르는 거친 구축술, 전통화된 형태 환원, 그리고 빛과 공간의 창조적 유희를 향한 방향이었다. 이러한 탐구는 보다 순수한 구상 형태의 미니멀리즘 예술 세계에서 유사한 탐구와 신속하게 결합했고, 빈치아렐리가 예술 분야를 건축과 환경의 영역으로 확장시킨 중요성은 대체로 인지되지 못했다. 하지만 정말 중요한 건 복제 가능한 주거 형식의 문제에 전념한 빈치아렐리가 (그녀의 놀라운 가르침을 통해) 보다 응용된 유형 개념에 대한 고도로 훈련된 학술 연구를 장기간에 걸쳐 수행하면서 이룬 결실, 특히 그중에서도 가장 위상학적인 유형인 '카펫 하우징'이다. 그녀는 모든 작업에서 건축가의 다중적인 의무를 결코 망각한 적이 없다. 피난처를 만들고, 조명을 계획하고, 여러 광선들을 구성하고, 장소와 어울리는 간결한 조치를 취하고, 이 모든 걸 철저히 관대하게 제공하는 의무 말이다. 달리 말해 그것은 빛의 정치다.

— Various contributors, *Clear Light: The Architecture of Lauretta Vinciarelli*, New York: Oscar Riera Ojeda Publishers, 2015.

43
노동자로서 건축가

어디에나 존재하는 독일적인 대형 건물 유형은 바우하우스♦다. 그런 건물을 처음 보았을 때, 나는 억압된 것이 귀환했다는 생각에 들떴다. 마치 독일적인 일상의 풍경 위에 모더니즘이 예루살렘 성지처럼 흩뿌려진 느낌이었기 때문이다. 이게 홈디포에 필적하는 게르만 민족 특유의 건물임을 알았다고 해서 나의 몽상이 가라앉은 건 아니었다. 가압식 방부목이 가득하고 배관 부속품이 풍성하며 핸드드릴도 많이 구비해놓은 그 상점들은 일반 시민에게 도구 사용권을 부여해 건축의 제사장 역할을 대신하게 할 수도 있다는 권한 이양의 개념을 나타내고 있었다. 바우하우스는 생산 수단을 소비하기 위한 축제의 시장 못지않다.

♦ 독일어로 '바우(Bau)'는 건축(building)을, '하우스(Haus)'는 집(house)을 뜻한다. 1920년대 독일 바이마르공화국 시기에 운영된 바우하우스는 '건축학교'였지만, 여기서는 '건축 자재와 도구를 파는 집'의 의미로 쓰였다. 애초에 바우하우스는 바이마르에 세워졌지만 나치의 탄압으로 데사우와 베를린으로 옮기며 운영되다 폐쇄되었다.

피에르 비토리오 아우렐리는 이 공장을 가리켜 마르크스적인 노동 개념을 물질적으로 영도(degree-zero)화한, 자본주의 발달의 특정한 역사적 순간이 낳은 결과로 묘사한다. 마르크스는 가장 대표적인 모더니스트였으며, 그의 사상에 사로잡힌 바우하우스 부류의 건축가들은 상층 부르주아지가 관행적으로 거둬들이는 쓸모없는 부수입을 거부하면서 오랫동안 노동 ― 아니, 그보다는 '노동자' ― 에 대한 선망을 유지해왔다. 이는 평등주의자의 외향적 실천으로서, 노동자를 이상적으로 경외시하고 건축은 이러한 주제를 모델로 삼아 상상된 요구 조건에 대한 응답으로 형태와 목적을 발견하는 주로 사회주의적인 전통에 속한다고 말할 수 있다. 산업 건물 시스템과 돔-이노(Dom-Ino) 골조, 최소화된 (즉, 평등화된) 주거 단위, 생산이 이뤄지는 장소 ― 드네프르강의 댐부터 포드사가 루지강 강변에 세운 공장, 버팔로의 곡물 창고 등 ― 의 찬미 속에서 모더니즘은 그 기획을 현실화하고자 했고, 그런 장소에서 심미적인 것을 부정하는 모더니즘 미학이 형성되었다. 데사우 시절의 바우하우스가 공장 형태를 취한 데는 이유가 있으며, 그것은 표준적인 역사서에서 바우하우스의 사진이 늘 파구스 구두 공장◆과 함께 나오는 이유이기도 하다.

하지만 디자인에서 말하는 노동 개념은 둘로 양분되는데, 한쪽에는 마르크스의 프롤레타리아적 노동 개념이 있고 반대쪽에는 윌리엄 모리스의 자유 농민적 노동 개념이 있다. 이는 현재까지 우리 건축의 의미 체계를 양분시키고 있는, 말하자면 역사주의와 '뉴' 어버니즘 사이에서 공

◆ 바우하우스의 설립자인 건축가 발터 그로피우스가 1911년에 설계한 건물이다. 1930년대 초에 나치가 바우하우스를 폐쇄하자 그로피우스는 미국으로 망명해 하버드대학교에서 교편을 잡았다.

장 대 공예라는 진부한 대립 구도를 낳게 한 전조였다. 이렇게 양분된 모더니즘들은 이제 특히 ('자동화된') 매개변수 디자인과 ('지구를 구하자는') 생태적 디자인의 불안과 전망 속에서 나타나고 있다. 이러한 연속적인 양분화는 건축 고유의 노동이 차지하는 자리를 상징화나 되살리기의 측면에 고정하는 경향이 있는 만큼 복잡한 정치를 정초하게 된다. 따라서 '인간적인' 건축 노동의 본질(그리고 그에 관한 보상과 노동 조건의 문제 등)에 대한 모든 분석은 그 이면의 다양한 개념적·윤리적 충동을 비롯해 지속적으로 중첩하는 (개별성에 대한 비난과 자기실현, 공동체적 봉사가 깃든) 수공예와 (소외와 착취, 대량소비 엔진 태우기를 수반하는) 생산라인의 문화적 의미들을 고려해야 한다. 무허가 판자촌 거주자나 태풍 생존자를 위한 건축 활동이 뉴욕 57번가에 고급 분양아파트를 짓는 것과 동일한 윤리적·재정적 계산법에 근거하리라는 기대는 건축계 내부에 쉽게 무너질 수 없는 도덕적으로 인가된 계급 체계가 존재함을 강조할 뿐이다. 비록 국경없는 의사회를 파크 애비뉴에서 코 수술을 진행하는 성형외과 의사와 '단순히' 동일시할 수는 없지만 말이다. 이러한 범주의 혼란이 보상과 복지후생 계획 개념의 밑바탕에서 일어나고 있으며, 우리가 누구를 대상으로 어떤 방식의 구성을 할지에도 큰 영향을 준다. 나는 데이비드 차일즈를 같은 투쟁에 참여하는 전우로 여기지 않지만, 스키드모어, 오윙스 앤 메릴의 많은 직원들은 분명 나와 같은 투쟁을 하고 있다. 우리 중 누군가는 우리의 '실천'이 컴퓨터과학이나 부동산 개발보다 예술이나 정치 또는 사회복지 업무와 더 긴밀히 협력한다고 여기며, 이는 분명 1 전문직 2 체제 또는 '많은' 체제들의 문제를 제기한다.

윤리적 기초에 따른 이러한 이중화는 다양한 '전문직' 환경 속에서 재현된다. 의사들은 모두 히포크라테스 선서에 서명하지만 그중 아주 소수의 외과의만 아프리카에서 빈민의 구개 파열을 치료하는 데 시간을 투자한다. 사실은 랜드 폴◆도 주기적으로 니카라과를 방문해 치료의 손길이 닿지 않는 이들을 위한 백내장 수술을 하곤 한다. 법관들은 자기 소명의 시민적 성격을 이해한다는 취지로 무료 변론을 맡고, 무료 변론을 할수 있게 하는 국가적 제재의 일환으로 그리하기도 한다. 건축가들은 봉사에 대한 독려가 풍부한 전문직 행동 강령에 서명한다. 그러한 독려 중 많은부분은 (비록 자발적이긴 해도) 합법적인 권위로 규정되는 십일조 또는 자선의 경제학이라 부를 만한 것에 의존하고 있다. 이러한 폭넓은 불평등, 그러니까 뉴욕에서 적은 급여를 받는 부하 건축가가 카이로의 넝마주이보다 비교할 수 없을 만큼 풍족하게 산다는 사실(물론 상사와도 비슷한 불일치가 존재하긴 하지만)의 맥락 속에는 (더 나은) 생활 임금을 향해 투쟁하는 어떤 파벌주의가 존재한다. 이는 그런 투쟁에 반대하는 주장이 아니라, 건축 분야 안팎에서 그러한 불균등함을 인지하고 그에 대처하자는 요청이다.

하지만 건축 실천의 예술적 성격이 도입되면 더 큰 혼란이 일어난다. 그런 예술적 성격을 어떻게 분석할까? 예술적인 건축 진영의 '상대적자율성'이 만들어 내는 흐릿한 경계가 존재하는데, 이쪽에서는 상대적자율성을 통해 그것이 속한 직종과 스스로를 근본적으로 구분하면서 그게 어느 한쪽에 완전히 가담한다는 모든 주장을 비틀어놓는다. 건축에서정치의 문제는 분배적인 측면도 있고 재현적인 측면도 있다. 이것은 찰스 퍼시 스노가 말한 인문학과 기술이라는 두 문화의 이원론이 아니라

◆   미국 공화당 소속의 상원 의원으로, 정계에 입문하기 전에는 안과의사로 재직했다.

건축의 '본질'을 역동적으로 만드는 생래적 모순의 장소다. 이는 '건축가'를 단일한 주체로 보아선 안 됨을 시사한다. 어떤 정치든 가장 근본적인 속성이 '조직화'임을 감안한다면, 그렇게나 다양한 방식의 자기생산과 건물 같은 결과의 생산에 민감한 활동에 대해서는 무얼 할 수 있을까? 시급한 것은 노동과 일터 사이에 일단의 유용한 차이를 확립하는 일이다.

일터의 경우, 현재 공정한 급여와 대우를 향한 건축계의 싸움에 비할만한 투쟁은 미친 근무시간을 줄이라는 병원 인턴과 레지던트의 투쟁이었다. 이 투쟁이 성공한 원인은 그들이 노조에 가입해서이기도 했고, 과로 속에서 세금을 과하게 내는 수련의들의 실수가 낳은 명백한 결과로 환자들이 사망하는 사건이 몇 차례 큰 이슈가 돼서이기도 했다. (아버지가 『뉴욕 타임스』 필자였던 리비 자이언의 죽음이 가장 대표적이다.) 이 가혹한 신병 훈련소에서 의학적 인성을 형성하는 데 핵심적이라고 여겨지던 믿을 수 없을 만큼 과중한 요구들, 그리고 이론적으로는 미래의 위기에도 좋은 자리에 의사를 배치하게 될 '압박 속에서 반사 신경을 키우는 훈련'에 대해 표출된 반대의 목소리에 의학계의 많은 사람들은 깜짝 놀랐다. 건축가의 전문적인 수련 기간이 주는 역경도 이와 같이 고상한 대의로 포장된 질적 갈등을 동일하게 겪지만, 문제는 그걸 감내하기 위한 이유(그리고 미사여구)가 있느냐는 것이다. 누추하고 착취적인 조건의 건축사무소에서 하는 노동이 어떤 긍정적 효과를 가져다준다고 할 만한 이유는 거의 없어 보인다. 고용주의 수지타산에 미치는 효과라든가, 언젠가 이런 역경을 넘기게 될 거라는 젊은 건축가 자신의 기대를 일으키는 효과만 빼자면 말이다.

아이러니하게도 고용주들은 전체적으로 가치 있어 보이는 건축 교육의 두 가지 특성을 종종 착취한다. 첫 번째는 집중적인 설계 검토회의

(샤렛)와 그것에 과도한 초점을 맞추는 것이다. 이런 관행은 개인의 성과 능력과 기율을 시험할 뿐만 아니라, 건축 실무 특유의 일정 계획과 생산에서 자연스럽게 일어나는 (호황기와 불경기는 말할 것도 없고) 어려움에 대비하기 위한 과정이다. 보상(한 주 쉬고, 초과 근무 수당을 벌고, 빈민을 돕는 등)의 상황이 공정하다면 더 나은 경영으로 성과 곡선을 매끈하게 할 수 있는지는 어디서도 묻지 않으며, 참여자의 입장에서는 늘 원천적으로 직무에 대한 열정이 있고 그것으로 동기부여를 한다. 건축 교육에서 경험할 수 있는 두 번째 특성은 (역시 집중 검토회의의 생래적 특성이기도 한데) 최종 논문 준비 시간에 2학년생이 3학년생을 돕는 상호 부조의 전통이다. 이것도 소중한 과정이지만, 문제는 그게 허위적인 형식이 될 수 있다는 점이다.

착취를 판단하는 척도는 불평등이다. 나는 차세대의 상퀼로트◆로서, 상기된 얼굴의 노먼 포스터가 어떤 전제군주의 무릉도원에 있는 프로젝트 대지를 향해 전용 제트기를 조종하며 하급 직원들은 장거리 버스의 중간 좌석에 앉힐 거란 생각에 충격을 받는다. 하지만 이런 식의 건축적인 지니계수는 보다 일반적인 기업 세계에서 최고경영자의 급여와 평균 직원들의 급여 사이에 점점 벌어지는 격차를 전형적으로 보여주는 것이다. 그리고 다른 기업 직원들과 마찬가지로, 건축가들이 맞닥뜨리는 도전은 건축 내부의 탐욕스러운 문화에만 있는 게 아니라 아주 많은 미국 산업을 동일하게 몰살시킨 해외 업무 이전에도 있다. 급료는 낮되 전문성이 있는 곳으로 물리적 생산과 '비물질적 생산'을 모두 이전하는 추세가 점점 늘고 있는데, 컴퓨터 프로그래머를 인도에서 고용하거나 건축

◆ 프랑스 혁명 당시 파리의 하층민 공화당원으로, 이론적 과격파 내지는 급진적 혁명가를 일컫는 말이다.

렌더링 작업자를 중국에서 고용하는 식이다. 이러한 대형 사무소들과 그들이 취하는 전략은 논리적으로 반란이 일어날 만한 장소이지만, 그게 단순히 단일한 건축 분야 속에서 붕괴할 리는 없다. 그 복잡한 생태계를 이루는 많은 사회적·경제적 모델을 부정할 수 없으니 말이다.

　모두가 트로츠키주의자가 되지 않는 이상 우리는 점점 세계화하는 우리 경제를 숙고하면서 우리 자신의 특권화된 곤경에 닥친 도전만을 해결할 수 있을 뿐이다. 우리 자신의 노력을 지지하는 형제자매와 함께 공동의 대의를 만들어 내면서 말이다. 언론에서 중국 선전에 있는 전자제품 공장의 열악한 조건, 예컨대 그 유독성과 잔인한 일정과 자살률에 초점을 맞춘 것처럼, 최근에는 걸프만에서 스타 건축가의 프로젝트를 건설하며 착취당하는 노동자에 대한 관심도 급증했다. 배타적인 전문가 조직의 문제 중 하나는 그것이 전복하고자 하는 계층화와 배제의 개념 자체를 스스로 영속화할 수 있고 더 나아가 특권의 저류를 고착화할 수 있다는 점이다. 이는 하나의 전문직 안에서 일어나는 혁명의 전망이 (효율적인 설득력을 갖긴 하지만) 실행의 사슬 하부에 위치한, 또는 건조 환경의 98퍼센트를 구성하는 당사자인 비전문가들을 배반하는 결과로 이어짐을 암시한다. 요점은 전문성을 굴복시키는 의미에서 전문가 조직을 해체하자는 게 아니라 의식적인 방식으로, 말하자면 우리가 혼자서는 아무것도 짓지 못함을 인지하는 방식으로 실무를 하자는 것이다. 하나의 커다란 조합이랄까?

　건축 실무의 역설 중 하나는 사실 미국 사무소의 전형적 특징이 된 사회적 압축에 있다. 한때는 실업학교나 도제 훈련을 통해 기술을 배운 제도사들이 최종 도면을 그렸지만, 이제는 스타 건축가를 열망하는 한 명의 아이비리그 건축대학 졸업생이 모든 욕실 타일의 도면을 직접 그린

　　　　　　　　　　　　　노동자로서 건축가

다. 이렇게 압축된 범위의 핵심 생산자들이 소규모의 인력으로 대규모의 일을 하는 사무소의 원형을 만든다. (많은 대형 사무소들이 개별 스튜디오로 조직되고, 스튜디오마다 자체적인 '마스터'가 있다는 것 또한 이런 추세의 증거다.) 실무적 차원에서 우리는 이 위장된 기업주의를 보다 진정하고 덜 위계적인 조직화의 형식과 어떻게 구분해야 할까? 한 가지 가능한 접근은 그 '생산 유닛'의 크기와 밀도, 소득, 상대적 비용의 한계와 더불어 권한 이양과 친밀성, 통제, 직급에 따른 권위의 수준을 보는 것이다. 오래된 노동조합주의의 형식이 요청되는 곳도 많이 있다.

이를 위해 하나의 역사적 사실을 행복한 마음으로 살펴보기로 하자. 제1차 세계대전 종전부터 제2차 세계대전 종전까지 미국에서 건축 노동자들을 조합화하려는 수많은 성공적 시도가 있었다. 최초의 진지한 노력은 국제 제도사 연맹(International Federation of Draftsmen)의 조합이었다. 이 조합은 1913년에 노픽 해군 조선소에서 해양 제도사 협회(Society of Marine Draftsmen) ─ 회사 조합 ─ 로 출발했지만, 이후 독립적인 노조가 발족되어 1918년에 미국 노동 총연맹(American Federation of Labor, 1937년까지 유일한 전국 노동연맹)의 인가를 받았다. 그런데 그보다 훨씬 더 중요했던 건 대공황 때 생겨난 후속 단체인 건축가·엔지니어·화학자·기술자 연맹, 일명 팩트(Federation of Architects, Engineers, Chemists, and Technicians, FAECT)였다.◇ 로버트

◇   FAECT에 대해 내가 아는 사실상의 모든 내용은 앤소니 슈만(Anthony Schuman)의 논문 "Professionalization and the Social Goals of Architects, 1930~1980: The History of the Federation of Architects, Engineers, Chemists, and Technicians (FAECT)," in *The Design Professions and the Built Environment*, Paul L. Nox, ed. (Kent, UK: Croom Helm, 1988)와 슈만의 연구를 크게 원용하는 로버트 하이페츠(Robert Heifetz)의 "The Role of Professional and Technical Workers in Progressive Transformation," *Monthly Review*, December 2000에 빚지고 있다. 나는 두 논문 모두를 뻔뻔하게 차용해 요약했기에 그들에게 감사를 전한다.

하이페츠에 따르면 "1932년에 이르자 건축가들은 1928년에 비해 일거리가 1/7로 줄어들있고, 모든 제도사와 시방서 작성자, 공사 감독의 6/7이 일자리를 잃게 되었다." 1929년에는 기술인 조합(Union of Technical Men)이라는 초기 조합의 과격 단체가 뉴욕에서 생겨났다가 '과도한 급진주의'를 이유로 미국 노동 총연맹으로부터 축출되었다. 팩트는 1933년에 미국건축가협회가 전국산업부흥법(National Industrial Recovery Act)의 일환으로 배포하고자 제도사 최소 급여 기준(시간당 50센트!)을 제안한 책을 출판한 이후에 설립되었다. 이런 급여 수준은 눈물겹게 낮았을 뿐만 아니라 그 요율이 제도사들과의 아무런 상담도 없이 고안되었기 때문에 즉각적인 반발을 불러일으켰다. 1934년에 15개 지역에서 6,500명을 모집한 팩트는 스스로를 "기술 직종의 진보적 전위대"라고 선언했고, 1937년에는 불멸의 지도자 존 L. 루이스의 리더십 하에 형성된 산업별노동조합회의(Congress of Industrial Organizations)의 일부가 되었다.

제2차 세계대전 때 팩트는 산업적인 의사결정에서 노동의 역할을 늘릴 것을 강력하게 옹호했고, 그런 협력 모델이 평시 생산에도 중심을 이루길 기대한다는 뜻을 분명하게 밝혔다. 하지만 경영진의 생각은 달랐고, 노조는 악의적으로 빨갱이 취급을 받았다. 당시 연방 하원의 비미 활동 위원회(House Un-American Activities Committee) 소속이었던 마틴 디스 주니어 의원은 팩트를 가리켜 "공산당의 완전한 통제를 받는" 조합으로 묘사했다. 팩트 회원들이 로버트 오펜하이머와 그의 형 그리고 줄리어스 로젠버그와 함께 원자폭탄 연구에 참여한 사실은 도움이 되지 못했다. 1943년에 육군성은 버클리(현재는 로렌스) 방사선 연구실에서 팩트의 참여를 금지할 것을 요청했다. 하이페츠는 다름 아닌 맨해튼 프로젝트의 수장이었던 레슬리 그로브스 장군이 쓴 메모를 다음과 같이 인용한다. "팩트 25번 지부의 활동은 이미 버클리 연구의 보안을 심각하게 훼손했다. (……) 버클리 방사선 연구실에서 팩트의 영향을 제거하는 조치를 취하는 게 필수적이다."

세계대전 이후 불어 닥친 적색 공포 속에서 계속 소련의 도구라는 오명을 덮어쓰던 팩트는 살아남기 위해 1946년에 좌파적인 미국 사무직·전문직 노동자 연합(Union of Office and Professional Workers of America)과 병합했고, 이 연합 역시 1948년에는 (안위를 생각해 우파적으로 표류하던) 산업별노동조합회의로부터 축출당했다. 그 짧은 전성기에는 사이먼 브레인스, 퍼시벌 굿맨, 제임스 마스턴 피치, 비토 바티스타, 모리스 자이틀린, 그리고 『프로그레시브 아키텍처』의 편집장 톰 크레이튼 같은 중요한 건축 인사들이 팩트의 회원이었다. 당시 팩트는 회원들이 자격시험을 준비하도록 돕고 최신 기술에 대한 지식을 보충해 주기 위한 자체 학교를 운영했다. 그 학교는 두 개의 설계 스튜디오를 진행했는데, 하나는 보자르 노선을 따랐고 다른 하나는 모더니즘 노선을 따랐으며 가장 많을 때는 무려 600명의 학생을 받았다. 결국 팩트의 가장 중요한 의미는 일관되게 진보적인 방향을 취했다는 점, 모든 종류의 전문직·기술직 노동자들을 매개하려고 구조적으로 노력했다는 점(회원 중 건축가의 비율은 15퍼센트를 넘은 적이 한 번도 없었다), 문화와 교육에 힘썼다는 점, 그리고 폭넓은 연대와 사회 정의를 위한 투쟁으로 힘을 얻은 광범위한 노동 운동 개념에 충실했다는 점이다.

팩트는 망각과 가능성 모두의 측면에서 실례를 제공한다. 이런 투쟁을 ─ 그리고 제도적인 직업 구조 바깥에서 조직화하는 게 건축가들만의 사례는 아님을 — 상기하는 것은 오늘날 우리의 가능성을 따져보는 데 매우 중요하며, 특히 기업형 사무소들의 지배력이 커져가는 맥락 속에서 그러하다. 우리는 '전문가'로서 일반적인 노동 경쟁의 토대에서 떨어져 선 채 우리 자신의 이질성을 인지한다는 개념의 미망에서 깨어나야 한다. 이런 질문을 이론화하는 그 많은 사람들도 학술적인 '실천'에 참여하기 때문에, 우리의 접근은 우리의 포위된 대학 안에서 일어나는 투쟁을 통해 큰 영향을 받는다. 대학에서 우리는 새로운 생산 방식의 급속한 출현을 목격한다. 설계 스튜디오에 대한 자금책을 찾기 위해 '기업가적' 마인드를 가지라는 압박을 받고, 삯일하는 외래 교수에게 제공되는 놀랄 만큼 적은 급여와 부족한 혜택, 가속화하는 업무 부담, 정규직 교수진이 일반적으로 덜 중요해지는 변화, 이 모든 게 2단계의 계급 체계를 만들어 가고 있는 것이다. 이런 노동자들이 우리의 자연스러운 동맹이다. 대부분의 변호사나 의사보다 건축 노동을 하는 대학 교수진이 이 상황에 훨씬 더 가까운 계급 간 평행선 — 그리고 급여표 — 을 보여준다.

우리의 학술적 곤경은 전문직 교육에서 특별한 역사적 개념을 통해 확인된다. 그것은 학교에서 가르치는 활동이 실무 건축가의 보조적 책임에 속한다는 개념인데, 이건 예전 도제 시스템의 잔재로서 백인 남성의 노블레스 오블리주(지위에 따른 도덕적 의무)를 실천한다는 개념이다. 이 개념은 희생하라는 무언의 압력으로 전개되는 비자발적 이타주의의 수사법으로 흡수되었고, 시민적 의무이자 우리를 성직자처럼 만드는 첫걸음이라는 하나의 '기회'로 위장되었다. 실제로 외래 교수에 대한 보상 요율은 때때로 그 기관의 '명성'과 반비례하며, 외래 교수의 일은 이력서를 채우는 소재거리나 유능한 학생을 모집하는 부당 내부 거래의 기회로 취급

　　　　　　　　　　　　　노동자로서 건축가

되곤 한다. 하지만 (출판하는 건축가의 대부분과는 반대로) 실무 건축가는 대부분 이런 대학-건축 복합체의 일부가 아니어서 여전히 대학이 만들어내는 기대와 습관에 시달린다. (또는 착취당한다.) 유명한 사무소에서 인턴 경험을 하려는 학생과 최근 졸업생은 엄청나게 배출되기 때문에, 자신의 이력서를 유명인의 이름으로 장식하고자 무급으로 일할 준비가 된 하나의 자발적 노예 계급을 생산할 만큼 거대한 소비자 시장이 형성된다. 이것 또한 건축 직종에만 해당하는 얘기는 아니며, 아마도 자하 하디드의 집보다는 안나 윈투어의 루부탱 구두라도 핥을 기회를 얻으려고 줄을 서는 사람의 수가 훨씬 많을 것이다. 유명인을 숭배하는 문화는 조직화하지 '말라는' 선동이며, 그렇기 때문에 그에 대한 비판이 그리도 중요한 것이다.

하디드에 대해 말하자면, 카타르의 노동 조건에 대한 그녀의 부적절한 발언은 단순히 건설 과정의 책임과 채무 그리고 수직적인 조직화에 관한 질문만 제기하는 게 아니라, 자신의 영향력이 미치지 못할 때가 많은 건설 과정을 '설계'하는 건축가의 역할을 묻게 만든다. 우리는 지금 예전에 현장에서 조립하던 (매우 큰 규격을 포함한) 다양한 부품을 공장에서 제작하고 모듈 건물을 만드는 방식에 관심이 되살아나는 현상을 목격하고 있다. 이런 현상은 (특히 주거비용이나 희소성에 대한 해법으로 제시될 때) 나쁘지 않은 옛날 모더니즘의 기미와 어떤 매력을 풍기지만, 그것은 공장 노동의 (노조가 있을 때조차도) 전형적인 저임금을 착취함으로써 인건비가 더 센 노조원의 노동을 피하려는 명백한 책략이기도 하다. 한 가지 대표적인 요즘 사례는 브루클린에 지어지고 있는 애틀랜틱 야드 프로젝트다. 이 프로젝트는 생산라인 모듈의 비용을 낮췄다고 선전되었지만, 현재는 그 부품의 품질 문제를 놓고 건설업자와 개발업자 사이에 분쟁이 일어나 공사가 중단된 상태다. 집을 더 싸게 만들고 노동자에게 더 많은 급여를 주는 게 상대적으로 더 좋다는 의견을 피력하는 건 건축가를 위한 것일까? 당연히 그렇다. 하나의 대의로 뭉친 조직 — 다른 집단과 동맹하는 조합 — 을 위한 하나의 주장은 바로 그런 단결과 대의의 문제들을 전면에 내세우는 것이다.

(물질적이거나 비물질적인) 노동과 우리의 관계에 대한 질문은 우리가 누구인지를 정의한다. 후원자의 성격이나 프로그램의 내용이 우리에게 힘든 선택을 하도록 요구하는 것처럼 말이다. 이런 결정은 장식적인 것 이상의 결과를 가져야 한다. 내가 대학생 때는 평소 멋지게 차려입는 매사추세츠공과대학 건축과 학생이 노동자의 멜빵바지를 입고 대형 줄자와 장도리를 든 채 단결과 저항을 표현했다. 우리에게 친숙한 지저분한 스튜디오를 바로 재건하기에 더 나은 복장이었기 때문이다 — 우리도 무단 점유자였다! 그런 저항의 문화적 표현은 쓸모없지 않았다. 우리는 거리에서 긴 머리를 한 채 우리의 의상을 입었고, 인종주의적인 도시 재개발과 베트남에서 불타는 마을로 인해 우리의 열망이 썩어가고 있다는 걸 잘 알고 있었다. 우리 중 다수는 우리가 '인간'이라고 이해하던 것을 위해 일하기를 거부했고, 이는 분명 우리의 주체적인 자존감을 강화하며 현장에서 또렷한 효과를 냈다. 하지만 건축에 대한 거부는 막다른 골목이었으며, 진정한 저항보다는 기권으로 귀결될 때가 너무도 잦았다. 야수의 포효는 그저 계속될 뿐이었다.

여기서 다시 방향을 돌릴 때다. 그리고 상기한 조합의 모델은 기운을 돋는 데다 실질적이기도 하다. 전성기의 조합에는 늘 이중적인 의제가 있었다. 첫 번째는 일터의 의제로, 공정한 급료와 규칙의 보장, 안전하고 인간적인 환경의 보장, 자격 있는 모두에 대한 일자리 보장에 관한 것이었다. 하지만 두 번째 의제는 더 폭넓은 목표로서, 이런 조건들이 사회 전체를 특징지어야 한다는 개념이었다. 그리고 이런 충동은 평화와 시민권, 인권, 윤리적 국제주의를 위한 투쟁의 최전선에 선 노동 운동의 역할로 이어졌다. 건축의 조직화도 마찬가지로 두 의제를 모두 끌어안아야 한다. 지적 노동의 비물질적 특질이나 우리가 과시하는 '전문가주의'에 초점을 맞춘다면 요점을 놓치는 것이다. 우리에게 필요한 건 단결이며, 우리의 변함없는 적으로 남는 건 예속의 형식 — 테일러식의 과학적 경영관리법과 공포, 1퍼센트의 권력, 터무니없이 부당한 환경 문제 — 이다.

우리의 싸움은 건축의 효과와 그 생산 방식의 차원에서 공평성과 정의를 보장하기 위한 것이다. 함께 조직화하자!

— Peggy Deamer, ed, The Architect as Worker: Immaterial Labor, the Creative Class, and the Politics of Design, London: Bloomsbury Academic, 2015.

44
자하 하디드와의 여행 ◆

지금껏 내가 보낸 최고의 시간 중 하나는 29년 전 자하 하디드와 동행했던 한 주간의 브라질 여행이었다. 우리의 여행은 상파울루에서 있었던 대규모 콘퍼런스에서부터 시작됐는데, 우리는 당시 6개국 언어로 동시 통역되던 이어폰을 낀 청중에게 말을 건넸다. 그런데 안타깝게도 콘퍼런스 조직위원회 측의 자금이 부족했던 나머지, 통역사들이 중간에 일을 마치고 떠나기 시작했다. 남은 건 바벨탑의 붕괴 이후 찾아온 대혼란뿐이었다. 우리 네 명 ─ 나와 자하, 나의 아내, 그리고 얼마 전 파트너에게 버림받아 상처 입은 한 친구 ─ 은 리우에 있는 코파카바나 팰리스 호텔로 서둘러 철수한 다음 길 건너의 해변으로 향했다.

그곳은 지구상에서 가장 몸을 의식하는 나라에 있는 토플리스 해변이었다. 나는 긴장을 풀고 감식가의 눈으로 주변을 감상했는데, 자하는

◆ 자하 하디드는 2016년 봄에 사망했고, 이 글은 그로부터 5일 후 『아키텍처럴 레코드』에 실렸다.

내 시선을 추적하더니 바로 낄낄대며 웃기 시작했다. 그러고는 내가 쳐다보지 않는 척하고 있던 저 아름다운 피조물의 근육질 다리와 불룩한 비키니 아랫도리를 더 자세히 보라는 것이었다. 알고 보니 '트랜스젠더' 토플리스 해변이 아닌가! 완벽하다! 자하는 모든 종류의 형태 변형을 사랑했다 — 매개변수의 유희와 스타일의 충동, 그리고 자유를 즐기면서 말이다. 그리고 그녀는 다양한 신체 부위를 묘사하는 풍부한 건축 어휘를 갖고 있었다.

며칠 뒤에 우리는 브라질리아에서 오스카 니마이어와 친근한 만남을 가졌는데, 니마이어는 자하가 가장 존경하는 영향력 있는 작가 중 한 명이었다. (너무 많은 사람들이 그녀에게 영향을 준 러시아 구성주의를 지나치게 강조하지만 정작 저 열대의 무더위가 준 영향은 간과한다.) 니마이어는 우리 사이의 언어 장벽을 피하려고 조수에게 커다란 마닐라 종이철을 가져오게 해 이젤에 올려두었다. 그러고는 벨루오리존치에 있는 요트 클럽의 곡선 지붕을 — 틀림없이 단 하나의 선으로 이어 — 그리기 시작했고, 계속해서 자기 작업의 역사를 스케치해나갔다. 그는 각 장을 끝마칠 때마다 종이를 뜯어 바닥에 던졌다. 보물 같은 그림이 쌓여가는 동안, 우리의 시선은 바닥에 내던져진 그림들과 서로의 사이에서 바쁘게 움직였다. 만남을 끝마칠 시간이 되었는데 빈손으로 떠나기가 너무 아쉬워서 천천히 움직이며 그림들을 힐끗힐끗 되돌아봤다. 한 장이라도 달라고 말하거나 덥석 주우려는 용기는 아무도 내지 못했다. 나중에 니마이어의 전 부인 중 한 명과 수다를 떨 기회가 생겨 그 얘기를 했더니, 그녀는 우리가 미쳤다고 했다. 그냥 알아서 가져갔다면 그도 기뻐했을 거라면서. 그 후로 자하와 나는 수십 년간 이 얘기를 반복했다.

우리는 금요일 오후에 브라질리아를 떠났다. 수천 명이 도시의 지루한 일상을 떠나 활기찬 리우로 향하는 주말에 공항보다 더 붐비는 종착역은 없다. 우리는 기다란 체크인 줄에 서서 한참을 기다렸고, 자하는 맡길 수하물이 많았다. 마침내 우리 차례가 왔고 그녀의 많은 가방이 저울 위에 올라갔다. 그런데 카운터 직원이 말하길 비행기가 너무 혼잡해서 그걸 다 실을 수 없다는 것이었다. 슬슬 화가 올라오기 시작했다. 자하는 머리를 쓸어 올려 뒤로 제치더니 서서히 모욕의 강도를 높이기 시작했다. 그러고는 그녀의 전설적인 짜증 섞인 언어로 신랄한 모욕을 뿌려댔다. 카운터 직원도 고집이 세서 자세를 굽히지 않았다. 뒷줄에서는 우리를 밀어댔다. 그때 갑자기 자하가 등골이 오싹해지는 날카로운 비명을 질렀다. 광대한 터미널이 일순간 완전히 조용해졌다. 직원은 얼굴에 핏기가 사라진 채 공포에 질린 눈이 되었고, 자하의 가방들을 잡아 컨베이어 벨트 위로 올렸다.

자하는 훌륭한 여행 동반자였다. 그녀는 어디서도 거부당하지 않을 인물이었다. 영업을 마쳤던 레스토랑이 우리에게 요리해 주려고 다시 문을 열었고, 작은 장신구부터 값비싼 귀금속까지 모든 상품이 그녀의 불가항력적인 흥정의 힘 앞에서 가격을 내렸다. (나는 언젠가 뉴욕의 버그도프 굿맨 백화점에 있는 여성복 판매장으로 쇼핑을 하러 갔다가 이런 장면을 목격한 적이 있다.) 하지만 그녀는 아주 좋은 친구이기도 했다. 우리가 리우에서 함께 보낸 그 멋진 시간에도, 자하의 이런 능력은 늘 나머지 우리에게도 도움이 되었다. (물론 그 중간에 우여곡절이 있긴 하지만 말이다.) 덕분에 우리 모두 잘 먹었고, 제일 먼저 택시를 잡았으며, 어디서나 훌륭한 서비스를 받았다. 그리고 자하는 후하고 환한 미소로 우리를 따뜻하게 대해 주었다. 나

자하 하디드와의 여행

의 아내가 자하의 선명한 연노랑 외투를 마음에 들어 하자 자하는 그걸 바로 아내에게 건네주었다.

　　나는 자하처럼 엄청난 예술적 집중력과 게으름피우기 좋아하는 성격을 겸비한 사람을 본 적이 없다. 확실히 그녀는 자기만의 시간을 지켰고, (내가 그녀와 함께 여행하며 시간 약속을 짜는 '남자' 역할을 할 수밖에 없었을 때) 우리가 버스를 기다리는 동안에도 자하는 아직 객실에서 나오지 않고 있었다. 내 아내는 발을 동동 구르고, 완전히 차려입은 우리의 친구는 바다를 배회하고 있었다. (정말 화가 나서 그런 것일 수도 있다.) 하지만 바로 그때 자하가 도착했다. 완전히 가벼운 차림에 열정이 가득했던 그녀는 일정을 시작할 준비가 되어 있었다. 그다음엔 왁자지껄 웃음을 터뜨리며 수많은 한담을 나누었고, 예리한 눈으로 관찰을 했으며, 긴급하게 경로를 변경하기도, 심오한 감상을 나누기도 했다. 그렇게 최고로 다정한 시간을 보냈다. 정말 멋진 여행이었다.

— *Architectural Record*, April 5, 2016, architecturalrecord.com.

45
시온 광장의 핑크워싱

정보공개법이 실제로 시행에 들어가자, 60년대에 함께 투쟁했던 내 동지들 가운데 다수는 자기들에 관한 정부 기록을 우편으로 주문했다. 수많은 동지들에게 끔찍한 결과가 공개되었다. 아무런 기록도 없었던 것이다. 그동안 자기가 국가의 위험한 적이라고 생각했는데 전혀 관심 대상도 아니었다니 이 얼마나 끔찍한 일인가!

이와 살짝 비슷한 감정이 들었던 순간이 또 있는데, 이스라엘 총영사관에 근무하는 언론 사무국장에게서 단신을 받았을 때였다. 예루살렘 시온 광장의 재설계를 위해 이제 막 발표된 건축 공모전을 다루는 데 관심이 있느냐는 편지였다. 영국 위임통치기 서예루살렘의 공공 광장이었던 시온 광장은 1930년대 이후로 상업의 중심지였고(동명의 '시온'이라는 영화관도 있었다), 좌파와 우파를 막론하고 대중 집회와 시위가 매우 다양하게 자주 벌어지던 곳이었다. 이 공모전은 해당 부지를 일신하고 '시위의 광장에서 관용의 광장으로'라는 슬로건을 목적으로 새로운 브랜딩을 시도하려는 의도였다. 이 허위적인 — 심지어 괘씸하기까지 한 — 대립 명제는 언론 보도를 통해 더 구체적으로 표현되었다. "시위와 항의를 이끌었던 시온 광장은 이제 관용과 상호 존중의 광장이 될 것이다." 분명 나는 저 사기성 짙은 '관용의 박물관(Museum of Tolerance)'(원래 프랭크 게리가 설계했었다가 지혜롭게 손을 뗀 건물로, 현재 그리 멀지 않은 역사적인 아랍 공동묘지 부지에서 공사 중인 건물)을 비난한 글을 썼었는데, 그게 나에 관한 저들의 정보 목록에는 포함되지 않았던 것이다! 아마도 나에 관한 정보 기록은 하나도 없는 모양이다! 나에 관한 서류철을 열어서 이 기괴한 시도에 대한 나의 항의문을 첫 페이지에 배치해 달라!

이 광장을 재고하려는 노력이 있었던 건 이번이 처음이 아니다. 2006년에 예루살렘 재단은 이 광장을 재건하면서 그 이름을 라포포트 광장으로 바꾸자고 제안했는데, 『예루살렘 포스트』에 따르면 이는 론 아라드의 거대한 코르텐 조각을 비롯해 '도시 개선에 2백만 달러를 쓰기로 약속한 텍사스주 웨이코시의 재벌을 기리기' 위해서였다고 한다. 비록 이 기획은 신속히 사라졌지만, 시대가 변한 장소의 우울함과 형식적 불일치는 그곳이 거리 경관으로서 실패할 걸 두려워하는 꼼꼼한 계획가들에게 늘 당황스러운 요인이었다. 새로운 변화를 시도하기 위한 설계 요강은 진통제 같은 건축 어휘로 표현되었다. '주민과 관광객, 방문객'이라는 '이질적'인 '목표 관객'을 지원하는 동시에 '아이들, 노인, 장애인을 포함한 다양한 인구의 필요에' 귀 기울이는 '도시의 문화 활동을 위한 초점'이 될 '도시의 박동하는 심장'을 만들 '혁신적이고 창의적이며 지속 가능한' 해법을 요청하고 있던 것이다.

이러한 '보편적' 범주들의 이면에 숨겨진 보다 중요한 사실은 이런 변화가 정치적 공간으로서의 광장을 폐쇄하고자 이미 취해진 조치들을 더 강력하게 승인하며 고착화하리라는 것이다. 2012년에 예루살렘의 경전철이 개통하고 나서 해당 지자체는 경전철 시스템 운영업체인 시티패스와 '열차가 방책(바리케이드)에 가로막혀 멈추지 못하게 한다'는 내용의 계약서에 서명했다. 이러한 평온무사 조항은 무엇보다도 트램이 통과하는 시온 광장에서 '그 누구'의 시위도 불허한다는 이스라엘 정부의 지속적인 방침에서 동기를 얻고 추진된 것이었다. 형식적으로나 실천적으로나, 여기서 관용은 발언을 독려하기보다 제한하는 금지와 침묵과 동일시되고 있다. 공모전 조직위원들은 이렇게 관용적이지 못한 결과에서 관심을 돌리려고 '작년 예루살렘 게이 프라이드 행진에서 살해당한 열여섯 살 아이를 기리며' 프로젝트의 의도를 모호하게 정식화한다.

이 기획에 드리워진 특수한 종류의 배타적 관용을 드러내는 또 하나의 징표는 심사위원단이 모두 유대계 이스라엘인들로만 구성되었다는 점이다. 그중에는 우익 연합 리쿠드의 당원인 예루살렘 시장, 시청 고위 관료 세 명(현직 두 명과 전직 한 명), 건축가 네 명, 그리고 살해당한 소녀 시라 반키의 어머니가 있었다. (시라 반키를 살해한 범인은 유대인 취락에 살던 어느 뻔뻔한 유대교 근본주의자이자 동성애 혐오자였다. 그는 2005년 게이 프라이드 행진에서 다섯 명을 찔러 죽인 죄로 10년을 복역하고 나와 얼마 안 있어 반키를 살해했으며, 2015년 행진에서 다른 여섯 명에게도 칼을 휘둘러 상처를 입혔다.) 관용이란 개념을 그렇게 비겁하게 끌어와 제멋대로 사용하는 것은 그야말로 비탄을 부당하게 활용하는 슬픈 일이 아닐 수 없다. 하지만 리버럴한 척하는 어떤 형식을 활용해 그보다 훨씬 더 근원적인 억압을 가리려는 자화자찬격의 정치적 선전은 애석하게도 오래전부터 있던 이야기다. 이스라엘 관료집단은 오랫동안 게이 관광객을 환영하는 이스라엘시의 태도를 찬미하고자 열심히 노력해왔다. 2011년 『뉴욕 타임스』에 실려 많이 인용되었던 사라 슐먼의 한 기고 칼럼에 따르면, 이스라엘 정부는 2004년에 18세에서 24세 사이의 남성을 겨냥한 마케팅 캠페인으로 '브랜드 이스라엘'을 출시했고 몇 년 후에는 텔아비브를 '국제적인 게이 휴양지'로 브랜드화하는 9천만 달러짜리 광고 기획으로 캠페인을 확장했다.

이 전략은 게이 '연대'를 보편화함으로써 더 참을 수 없는 정체성 형식을 향한 이스라엘의 태도를 감추려는 계산된 노력이란 뜻으로 '핑크워싱(pinkwashing)'이라고 널리 묘사되어왔다. 자스비르 푸아와 마야 믹다시가 2012년에 웹진 『자달리야(Jadaliyya)』에 기고한 바에 따르면, 핑크워싱은 이스라엘 국가가 '이스라엘에서는 게이 인권 보장 수준이 뛰어난 데 비해 팔레스타인 사람들이 점유한 곳에서는 성소수자 팔레스타인인들의 삶이 비참하다는 인식을 국제적으로 퍼뜨림으로써 팔레스타인 땅을 점령자가 식민화해온 역사가 지속되는 현실을 은폐'하는 데 일조한다. 이런 책략은 훨씬 더 근본적인 악의를 숨기고 있다. 믹다시가 일전에 쓴 글에서 주장한 바에 따르면, 이렇게 게이 인권 — 또는 여성 인권 — 에 초점을 맞추는 책략은 '정치적' 권리라는 더 큰 문제에 주목하기 어렵게 하는 역할을 하면서 이스라엘이 스스로를 '팔레스타인 성소수자들이 자기 문화권을 벗어나 안전을 보장받는 쉼터'로서 (비록 인종차별적이긴 해도) 영리하게 홍보하는 효과를 일으킨다.

건축 공모전을 공지한 언론 보도는 시라 반키 살해 사건보다 먼저 시온 광장에서 일어났던 공격을 기술하지 않았다는 게 확연히 눈에 띈다. 2012년에 팔레스타인 십대 네 명에 대한 유대인 군중의 폭행 시도(이스라엘 언론에서는 이 단어를 널리 사용한다)는 열일곱 살의 자말 줄라니를 거의 죽기 직전까지 몰고 갔다. 그런데 이 사건은 그것만의 특수한 '관용'이 돋보인 사건이었다. 『하레츠(*Haaretz*)』에 실린 한 헤드라인은 이 사건을 가리켜 "예루살렘에서 팔레스타인인들을 폭행하는 시도를 수백 명이 지켜봤고, 끼어들지 않았다"고 기술했다. 이 공모전의 조직위원들이 결국 새로워진 건축의 기념적인 엄숙함을 통해 특수한 불관용의 형식을 간신히 '경축'하는 쪽을 선택했다는 사실은 (그것이 '항의'와 '상호 존중' 사이에 도입하는 대립처럼) 여기서 불관용에 대한 항의가 없을 것을 보여줄 뿐이다.

헤르베르트 마르쿠제는 1965년에 『순수 관용 비판(*A Critique of Pure Tolerance*)』이란 책을 통해 '억압적 관용'을 주제로 한 섬세한 에세이를 발표했는데, 이 글에서 그는 관용이라는 개념이 어떻게 전개되는 상황에 따라 특수한 가치를 얻게 되는지를 묘사한다. 마르쿠제는 명목상의 민주적 자유(투표, 시위, 편집자에게 보내는 서한 등)에 대한 실천이 체제가 그 자체의 악한 목적을 추구할 능력을 강화하는 데 복무하는 '총체적 관리행정'과 폭력의 환경에서 관용의 이상이 갖는 난제를 명료하게 기술한다. 관용은 가장 바람직한 궁극의 선으로 여겨지는 '자유의 범위와 내용'을 확장함으로써 결국 그게 애써 지향하는 모든 목적을 무시하는 도구가 된다는, 즉 '관용'이 불관용을 위한 눈속임이 된다는 것이다. 그러한 문제 제기의 소거는 반대 의견을 무의미하게 만들고, 현상유지를 강화하는 공평무사함의 구실 속에서 '어떤' 가치에도 결과적 평등을 부여함으로써 진리 추구를 축출하는 데 활용된다.

예루살렘 행정부는 이 공모전을 통해 관용 자체를 가능케 하려는 것이기보다는 그 개념 자체를 왜곡하기 위한 광고를 만들고자 한다. 마르쿠제가 말했듯이 "관용이 억압적인 사회를 보호하고 보존하는 역할을 주로 할 때, 관용이 대립을 중립화하고 인간이 더 나은 다른 생활 형식에 상관하지 않는 것처럼 표현하는 역할을 할 때, 그 말은 이미 도착적으로 곡해된 것이다."

양심이 있는 설계자라면 그 누구도 이 끔찍한 사기에 참여해선 안 될 것이다. 이런 속임수는 오로지 시온 광장의 희생자 — 그리고 영웅 — 들에 대한 기억을 모욕할 뿐이다.

— *Architect's Newspaper*, April 6, 2016, archpaper.com.

46
돈의 죄의식[*]

2010년에 개장한 트럼프 소호 콘도호텔 2층 라운지는 심각하게 유행을 타는 책들로 사치스럽게 장식된 '도서관'이었다. 칵테일 테이블에는 잘 나가는 건축가와 디자이너에 대한 무거운 연구서들이 그득했다. 하지만 선반 위에는 뭔가 좀 더 희귀한 게 있었는데, 화려한 가죽 장정의 『플레이보이』 매거진 전 호수가 배열돼 있던 것이다. 도널드 트럼프의 취향을 인도한 스승이 있다면, 그건 분명 트럼프와 같은 금주가이자 섹스광이요, 트럼프 세대의 소년들을 그렇게도 취하게 만든 생활양식의 창시자로서 파자마를 입고 콜라를 마시는(거기에 몰래 버번위스키를 섞는다는 말도 있는) 휴 헤프너[**]일 것이다. 저 구겨진 잡지들은 전형적인 베이비부머 세대의 소년들이 으레 그랬듯이 트럼프의 군사학교 재학 시절 매트리스 밑에 깔

---

[*] 'Burden of Gilt'라는 원제는 '돈(gilt)'의 '죄의식(burden of guilt)'을 연상시키는 저자의 의도적인 말장난이다.
[**] Hugh M. Hefner (1926~2017). 『플레이보이』 매거진의 창업자다.

돈의 죄의식

아뒀던 것일까? 그보다 훨씬 더 중요한 의문이 있다. 가장 괴롭힘을 당한 페이지들은 중간에 접힌 나체 사진일까, 아니면 진 폴 게티가 1961년에 쓴 '나는 어떻게 첫 10억을 벌었는가?'라는 칼럼일까?

　트럼프의 정치는 헤프너의 '플레이보이 철학'처럼 불가능한 조합인 리버럴리즘과 쾌락주의, 장광설, 여성혐오의 혼합물이다. 이 두 남자는 여성을 대상화하는 데 세계적 수준의 기여를 해왔다. 잡지 중간에 접어 넣는 나체 사진들, 미스 유니버스와 미스 유에스에이, 미스 틴 유에스에이 선발대회, 너저분한 발언들, 또는 그들의 음탕한 시선에 담긴 끈적끈적한 색욕 등을 통해서 말이다. 내 딸은 섹시하다! 멜라니아는 10점 만점의 10점이다! 하지만 트럼프는 그 이상의 발언도 한다. 그는 모든 것을 대상화한다. (브랜드화하거나 낙인찍는다.) 프로레슬링은 근육질 남자들을 대상화하고, 미인대회는 글래머 소녀들을 대상화한다. 그리고 그가 운동선수들, 예컨대 (단명한 미국 미식축구 리그에서 트럼프의 뉴저지 제너럴스 팀을 위해 뜀) 허스켈 워커와 더그 플루티, 또는 한때 트럼프를 지지했던 강간범이자 경기 중 귀를 물어뜯는 짐승인 마이크 타이슨 같은 이들의 소유권을 쥐는 것보다 더 대상화하는 사례가 또 어디 있겠는가?

　그의 로고가 헤어스타일을 강조하고 그의 페르소나가 정치적인 것은 그저 반문화적인 60년대의 우연한 영향일까? 히틀러의 콧수염처럼 헬멧 같은 머리카락은 트럼프를 환유하는 기호다. 나는 대수롭지 않게 이런 비교를 하고 있는 것이 아니다. 트럼프의 『거래의 기술(*The Art of the Deal*)』(1987)은 히틀러의 『나의 투쟁(*Mein Kampf*)』과 다르지만, 두 인물의 언론에 대한 집착과 유창한 정치적 선전, 그리고 당당한 자세는 서로 소름 끼치게 닮았다. (사면초가에 몰린 자기 나라를 다시 위대하게 만들고 싶어 한)

히틀러가 말했듯이, "정치적 선전을 정확히 활용하는 것은 진정한 예술이다." 도널드의 버전은 훨씬 더 간결하다. "나는 늘 그 누구보다 언론의 주목을 받았다."

　트럼프의 주된 활동 영역이 부동산 — 고로 건축 — 이기 때문에, 그가 정치적으로 떠오름과 동시에 건축이 이론적으로나 실천적으로나 브랜드화에 매료되고 있는 현상은 의미심장하다. 몇 십 년간 현대 건축과 대중 매체 사이에 교류가 일어나고 건축 자체의 지위가 하나의 매체 형식이 되는 현상이 활발했는데, 그 와중에『플레이보이』가 두드러진 역할을 했다. 이 잡지는 처음부터 모더니즘 건물과 인테리어를 다루는 기사와 이미지로 넘쳐났으며, 임스 부부와 해리 베르토이아, 놀, 프랭크 로이드 라이트, 미스 반 데어 로에, 버크민스터 풀러, 존 로트너, 모셰 사프디, 앤트 팜, 그 외 많은 건축가들의 특집 기사를 끝없이 생산해왔다. 폴(예전 이름은 베아트리츠) 프레시아도는『포르노토피아』(2011)라는 경이로운 책에서 다음과 같이 말한다. "1950년대 말과 60년대에는 단 하나의 다른 기사만이 (……) 플레이메이트 누드사진의 인기에 필적했다. 1959년에 접이식 페이지로 출판된 플레이보이의 최상층 고급주택에 대한 두 번째 특집기사가 그것이다." 독신자 아파트를 다룬 화보 기사들은 1960년대 내내 인기였다. 그중에서 귀중한 기사들을 꼽자면 말리부에 있는 「공중의 집(Airy Eyrie)」, 「바쁜 독신자를 위한 귀족풍의 준2층집(A Baronial Bi-level for a Busy Bachelor)」, 「준교외의 이국적인 집(Exotica in Exurbia)」, 「뉴헤이븐의 안식처(A New Haven Haven)」 등이 있었다.

　프레시아도는 —『플레이보이』에 대한 바버라 에런라이크와 빌 오스거비, 베아트리츠 콜로미나의 연구를 부연 설명하면서 — 헤프너가 최신 유행의 모더니티에 대한 주도권을 확장하는 동시에 그의 이상적 주체인 독신 이성애자 플레이보이를 위한 가정생활을 도입하는 수단으로서 건축 공간에 매료되었다고 말한다. 교외의 감금생활에서 가정생활(그리고 그 디자이너 장물)을 빼오는 과정에서 중요했던 건 『플레이보이』를 『베터 홈즈 앤 가든스(Better Homes and Gardens)』와 같은 틀에 박힌 '여성 잡지'와도, 어떤 게이의 느낌과도 구분하는 일이었다. 『플레이보이』의 명백한 원형인 『에스콰이어』의 초대 편집장이었던 아놀드 깅리치의 이야기에 따르면, "단순히 패션 페이지들만 있을 때 드는 남성의 여성적 취향 같은 느낌을 없앨 만큼 충분히 탄탄한" 요소들을 포함하는 게 매우 중요했다. 에런라이크에 따르면, "가슴과 궁둥이의 노출은 단지 잡지를 판매하기 위해서만이 아니라 보호하기 위해서도 필요했다." 섹시한 여성 사진(그리고 진지한 기사들)은 『플레이보이』가 당신에게 솔직하게 다가간다는 의미를 보장하면서 여성을 자기 위치를 영락없이 알고 있는 욕망의 대상으로서 건축 환경 안에 배치했다. (유리천장을 실제로 깬 사람이 자기였다고 주장하는) 어릿광대 트럼프가 자신의 행사를 열 때마다 아름다운 백인 여성들로 구성된 ― 그의 아내와 딸이 앞과 중간을 차지하는 ― 불가피한 코러스라인을 전개해 자신을 남성우월주의 독신자로 보이지 않게 하면서도 섹시한 여성에 대한 자신의 영원한 애호를 내세우는 방식은 또 어떠한가.

헤프너와 트럼프처럼, 히틀러도 자신을 '여성적' 공간의 맥락 속에 위치시키려고 열심히 노력했다. 데스피나 스트라티가코스는 『히틀러 앳 홈(Hitler at Home)』(2015)이라는 매력적인 책에서 그 총통이 폭력적인 선동가에서 평화로운 시골 신사로 끈질기게 이미지 변신을 하는 과정을 설명한다. 이를 위한 한 가지 주요 수단은 히틀러를 가정생활의 상황 속에서, 특히 알프스산맥의 고지대 농가 주택(Berghof)에서 묘사하는 것이었다. 게르디 드로스트◆가 세심하게 장식한 구조물의 절제와 우아함, 그리고 (전망 창만한 크기의 영화 스크린을 통해 보이는) 그런 신비로운 산맥과의 관계는 고양되고 인정어린 히틀러의 이미지를 강화하는 배경 역할을 했다. (참고로 트로스트와 레니 리펜슈탈◆◆의 변증법적 관계는 여전히 소문이 자자한 미완의 이야기인데, 전자가 개별성의 기표에 초점을 맞췄다면 후자는 대중의 기표에 초점을 맞췄다.)

이렇게 실내와 실외가 계산적으로 대비되는 경향은 지금까지 얘기한 세 표본 인물 모두에게 공통되는 특징이다. 점점 더 일련의 벙커(『플레이보이』 직원들이 사무실을 묘사할 때 분명히 사용했던 단어)에 틀어박혀 지내던 히틀러의 성향은 그가 청년 시절 빈에서 묵던 간이숙소, 빈 예술대학의 '입학' 실패, 그리고 제1차 세계대전에 참전해 수년간 참호에서 지내던 경험 속에서 형성되었다. 이에 대한 반동적 효과로 그는 외부 공간에 웅장한 도시적 질서를 부여하고자 했는데, 아마도 이를 가장 극적으로 보여준 사례는 모든 참가자를 빈틈없이 정확하게 배치한 뉘른베르크 전당대회일 것이다. 헤프너는 이보다 훨씬 더 완벽하게 실내를 지향했는데, 자기 침실을 떠나는 법이 없었고 심지어 그에게 맞춤화된 전용 DC-9 비행기를 타고 이동할 때도 그 속에 차려놓은 공중 규방에서 침실 생활을

◆　Gerdy Troost (1904~2003). 독일의 건축가로, 남편을 통해 히틀러를 알게 돼 1932년에 나치당원이 되었다. 1934년에 남편이 사망한 이후 건축 사업을 시작했고, 세계대전이 끝날 때까지 히틀러의 건축자문가 역할을 했다.

◆◆　Leni Riefenstahl (1902~2003). 독일의 영화감독, 배우, 무용가. 나치당대회 기록영화인 『의지의 승리』(1934), 베를린 올림픽 기록영화인 『민족의 제전』과 『미의 제전』(1938)을 만들어 나치의 정치를 미화한 인물로 유명하다.

유지했다. 헤프너가 로스앤젤레스에 소유한 단지에서는 외부까지 온통 실내 공간이나 다름없었는데, 단지를 높은 외벽으로 둘러막고 가운과 슬리퍼 차림으로 돌아다닐 수 있는 비현실적인 세계를 꾸며놓았기 때문이다. 마찬가지로 세균과 곤충을 무서워하는 도널드 역시 실외 지향적 인간이 아니다. 그가 가장 좋아하는 노천 환경은 기껏해야 자연을 가장 고통스럽게 깎아내고 질서 정연한 상태로 굴복시킨 형식인 골프 코스다.

세 사람 모두 언론과 판매 상품을 통해 자기 브랜드를 확립하고 방어하고자 초과근무를 했다. 『아무도 모르는 히틀러(*The Hitler Nobody Knows*)』(1932)와 같은 베스트셀러 도서뿐만 아니라 엽서부터 인형 집에 이르는 일련의 기념품들을 통해서도 파시즘의 마케팅 기획은 통제 불가능한 수준으로 증가했으며, 요제프 괴벨스가 나치를 주제로 한 '몰취향적인' 상품의 범람을 점점 더 우려하더니 1933년에는 '국가 상징물 보호법'이 통과되었다. 스트라티가코스의 설명에 따르면, 이 법은 "나치 돌격대원을 형상화한 생강 쿠키, 만자무늬로 장식한 와인병과 쟁반, '히틀러 만세'라고 쓰인 가짜 다이아몬드 여성 브로치, 나치 찬가인 '더 플래그 온 하이'를 틀어 주는 알람시계"와 같은 지나친 상품들을 금하려는 의도로 만들어졌다. 하지만 이 정도로는 도널드 트럼프의 적수가 되지 못한다. 그는 한때 줄스와 에디 트럼프가 자기들의 이름을 '자기들의' 부동산 회사인 더 트럼프 그룹에 사용했다는 이유로 그들을 고소했고, 결국 그들의 트레이드마크를 철회시키는 데 성공했다.

히틀러와 헤프너와 트럼프라는 '진짜' 비열한 패거리는 로고에 대한 페티시도 공통적이다. 커다란 T자 모양, 토끼 모양, 만자무늬의 로고들은 가장 널리 퍼진 시대적 기표들에 속한다. 또한 건물과 디자인에 크게 매료되었다는 점도 공통적이다. 플레이보이 저택에서 산 헤프너, 농가 주택에서 지낸 히틀러, 자신의 트럼프 타워 트리플렉스◆에서 지내는 트럼프는 모두 장식적인 환경으로 자기 이미지를 강화하고 '사적인' 생활 양식을 대중에게 극적으로 마케팅할 가능성에 집착한다. 플레이보이가 실내 생활을 남성화하는 경향은 그 잡지의 창간호에 실린 헤프너의 사설에서 가장 분명하게 진술된다. "여러분께 거리낌 없이 미리 말씀드리건대, 우리는 대부분의 시간을 실내에서 보낼 계획이다. 우리는 우리의 아파트가 좋다. 우리는 축음기에 분위기 있는 음악을 작게 틀어놓고, 아는 여성 한 명을 초대해 칵테일을 섞고 한두 개의 전채요리를 곁들여 먹으며 피카소와 니체, 재즈, 섹스에 관한 조용한 대화를 나누는 걸 즐긴다."

　　트럼프 역시 실내 생활을 좋아하는데 하나가 아닌 여러 실내에 거주하며, 그런 생활을 자기 허세로 뺑튀기하며 과시한다. 53개의 방과 아프리칸블루색의 줄무늬마노◆◆ 변기, 상아색의 벽 상부 장식띠, 그리고 '오스트리아의 어느 성에서 가져온' 샹들리에가 있는 최상층 펜트하우스의 투어는 늘 유리벽 밖으로 내다보이는 센트럴파크와 스카이라인의 전경에서 절정에 달하는 듯하다. 이곳은 트럼프만의 알프스 산장이나 다름없으며, 과잉은 불가항력적이다. 트럼프는 자신의 첫 맨해튼 아파트에서 건축가 데어 스컷(Der Scutt)과 가졌던 초기 회의를 회상하는데, 그때 스컷은 가구가 너무 많다는 의견을 피력하면서 절반의 가구를 복도로 옮기는 작업을 진행했다고 한다. 하지만 트럼프의 건축적 취향은 엄밀히 세련되

◆　　한 세대가 3개 층을 사용하는 아파트 형식이다.
◆◆　오닉스(onyx). 줄무늬가 많은 석영질의 보석으로, 단단하고 아름다워서 고대부터 호화로운
　　장식품에 사용되어왔다.

지 않더라도 브랜드화된 재능과 혈통에 대해서만큼은 어느 정도 분명한 정밀도와 눈썰미를 갖고 있다. 그의 '포트폴리오'를 보면 실제적인 위험을 감수하지 않는 웅장한 취향이 대략 드러나는데, 그 건축은 존 갈리아노적인 파격보다 랄프 로렌적인 상품에 훨씬 더 가깝다. 실제로 그는 (브루클린의 진부한 아파트에 살게 될 뻔한 상황에서 모리스 라피두스*에게 몇 차례 생동감 있는 로비 작업을 의뢰했던) 선친처럼 근본적으로 보수적인 취향을 갖고 있으며, 그의 건물들은 예술적 혁신을 배제한 채 눈부신 사치의 기표들로 미친 듯이 장식된다.

트럼프가 고용하는 건축가들은 결코 전위적이지 않지만, 상류층의 상업적 인맥을 통해 계약될 때가 많다. 세계에서 제일 높은 건물인 두바이의 부르즈 할리파를 설계한 애드리언 스미스는 시카고에 트럼프의 타워를 설계한 장본인이기도 하다. 오래전 총애 받는 나치 지지자였던 필립 존슨은 콜럼버스 서클**에 신축된 트럼프 타워의 외피 작업을 했고, 86세에는(프로이트주의자라면 존슨이 트럼프의 아버지와 같은 연배임에 주목하라) 그의 타지마할 카지노 호텔을 꾸며달라는 의뢰를 받았으며 93세에는 리버사이드 사우스에 신축할 트럼프 브랜드의 설계를 의뢰받았다. 트럼프 타워의 설계자인 데어 스컷은 도널드였던 자기 이름을 독일어 정관사(Der)로 바꾼 이상한 이름인데, 이건 아마도 '그(the)' 도널드만을 향한 오마주인가보다. 물론 스컷이 이름을 바꿀 당시 도널드 트럼프 자신은 아직 책임 있는 혈통주의자가 아니어서 자기 가문의 성씨가 스웨덴 성씨라

◆　Morris Lapidus (1902~2001). 1950~1960년대에 네오바로크적인 '마이애미 모던' 스타일
　　의 호텔을 주로 설계한 건축가다.
◆◆　뉴욕시 맨해튼의 센트럴파크 남서쪽에 위치한 원형 교차로를 말한다.

고 주장하고 있었지만 말이다. 게다가 데어 스컷은 독일적인 모든 걸 사랑했던 필립 존슨을 위해 일한 적도 있다. 돈의 연좌제여!◆

　　트럼프가 가장 큰 돌파구를 마련한 계기는 스컷이 1974년에 설계한 그랜드 하얏트 호텔이었다. 금융사기의 결과로 공인되고 있는 이 건물은 불투명한 벽돌 건물에서 반사거울 외피의 건물로 바뀌는 과정에서 '트럼프 추종자 스타일'을 구현하는 순수한 '광택성'이 세계적 규모의 넓이로 반복되는 독일적 장인의 나르시시즘을 적절히 드러낸 상징물이다. 여기에는 거주자의 잡지 표지 사진 수백 장이 줄지어 있는 사무실 스위트룸의 자축적인 분위기에 거울을 결합해 시선을 확장하면서 눈부시게 눈을 속이는 방식이 활용되고 있다. 1997년 『뉴요커』의 한 인물 소개란에서 트럼프는 자신의 미학을 다음처럼 간명하게 표현했다. "내가 현란한 카지노를 소유하는 이유는 사람들이 그걸 기대하기 때문이다. (……) 현란함(glitz)은 애틀랜틱시티에서 효과가 있다. (……) 그리고 나는 나의 주거 건물을 가끔씩 화려하게 만드는데, 화려함(flash)은 현란함보다 한 단계 아래 수준이다." 이렇게 늘 과장된 구분을 하는 능력은 분명 이 남자가 풍기는 매력의 핵심일 뿐만 아니라 트럼프가 현재 우리의 희생 속에서 겪고 있는 어떤 불안에 대한 명백한 기록이기도 하다.

　　놀랍게도 손이 작은 트럼프가 꽤 높은 58층짜리 트럼프 타워를 비롯해 몇몇 초고층 건물에 관여해오긴 했지만(반복되는 트럼프의 금융 손재주는 층수 체계에서 약간의 층을 빼버림으로써 최상층이 실제보다 더 높아 보이게 만드는 것이다. 트럼프 타워는 10층에서 시작하며, 26층짜리 건물인 그랜드 하얏트 호텔

◆　'gilt by association'이라는 원문은 '연좌제(guilt-by-association)'를 연상시키기 위한 말장난이다.

은 타지마할 카지노 호텔에서도 그랬듯이 14층 객실부터 시작해서 34층짜리 건물이 되었다), 결국 그는 수많은 차상위 초고층 건물 소유주 명단에 이름을 올리는 것으로 그쳐야 했다. 예컨대 (그가 부분적인 소유자로 올라있는) 엠파이어 스테이트 빌딩, 캐나다에서 가장 높은 주거 타워, (약 10분 후면 다른 소유자에게 넘어갈) 세계에서 가장 높은 주거 건물, 한때 뉴욕에서 가장 높았던 주거 타워, 뉴 로셸에서 가장 높은 건물과 같은 2등급 초고층 건물 말이다.

트럼프가 실제로 세계에서 가장 높은 건물을 소유하는 데 성공한 경우는 거대한 웨스트사이드 조차장 부지에 세워진 1985년 텔레비전 시티 프로젝트였다. 당시 이 프로젝트는 (첨탑과 함께) 1,910피트(582미터) 높이의 150층짜리 건물에 대한 제안이었는데, 이 프로젝트가 속한 단지에는 헬무트 얀이 자신의 작품 중 가장 남성적인 네오-아이시비엠(ICBM, 대륙간 탄도 미사일) 스타일로 트럼프 타워보다 높게 설계한 일곱 개의 꼬마 마천루도 있었다. 이에 지역 공동체와 비평가들의 반발이 즉각 터져 나오자, 트럼프는 얀과의 계약을 바로 취소하고 '전통주의적'으로 배터리 파크 시티를 계획한 알렉산더 쿠퍼와 계약했다. 쿠퍼는 트럼프의 전기작가 그웬다 블레어가 '얀의 반대자'로 적절히 묘사한 바 있는 원만한 성격의 건축가였다.

이렇듯 자기 힘의 한계를 빨리 인정하고 복잡한 상황을 조작하는 그의 방식은 차례차례 좀 더 '도회적인'(혼합적인 배치에 가로와 소규모 건물을 추가하고 타워와 광장 들을 잘게 쪼개는) 제안들로 나아가게 되었다. 결국 지역 공동체의 강력한 반대가 트럼프 자신의 위태로운 재정 상황과 뜻밖에 만나게 되면서, 전혀 새로운 접근이 리버사이드 사우스의 형식으로 떠올랐다. 그것은 앨런 리치와 코스타스 콘딜리스가 설계하고 필립 존슨이 브랜드화한 제안으로서, (트럼프가 애초에 계획한 웅장함에 '반대'하며) 건축가 폴 윌런을 중심으로 시민 단체들이 컨소시엄을 이뤄 독립적으로 의뢰했던 제안을 단순화한 시도였다. 그리고 이 중 많은 단체들은 트럼프가 직접 이 구상을 장악하고 새로운 계획의 주된 옹호자가 되면서 겸연쩍은 상황을 맞게 되었다.

현재 완공된 결과는 높아진 감수성과 축소된 기대에 대한 동시적인 기념비이기도 하다. 지역 공동체의 제안에서 핵심을 이룬 공적 혜택을 위한 계획은 웨스트사이드 고가 고속도로를 해당 부지 안쪽 경계와 접하는 지면 높이로 내리면서 자유로워진 공간에는 큰 공원을 조성하는 것이었다. 이런 제안 중 어느 것도 실현되지 못했을 뿐만 아니라, 실제로 실현된 프로젝트는 건축적으로 황량하며 모호하게 다양한 아파트들을 단조롭게 배치해 트럼프 선친의 건물들이 보여주던 판박이의 느낌을 재생산한다. 다만 방의 크기가 더 크고, 마감 수준이 더 좋으며, 가격이 더 비싸다는 게 다를 뿐이다. 그리고 물론 모든 아파트의 입구 위에는 '트럼프(Trump)'라는 글씨가 큼지막하게 새겨져 있다.

건축의 후원자인 트럼프는 건축 허가를 받을 때 더 일을 잘하며, 그의 수많은 재산 — 또는 브랜딩 — 은 (현재 매각된) 바비존-플라자 호텔, 월 스트리트 40번지, 그리고 물론 마럴라고(Mar-a-Lago)와 같이 오래된 자금의 특징을 새로운 자금 임차인들에게 제공하는 특별한 역사적 재산들을 구매한 것이었다. (트럼프는 『거래의 기술』에서 트럼프 타워에 대해 기술하며 이렇게 공언한다. "우리가 뒤쫓지 않는 하나의 시장은 어쨌든 일반적으로 더 오래된 건물에 살고 싶어 하는, 오랫동안 돈을 상속해온 뉴요커들이었다.") 그의 절충적인 재산 목록에는 위치가 좋고 애완견에 친화적인 건물을 현란하게 개축한 작업도 있고, 신축 건물도 있다. 개축 작업부터 말하자면 그 끔찍한 걸프 앤 웨스턴 빌딩을 트럼프 인터내셔널 호텔 앤 타워라는 또 다른 끔찍한 건물로 개축했고, 돼지의 귀 같은 건물을 그랜드 하얏트 호텔이라는 실크 지갑으로 개축한 경우도 있다. 신축 건물로는 트럼프 타워를 비롯해 그와 동시대에 지어진 트럼프 플라자가 있고 그 외에도 그가 '세계 유일의 글로벌 럭셔리 부동산 슈퍼브랜드'라는 문구 하에 도시를 중심으로, 아니 지구 전체에 걸쳐 수많은 프로젝트에 참여했음은 두말할 것도 없다.

하지만 이 남자를 위험하게 만드는 건 건축이 아니다. 트럼프와 그의 잠재적 쌍둥이인 헤프너는 '남성적 소비 모델'의 사도들이며, 빌 오스거비의 주장에 따르면 이런 소비 모델은 "대부분 반동적이고 착취적인 성정치의 형식을 정교히 발전시켰다. (……) 이러한 남성적 소비자는 미국 자본주의의 조직 속에서 더 폭넓게 발전되고 있는 소비자층의 일부로 보는 게 낫다. 미국 자본주의에서 부상해온 새로운 중산층의 습관과 가치 체계는 젊음이 넘치는 쾌락주의와 레저 지향적 소비의 기풍을 지향해왔다." 헤프너처럼 (히틀러도 '즐거움을 통한 힘'이라는 여가 기구를 운영했지만 여기선 넘어가자!) 트럼프도 바로 쾌락주의와 여가 중심의 소비에서 부를 축적하는 인물이다. (이런 게 그가 미국에서 되살리려는 일자리일까?) 그리고 둘 다 그들의 플레이보이 '철학'을 속악하게 구현하는 인물로서, 부패한 욕망의 의기양양한 대상으로서 부상했다. (나는 트럼프가 저칼로리 콜라보다 미스 틴 유에스에이를 향한 권력의지에 대해 상술하는 걸 상상해보려 하는 중이다.)

그런 것들 또한 그의 능숙한 사기에서 나오는 것이다. 그가 자신의 카지노가 파산할 때 채권자들을 피하는 동안, 은행원들은 그의 엿 먹이는 재주와 체제에 돈을 구걸하는 태도가 성공할 것을 긍정하면서 매달

45만 달러씩 트럼프의 개인 계좌로 돈을 넣어줬다. 트럼프의 경력은 그에 앞선 부친의 경력처럼 우리를 속여먹으며 집값 차익을 누리고 가용한 모든 '법적' 이득을 모으는 수법에 기댄 것이었다. 정치인을 뇌물로 매수하는 것부터 시작해서 파산 보호를 신청해 주주들을 거덜 내는 수법, 일련의 세금 보조와 지역지구제 혜택, 그리고 다른 형태의 공적 기금까지 이용하면서 말이다. 노동계급의 호민관이라는 억만장자는 그렇게 과도한 복지의 수혜를 누렸다.

이 혼합된 요리의 주성분은 아이러니하게도 이것이다. 1932년의 베를린도 그러지 않았던가? '저 바보는 절대 총리가 되지 못할 거야.' 허풍에 인종차별에 콧수염까지 단 히틀러는 그야말로 불가능한 조합이었으니. 물론 트럼프를 그와 비교하는 건 너무 지나치다. 아닌가? 무슬림을 악마로 취급하는 건 유대인을 악마로 취급하는 것과 매우 다르다. 그 계획은 악마를 추방하는 게 아니라 입국하지 못하게 막는 것이다. 맞나? 우리가 사실상 추방하고 싶어 하는 1,100만 명의 멕시코인이 있고, 그들은 모두 범죄자다. 그리고 우리는 거대한 것을, 한 나라만큼이나 폭이 넓고 독일의 고속도로만큼이나 긴 벽을 세울 것이다. 우리가 듣는 저 소리는 유리천장이 깨지는 소리지, 수정의 밤◆에 들리는 소리가 아니다.

아닌가?

— Nation, August 2016.

◆ 1938년 11월에 독일계 유대인 청년이 독일의 유대인 박해에 복수하기 위해 파리 주재 독일 대사관의 서기관을 암살한 사건. 당시 수많은 유리창이 수정처럼 깨졌다고 하여 붙여진 이름이다.

47
트럼프에 대항하는 건축

우리는 미국건축가협회의 이사가 도널드 트럼프의 선거에 관해 협회 회원들을 대신하여 — 물론 회원들에게 어떤 의견도 구하지 않은 게 분명하지만 — 발행한 온건하고 사근사근하며 실로 무기력한 성명에 당황스러워하고 있습니다.º 그의 성명에 쓰인 말이 진통제처럼 보이고 오바마 대통령과 힐러리 클린턴 모두의 신중한 입장과 축하 인사를 반영하고는 있지만, 트럼프의 대통령직 수행이 우리 국가와 우리 직종 모두의 근본을 이루는 많은 가치들에 명백하고도 현존하는 위험이 될 거라 느끼는 우리로서는 그 말이 당황스럽습니다.

건축가를 비롯해 건조 환경 분야에서 작업하는 다른 디자이너들은 도널드 트럼프의 심성과 행동에 대한 특별한 통찰을 갖고 있습니다. 트럼프는 건설업자이자 개발업자요, 건축의 브랜드 마케터로서 부를 축적

º 이 장은 트럼프가 선출되고 얼마 안 있어 미국건축가협회의 상임이사에게 보낸 편지 내용이다.

한 인물이지요. 그의 이름을 단 건물은 결정적으로 혼합된 형식적 특성을 갖지만, 그 사회적·물리적 구성을 둘러싼 상황은 줄잡아 말하더라도 골칫거리입니다. 트럼프의 인종차별과 임차인 희롱, (건축가를 비롯한) 채권자에 대한 채무불이행, 파산 회피, (카지노와 같이) 사회적 가치가 낮은 프로젝트에 대한 취향은 잘 알려져 있고, 그가 우리의 공통 영역을 지원할 수 있는 세금을 주도면밀하게 탈루한 사실은 그보다 더 큰 이민자 혐오와 성차별, 인종차별적인 정치적 기획과도 같은 종류이지요. 우리는 도널드 트럼프가 백악관에 입성하는 걸 환영하지 않습니다. 그리고 그가 선거 유세 때 했던 끔찍한 공언과 제안 들이 명백히 철회되고 우리의 국가적 대의와 목적에 진정으로 이바지하려는 입장과 행동을 선호한다는 걸 결론적으로 보여줄 때까지, 우리는 그를 비난하며 그에게 반대할 것입니다. 정의와 공평과 인간 존엄성의 원칙에 근거한 더 나은 미국을 건설하기 위해서 말입니다.

우리가 물리적 환경에 전념하고 있음을 감안하여, 우리는 아래에 개괄한 영역에서 트럼프 대통령 당선자의 행동을 평가해야 합니다. 이 영역들은 그의 진짜 성격과 기질뿐만 아니라 우리의 진짜 성격과 기질도 드러낼 것입니다. 또한 그의 정부에 협력하는 우리의 능력뿐만 아니라, 최고가 입찰자이면서도 최저 수준의 윤리적 공통분모를 지닌 그의 심성에 우리가 저항할 수 있는 표준을 설정하는 능력을 형성하는 기초가 될 것입니다.

1. 모든 시민이 적정 비용의 괜찮은 주택에 사는 건 권리의 문제입니다. 트럼프의 대통령직 수행은 몇 가지 면에서 (대부분) 그 스스로가 상징

하는 종류의 포식자적 금융 실천이 가져온 대침체의 여파입니다. 산더미처럼 쌓인 주택담보대출 부채와 고위험 불량 금융상품을 통한 부채의 '증권화'가 붕괴되면서 수백만 가구의 주택과 저축이 날아갔습니다. 우린 사람들이 아니라 은행을 긴급 구제했지요. 이제 우리에겐 모든 미국인에게 진정한 주거 안정을 가져다줄 건전한 수단이 필요합니다.

2. 지구의 환경은 명백히 심각한 상황에 빠져 있고, 이것이 우리 모두를 위태롭게 하고 있습니다. 트럼프와 기후변화 부정론자들이 우리를 속이려고 들이밀 가능성이 높은 놀랍고도 견딜 수 없는 몽매함만으로도 트럼프의 대통령직 수행에 저항하고 그를 탄핵시킬 근본적인 조처가 필요한 근거가 됩니다. 우리는 위급한 상황을 마주하고 있습니다. 우리를 탄소 시대 이후의 경제로 이끌고 에너지를 보존하며 우리의 귀중한 지구 자원들을 매우 신중하고 사려 깊은 자세로 사용하게 만들 진정 근본적인 조치들이 취해지지 않는다면, 우리는 지구의 자살로 우리를 이끄는 데 열중하는 모든 정부에 맞서 일어설 것입니다.

3. 물론 우리는 우리의 국가적인 물리적 기반시설에 투자하는 것을 강력하게 지지합니다. 이것은 일자리와 경제적 활력소, 경쟁력 향상, 그 외 많은 것을 의미합니다. 하지만 그런 투자는 '어디에?' 투자하느냐는 문제를 제기합니다. 버락 오바마가 대통령직에 있는 동안 이전까지 공화당의 탐욕이 우리를 빠뜨려온 구멍에서 우리를 구출하는 임무를 스스로 떠맡았을 때, '준비 완료(shovel-ready)'라는 표현은 우리가 사용하는 어휘의 일부가 되었습니다. 안타깝게도 준비된 것 중 너무

도 많은 부분이 이미 고갈된 체계와 표준에 기초하고 있었습니다. 우리는 확실히 많은 도로와 다리를 고칠 필요가 있고, 특히 허물어져 가는 하수와 급수 체계를 고칠 필요가 있습니다. 하지만 그게 우리가 할 수 있는 최선일까요? 우리는 미래의 기반시설에 대해 생각할 필요도 있습니다. 자동차에 대한 의존도를 줄일 기반시설뿐만 아니라, 스프롤과 점점 더 지속 불가능해져가는 다른 도시 형태를 진척시킬 기반시설에 대해서도 말입니다. 트럼프가 쓰겠다고 제안하는 5천억 달러 중 얼마나 많은 금액이 대중교통에 쓰일까요? 얼마나 많은 금액이 우리의 위태로운 해안선을 재구성하는 데 쓰일까요? 얼마나 많은 금액이 우리의 미친 생산량과 쓰레기 처리가 보존과 재사용의 순환 체계에 진입하게끔 보장하는 데 쓰일까요? 그리고 얼마나 많은 금액이 정당한 급여와 양질의 일, 환경적으로 정의로운 재료 추출과 생산, 그리고 사용에 투자될까요? 이 모든 게 건축가의 윤리적 영역입니다. 트럼프는 최악의 현재적 실천을 따르지 않는 미래에 대해 10분만이라도 시간을 할애해봤을까요? 그의 기반시설 투자 중 얼마나 많은 금액이 미친 국경 요새화 작업과 불법 '이방인'을 위한 감옥에, 그리고 원자폭탄 폭격기 비행대를 위한 활주로에 쓰일까요?

4. 지속 가능한 미래를 보장하려면 우리는 연구와 교육에 엄청난 투자를 할 필요가 있습니다. 이것은 단순히 (건설과 제작을 둘러싼 범위를 포함해) 더 지속 가능한 미래를 가능케 할 신기술을 발명하기 위해서만이 아닙니다. 지구의 리듬 및 자원과 조화를 이루는 삶의 가치를 알고 함께 나누는 실천을 하면서 그 속에 스미는 관대함을 가져온 여러 세대

의 시민들을 만들어 내고자 해서이기도 합니다. 이기심과 과잉 소비의 궁극적 화신인 트럼프 당선자가 그런 교육이 수반할 수 있는 결과를 숙고할 수나 있을까요? 그가 자기 동맹들이 공교육에 대한 악마화에 집중하지 못하게 하고 우리 아이들의 가슴에 지구와 지구과학에 대한 존중심이 가득하게 교육하도록 돕기 위해 누가 어떤 욕실에 가는지에 대해 말하는 걸 삼가게 할 수 있을까요?

5. 마지막으로, 부유하면서 타자 — 유색인종, 여성, 장애인, 무슬림, 히스패닉 등 — 를 경멸하는 이 호민관이 우리 중 다수가 설계 전문직에 들어온 이유를 이해할 수나 있을까요? 세계의 자원이 분배되고 전개되는 방식에 영향을 주고 그걸 구조화하는 우리 실천의 역량을 아주 명료하게 이해했기 때문이란 것을? 새로운 '대통령으로서' 트럼프의 처신은 — 즉 그가 '우리를 함께 이끌고자 한다'는 그의 주장들은 — 그가 단지 미국인들을 위해서만이 아니라 우리의 번잡하면서도 골치 아픈 지구에서 좋은 삶을 살고자 노력하는 모두를 위한 진정한 공평성을 추구하는 데 전념하기 전까지 계속해서 완전한 헛소리로 들릴 것입니다.

우리는 정의롭고 지속 가능한 환경을 위한 투쟁을 두 배의 강도로 지속해야 합니다. 우리의 가장 근본적인 가치들을 가장 엄중하게 위협하는 반동적인 정책들에 반대하면서 말입니다. 트럼프와 그의 동맹들이 내세우는 의제는 그 사회적·물리적 형식과 실천의 면에서 우리 공공 영역의 사유화와 침식을 가속화하기만 할 것입니다. 우리는 미국건축가협회가 트럼프의 식인 잔치가 벌어질 테이블 너머에서 모종의 가치를 대변하기를 요청합니다! 트럼프의 벽을 건설하는 데 공모하지 말고 그 벽을 무너뜨리기 위해 뭉칩시다!

— Unpublished, November 2016.

48

자율주행차 이후의 도시

많은 뉴요커들처럼, 나는 종종 '비아(Via)'라는 앱을 사용한다. 이 차량 공유 앱은 5달러를 내고 출발점과 도착점을 지정하면 맨해튼 125번가 아래쪽의 모든 곳을 갈 수 있게 해준다. 알고리즘이 일사천리로 돌아가고, 일반적으로 그 시스템은 아주 매끈하게 작동한다. 하지만 자동차가 목적지에서 멈출 때는 뭔가가 약간 빗나가는 게 분명하다. 이동은 거의 완전히 자동화되고 컴퓨터가 탑승과 하차, 이동, 지불을 조직화하지만, 변칙적인 것은 운전자다. 위성항법장치 내비게이션에서 흘러나오는 담백한 로봇 목소리의 지시를 따라 경로가 펼쳐지는 걸 지켜보면서, 나는 머지않아 다가올 진부함의 슬픈 기미를 감지한다. 자율주행차가 곧 도래할 것이기 때문이다.

　여기에는 깊은 함의가 있다. 그건 이민자들의 고용 문제나 차량을 운전하는 '공유 경제' 요원들의 문제에 그치지 않는다. 우리 이동 수단의 근본적인 성격과 우리가 돌아다니는 도시의 형식에 대한 급진적인 무언가가 어렴풋이 나타나고 있다. 전차와 철도, 자동차와 같은 이전까지의 기술 혁신들이 도시 형태와 도시 생활에 기하급수적 성장, 교외화, 회랑화(corridorization)를 비롯한 극적인 물리적·사회적 변화를 가져온 것처럼, 자율주행차의 도래도 우리의 도시를 결정적으로 변화시킬 것이다.

미국인들은 근본적으로 비효율적인 자가용에 오랫동안 의존해왔다. 철도와 버스 간선 노선에도 의존해왔지만, 이 노선들은 도로가 빽빽할 때만 이용하는 게 효율적이며 역사에서 내려 집까지 도달하는 고전적인 '마지막 1마일'의 이동이 불편할 때가 많다. 대중교통은 미국의 영광에 속하지 않는다. 비록 수십 년간 대중교통을 지향한 개발과 기타 과밀화 정책을 주장해왔음에도 불구하고 일상적인 이동의 90퍼센트는 자동차로 이뤄지며 무분별하게 확산하는 미국 도시들은 자동차를 키우는 온상이자 그로 인한 소산이다.

각 교통수단의 이용 비율이 20세기 초에 급속히 변화하면서 비행기와 기차와 자동차라는 기술의 소용돌이로 재편되는 도시를 상상하는 창조적인 (그리고 비현실적인) 작업이 많이 이뤄졌다. 이런 비전들은 고층화가 극단화된 수직 대도시(vertical metropolis)에서 승강기를 중심으로 지하철과 자동차, 고가궤도 열차, 보행자, 오토자이로, 비행기 등의 여러 교통수단이 다니는 공간을 층층이 꽂아 버무리는 방식부터 시작해서 철도 노선을 따라 취락이 끝없이 이어지는 선형 도시(linear city)의 환상, 애초에 자동차와 철도를 혼합한다는 무모한 시도로 출발해놓고 고정된 경로나 조야한 기술의 횡포라는 제약을 한 번도 넘어서본 적이 없는 '여객 열차(people mover)'◆ 시스템, 역사적으로 구심적이던 도심과 주변부 사이의 관

◆ 또는 '자동 여객 열차(automated people mover, APM)'로 불리며, 경전철이 이 유형에 속한다.

계를 자동차의 발전으로 아주 복잡하게 만들어버린 간선도로 주변 도시(edge city)까지 다양하게 존재한다. 이 모든 방식의 공통점은 교통 방식을 각기 분리해 최소한의 전력으로 최대한의 효과를 만드는 고립된 시스템을 생산하는 개념이다. 보행자는 자전거로, 자전거는 자동차로, 자동차는 고가 이동 활차로, 고가 이동 활차는 기차로 연결되는 식이다.

자율주행차는 점과 점을 연결하는 수요 맞춤형 이동수단의 진정 새로운 모델을 제시할 수 있을 것이다. 실제로 새로운 반응형 공유 시스템들은 이미 도시의 패턴과 습관에 큰 영향을 끼쳐왔다. 나는 시카고의 사우스사이드를 위한 계획 프로젝트를 수십 년간 작업해오는 중인데, 우버와 리프트의 출시가 상대적으로 인구밀도가 낮고 대중교통이 열악한 많은 동네에 가져온 변화들은 놀라운 수준이다. 인구밀도가 낮을수록 그런 서비스들이 실용성을 갖는 것이다. 나는 과학적인 조사를 해보진 않았지만, 그곳에서 차량 공유 서비스를 사용할 때 정말 많은 주변 승객들이 단순히 적정 거리만 찍고서 개인 차량 없이는 불가능했을 거리를 이동한다는 사실이 인상적이었다. 이건 분명 도시를 크게 변화시킬 수 있는 가능성을 제시한다. 거리상의 문제와 위험하고 열악한 조건 등으로 인해 이뤄지지 못했을 새로운 혼합이 용도와 지역 중심지, 이용 가능한 주거에 대한 유연한 접근, 사회적 연결망의 차원에서 일어날 수 있기 때문이다.

자율주행은 아마도 가장 결정적인 공공적 도시성의 체계인 가로(street)를 바꾸는 데 형식적으로 가장 큰 영향을 미치게 될 것이다. 뉴욕의 가로들은 문제를 안고 있는 동시에 변화를 겪는 중이다. 자전거 이용이 폭넓게 성장하고 있고 가로수 그늘 면적이 늘고 있으며, 여러 교통 방식을 혼합해 교통체증을 줄이려는 관공서의 다양한 노력이 이뤄지면서 고립된 교통 방식을 유지하고 강화하는 수평적으로 훨씬 더 적층된 가로 풍경을 만들어왔다. (갓길 보도, 자전거 전용 도로, 주차 차선, 버스 차선, 일반 차선, 중앙 버스전용 차선, 그리고 되풀이……) 미국인들은 아직껏 모든 교통 방식이 최소한으로 규제되는 하나의 공간에 공존하는 공유 거리 개념인 네덜란드의 보너르프(*woonerf*)♦처럼 보다 급진적인 혼합 전술을 택할 용기를 내지 못했다. 그리고 심지어 가로를 처음부터 다시 설계하면 어떤 모습이 될 수 있을까를 그려보는 시도는 해보지도 않았다. 교통의 혼합 방식을 근본적으로 바꿈으로써 자가용이 도시에서 멸종되는 미래를 꿈꿔보지 않은 것이다.

자율주행은 주차 공간으로 쓰이던 가로 구역의 1/3 이상이 해방되는 효과를 즉각 불러올 수 있을 것이다. 소규모 승객 운행과 '초단거리' 물류 배송이 제시간에 맞춤형으로 이뤄지게 된다면 사용되는 실제 차량의 수는 급격히 감소할 것이다. (매사추세츠 공과대학교의 싱가포르 연구에 따르면 그러한 감소분이 적어도 2/3의 비율에 이를 거라고 한다.) 아울러 도시 거리의 엄청난 비율이 해방되면서 교통이 원활해질 것이다. 다양한 로봇과 센서 기술은 가로에서 건물이나 갓길 보도로 상품과 사람을 이동시키기 위해 경계 공간을 효율적으로 활용할 수 있게 할 것이다. 실제로 입고된 주차와 배송 차량의 이중 주차가 일으키는 문제가 해소될수록 연쇄적으로 유익한 효과가 일어날 텐데, 처음에는 이동이 편해지는 것으로 시작해서 점점 더 오염과 사고가 줄어들 것이며 결국에는 가장 중요한 전망

♦ 네덜란드어로 '삶'을 뜻하는 wonen과 '마당'을 뜻하는 erf의 합성어로, 영어로는 보통 living street로 번역된다. 말 그대로 차량보다 보행자와 자전거 이용자를 우선시하는 생활형 공유 가로를 뜻한다.

　　　　　　　　　　　　자율주행차 이후의 도시

에 도달할 수 있다. 그것은 보다 진정으로 공공이 사용하는 공적 공간을 확보하게 되리라는 전망이다.

뉴욕시에서는 가로가 진정으로 공공이 사용하는 거리가 될 수 있을 것이다. 교통은 합리적인 속도로 움직일 것이고, 자전거는 혼합된 교통 방식에 안전하게 합류할 수 있을 것이다. 갓길 보도는 식재와 생태습지, 여가구역, 소규모 공공시설을 포함하는 새로운 용도로 강화될 것이며, (뉴욕을 비롯해 여분의 골목이 없는 기타 도시에서 가장 중요하고 변혁적인 효과로서) 고형 폐기물을 관리할 수 있는 작업 부지가 될 수도 있을 것이다. 알프스 산처럼 쌓여가는 우리의 플라스틱 쓰레기 봉지를 대체할 새로운 수집과 재활용, 재분배, 개량의 건축이 생겨날 수 있으며, 이는 쓰레기라는 개념 자체를 역사의 쓰레기통으로 쳐 박는 날을 기대하게 만든다. 결국 이렇게 가로를 자유롭게 만들어 새로운 용도로 다시 쓰는 것이야말로 진정 지역주의적인 물질대사 활동의 일부일 수 있다. 우리의 공기와 물, 기후, 에너지, 교통수단, 교육, 사회성, 영양이 우리가 가장 긴급하게 공유하는 공간의 주된 초점을 이루는 물질대사 말이다.

도시 가로의 수평적 위계를 재설계하게 되면 머지않아 수직적 위계까지 재설계하게 될 가능성이 높다. 드론이 어디든지 날아갈 수 있을 날이 임박해있고 공중 우버 택시도 곧 출현하게 될 것임을 감안할 때 도시의 공중 공간도 분명 재구성될 것이다. 참고로 이 회사는 이미 수직 이착륙 차량 공유 사업인 '우버 엘리베이트(Uber Elevate)' 브랜드를 출시했다. 비록 비행 자동차의 물리학적이고 음향적인 문제로 인해 처음에는 점과 점 사이를 이동하는 능력이 심각하게 제한될 테지만, 미국 항공우주국을 비롯한 연구기관들은 이미 그러한 적층적 시스템을 깊이 연구하고 있을 뿐만 아니라 대량의 무인 비행기 시스템이 도시의 상공과 시내에서 작동함으로써 아마존과 그럽헙에서 소비할 필요성을 늘려줄 수 있는 '도로 규정'도 심도 있게 연구 중이다. 공중 차선, 공중 회랑, 공중 전철과 같은 다양한 개념들이 비행 차량을 포함하는 적층 도시(laminar city)의 초기 환상을 재생시키고 있다. 물론 대부분은 도로를 지배하는 전형적인 기하학과 관습적인 매개변수들에 기초한 것으로 보이지만 말이다.

그러한 혁명적 기술은 현재 도시와 미래 도시 모두의 형식에 근본적인 영향을 줄 수 있다. 하지만 그 기술을 인간 친화적으로 유지하려면, 기업을 벗어난 욕망의 형식들을 깊이 고려하지 않는 '스마트 시티'의 사고방식과 그에 따라 효율성과 통제력을 향상시키기 위한 '빅 데이터'의 무비판적 축적이 점점 더 압도적으로 늘어나는 경향에 맞서 싸워야만 할 것이다. 이런 싸움은 우리의 전통적인 회합 장소들, 즉 광장과 공원, 갓길 보도의 많은 부분을 방어하는 노력을 포함해야 한다. 교통수단은 단순히 물류 이동을 위해 존재하는 게 아니다. 우리가 움직이는 이유는 삶을 살기 위해서고, 타자를 경험하기 위해서이며, 장소의 즐거움을 도입하고, 협력하고, 행복한 우연의 만남을 즐기고, 정치적인 것의 공간을 확대하기 위해서다. 이런 목적은 얼굴을 마주 보며 확인하는 진실성을 요구한다. 하지만 새로운 교통 시스템들은 편의성이라는 허울적인 기치 아래 도달하는 분배의 엔트로피를 선호하며 도시성을 침해할 위험을 감행한다. 교통수단은 더 유연해질 수 있지만, 그것을 이용할 여력은 훨씬 줄어들 수도 있다. (우버 엘리베이트는 저렴하지 않을 것이다.) 그런 교통수단을 이용하는 건 권리이기보다 특권에 가까울 수 있는 것이다.

이렇게 넘쳐나는 기술이 단지 3차원적인 교통 체증만 낳을 수도 있

자율주행차 이후의 도시

을 것이다. 그러므로 이런 새로운 교통수단으로 전환하려면 예술과 확고한 철학이 결합되어야 한다. 단순히 새로운 종류의 차량을 추가할 뿐이라면 더 많은 길이의 고속도로 증설과 같은 교통 증대 효과만 날 것이다. 자율주행 시스템이 진정으로 그 약속을 이행하기 위해서는 과감한 뺄셈이 요구된다. 더 적은 차량과 더 적은 포장도로가 우리에게 진정으로 지속 가능한 도시를 가져다줄 것이다. 우리가 진심으로 그것들을 공평하고 효율적으로 공유하는 데 전념한다면 말이다.

— *Architectural Record*, April 1, 2017, architecturalrecord.com.

고인들을 기리며

문집은 시간을 기록한다. 이렇게 지난 6년간 쓴 글들을 연대기 순으로 모아 보니, 내 마음에 구두점처럼 찍힌 슬픈 순간들이 떠오른다. 예술을 위해 살아있는 희망을 유지하는 건 재능과 관대함의 작업이다. 그리고 나의 동료가 천천히 영원을 향해 나아갈 때, 그 동료의 상실은 어느 때보다 더 긴급히 표현해야 할 징표로서 전면에 드러난다.

어떤 작별도 레비우스 우즈와의 작별보다 더 슬픈 적이 없었다. 그는 사랑스러운 친구였고, 영혼의 안내자였으며, 진정한 천재였다. 그의 어떤 말도 가볍게 넘겨버릴 게 없었고, 모두가 뭔가 생생하고 인식을 가능케 하는 것들이었다. 인재는 늘 이미 그곳에 있다는 인식 말이다. 레비우스는 북극성이자 맷돌이었다. 그 누구와도 비할 데 없는 그의 능력은 빛나는 열망의 대상이면서도 우리 필멸자들로서는 따라잡을 수가 없어 포기하고 쉬어야만 했던 이유였다.

레비우스는 내게 많은 걸 가르쳐줬다. 단지 그의 자신감과 능력에서 느껴지는 높이를 넘어, 그의 불안과 정의감에서도 나는 많은 걸 배웠다. 우리는 수년간 '순수한' 표현의 장치적인 자극과 긴급성에 대해, 건축의 다양한 내용이 갖는 춤추는 상대성에 대해, 그리고 특히 사회적인 것의 긴급한 위치에 대해 토론하며 의견을 함께했다. 꽤 전형적인 유토피아적 의제들의 의미를 시각화하던 레비우스의 초기 이력은 형태와 구성 사이에 늘 발생하는 불완전한 합치와의 긴장 관계를 구축했고, 이로써 영웅적인 기하학과 그 불만에서 나아가 더 신비롭고 계산할 수 없는 물리학적 체제로 나아갈 수밖에 없었다. 그리고 이러한 접점 속에서 그는 실천과 개념에 모두 저항하는 장소를 만들었다. 그리기는 늘 응집성을 위한 어떤 공식을 제안하는 일이지만, 레비우스는 재현할 수 없는 것(초상화 하나를 그릴라치면 그저 가만히 앉아있질 않는 고양이들이 있다 ― 슈뢰딩거의 고양이도 그중 하나다)과 비합리적인 것 모두에 강력히 대항했다.

레비우스는 전장에서 오래 지냈다. 그는 용감하게도 포위된 사라예보에서 수개월을 쪼그리고 앉아 파괴의 역학에 관해 엄청난 글과 디자인을 생산했다. 포격 속에서, 땅을 뒤흔드는 진동 속에서, 또 다른 격변 속에서도 말이다. 이렇게 집단적으로 질서를 바꾸는 매개체들은 넋을 빼놓으며 불길한 예감 ― 안정적인 건설 개념에 닥치는 위기들 ― 을 전해 주는 '타자화된' 형식의 건축들을 '자동적으로' 생산하면서 그를 매료시켰다. 레비우스는 이러한 보편적 위기를 욕망의 표현을 위한 자유로운 ― 엄밀히 안전하지는 않은 ― 공간으로 화해시키려고 노력했으며, 그의 '중간 시기'에 이뤄진 프로젝트들은 도시와 영혼을 치유하고 변화시킬 수 있는 힘을 지닌 해방을 암시하는 건축에 사로잡혀 있었다. 이러한 사변은 총체성이 위험한 동시에 필연적임을 이해하는 예리한 눈으로 더 강력한 힘을 띠게 되었고, 그는 자신의 명제들을 엄격하게 비판적으로 사유하면서 각각의 결론으로까지 이끌어갔다. 기념적인 동시에 경계적인 이중의 특징을 간직한 채 말이다. 그의 건축을 지을 수 없는 것이라는 잠정적인 영역에 완강히 위치시킴으로써, 레비우스는 생각할 수 없는 것은 아무것도 없다는 주장을 자신만의 독보적인 색깔로 유려하게 표현해냈다.

그의 작업은 무엇이 최종 형태가 될 것인지를 가정했기 때문에, 그는 눈과 손의 협업에 따른 수태의 정밀도가 그 가독성과는 정확히 반비례한다는 걸 깨달은 듯했다. 그래서 그는 표현적이고 상대성이 풍부한 모호성에 깊이 천착했다. 물론 그리기(drawing)란 하나의 충동이었고 철회할 수 없는 것이었지만, 형태 만들기는 점점 더 내부화되었고 그는 스스로 뭔가를 적어 내리면서 예술가와 관객의 관계가 아니라 보다 총명하고 상호작용적이며 변증법적인 관계를 확립해야 한다는 책임을 점점 더 느껴갔다. 그는 블로그를 운영하고, 교편을 잡고, 비평을 하고, 친구를 사귀었다. 전형적인 관습에 대한 절대적 포기는 그의 흔들리지 않는 지적 진실성을, 그리고 억압에 대한 거부를 드러내는 징표였다. 본질을 향한 여정 속에서는 뭔가를 줄여나가야만 하고, 위대성은 언제 어디서 멈출 것인지를 아는 데에 있다. 슈퍼태풍 샌디가 밖에서 사납게 휘몰아치는 동안, 예술과 자기의식의 능력을 최고로 발휘하던 레비우스는 세상을 떠났다.

최근 우리를 너무도 일찍 떠난 또 한 명의 위대한 인재는 자연의 힘처럼 떠나간 자하 하디드였다. 나는 그녀도 정말 사랑했다. 비록 그녀의 야심 찬 성격이 레비우스와는 아주 달랐지만 말이다. 둘 다 자신만만한 성격이었지만, 자하는 바깥세상을 향한 의심이 덜했고 또 다른 건축적 도구성의 개념을 지향했다. 그녀를 형태주의자라고 부르는 건 그녀의 엄청난 성취를 깎아내리는 게 아니라 단지 그 성취의 자리를 매기는 것일 뿐이다. 그녀가 풍부한 총체성에 몰두한 것은 향락주의자의 태도라기보다 (물론 그녀는 확실히 감각주의자이긴 했지만) 완벽주의자의 태도에 가까웠다. 자하에게 예술이란 늘 그 생산의 상황을 뛰어넘는 것이었고, 건축술적인 숭고함을 추구하던 그녀의 노력은 늘 그녀가 주변적이라고 느낀 산만한 요인들을 배제했다. 너무도 포용력이 큰 재능은 '외부 조건'에 답할 수 없다는 생각이 그녀가 한 작업의 원동력이자 문젯거리였다. 특히 그녀가 예술가의 군락에서 빠져나와 세계적인 전문가가 되어가는 과정에서 그랬다.

레비우스를 향한 조롱의 주축은 그를 삽화가라고 부르거나 그의 생산물을 공상 과학 소설로 치부해버리는 것이었다. 자하는 그녀가 아제르바이잔과 걸프만에 설계한 작업에 대해서, 정치적 무관심을 이유로 비난을 받았다. 이런 비판은 한편으로 정당했지만, 다른 한편으로는 순전히 부당한 시샘이 섞인 것이었다. 오늘날 재벌과 왕가를 위해, 쿠슈너 일가와 트럼프 일가를 위해 설계하지 않는 대형 건축사무소가 어디에 있는가? 그리고 시난◆ 이후에 이슬람 세계에서 떠오른 가장 엄청난 건축 인재에게 주어지는 부담과 의무란 어떤 것인가? 자하가 받은 공격은 그녀가 여성이고 아랍인이라는 이유로 경건한 기대를 걸었던 쪽에서도 나왔고, 순전히 그녀의 강력한 재능이 질투와 자잘한 트집을 불러일으킬 만큼 기념비적으로 부상했다는 데서도 나왔다. 자하가 사회적·정치적 '외부 조건'에 보인 무관심은 기사다운 거만함이 아니라 제왕적인 태도였다. 그녀는 늘 세계가 그녀에게 다가올 것을 요구했고, 자신의 예술을 대신해

◆ 미마르 시난(Mimar Sinan, 1490년경~1588). 회교사원의 설계로 유명한 오스만 제국의 건축가다.

타협하지 않던 그녀의 태도는 그녀의 명성을 값지게 하는 동시에 변색시키기도 했다. 내게는 그녀가 아제르바이젠의 바쿠에 설계한 알리예프 예술센터의 절묘한 시학이 놀랍게 느껴진다. 이게 결코 그 생산 방식이나 그것이 기념하는 전제군주를 부정할 수는 없지만, 그럼에도 이 건물은 ─ 그리고 놀라운 그녀의 나머지 모든 작업은 ─ 아름다움을 구현해내는 건축의 능력을 영원히 확장시켰다.

고인들을 기리며

감사의 글

오래 전 『빌리지 보이스(Village Voice)』에 기고하던 시절, 나는 가끔 지하철에서 마주친 누군가가 나의 칼럼을 읽고 있는 걸 목격하곤 했었다. 그 순간 극도로 당황해하며 몸 둘 바를 몰랐던 나는 읽고 있던 신문 따위에 얼굴을 파묻거나, 심지어 자리에서 일어나 다음 열차 칸으로 이동하기도 했다. 이번 선집을 묶고 나니 역시 또 그와 비슷한 불안이 일어난다. 물론 이제 나는 지하철에서 낯선 타인을 만나지 않아도 조마조마한 자극과 반응의 회로 안에 완전히 빠질 수 있지만 말이다. 이 책에 실린 글들은 대부분 저널리즘에 속한다. 말하자면 급하게 쓴 글들이란 얘기다. 게다가 다시 보니 여러 가지가 눈에 띈다. 논거가 서투르거나 빠진 부분들이 눈에 걸리고, 구두점을 너무 많이 찍은 데다, 여러 잡지에서 재활용된 단락들이 보이니 당황스럽다. (이건 내가 게을러서이기도, 진정 고른 호흡으로 주장을 이어가지 못해서이기도, 반복에 의존하는 선전적 표현 때문이기도 하다.) 특히 일부 단어와 구절은 진부하기까지 하다. 내가 정말 "도시에 대한 권리"를 그렇게나 많이 염원했었나? 엥겔스 말고는 주거 불평등에 대한 주장을 정녕

491

찾을 수 없었단 말인가? 왜 나의 내면에 있는 검열관은 내가 거의 세 문장에 한 번씩 반사적으로 쓰는 듯한 "유도하다", "보존", "진통제", "비공식성", "상대적 자율성", "최소 실존", "권력자", "신자유주의", "지니계수"와 같은 단어들을 억제하지 않았을까? 그리고 세미콜론으로도 충분할 곳에 왜 그리도 지나치게 콜론을 남발한 걸까? 독자들이여, 나를 용서하시라!

반대로 긍정적인 면을 얘기해보자면, 내 글에 대한 검토 과정은 실로 내 관심사의 짜임새를 들여다보는 꽤 정교한 조직 검사와 같다. 이렇게 압축적인 어휘를 썼는데도 내가 쓴 모든 문장이 왜곡되지 않았다는 사실은 경이롭고 자비로운 편집자들의 노고와 도움이 있었다는 증거다. 특히 빨간 연필을 들고 매우 친절하게 공감과 지성과 우정을 보여준 『네이션』의 존 팔라텔라에게 감사를 전하고 싶다. 『아키텍처럴 레코드』의 클리프 피어슨은 끈기 있는 읽기가 무엇인지 몸소 보여준 데다 지나친 흥분이 담긴 나의 주장과 표현을 상당수 지혜롭게 분출시켜줬다. 편집장 캐슬린 맥귀건은 늘 나를 기분 좋게 맞이해줬다. 그녀와 클리프는 모두 얼음은 물론 아무것도 섞지 않은 마티니를 좋아하는, 예리한 통찰과 미각의 소유자들이다. 버소 출판사에서는 날카로운 매의 눈을 지닌 전문가이자 직능인인 샘 스미스에게, 그리고 특히 나의 모든 요청에 공평무사함과 통찰력으로 관대하게 응대해준 레오 홀리스에게 감사를 전한다. 편집자가 지극히 눈썰미 좋은 학생이자 도시 분석가인 동시에 재능 있고 자기 스타일이 있는 작가이기까지 하단 점은 겁나면서도 한편으로는 안심이 되는 일이다. 그가 내게 그리도 즐거운 고통을 주었다는 사실은 그의 우아한 분별력을 보여줄 뿐만 아니라, 도시를 탐구하는 동료와 나누

감사의 글

는 강렬한 연대감의 표시이기도 하다. 고맙소, 레오! 책 하나 또 함께 만들어봅시다!

마지막으로, 나의 모든 사랑을 조앤에게 바친다. 그녀가 없었다면 이 책도 그 저자도 존재하지 않았을 것이다.

찾아보기

정의로운 도시

우리가 살고 있는 도시는 모두에게 이로운가

초판 발행 | 2019년 09월 20일
3쇄 발행 | 2019년 10월 20일

지은이 | 마이클 소킨
옮긴이 | 조순익
펴낸이 | 조승식
펴낸곳 | 도서출판 북스힐

등록 | 1998년 7월 28일 제22-457호
주소 | 서울시 강북구 한천로 153길 17
전화 | 02-994-0071
팩스 | 02-994-0073
홈페이지 | www.bookshill.com
이메일 | bookshill@bookshill.com

ISBN 979-11-5971-229-6
정가 26,000원